本书受中南财经政法大学出版基金资助

中南财经政法大学
青年学术文库

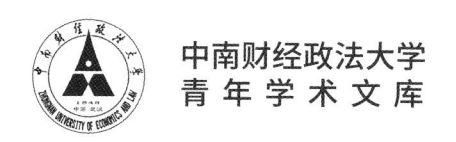

卢建新 ○ 著

住房价格波动的时空特征、传导机理与金融风险研究

Research on the Temporal and Spatial Characteristics of Housing Price Fluctuation, Transmission Mechanism and Financial Risk

中国社会科学出版社

图书在版编目（CIP）数据

住房价格波动的时空特征、传导机理与金融风险研究 / 卢建新著 . —北京：中国社会科学出版社，2018.6

（中南财经政法大学青年学术文库）

ISBN 978 - 7 - 5203 - 2352 - 9

Ⅰ.①住… Ⅱ.①卢… Ⅲ.①房价—研究—中国 Ⅳ.①F299.233.5

中国版本图书馆 CIP 数据核字（2018）第 076169 号

出 版 人	赵剑英
责任编辑	徐沐熙
特约编辑	林　贤
责任校对	温树营
责任印制	戴　宽

出　　版	中国社会科学出版社
社　　址	北京鼓楼西大街甲 158 号
邮　　编	100720
网　　址	http://www.csspw.cn
发 行 部	010 - 84083685
门 市 部	010 - 84029450
经　　销	新华书店及其他书店

印刷装订	北京君升印刷有限公司
版　　次	2018 年 6 月第 1 版
印　　次	2018 年 6 月第 1 次印刷

开　　本	710×1000　1/16
印　　张	20.25
插　　页	2
字　　数	323 千字
定　　价	68.00 元

凡购买中国社会科学出版社图书，如有质量问题请与本社营销中心联系调换
电话：010 - 84083683
版权所有　侵权必究

《中南财经政法大学青年学术文库》
编辑委员会

主　任：杨灿明
副主任：吴汉东　姚　莉
委　员：（按姓氏笔画排序）
　　　　朱延福　朱新蓉　向书坚　刘可风　刘后振
　　　　张志宏　张新国　陈立华　陈景良　庞凤喜
　　　　姜　威　赵　曼　胡开忠　胡贤鑫　徐双敏
　　　　阎　伟　葛翔宇　董邦俊
主　编：姚　莉

目 录

导 论 ……………………………………………………………… (1)
 一 问题的提出 ………………………………………………… (1)
 二 研究的意义 ………………………………………………… (3)
 三 研究思路、内容与方法 …………………………………… (5)
 四 创新与不足 ………………………………………………… (7)

第一章 房价波动的时间特征 …………………………………… (10)
 一 文献综述 …………………………………………………… (12)
 二 房价波动时间特征的理论模型 …………………………… (15)
 三 估计思路与数据描述 ……………………………………… (18)
 四 我国城市房价波动时间特征的实证分析 ………………… (21)
 五 我国区域房价波动时间特征的实证分析 ………………… (26)
 六 主要结论 …………………………………………………… (31)

第二章 房价波动的空间特征
   ——基于连锁效应的视角 ……………………………… (33)
 一 文献综述 …………………………………………………… (34)
 二 房价波动连锁效应及其形成机理 ………………………… (41)
 三 我国房价的区域波动特征 ………………………………… (45)
 四 房价波动连锁效应的实证分析和解释 …………………… (52)
 五 主要结论 …………………………………………………… (69)

第三章 房价波动对消费的影响机理和风险分析
——基于财富效应的视角 (72)
一 文献综述 (73)
二 房价波动对消费影响的理论分析与模型构建 (79)
三 我国住房财富效应存在性及大小的实证检验 (86)
四 房价波动对消费影响的区域性差异：基于面板门限模型的实证分析 (92)
五 主要结论 (122)

第四章 房价波动对投资的影响机理和风险分析 (124)
一 文献综述 (125)
二 房价波动影响投资需求的理论分析 (129)
三 理论模型 (135)
四 房价波动与住房投资动态关系的实证分析 (141)
五 主要结论 (172)

第五章 房价波动对金融市场的影响机理和风险分析 (174)
一 文献综述 (175)
二 房价波动对金融市场的影响机理 (179)
三 房价波动对金融市场影响的理论分析 (184)
四 计量模型与方法 (187)
五 数据选取、检验与模型构建 (190)
六 房价波动与金融市场相互影响的实证分析 (200)
七 主要结论 (212)

第六章 房价波动的宏观溢出效应
——基于 DSGE 模型的贝叶斯估计 (214)
一 文献综述 (215)
二 动态随机一般均衡理论 (219)
三 植入住房部门的 DSGE 模型构建 (230)
四 参数估计与脉冲响应分析 (243)

五　冲击解释与溢出效应 …………………………………（257）
　　六　主要结论 ………………………………………………（261）

结论与政策建议 ……………………………………………（263）
　　一　主要结论 ………………………………………………（263）
　　二　政策建议 ………………………………………………（267）

附　录 ………………………………………………………（273）
　　一　第一章附录 ……………………………………………（273）
　　二　第五章附录 ……………………………………………（275）

参考文献 ……………………………………………………（292）

后　记 ………………………………………………………（314）

导 论

一 问题的提出

在现代经济中,房地产市场日益成为金融风险高度积聚的重要载体和金融危机爆发的策源地。[①] 据谢经荣等(2002)的统计,自1980年以来爆发的16次较为严重的金融危机中,就有12次与房地产泡沫有关。2007年美国发生的次贷危机给美国及全球金融市场和经济发展带来的负面影响极其深远。由此可见,如果房地产市场风险控制不当,则会带来灾难性后果。

住房作为房地产市场中最重要的组成部分,其价格波动成为风险最直接的表现形式,并成为社会公众和政策制定者普遍关注的焦点。这是因为:第一,住房是家庭最大的单个投资[②],房价波动不仅影响着人们的居住水平和生活质量,而且也是家庭面临的最主要的金融风险[③];第二,

---

[①] 卢建新、苗建军:《中国城市住房价格动态特征及其影响因素》,《投资研究》2011年第7期。

[②] 最新调查数据表明,2015年中国居民家庭拥有的房产价值户均已经达到了55.3万元,占家庭总资产的70.9%;在城镇家庭中,户均总资产为247.6万元,住房资产为93万元,其占比为37.6%;在农村家庭中,户均总资产为37.7万元,住房资产为22.3万元,其占比为59.2%(详见甘梨《中国家庭金融调查报告2015》,2016年,http://money.sohu.com/s2012/jrd-cbg2012/)。

[③] 调查数据表明,在有负债的城镇家庭中,户均总负债为198581元,户均房产负债为105239元,其占比高达53.0%;在有负债的农村家庭中,户均总负债为56205元,户均房产负债为22685元,其占比为40.4%。无论是在城镇还是在农村,住房负债都是家庭债务中占比最大的一项,是家庭最主要的负债来源(详见甘梨、尹志超、谭继军《中国家庭金融调查报告2014》,西南财经大学出版社2015年版,第141页)。

住房市场与金融市场之间的共生关系使得房价波动风险高度集中于银行体系,进而直接威胁着我国金融稳定和金融安全;第三,房价波动对整个国民经济具有牵一发而动全身的波及作用,从而直接影响着社会经济的和谐发展和宏观调控效果。①

为了促进房地产市场健康发展,稳定住房价格,《"十三五"规划纲要》中提出了"优化住房供给结构,促进市场供需平衡,保持房地产市场平稳运行。在住房供求关系紧张地区适度增加用地规模,在商品房库存较大地区,稳步化解房地产库存,扩大住房有效需求"的重要战略部署。这些部署无疑为促进我国房地产市场健康发展,稳定住房价格确立了一个行动指南,但换个角度来看,也凸显出加强房价波动与金融风险研究的重要性。

为了控制房价波动风险,我们应该首先弄清其动态特征(即时间特征和空间特征)。那么,我们应如何刻画房价的动态特征呢?国外研究表明,房价在时间维度上具有序列相关和均值回归特性(Abraham & Hendershott, 1996; Malpezzi, 1999; Meen, 2002; Capozza et al., 2004, Glindro et al., 2008);在空间维度上具有连锁效应(MacDonald & Taylor, 1995; Meen, 1996a, 1999, 2003; Meen & Andrew, 1998; Cook, 2005; Chen et al., 2011)。由于我国房地产市场在20世纪90年代以后才开始快速发展,并且住房金融制度和地区市场化程度与西方发达国家存在显著差异,因而我国城市房价动态特征可能会受到这些因素的影响。考虑到特殊的住房市场环境后,我国城市房价动态是否还具有类似特征呢?② 如果答案是肯定的,那么,还有哪些因素会影响这些动态特征呢?进一步,房价波动如何对消费、投资、金融市场和宏观经济产生影响,其传导机理是什么?最终会引发哪些金融风险?本书试图对这些问题作初步探讨。

---

① 卢建新、苗建军:《中国城市住房价格动态特征及其影响因素》,《投资研究》2011年第7期。

② 同上。

二 研究的意义

(一) 有利于认清住房价格波动的时空特征

房价稳定是相对的,波动是绝对的。我们只有认清房价波动的时空特征,才能有效降低房价波动的金融风险。国外研究表明,房价在时间维度上具有序列相关和均值回归特性,在空间维度上具有连锁效应。我国住房金融制度和地区市场化程度与西方发达国家明显不同,因而城市和区域房价动态特征可能会受到这些因素的影响。考虑到这些特殊性后,我国房价动态是否还具有类似特征呢?本书利用二阶差分方程来刻画房价波动的序列相关和均值回归特征,并进行了实证检验。对于房价波动的空间特征(主要是连锁效应),本书利用相关系数、格兰杰因果检验和 GARCH-BEKK 模型来进行分析。这些分析有助于揭示我国区域内和区域间房价波动连锁效应的传导路径,找到房价波动的领先城市,从而为制定差异化的住房调控政策,协调区域间住房市场发展提供一定的理论支持。

(二) 有利于把握房价波动对消费影响的区域差异

我国幅员辽阔,城市分布较广,不同城市和区域之间的收入和房价差别较大。调控房价,拉动内消,是一种长期宏观调控政策。如果区域收入和房价差异对房价波动影响消费带来不同的传导机制,那么就应该把握这种区域差异的影响。本书运用面板门限模型来分析房价波动对消费影响的区域性差异。在区域性差异研究中,不可避免涉及区域划分问题,如果进行人为的划分,可能会出现内在关系不合理的情况。门限模型可以针对门限变量自动分组,这样就增加了分析的科学性和可信性。本书以收入和房价为门限变量来处理区域差异,这有助于把握房价波动影响消费的区域差异。

(三) 有利于掌握房价波动对投资的影响机理

在宏观经济总需求中,投资需求是其中最具活力的部分,它通过乘数效应直接引起国民收入的变动。反过来,国民收入的波动又通过加速数效应来引致投资的波动。① 由既有研究可知，住房投资又是投资需求中最具活力的部分，其波动性远高于其他种类的投资，对经济总量波动具有一定的预测功能。② 因此，房价波动到底会对住房投资需求产生何种影响，以及产生这种影响的机制是什么等问题进行深入研究，是分析房价波动对宏观经济影响的关键一步。本书分析了托宾 Q 效应和资产负债表效应等引起投资波动的传导机理，并运用 VAR 模型、脉冲响应函数和方差分解方法来进行实证检验，这有利于掌握房价波动对投资的影响机理。

（四）有利于防范房价波动给金融市场带来的风险

住房市场与金融市场具有共生关系，这种共生关系使得房价波动的风险高度集中于银行体系，进而通过信贷传导、直接投资效应、托宾 Q 效应和资产负债表效应等对股市和外汇市场运行带来风险。国内外实践经验表明，如果房地产市场风险控制不当，则会给金融市场带来灾难性的后果。在经济全球化背景下，我们不能只看到房价波动会引起国内股票市场波动，还要看到房价波动会导致短期国际资本的流动进而导致外汇市场的波动，外汇市场的波动反过来又会加剧国内金融市场的波动程度。因此，研究房价波动与金融市场的动态关系具有重要的现实意义。

（五）有利于制定房地产市场宏观调控政策

本书运用动态随机一般均衡（Dynamic Stochastic General Equilibrium, DSGE）模型对经济中的家庭、企业、住房部门、央行等进行理论刻画，通过设定约束条件得到优化方程，并假定市场均衡时用加总的方法得到总体经济满足的方程。该模型把宏观经济分析建立在个体分析的基础上，并对经济的长期均衡状态及短期的动态调整过程进行细致的刻画，从而将长短期分析有机结合起来。另外，DSGE 模型建立在深层次结构参数的识别基础之上，通过局部政策参数的修改可以很好地进行政策比较，这为制定房地产市场宏观调控政策提供了一个合理的分析框架。因此，本

---

① 程永文、孙刚、洪世勤：《住房市场过度投资效应检验》，《财经理论研究》2014 年第 5 期。
② 同上。

书既是 DSGE 理论在分析中国住房市场上的运用,又具有很强的现实指导意义。

三 研究思路、内容与方法

(一) 研究思路

房价波动是相对均衡价格而言的,它会给消费、投资、金融市场稳定以及宏观经济运行带来风险。为此,我们必须掌握房价波动的时空特征及其决定因素,进而掌握房价波动影响消费、投资、金融市场稳定、宏观经济运行的传导机理及其风险,这样才能制定有效的房地产宏观调控政策,从而最大限度地降低金融风险。本书将沿着这条思路展开研究。研究的重点是:房价波动的时空特征;房价波动影响消费、投资、金融市场和宏观经济运行的传导机理及其风险。研究的难点是:房价波动的连锁效应;全面评价房价波动给宏观经济运行带来的金融风险。

(二) 研究内容与方法

基于上述内在逻辑,本书的主要内容及研究方法如下。

1. 均衡房价决定及其波动的时空特征

本书从城市和区域两个层面来刻画房价波动的时间特征。本书遵循经典文献的思路来研究城市和区域房价波动的时间特征:首先,我们利用简约方程来估计住房基本价值,除一些基本变量外,还将增加地区市场化程度等关键变量进行面板回归分析。其次,我们利用二阶差分方程来刻画短期房价波动的序列相关、均值回归和同期调整特征。再次,考虑城市或区域因素的作用对房价波动时间特征的影响。最后,分别利用 35 个大中城市和 30 个省市面板数据来进行实证检验。

对于房价波动的空间特征(主要是连锁效应),本书利用相关系数、格兰杰因果检验和 GARCH-BEKK 模型来进行分析。在分析房价波动连锁效应及其形成机理的基础上,本书把我国 32 个大中城市按地理位置和经济水平划分为东北、华东、华北、华中、华南和西部六个区域,分别依次构建各区域房价模型,考察各区域模型的相关系数差异,然后选取华东区域作为我国区域内房价波动连锁效应研究的代表区域，使用格兰杰因果检验、主成分分析法和 GARCH-BEKK 模型对房价之间的互动关系和连锁效应进行检验和分析。

2. 房价波动对消费的影响机理和风险分析

作为实物资产的重要组成部分，住房对居民总财富的影响越来越大，地位也越来越重要，因而房价波动对消费影响日益增强。在房价过高，消费不足的双重压力下，对房价波动与消费问题进行研究尤为重要。本书在分析房价波动对消费影响机理的基础上构建理论分析模型，然后用 2001 年第一季度至 2012 年第四季度的季度数据实证检验我国住房财富效应存在性及大小，最后以收入和房价为门限变量构建面板门限模型来分析房价波动对消费影响的区域性差异。此外，本书还用面板数据对房价波动影响消费的"倒 U"型关系假说进行了检验。

3. 房价波动对投资的影响机理和风险分析

在宏观经济总需求中，投资需求是其中最具活力的部分，而住房投资又是投资需求中最具活力的部分，其波动性远高于其他种类的投资，对经济总量波动具有一定的预测功能。对房价波动到底会对住房投资需求产生何种影响，以及产生这种影响的机制是什么等问题进行深入研究，是分析房价波动对宏观经济影响的关键一步。本书在分析托宾 Q 效应和资产负债表效应等引起社会总投资的波动的基础上，运用住房市场的 BGG 模型对房价波动影响投资需求进行了理论分析，然后运用 VAR 模型、脉冲响应函数和方差分解方法来研究房价波动是否会引起住房投资需求的显著波动，进而考察房价波动是否会给经济平稳增长带来显著的影响。

4. 房价波动对金融市场的影响机理和风险分析

房价波动与金融市场之间呈现出较强的联动关系。住房抵押贷款融资已成为购房者从银行获得贷款的主要方式，因而房价与信贷规模及货币政策之间的联系极为紧密。房价波动与信贷市场的联系主要通过流动性效应和信贷供需双方的资产负债表效应来实现；房价波动与股票市场之间的联系主要通过资产组合效应、挤出效应和替代效应来实现；房价波动与外汇市场的联系则通过财富效应、信贷效应和资产收益率效应来完成。此外，在开放经济下，房价波动、股市和汇率变化也会影响短期国际资本的流动。① 本书利用有向无环（DAG）技术分析变量同期因果关系的基础上构建SVAR模型，采用脉冲响应和方差分解方法来分析房价波动与金融市场之间的联动关系。

5. 房价波动对宏观经济运行的影响机理及风险分析

住房市场日益成为家庭、开发企业、银行、政府等各类经济主体经济活动交汇的场所，并逐渐成为左右宏观经济发展态势的主导因素。国内外研究表明，住房市场与国民经济之间存在强烈的相互影响，房价波动对宏观经济波动具有很强的带动作用。本书运用动态随机一般均衡（DSGE）模型对经济中的家庭、企业和住房部门、央行等进行理论刻画，通过设定约束条件得到优化方程，并假定市场均衡时用加总的方法得到总体经济满足的方程。② 本研究将把宏观经济分析建立在微观经济分析的基础上，并对经济的长期均衡状态及短期的动态调整过程进行细致的刻画，从而使得长期与短期分析得到有机结合。

6. 依据房价波动特征提出相应的宏观调控政策建议

本书从促进消费、稳定投资、防范金融风险、促进经济增长等方面提出基于房价波动特征的宏观调控政策。

四　创新与不足

（一）创新点

1. 同时考虑房价波动的时间特征和空间特征

本书从城市和区域两个层面研究房价波动的时空特征，包括房价随时间波动的振幅、频率、收敛、扩散以及空间"连锁效应"等特征，并且把区域市场化程度等变量作为重要的解释变量，弥补了单纯考虑房价波动时间特征或空间特征的不足。

---

① 卢建新、卢明安：《金融市场与住房价格波动的联动关系——基于SVAR模型的实证分析》，《海南大学学报》（人文社会科学版）2014年第6期。

② 刘斌：《动态随机一般均衡模型及其应用》，中国金融出版社2014年版，第1页。

2. 采用面板门限模型分析住房财富效应的区域性差异

在研究房价波动对消费（主要是住房财富效应）的区域差异时，采用新的区域划分方法。在既有研究中，一般按东部、中部、西部三个区域来划分，但这种划分方法在一定程度上忽略了同一地理区域内的房价波动对消费影响的异质特征。房价波动对消费的影响存在空间异质特征，即使在同一区域内，房价波动对消费的冲击可能不一样。房价波动的财富效应发挥的主要机制是影响个人名义收入或实际收入，进而影响消费支出。本书采用面板门限回归模型，并以收入和房价为门限变量来进行区域划分，这样可能会使研究成果更加具有说服力。

3. 使用 VAR 模型分析房价波动与住房投资的动态关系

在国内，关于房价波动与住房投资的动态关系的研究并不多，已有研究多集中在宏观经济因素对房价的影响上，如国民收入对房价的影响、投资对房价的影响、消费对房价的影响、信贷规模和利率对房价的影响以及土地价格对房价的影响等。在国外，虽然这方面的研究已经取得不少成果，但由于国情、制度、文化背景不同，国外经验和结论不一定适合我国。本书运用 VAR 模型、脉冲响应函数和方差分解方法来研究房价波动与住房投资之间的动态关系，并对住房投资的托宾 Q 效应进行了检验，以检验我国住房市场是否具有显著的非理性特点。

4. 运用 SVAR 模型分析房价波动与金融市场的联动关系

将住房价格、股票价格和信贷规模等一并纳入开放经济背景下进行研究的学者还比较少。在经济全球化的背景下，分析房价波动对股票市场的影响时增加外汇市场因素是很有必要的。本书将房价波动作为一个冲击源，来分析房价变化是否会对我国金融市场产生共生反应，并用 SVAR 模型、脉冲响应函数和方差分解方法来进行实证检验。

5. 构建了包含住房市场的 DSGE 模型

目前国外学者在运用 DSGE 模型研究房地产市场方面已取得了丰硕的成果，但我国的相关研究（尤其是房价波动的宏观溢出效应方面）相对较少。本书结合我国货币政策及特殊的住房市场环境，将住房市场纳入到 DSGE 模型中来综合评价房价波动对宏观经济运行带来的溢出效应，丰富了 DSGE 模型的理论框架。本书放弃了局部均衡分析的传统方法，而是从一般均衡（全市场）的角度分析了住房市场波动的主要原因，并从供需两个方面着手研究，因此更加全面和深入。

（二）不足之处

1. 受条件限制多数实证数据未能更新至最新

本书以实证研究为主，由于研究时间跨度较长，实证数据变量众多，而且有的是月度数据，有的是季度数据，有的是年度数据，还有些是发展报告数据①，因此，要想把所有数据更新至一个最新的统一时间（如2014年年底）极其困难。为了使全书数据尽可能一致，我们把主要的时间节点定为2012年年底，尽管没有包含最近年份的数据，但基本不影响研究结论。

2. 构建的DSGE还不够完善

在我国，住房市场很大程度上受到政策调控，但在DSGE模型中很难将这一因素完美引入，本书借助已有研究成果将土地收入变化来代替财政政策的影响，因而具有一定的局限性。此外，由于DSGE模型极为复杂，受数学能力、经济学理论以及研究时间和精力的限制，没能从更大的经济系统（开放性经济模型）来进行研究，可能会使得研究结论具有一定的局限性。

---

① 如本书用到的一个重要变量——市场化指数，由于多种原因编者停止编制2010年及以后的市场化指数。我们能获得的最新数据是樊纲、王小鲁、朱恒鹏的《中国市场化指数》，为经济科学出版社2011年版。因此，无法做后续数据更新，实为遗憾。

第一章

房价波动的时间特征[*]

为了控制房价波动风险,我们应该首先弄清其动态特征。那么,我们应如何刻画房价的动态特征呢?大量研究表明,资产价格具有短期序列相关和长期均值回归特性。例如,Fama & French(1988)和 Poterba & Summers(1988)均发现股票价格在长期内具有均值回归性。Meen(2002)认为美国和英国 1975—1998 年的真实房价在其全国和地区层面均具有时间序列相关和均值回归特性。其他持类似观点的文献还有 Case & Shiller(1989)、Abraham & Hendershott(1996)、Malpezzi(1999)、Capozza et al.(2004)、Glindro et al.(2008)等。我国住房市场在 20 世纪 90 年代以后开始快速发展,并迅速成为国民经济的支柱产业。但受城市和区域经济发展水平、市场化进程等因素的影响,各地区的真实平均房价具有明显不同的动态特征(见图 1—1 和图 1—2)[①]。由于我国住房金融制度和地区市场化程度与西方发达国家存在较大差异,因而城市或区域房价动态特征可能会受到这些因素的影响。考虑到我国特殊的制度环境后,我国城市或区域房价动态是否还具有类似特征呢?如果答案是肯定的,那么,还有哪些因素会影响这些动态特征呢?本章将对这些问题作初步探讨。

---

[*] 本章的主要内容以两篇阶段性论文的形式发表,分别是:卢建新、苗建军:《中国城市住房价格动态特征及其影响因素》,《投资研究》2011 年第 7 期和卢建新:《市场化进程中区域住房价格的动态特征》,《经济问题探索》2014 年第 1 期。

[①] 根据数据的可得性,我们绘制了 2000—2014 年 35 个大中城市的真实房价变化图和 1995—2014 年 31 个省市的真实房价变化图,图 1—1 和图 1—2 只选择性地报告了部分结果。

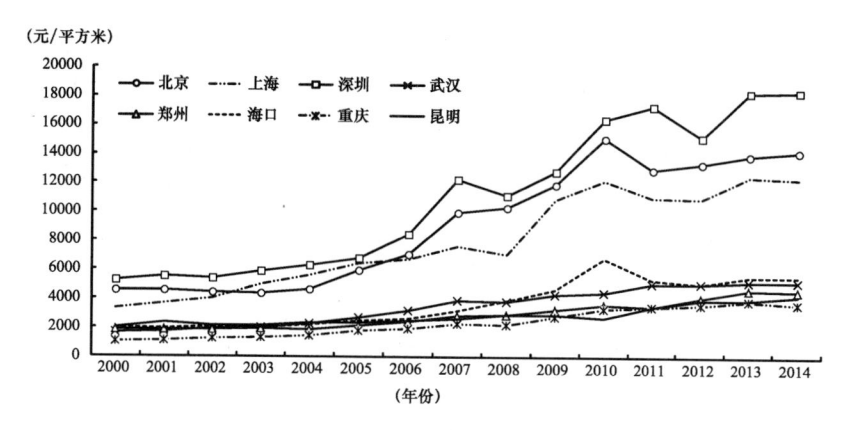

图1—1　2000—2014年我国部分城市的真实平均房价变化

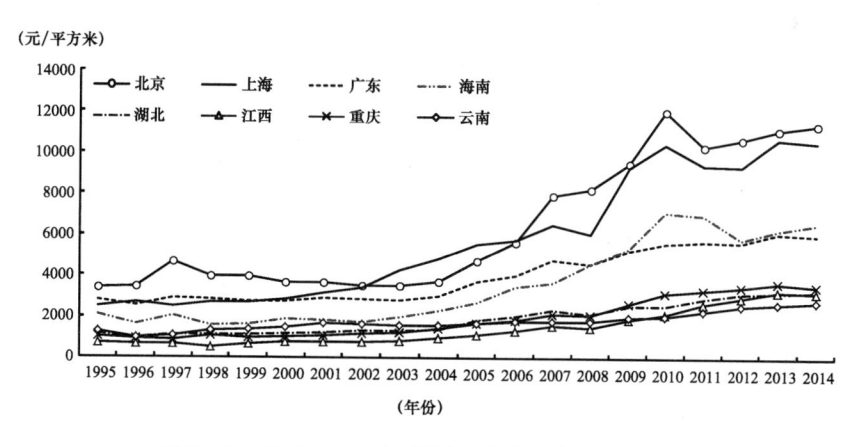

图1—2　1995—2014年我国部分地区真实平均房价

从现实情况来看，城市和区域房价动态问题一直受到社会各界的广泛关注，我们认为这主要由以下几个原因造成的：第一，不管在西方还是在中国，住房均为家庭最大的单个投资，房价波动不仅影响着人们的居住水平和生活质量，而且是家庭面临的最主要的金融风险（Yao & Zhang, 2005）；第二，住房市场与金融市场之间的共生关系使得房价波动风险高度集中于银行体系，进而直接威胁着我国金融稳定和金融安全；第三，房价波动对整个国民经济具有牵一发而动全身的波及效应，从而直接影响着社会经济的和谐发展和宏观调控效果。由上述分析可知，研究城市或区域房价动态问题有利于合理控制房价、维护社会和金融系统的稳定、防范金融与社会风险。

本章余下部分的结构安排如下：第一部分是文献综述；第二部分从理论上分析住房价格的动态特征；第三部分是估计思路与数据描述、第四、第五部分分别对我国城市和区域住房价格的动态特征进行实证分析；最后是结论。

一 文献综述

在西方发达国家，城市或区域房价动态问题很早就受到重视。早期研究主要集中在住房市场效率和房价的决定因素上。[1] 例如，Hamilton & Schwab（1985）使用美国49个城市统计区的住房平均销售价格数据研究了住房市场效率问题，并拒绝了有效市场假说。[2] Gottlieb（1976）认为长期房价变化受总体经济发展状况的影响。Poterba（1991）研究了1970—1990年美国城市房价的决定因素，认为税收政策和人口因素在房价变动中起着重要作用。Abraham & Hendershott（1992）研究了1976—1991年美国城市房价的决定因素及其变动方式，他们认为真实房价变动的决定因素主要是就业和真实收入的增长、真实建筑成本的变化、真实税后融资成本的变化。Bourassa & Hendershott（1995）研究了澳大利亚1979—1993年城市真实房价的变动情况，他们认为推动真实房价上涨的基本力量是真实工资收入增长和海外净移民人口的增加。Hort（1998）研究了瑞典1968—1994年城市房价波动的决定因素，他认为收入、使用成本、建筑成本的变化对真实房价有显著影响。Malpezzi（1999）用误差修正模型研究了房价与收入之间的关系，发现房价变化并不是随机游走的，而是部分可预测的。但Gallin（2006）的实证研究并没有发现房价与收入之间存在协整关系。随着研究的不断拓展，房价动态特征及规划管制等对房价动态调整的影响逐渐成为研究的重点。研究者分别从时间和空间两个维度来描述房价的动态特征。

---

[1] Cho（1996）提供了一篇关于房价动态理论和实证问题的文献综述。
[2] Gatzlaff & Tirtiroglu（1995）提供了一篇关于房地产市场效率问题的文献综述。

从时间维度来看，房价存在短期序列相关和长期均值回归特性（Case & Shiller，1989；Abraham & Hendershott，1992，1996；Malpezzi，1999；Meen，2001，2002；Capozza et al.，2004）。这些文献一致认为不同城市房价的序列相关和均值回归程度存在较大差异。例如，Meen（2002）认为美英两国1975—1998年的真实房价在全国和地区层面均具有时间序列相关特性。Abraham & Hendershott（1996）发现内地城市与沿海城市的房价序列相关特征存在明显差异。

从空间维度来看，房价波动存在连锁效应或波纹效应。Clapp et al.（1995）研究了美国旧金山和康涅狄格地区房价的空间扩散效应。Pollakowski & Ray（1997）研究了美国不同人口统计区域和主要城市区域的房价扩散方式。他们认为，一个地区的房价冲击会在格兰杰意义上引发同一个地区和其他地区的房价冲击，城市房价变动会在邻近区域间扩散。此外，他们还认为房价变动并没有立即反映当期公开信息，即住房市场不是有效率的。Meen（1999）指出英国房价展现出了不同空间运动方式，即在上升周期房价首先从东南部上涨，然后逐渐传导到其他区域；在下降周期房价先从东南部下跌，然后传导到其他区域。他把这种现象定义为连锁效应。

随后，房价动态问题引起了研究者的更广泛关注。Garmaise & Moskowitz（2004）发现区域市场的信息不对称在影响房地产交易和决定融资方式选择方面起着重要作用。Green 等（2005）发现不同城市的房价动态与供给弹性的大小有密切关系。Peek & Wilcox（2006）发现住房金融制度安排是影响房价动态特征的重要因素。Égert & Mihaljek（2007）和Glindro 等（2008）分别研究了中东欧和亚太经济体房价变动的决定因素，前者认为中东欧的房价在很大程度上由传统的经济基本面（如人均GDP、真实利率、住房信贷、人口因素等）和一些转轨因素决定，特别是随着住房市场和住房金融制度的发展；后者认为房价在供给弹性低、商业环境更加灵活的市场中波动性更强。Warnock & Warnock（2008）发现在经济发展阶段，信用制度发展程度以及产权保护强弱等是造成住房金融制度差异的重要原因。

国内对房价动态问题的研究起步较晚。就我们收集到的文献来看，仅有为数不多的文献论及了我国房价决定及其动态问题。沈悦和刘洪玉（2004）是国内较早研究房价与经济基本面关系的文献，他们认为经济基本面可以解释我国房价的上涨，但我国住房市场并不符合有效市场假说。受样本数据限制，他们仅研究了1995—2002年中国14个城市的房价决定情况。显然，该文还存在一些可拓展的空间。梁云芳和高铁梅（2007）率先用省际面板数据研究了中国房价波动的区域差异，并分析了造成各地区房价波动差异的原因（尤其是货币政策效应的区域差异）。她们认为信贷规模对东、西部地区的房价影响较大，而人均GDP对中部地区的房价影响较大。该文在解释房价波动的区域差异方面有一定的突破，但仅从货币政策差异角度给出解释，似乎把问题简单化了。况伟大（2009）研究了物业税对房价的影响，并认为开征物业税将会导致房价下降。该文仅给出了影响房价变动的一个重要因素，但并没有研究房价动态问题。严金海等（2009）研究了北京市房价波动的决定因素，并认为长期房价与经济基本面之间存在稳定的均衡关系，短期房价波动受经济基本面和住房市场调节能力的影响。该文区分了长期房价波动和短期房价波动，这是明显的进步，但并没有进一步研究长期房价和短期房价的动态特征。卢建新和苗建军（2011）研究了我国城市住房价格的动态特征及其影响因素，但没有分析区域房价动态问题。

综上所述，国内外相关文献的主要观点可归纳为：（1）长期房价动态具有长期均值回归和短期序列相关特性，长期均衡房价主要由经济基本面决定，它与短期实际房价之间存在一定程度的偏差；（2）房价动态受住房市场发展程度、住房金融制度安排和管制程度等方面的影响；（3）城市房价波动在空间上存在扩散效应或连锁效应。这些观点对探讨我国房价动态特征及其影响因素具有重要借鉴和指导作用，但也存在不足。由于绝大多数研究主要集中在西方发达国家的房价动态问题上，因而它们在估算均衡房价水平及其动态特征时均未考虑地区市场化程度的影响。但是，我国市场经济还处在不断发展和完善过程中，住房市场和住房金融制度还在转轨中，因而我们认为地区市场化程度对房价动态应该具有不可忽视的影响。此外，由前文对国内文献的评介可知，国内并未见到专门研究城市房价动态特征及其影响因素的文献。

本书的主要贡献体现在：（1）本书关注我国35个大中城市和30个省市的房价动态特征及其影响因素，而已有文献则主要关注发达国家的经验。由于我国住房市场发展程度、住房金融制度安排和政府作用等方面与发达国家存在显著差异，因而其房价动态特征及其影响因素可能也存在一定差异。从这个意义上来看，本书可能对已有研究提供一些补充。（2）本书通过引入地区市场化指数等地区因素变量来拓展已有的研究。地区市场化指数在同一个地区随着改革进程的推进而变化，它可以综合反映政府与市场的关系、非国有经济的发展、产品市场的发育程度、要素市场的发育程度、市场中介组织的发育和法律制度环境等经济和制度因素的变化，因而本书在房价动态影响因素的解释方面更有说服力。（3）本书使用的样本规模较大，并且引入了恩格尔系数和住房使用成本等新的解释变量。

二　房价波动时间特征的理论模型

我们遵循 Abraham & Hendershott（1996）、Capozza et al.（2004）和 Glindro et al.（2008）的思路来研究城市和区域房价动态特征，具体分析如下。

（一）住房基本价值

我们假定，每个时期每个城市或区域的住房存在一个基本价值，它主要取决于宏观经济基本面和市场化程度等因素，即：

$$P_{it}^* = f(X_{it}) \tag{1—1}$$

式（1—1）中，P_{it}^* 是城市或区域 i 在时间 t 时住房的真实基本价值；$f(\cdot)$ 是外生解释变量向量 X_{it} 的函数。方程（1—1）可视为由供求关系衍生出来的一种简约式模型，它是目前国际文献中通用的估算住房基本价值的主流方法之一。我们选择三类解释变量，包括城市或区域宏观经济基本面和市场化程度等因素，它们共同决定住房的基本价值。第一类是住房需求方面的因素，包括真实城镇人均可支配收入、恩格尔系数、真实住房使用成本等；第二类是住房供给方面的因素，包括真实建筑成本和土地供给价格指数；第三类是地区市场化指数，它由五类分指标变量构成，即政府与市场的关系、非国有经济的发展、产品市场的发育程度、要素市场的发育程度、市场中介组织的发育和法律制度环境，每一类分指标又包含若干类子指标（樊纲等，2013）。地区市场化指数可以全面反映各个地区经济制度变化、地区市场发展情况。我们有理由相信，地区市场化程度对城市房价决定及其变化有重要影响。

(二) 房价短期动态特征

由于信息不对称和供给时滞等原因,住房供求不可能进行瞬时调整,因而短期内均衡状态很难被观察到。我们认为短期内房价变化受序列相关和回归均值主导,即遵循:

$$\Delta P_{it} = \alpha \Delta P_{i,t-1} + \beta(P^*_{i,t-1} - P_{i,t-1}) + \gamma \Delta P^*_{it} \qquad (1-2)$$

式 (1—2) 中 P_{it} 是真实房价,Δ 是差分算子。方程 (1—2) 右边第一项是序列相关项,其系数为 α;第二项促使房价向基本价值回归,β 是向基本价值调整的速率;第三项是基本价值的变化。如果住房市场符合有效市场假说,则 $\gamma=1$ 且 $\alpha=0$,房价将进行瞬时调整。考虑到住房是一种调整缓慢的耐用资产,因而更为合理的假设是当期房价的变化由三部分构成,即自身滞后价格水平的变化($\alpha>0$)、偏离基本价值($0<\beta<1$)以及同期基本价值的变化($0<\gamma<1$)。当系数 α 和 β 系数取不同的值时,以上模型设定就可以允许房价具有丰富的动态形式。为了分析房价动态特征,我们把方程 (1—2) 改写为二阶差分方程(省略下标 i):

$$P_t - (1+\alpha-\beta)P_{t-1} + \alpha P_{t-2} = \gamma P^*_t + (\beta-\gamma)P^*_{t-1} \qquad (1-3)$$

我们进一步研究相应特征方程 $\lambda^2 - (1+\alpha-\beta)\lambda + \alpha = 0$ 的特征根,它们决定着房价动态的特征。考虑到所研究问题的实际意义,各参数合理的取值范围是 $\alpha>0$、$0<\beta<1$ 且 $0<\gamma<1$。依据有效市场假说,如果住房市场是强式有效的,那么 $\alpha=0$、$\beta=0$ 且 $\gamma=1$,即不能通过以前房价水平来预测当期价格水平、当期价格变动只与当期均衡价格有关。由于住房市场是信息高度不对称的,且供给方面存在滞后,因而不可能是强式有效的,只能是半强式或弱式有效的。这与 Pollakowski & Ray (1997)、沈悦和刘洪玉 (2004) 的研究结论是一致的。这就是说我们可以使用(至少是部分)以前房价水平来预测当期价格水平。另外,一般情况下房价具有向下刚性。因此,通常设定 $\alpha>0$、$\beta>0$ 及 $0<\gamma<1$。根据二阶差分方程的有关理论,无论初始条件如何,特征根收敛的充要条件是每个根的绝对值都小于 1。由此可以求出当 $0<\alpha<1$ 时,特征根收敛;曲线 FCD [即 $\Delta = (1+\alpha-\beta)^2 - 4\alpha = 0$] 为特征根是否震荡的分界线,当 α 和 β 的值位于曲线

上方（即 $\Delta<0$）时，就会出现震荡；当 α 和 β 的值位于曲线下方（即 $\Delta>0$）时，则不出现震荡（特征方程的详细解答过程见附录）。据此，我们可以划分四个区域来讨论房价的动态特征（见图1—3），即：

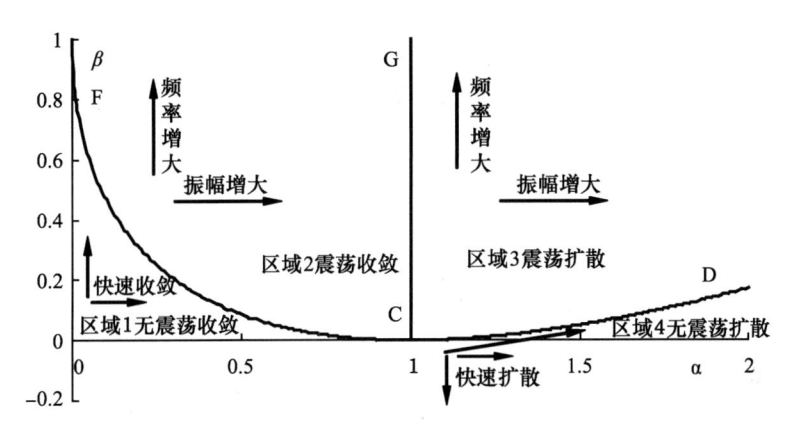

图1—3 房价时间动态特征图解

（1）区域1无震荡收敛，此时 $0<\alpha<1$、$0<\beta<1$ 且 $\Delta>0$，房价将单调收敛于均衡水平。在这种情形下，短期路径本身并不产生房价震荡周期，即房价动态仅反映其基本价值的变化。收敛速度取决于两个系数的大小，当 α 和 β 较大时，收敛速率较大。

（2）区域2震荡收敛，此时 $0<\alpha<1$、$0<\beta<1$ 且 $\Delta<0$，房价将围绕均衡价格水平作减幅震荡。与前一种情形相同，系数 α 和 β 的大小决定波动的特征。α 越大则波动的振幅越大，而 β 越大则波动的频率越高。

（3）区域3震荡扩散，此时 $\alpha>1$、$0<\beta<1$ 且 $\Delta<0$，房价将围绕均衡价格水平作增幅震荡运动，处于一种不稳定状态。与前一种情形相同，α 越大则波动的振幅越大，而 β 越大则波动的频率越高。

（4）区域4无震荡扩散，此时 $\alpha>1$、$0<\beta<1$ 且 $\Delta>0$，α 和 β 越大扩散速率越大。房价将会持续脱离其均衡价格水平，但这种动态一般不可能持久。

（三）城市或区域因素的作用

既然 α 和 β 可以决定房价变化的动态特征，那么哪些因素决定它们的大小呢？我们认为它们由城市特定的因素决定，包括城市经济发展水平

（如人均可支配收入）、土地供给价格以及其他一些反映市场发展程度的因素（如市场化指数）。为此，我们在方程（1—2）中引入交叉项，即：

$$\Delta P_{it} = \{\alpha_0 + \sum_j \alpha_j (Y_{ijt} - \bar{Y}_j)\} \Delta P_{i,t-1} + \{\beta_0 + \sum_j \beta_j (Y_{ijt} - \bar{Y}_j)\} (P_{i,t-1}^* - P_{i,t-1}) + \gamma \Delta P_{it}^* \tag{1—4}$$

式（1—4）中，i 标示城市或区域，j 标示变量，t 标示时间，Y_{ijt} 是关于城市或区域特定经济、市场因素的外生解释变量系列，它们会影响房价动态特征，$\bar{Y}_j$ 是变量 Y_j 的均值。这里去均值的目的在于增强城市或区域之间的可比性，而引入交叉项则可以允许 α 和 β 随城市和时间变化而变化。对于每个地区，每个时期的序列相关和均值回归系数分别为：

$$\alpha_i = \alpha_0 + \sum_j \alpha_j (Y_{ijt} - \bar{Y}_j) \tag{1—5}$$

$$\beta_i = \beta_0 + \sum_j \beta_j (Y_{ijt} - \bar{Y}_j) \tag{1—6}$$

下面我们将利用方程（1—1）、方程（1—2）和方程（1—4）来进行实证分析，并用式（1—5）和式（1—6）来计算各城市或区域房价动态参数的拟合值。

三　估计思路与数据描述

（一）估计思路

本章分四步来估计城市或区域房价的动态特征：第一步，用方程（1—1）来估算长期均衡房价，并进一步估算出它与实际房价的偏差。从国际文献来看，目前最常用的估算方法有简约式模型、生命周期模型、弥补成本模型等。本章将使用简约式模型来估计长期均衡房价。与通常方法不同的是，本章增加了地区市场化程度等新变量来确定长期均衡房价。第二步，用方程（1—2）来估算城市或区域房价的动态特征参数，即序列相关系数 α、均值回归系数 β 和同期调整系数 γ。第三步，引入交叉项来分析城市或区域经济、市场因素对房价动态特征的影响，并用方程（1—4）来估算城市或区域因素对各参数的影响。第四步，用方程（1—5）

和方程（1—6）来拟合各城市或区域的房价动态参数并计算其平均值。

（二）数据描述

本章主要使用我国35个大中城市和30个省市1996—2007年的有关数据，① 各主要变量的定义及其数据来源见表1—1。② 人均可支配收入、建造成本以及住房使用成本均通过实际 CPI 调整为1997年的水平。人均可支配收入和建造成本使用对数形式。此外，还需要作几点特别说明。

表1—1 　　　　　　　变量的定义及其数据来源

符号	变量名称	定义	单位	数据来源
P	住房价格指数	住房价格指数（以1997年为基期）	—	《新中国六十年统计资料汇编》、历年《中国统计年鉴》、各省市历年《统计年鉴》《中国固定资产投资统计数典》、历年《中国固定资产投资统计年鉴》《中国人口统计年鉴》、历年《中国房地产统计年鉴》
$\ln P$	真实住房价格	真实住房平均售价的对数	元/m²	
$\ln Inc$	真实人均可支配收入	真实城镇人均可支配收入的对数	%	
$\ln POP$	地区城镇人口总量	地区城镇人口总量的对数	万人	
$ngrPOP$	城镇人口自然增长率	城镇人口自然增长率	‰	
$Engerco$	恩格尔系数	食物支出占收入的百分比	%	
CPI	居民消费价格指数	实际居民消费价格指数	—	
$Land$	土地交易价格指数	土地交易价格指数（以1997年为基期）	元/m²	
$\ln Land$	当年购置土地面积	当年购置土地面积的对数	万m²	
$\ln Cost$	真实住房建造成本	真实住房建造成本的对数	元/m²	

---

① 选择这个时段的主要原因是最新的《中国市场化指数2011》只报告了这个时段的地区市场化情况，而且此报告不再出版，因此本章的关键性变量市场化指数无法获取。

② 我们还收集了各城市的GDP、人口总量及其自然增长率等数据，但均因在回归分析中系数不显著而被剔除。

续表

符号	变量名称	定义	单位	数据来源
$UCost$	真实住房使用成本	见正文中的有关定义	%	计算得到
MR	住房抵押贷款利率	5年期住房抵押贷款年利率	%	中国人民银行
$Mindex$	地区市场化指数	中国各省区市场化指数总得分	—	樊纲等《中国市场化指数》

第一，由于大多数城市缺少住房平均价格数据，因而本书用住房价格指数来反映城市住房价格水平，区域住房价格直接使用住房平均销售价格，并消除了通货膨胀的影响。类似地，城市数据中用土地交易价格指数反映土地供给情况，区域数据中用当年购置土地面积反映土地供给情况。

第二，$UCost$ 为导出变量，其主要作用在于捕获住房使用者的真实使用成本。本章使用 Green & Malpezzi（2003）提出的计算公式[①]，但根据我国实际情况进行了修改。具体而言，由于税收制度不同，我国住房抵押贷款支出的"税盾"作用不明显，因而本章删除（1－所得税率）。另外，本章还根据实际情况调低了维修与折旧率，取1%。综合起来，得到以下计算公式：

$$UCost = 住房抵押贷款利率 + 房地产税率 - CPI + 1\% \quad (1—7)$$

住房抵押贷款利率取中国人民银行发布的5年期住房抵押贷款利率；由于我国地方政府普遍按1.2%的标准征收房地产税（况伟大，2009），因而房地产税率取1.2%；式（1—7）中最后一项是维修与折旧率，国际经验通常取3%，由于我国的维修与折旧费提取比较低，因此，我们按1%计算。[②]

第三，变量地区市场化指数用于衡量各城市和区域的市场化程度。由于目前我国没有公布城市市场化指数，因而本章使用省际市场化指数

---

① 参见 Green and Malpezzi（2003, pp. 55－60）的有关论述。
② 本章根据我国实际情况调低了维修与折旧率，分别按1%、0.5%和0三种情况进行了计算，但所得结果并无实质性差异，因此，在回归结果中本章只报告了1%的情形。

来替代城市市场化指数。具体而言，每个城市的市场化指数用该城市所在省份的市场化指数来替代。

第四，对数据平稳性问题的说明。为了避免伪回归，我们使用 LLC 检验（Levin 等，2002）和 IPS 检验（Im 等，2003）对各指标的平稳性进行了检验①，虽然人均可支配收入和建造成本呈现非平稳性，但其一阶差分都是稳定的。由于本章的主要分析工具是二阶差分方程，因而数据非平稳性不是一个问题。

四 我国城市房价波动时间特征的实证分析

这里使用 35 个大中城市的相关数据来分析我国城市房价波动的时间特征。

（一）我国城市住房基本价值

按照拟定的估计方法，我们使用固定效应和随机效应估计了 35 个大中城市房价水平的长期均衡方程（见表1—2），并通过 Hausman 检验来确定模型形式（检验结果表明固定效应估计优于随机效应估计）。

表1—2　　　　　　我国城市住房基本价格决定

变量	固定效应 系数	固定效应 t 值	随机效应 系数	随机效应 z 值
ln*Inc*	0.209***	4.25	0.170***	3.26
Engerco	0.005**	2.18	0.001	0.55
Land	0.113***	6.43	0.148***	7.95
ln*Cost*	0.126***	3.37	0.049	1.29
UCost	0.010**	2.07	0.009*	1.87
Mindex	0.053***	7.38	0.049***	6.53

---

① 本章的数据平稳性检验和模型估计均使用 Stata13.0 软件来完成的。

续表

变量	固定效应		随机效应	
	系数	t 值	系数	z 值
常数	-2.342***	-5.79	-1.314***	-3.15
R^2	0.796（组内）		0.787（组内）	
	0.024（组间）		0.056（组间）	
	0.340（全部）		0.410（全部）	
Wald chi2（P 值）	224.07（0.000）		1031.13（0.000）	
Hausman 值（P 值）	261.71			
	(0.000)			
模型	固定效应			
观测值	385		385	

注：(1) 被解释变量为 P；(2) ***、** 和 * 分别表示在 1%、5% 和 10% 的水平上显著。

从估计结果来看，房价指数与人均可支配收入、恩格尔系数、土地交易价格指数、住房建造成本、住房使用成本以及地区市场化指数均呈正相关关系，各变量系数的符号和大小与本章理论模型基本一致。例如，人均可支配收入增长 1%，则房价指数水平增长 0.209%；土地交易价格指数增长 1%，则房价指数增长 0.113%。值得注意的是，市场化指数平均提高 1 个指数单位，则房价指数水平增长 5.3%。这表明改善市场环境（如减少政府对市场的干预、促进产品和要素市场发展、改善市场中介组织的发育和法律制度环境等）有利于住房的交易和流通，并对房价产生正面影响。

（二）我国城市房价短期动态特征

在分析城市房价短期动态特征时，我们使用第一阶段估计的 P^* 值来计算实际房价指数对均衡房价指数的偏离。我们仍然使用固定效应和随机效应两种方法对方程（1—2）进行估计，估计结果报告在表 1—3 中。Hausman 检验表明固定效应估计优于随机效应估计，其原因是前者可以控制一些可能被遗漏的、不可观测的城市因素。从结果来看，序列相关系数 α、均值回归系数 β 和同期调整系数 γ 的大小和符号与本章理论模型基本一致。同期调整系数 γ 表明住房市场比其他流动性更强的资产（如股票）调整速度要慢得多，这是因为经济冲击引起均衡房价指数变动时，仅有37.6%在当期房价调整得到反映，而另外62.4%会随着时间逐步调整。此外，房价指数表现出较强的序列相关性（α值为0.612），而均值回归特性则较弱（β值为0.162）。

（三）城市因素的作用

为了进一步考察哪些因素会影响房价动态特征参数，我们允许它们随时间和城市的变化而变化，也就是考虑它们与城市因素的交互作用。这里主要考虑真实人均可支配收入及其变化、住房建造成本、土地价格指数及其变化、住房使用成本、地区市场化指数与各参数的交互作用[①]，并对方程（1—4）进行估计，结果报告在表1—3中。

需要说明的是，在估计方程（1—4）时，我们对引入交叉项的各变量进行了去均值，目的在于增强不同城市间的可比性。实证结果表明：住房使用成本、地区市场化指数、土地价格指数及其变化对序列相关系数α有显著影响；真实人均可支配收入及其变化、住房建造成本、地区市场化指数对均值回归系数β有显著影响。当住房使用成本发生一个标准差变化时，序列相关系数α增加1.1%；当市场化指数发生一个标准差变化时，序列相关系数α增加0.4%，而均值回归系数β则增加3.4%；当土地交易价格指数发生1个标准差变化时，序列相关系数α减小2.8%，但当土地交易价格指数的变化增大1个标准差时，序列相关系数α增大5.9%；真实人均可支配收入、真实住房建造成本发生1%的1个标准差变化时，均值回归系数β分别增加0.31%和0.198%。

表1—3　　　　　　　　　我国城市房价短期动态特征

变量	对方程（2—2）的估计		对方程（2—4）的估计	
	固定效应	随机效应	固定效应	随机效应
	系数　t值	系数　z值	系数　t值	系数　z值
LD.P（A）	0.612*** 　14.66	0.670*** 　16.93	0.530*** 　10.72	0.635*** 　12.13
$UCost \cdot A$	—　　　—	—　　　—	0.011*** 　2.63	0.010*** 　2.61

[①] 我们还把其他变量如恩格尔系数引入交叉项，但都因系数不显著而被剔除了。

续表

变量	对方程 (2—2) 的估计				对方程 (2—4) 的估计			
	固定效应		随机效应		固定效应		随机效应	
	系数	t值	系数	z值	系数	t值	系数	z值
$Mindex \cdot A$	—	—	—	—	0.004**	2.31	0.001	0.79
$Land \cdot A$	—	—	—	—	-0.028***	-4.11	-0.019***	-3.28
$D.Land \cdot A$	—	—	—	—	0.060***	3.76	0.045***	2.87
$LD.(P^*-P)(B)$	0.162***	6.96	0.028***	2.96	0.149***	5.37	0.016	0.77
$\ln Inc \cdot B$	—	—	—	—	-0.340***	-4.54	-0.178***	-2.95
$D.\ln Inc \cdot B$	—	—	—	—	0.309**	2.23	0.068	0.49
$D.\ln Cost \cdot B$	—	—	—	—	0.200***	2.59	0.122**	2.41
$Mindex \cdot B$	—	—	—	—	0.035***	3.13	0.017**	2.22
$D.P^*$	0.376***	8.56	0.361***	8.07	0.278***	5.21	0.317***	5.80
常数	0.006**	2.15	0.005*	1.66	0.096***	2.90	0.093***	2.76
R^2	0.589（组内）		0.535（组内）		0.668（组内）		0.589（组内）	
	0.196（组间）		0.888（组间）		0.164（组间）		0.839（组间）	
	0.405（全部）		0.612（全部）		0.397（全部）		0.647（全部）	
Wald chi2（P值）	132.17 (0.000)		489.89 (0.000)		49.24 (0.000)		554.60 (0.000)	
Hausman 值（P值）	42.22 (0.000)				129.72 (0.000)			
模型	固定效应				固定效应			
观测值	315				315			

注：(1) D. 表示一阶差分，LD. 表示一阶滞后差分；(2) 被解释变量为 D.P；(3) ***、** 和 * 分别表示在1%、5%和10%的水平上显著。

为了清楚地看到各城市房价的动态特征，我们利用式（1—5）和式（1—6）拟合了各城市1998—2007年的序列相关系数 α 和均值回归系数 β，由于差分原因实际只有350个拟合值，结果报告在图1—4中。另外，我们还根据拟合值计算了1998—2007年各城市房价动态参数的平均值（分别按城市平均和年度平均），结果分别报告在图1—5和图1—6中。综合图1—3至图1—6，我们可以得出以下几个结论：

（1）各城市房价动态参数的拟合值几乎全部落入震荡收敛区内（即区域2），只有不到1.5%的拟合值落入无震荡收敛区内（即区域1），没有拟合值落入扩散区内（即区域3和区域4）。

（2）东部城市房价的波动振幅普遍高于中西部城市。就城市平均而言①，广州市房价波动的振幅最大，其次是上海、深圳、宁波等，其他城市房价波动的振幅从右至左依次减弱；在35个大中城市中，杭州市房价波动的频率最大，其次是上海、沈阳等，其他城市越靠下方，波动频率越小（见图1—5）。

（3）就年度平均而言，35个大中城市房价波动振幅最大的两年分别是1998年和2007年（见图1—6）。

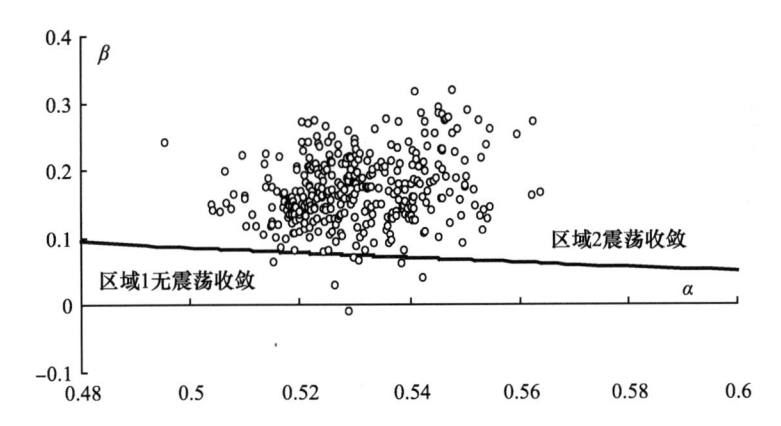

图1—4　1998—2007年我国35个大中城市房价时间特征参数的拟合值

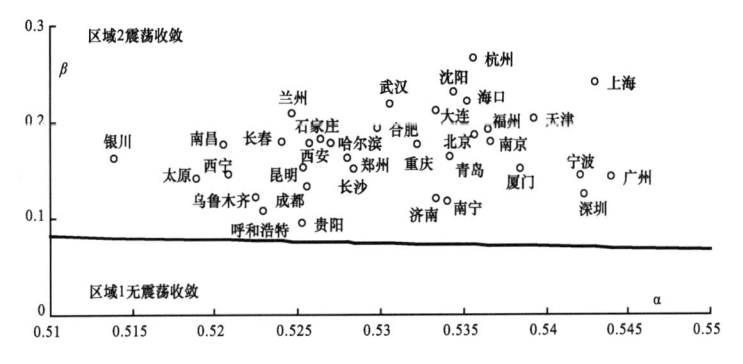

图1—5　1998—2007年我国35个大中城市房价时间特征参数的平均值

---

① 这里是指按城市取1998—2007年的平均值。

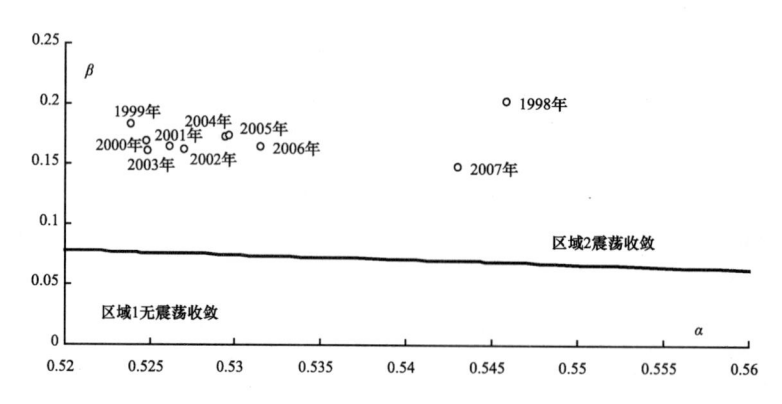

图1—6　1998—2007年我国35个大中城市房价时间特征参数的年平均值

另外，从1999年起，35个大中城市的平均房价波动振幅有逐渐增大的趋势，2006—2007年平均房价波动振幅增长幅度较大，但波动频率变化幅度不大。这些结论与历史经验是一致的。1997年亚洲金融危机爆发后，我国城市房价确实出现大幅波动；而在2008年美国爆发次贷危机之前，我国城市房价也出现了大幅增长，直到危机爆发后我国城市房价才开始逐渐回落。

由以上分析可知，在不同时段里，各城市房价的动态特征因城市因素不同而存在差异。从35个大中城市的整体情况来看，我国城市房价波动幅度、频率均处于正常范围内，并没有出现偏离经济基本面的扩散现象。

五　我国区域房价波动时间特征的实证分析

这里使用除西藏以外30个省市的相关数据来分析我国区域房价波动的时间特征。

（一）区域住房长期均衡价格估算

对于长期均衡房价方程（1—1），本章利用30个省市1996—2009年的面板数据进行了估算，并使用Hausman检验来确定固定效应和随机效应模型。估计结果报告在表1—4中。

表1—4　　　　　　　　区域住房长期均衡价格决定

变量	固定效应 系数	固定效应 t值	随机效应 系数	随机效应 z值
$\ln Inc$	0.677***	11.15	0.633***	11.03
$\ln POP$	0.122***	3.19	0.057**	2.07
$ngrPOP$	0.023***	4.85	0.017***	3.73
$\ln Land$	-0.041***	-4.15	-0.048***	-4.28
$\ln C$	0.292***	5.79	0.380***	7.69
UC	0.016***	3.32	0.018***	3.57
$Mindex$	0.027***	3.09	0.031***	2.97
常数	-1.857***	-4.39	-1.614***	-3.79
R^2	0.890（组内）		0.887（组内）	
	0.723（组间）		0.828（组间）	
	0.768（全部）		0.826（全部）	
Wald chi2（P值）	406.92 (0.000)		2770.98 (0.000)	
Hausman值（P值）	78.79 (0.000)			
模型	固定效应			
观测值	390		390	

注：（1）被解释变量为$\ln P$；（2）***、**和*分别表示在1%、5%和10%的水平上显著。

可以看出，解释变量的系数符号与理论模型预期基本一致。具体而言，长期均衡房价水平与地区人均可支配收入、地区城镇人口总量、城镇人口自然增长率、住房使用成本、住房建造成本和地区市场化指数呈正相关关系，但它与当年购置土地面积呈负相关关系。各系数表明各变量具有合理的弹性。譬如，地区人均可支配收入增长1%，则长期均衡房价水平提高0.677%。需要特别指出的是，地区市场化水平提高1个指数单位时，长期均衡房价水平将会上涨2.7%。这意味着提高市场化程度

（如提高市场分配经济资源的比重、促进信贷资金分配的市场化、改善市场中介组织的发展环境等）能促进住房的流通和交易，并对长期均衡房价产生正面影响。另外，均衡房价水平与当年购置土地面积呈负相关关系表明增加土地供给在长期里具有消减房价的作用。

（二）区域住房短期价格动态特征分析

根据前文的理论模型分析，区域短期房价动态特征取决于参数 α、β 和 γ 的取值。为此，这里进一步对方程（1—2）进行估计，估计方法仍然是固定效应模型和随机效应模型，估计结果见表1—5。从估计结果来看，区域短期房价动态特征参数 α、参数 β 和参数 γ 的大小及符号符合理论模型预期。参数 γ 的大小及符号表明短期房价的调整速度要比股票等流动性强的资产要慢，当区域均衡房价受经济冲击而发生变动时，大约有64.4%的变化反映在当期房价调整中，大约有35.6%的变化会随着时间逐步调整。另外，区域短期房价变动具有较强的均值回归特性（β 值为0.372），而序列相关性稍微弱一些（α 值为0.188）。从 Hausman 检验来看，固定效应模型较好。

表1—5　　　　　　　　区域住房短期价格动态特征

变量	对方程（1—2）的估计 固定效应 系数	t 值	对方程（1—2）的估计 随机效应 系数	z 值	对方程（1—4）的估计 固定效应 系数	t 值	对方程（1—4）的估计 随机效应 系数	z 值
LD.ln$P$（α）	0.188***	3.39	0.172***	2.61	0.130**	2.37	0.005	0.10
ln$POP\cdot\alpha$	—	—	—	—	−0.126**	−2.02	−0.075	−1.26
$Mindex\cdot\alpha$	—	—	—	—	0.114***	5.04	0.106***	4.87
LD.(lnP^*−ln$P$)（β）	0.372***	7.48	0.358***	3.41	0.343***	3.77	−0.030	−0.37
D.ln$Inc\cdot\beta$	—	—	—	—	1.798**	2.09	1.300	1.46
D.ln$C\cdot\beta$	—	—	—	—	0.528***	2.84	0.363*	1.85
D.lnP^*（γ）	0.644***	8.67	0.639***	8.59	0.570***	7.14	0.538***	6.32
常数	0.021**	2.68	0.026**	3.24	0.017**	2.52	0.029***	4.11

续表

变量	对方程（1—2）的估计				对方程（1—4）的估计			
	固定效应		随机效应		固定效应		随机效应	
	系数	t值	系数	z值	系数	t值	系数	z值
R^2	0.360（组内）		0.222（组内）		0.447（组内）		0.300（组内）	
	0.015（组间）		0.262（组间）		0.039（组间）		0.481（组间）	
	0.089（全部）		0.220（全部）		0.128（全部）		0.302（全部）	
Wald chi2（P值）	42.24（0.000）		78.72（0.000）		26.90（0.000）		113.48（0.000）	
Hausman值（P值）	35.02（0.000）				73.00（0.000）			
模型	固定效应				固定效应			
观测值	330				330			

注：（1）D. 表示一阶差分，LD. 表示一阶滞后差分；（2）被解释变量为 D.ln$P$；（3）***、** 和 * 分别表示在1%、5%和10%的水平上显著。

（三）区域住房价格动态特征差异分析

既然参数 α 和参数 β 决定区域房价动态特征，那么它们又受哪些因素影响呢？换句话说，各地区房价动态特征的差异由哪些因素决定呢？为此，本章允许这些参数随时间和地区不同而发生变化，即分析它们与地区因素的交互作用。这里主要考虑地区人均可支配收入和住房建造成本的变化、地区城镇人口总量及地区市场化指数与两个参数的交互作用。表1—5列出了对方程（1—4）的估计结果。需要指出的是，为了增强不同地区间的可比性，本章对引入交叉项的相关变量减去了相应均值。从估计结果来看，地区市场化指数和人口总量对 α 有显著影响，地区人均可支配收入和住房建造成本的变化对 β 有显著影响。当市场化指数发生1个标准差变化时，α 增加11.4%；当地区城镇人口总量发生1%的1个标准差变化时，α 减小0.126%；当地区人均可支配收入和住房建造成本各发生1%的1个标准差变化时，β 分别增加1.798%和0.528%。

为了准确掌握各地区房价的动态特征，本章利用方程（1—5）、方程（1—6）拟合了各地区1998—2009年的参数 α 和参数 β。这里有两点需要说明，一是差分原因造成只有330个实际拟合值；二是去均值产生了一些负拟合值。此外，本章还利用估算出来的拟合值计算了1998—2009年全国和各地区序列相关系数 α 和均值回归系数 β 的平均值，图1—7和图1—8报告了相关结果。综合考虑图1—2、图1—7和图1—8，可以看出如下几个特点。

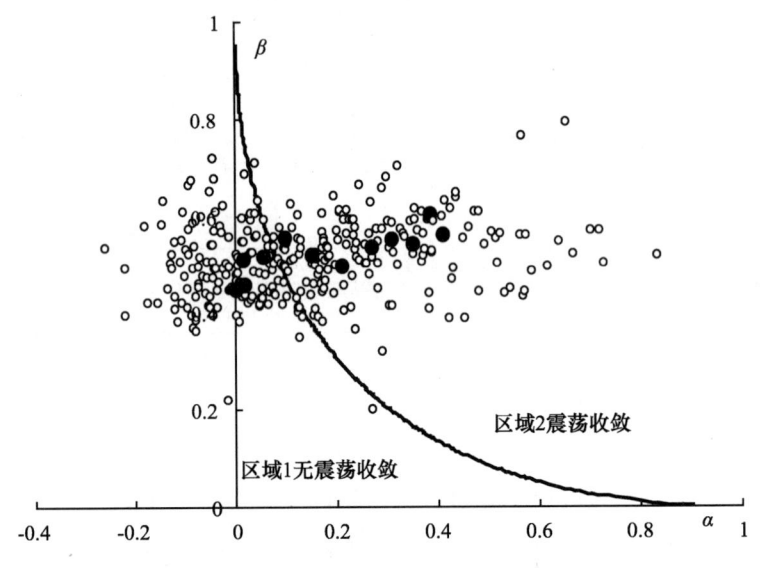

图1—7 1998—2009年全国和各地区房价时间特征参数的拟合值

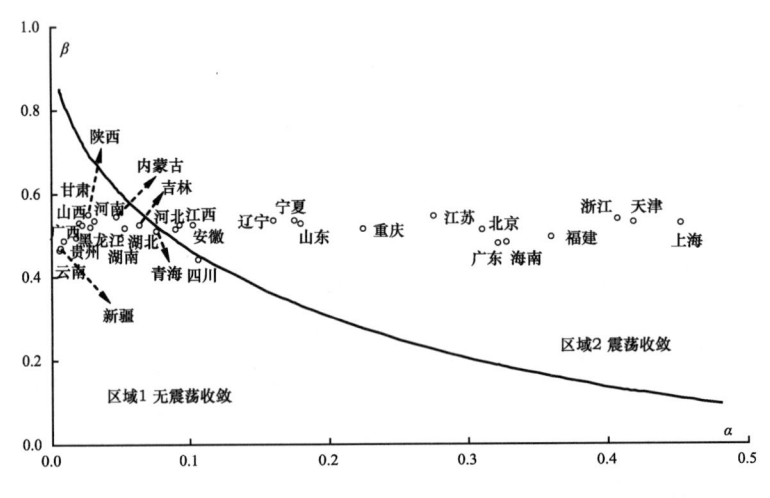

图1—8 1998—2009年各地区房价时间特征参数的平均值

第一，各地区参数的拟合值均位于房价收敛区域内（即 ΔABC 内），其中有 22.67% 的拟合值落入无震荡收敛区域内（即区域 1），52.33% 的拟合值落入震荡收敛区域内（即区域 2），另外有一部分为负拟合值（见图 1—7）。

第二，所有东部地区和少数中西部地区（包括重庆、安徽、江西、河北和宁夏）的参数平均拟合值都落入震荡收敛区域（占 50%），而另外一些中西部地区的参数平均值则全部落入无震荡收敛区域内（也占 50%）。由图 2—8 可知，在震荡收敛区域内，上海房价波动的振幅最大，其他地区从右至左振幅依次减弱；在无震荡收敛区域内，越靠右上方，收敛速率越大。

第三，全国各参数的平均拟合值全部落入收敛区域内。在图 1—7 中，12 个黑实心圆从左至右分别为 1998—2009 年全国序列相关系数 α 和均值回归系数 β 平均值的散点图，其中 1998—2001 年的拟合值落入无震荡收敛区域内，2002—2009 年的拟合值落入震荡收敛区域内。序列相关系数 α 不断增大表明，1998—2001 年收敛速度在不断增大，2002—2009 年震荡幅度在不断扩大。均值回归系数 β 的平均值在 4.5—5.5 之间摆动表明，我国房价波动的频率有所变化，但变化幅度不大。

第四，从全国范围来看，没有哪个地区的房价动态参数拟合值落入扩散区域内。

上述情况表明，即使面临相同的经济冲击，各地区房价动态也不会只有一种行为反应。在不同时间和地区，房价动态特征因地区因素不同而存在差异。总体而言，我国区域房价动态参数均处于正常波动范围内，没有出现持续偏离经济基本面的扩散现象，但 2002 年以后，房价震荡幅度在不断扩大。

六 主要结论

本章从理论和实证两个层面研究了 1996—2007 年我国 35 个大中城市和 30 个省市的住房价格波动的时间特征。首先，本章构建二阶差分模型分析了房价的动态特征（即序列相关、均值回归和同期调整特征）；其次，本章利用我国35个大中城市和30个省市1996—2007年的面板数据估计了各城市和区域房价波动的时间特征参数；然后，本章分析了人均可支配收入、住房建造成本、住房使用成本、土地交易价格指数、地区市场化程度等城市和区域因素对各房价动态参数的影响；最后，本章还拟合了各城市和区域的房价动态参数值，并分别按城市、区域和年度计算了平均值。

本章所得主要结论有：（1）我国城市和区域房价动态均具有序列相关和均值回归特征，并且城市房价动态具有较强的序列相关特性和较弱的均值回归特征，区域房价动态具有较弱的序列相关特性和较强的均值回归特征；（2）住房使用成本、地区市场化指数、土地交易价格指数、人口总量及其变化是序列相关系数 α 的重要决定变量，对该系数有显著影响；（3）真实人均可支配收入及其变化、住房建造成本、地区市场化指数是均值回归系数 β 的重要决定变量，对该系数有显著影响；（4）各城市和区域的房价波动的时间参数拟合值几乎全部落入震荡收敛区域内，但其收敛速度、震荡幅度和频率均存在不同程度的差异，东部城市房价的波动振幅普遍高于中西部城市；（5）1999年后35个大中城市的平均房价波动振幅有逐渐增大的趋势，尤其是2007年的房价波动振幅相对于2006年出现了非正常增长（见图1—4），几乎达到了1998年亚洲金融危机时的水平，但波动频率变化幅度不大。总之，全国的平均拟合值落入收敛区域内。

综上所述，我国城市和区域房价波动因城市和地区收入水平、建造成本、市场化程度等因素的差异而表现出不同程度的序列相关和均值回归特征，但整体上处于正常波动范围内，并没有出现持续偏离经济基本面的扩散现象，只是在2002年以后，全国房价震荡幅度有不断扩大的趋势。整体而言，2007年以前各城市的房价波动振幅和频率均处于正常范围内，并没有出现偏离经济基本面的扩散现象，但2007年相对于2006年房价波动振幅出现了非正常增长，这在一定程度上预示着在不久的将来可能会出现新的房价危机。

第二章

房价波动的空间特征
——基于连锁效应的视角

按照城市形成和发展的一般规律,在区域内人口向区域中心(城市)逐渐集聚的过程中,由于土地供给有限,人们对城市空间、土地和住房急剧增长的需求往往会推动房价的不断上涨。1980年至今,伴随着发展中国家的经济增长,城市化浪潮正席卷大多数发展中国家,从而导致这些国家房价普遍上涨,并且由于对外开放的加深和资本的无国界流动,这个趋势也推动了发达国家房价的上涨。从空间维度来看,一个城市或地区的房价波动往往会扩散到其他城市或地区,产生所谓的连锁效应。与世界发展趋势相同,自住房改革以来,我国房价变化呈现出两个基本特点:(1)从时间维度来看,房价波动以不断上涨为主,价格下降的现象相对较少;[①](2)从空间维度来看,我国各个区域的房价波动有一定程度的趋同现象,相邻近的城市房价波动特征有相似的特点,甚至分属不同区域的城市的房价波动也有一定程度的相似性。

在传统理论中,住房市场通常被看作区域性的市场。在实践中,我国各个区域的房价波动既有差异性又有趋同性,那么不同区域之间及各个区域内部的城市房价波动是否存在着相互影响?某个城市的房价波动是否会传导到其他城市?本章试图从连锁效应的角度来探讨房价波动的空间特征。

---

① 关于房价波动的时间特征第一章已做了详细分析,在此不再赘述。

一 文献综述

在过去相当长的时间里,国际学术界对住房市场的研究主要集中在单个城市层面或国家总体层面上,即使有涵盖多个区域子市场的研究,也往往假定解释变量对不同住房子市场起着相同的影响作用。随着计量技术特别是协整分析技术的快速发展,一些欧美研究者开始对不同区域间住房子市场存在的相互关系产生兴趣,并对这种互动关系进行研究。在区域间房价的相互关系的研究中,连锁效应理论占据着核心的地位。

(一)国外相关研究现状

国外学术界关注区域间房价波动的连锁效应始于20世纪80年代末期,至今已经产生了大量有价值的文献资料,其中以英国学者的研究成果最为丰富和重要。现对相关文献进行归纳总结。

1. 房价波动连锁效应现象

区域间房价的传递在统计意义上表现为各区域房价在长期中能维持协整关系。区域间房价的长期协整关系是指各区域的房价在长期中能够维持相对稳定的比例关系。这种在长期中相对稳定的比例关系能够对各区域的房价波动产生一定的制约,这意味着即使各区域的房价在短期波动中出现了一定程度的差异,在长期中也能恢复到平稳状态。只有当各区域内的房价在长期里存在相互影响和制约关系时,连锁效应才能够发生。由此可见,上述研究为研究区域间房价联动关系奠定了理论基础,这类研究基本上是利用各地区的房价数据进行不同的协整检验,以判断其长期关系。

MacDonald & Taylor(1995)较早运用协整理论来研究区域房价的联动关系,并发现,在11个区域房价研究样本中有9个样本的房价具有协整关系,他们由此认为,英国的所有行政区域(除北爱尔兰区域)的房价并不能在长期当中保持持久的差异。Alexander & Barrow(1996)缩短了上述研究中使用数据的时滞长度,采用相同的研究方法但却发现具有协整关系的区域数量显著下降,在11个区域样本中仅有3—5个区域存在协整关系。Meen & Andrew（1998）对英国房价的波动规律进行了总结，即英国房价的上涨总是先从东南部开始，再扩散到英国的其他区域，他们首次使用连锁效应（Ripple Effect）来描述这种现象，并尝试对连锁效应的产生原因进行解释。

传统的协整研究方法假设房价波动出现差异后回归均值的过程是对称的，即出现短期波动差异后各城市间房价比例关系回归长期均衡的速度是一致的。这种假设在一定程度上与现实不符合，所以 Cook（2005）对传统的协整方法进行了改进，采用非对称调整过程（MTAR）对英国13个地区1973年第四季度到2003年第一季度的房价数据进行协整分析，结果显示英国众多地区之间存在着两两协整关系，且这些地区的房价在受到冲击后恢复均衡状态的速度是不一样的，当南部房价相对于其他地区房价下降时，恢复到均衡的速度比较快；而当南部房价相对于其他地区房价上升时，恢复到均衡的速度比较慢。

在运用协整分析的基础上，其他学者进一步运用了时间序列的其他分析方法。Liu & Picken（2008）进一步使用误差修正模型、脉冲响应函数以及方差分解对澳大利亚8个首府城市间可能存在的房价波动连锁效应的传导路径和持续时间进行分析，发现 Canberra 和 Hobart 是整个连锁效应中最关键的城市，悉尼和墨尔本则是独立性最强的城市。Chen 等（2011）使用误差修正模型、经过改进的格兰杰因果关系检验，对中国台湾四个城市的房价连锁效应进行检验，发现在长期中只有台北市和新北市的房价存在协整关系，而其他城市之间并不存在长期稳定关系。

其实，城市房价波动的连锁效应不仅仅存在于一国之内，一个区域房价的波动甚至会受到其他国家和地区房价波动的影响。Stevenson（2004）采用改进 ADF 检验和脉冲响应函数对爱尔兰共和国以及爱尔兰共和国与北爱尔兰地区之间房价波动的连锁效应，检验结果显示爱尔兰共和国内存在着较显著的从首都都柏林至其他地区的房价波动扩散现象，并且北爱尔兰地区与爱尔兰共和国的房价之间的关系要比与英国的其他地区房价的关系更为紧密。Holly et al.（2010）指出伦敦房价的波动会扩散至英国的其他城市，这些城市的房价也会反过来对伦敦的房价产生影响，同时运用改进的脉冲反应函数的结果显示伦敦的房价在一定程度上会受到美国纽约等世界其他金融中心的房价波动的影响。

然而，也有小部分学者的研究对不同区域的房价之间是否存在长期的协整关系提出了质疑。Barros et al. (2012) 运用部分整合的协整方法对美国不同州的房价数据进行研究，发现美国各个州的房价之间并不存在长期稳定的协整关系。

2. 房价波动连锁效应的产生原因

与第一类研究只注重分析房价波动连锁效应现象不同的是，第二类研究侧重于分析房价波动连锁效应产生的原因，使用的主要研究方法既有传统的线性回归模型，也有比较前沿的空间滞后模型和空间误差模型。

Meen (1996a) 利用空间依赖和系数异质的思想来检验区域住房市场的空间相互影响，并利用空间和主流经济学的概念来进行解释分析。异质性测量的区域市场表现出了结构性差异，而这种结构性差异可能是由很多原因引起的，特别是各区域间的家庭行为和住房供给都有很大差异，这就导致了不同地区房价波动之间存在分异。Giussani & Hadjumatheou (2001) 指出，造成英国南部房价长期比北部高的原因主要有两个：一是英国南部地区的居民收入水平比北部高；二是英国南北地区对银行基准利率变化的敏感度不同。Meen (1999) 指出，除了不同地区的空间依赖程度不同以外，还可以从各地区住房市场对某一影响因素的反应不同和各地区住房市场在结构上的差异等途径来解释连锁效应的产生。Meen (2003) 指出，用来解释连锁效应的方程必须有两个特点：(1) 任何地区的房价相对全国平均价格的比率应表现出很小或没有长期趋势；(2) 短期地区间的价格比率可以有相当大的波动性。他将英国划分为南部、中部、北部和苏格兰四个区域，用 1973—2003 年的年度数据，检查出各区域间的连锁效应，并且发现房价在南部对收入变化比全国平均水平更敏感，在北部比平均水平低，利率和失业系数同样也有不同的空间图形。

国外学者对房价的连锁效应有了一定的统计方面的进展，但是对怎样产生连锁效应的解释仍未达成一致，主要可归纳为以下五个原因：

(1) 人口迁移。有学者认为，家庭利用区域房价的差异来进行迁移，Alexander & Barrow (1994) 把它作为实证结果的一种解释。Giussani & Hadjimatheou (1992) 也持类似观点，即如果南部的房价相对于北部要高的话，那么家庭会更期望迁移到北部，随着时间的推移会导致区域间房价的均衡，这是连锁效应的一种表现。既然实证研究已经证明了人口的变化是房价的一个重要决定因素，那么人口的迁移也可能是其中的一方面。但问题是英国区域间的迁移趋势相当弱，Gordon（1990）认为，迁移对房价的影响是有争议性的，它不是导致区域间房价差异的首要决定因素。如果人口迁移的趋势较弱，那就不能认为英国房价波动完全是由人口迁移引起的。

（2）财富转移。Stein（1995）和 Muellbauer & Murphy（1994）均认为，前期的房价会影响当期房价，这是因为当持有房产的家庭在购买新的房产时，必须先支付一定数量的首付款，而首付款中有相当一部分资金来源于购房者的原有房产。因此，其他区域的房价与东南部房价相关的现象说明从东南部搬迁过来的购买者有更强的购买力，而这种购买力也会引起其他区域房价的上涨。从表面上看，这种现象是一种人口迁移，但实质上是一种由套利投资产生的连锁效应。

（3）空间套利。假定住房市场是充分有效的，在不同区域间发生的套利会消除区域间住房收益率的差别。在极端的情况下，某一地区房价如果不能用于预期另一地区的房价，那么这两个区域间的差异是随机的。然而，因为住房市场中的交易成本普遍较高，加上信息不对称问题比较严重，所以，区域内或区域间的住房市场均不可能是完全有效的。这意味着存在搜寻成本，即区域间房价的扩散过程类似于连锁效应。在美国的一些文献中，以 Pollakowski & Ray（1997）的研究为例，有证据表明区域间房价存在一种扩散过程或者是所谓的"正反馈效应"，即某一地区的房价波动在近期会逐渐反馈到其他地区。

（4）区域房价影响因素的领先滞后关系。房价影响因素的领先滞后关系可以引发连锁效应。这是因为只要某影响因素对各区域房价产生的影响有先后顺序，那么不管这些区域住房市场之间有没有实际上的联系，它们的房价也会表现出领先滞后的关系。在房价的众多决定因素中，毫无疑问，可支配收入始终是最为重要的一个。Hohnans（1995）指出，英国不同区域的房价差异在很大程度上可用区域收入差异来解释。在英国，中部和北部地区的收入增长往往远远落后于伦敦地区和东南地区的收入增长。因此，英国区域房价波动的连锁效应在很大程度上受其特有的收入变动规律的影响。

（5）空间异质系数。所谓空间异质系数是指不同区域住房子市场对相同的经济因素具有不同的响应,在区域住房子市场的价格解释模型中,表现为某些相同的解释变量在不同区域市场具有不同的系数。例如,由于更高的 LTV 比率①,英国东南部和大伦敦地区的房价对利率的响应比北部地区更为敏感,从而导致其房价波动更为剧烈。Meen(1996)通过建立空间异质系数模型来解释房价波动产生的连锁效应。②

对于上述五个原因,可以按照是否出现了区域住房子市场之间的空间联系分为两组。其中,人口迁移、财富转移及空间套利均可引起住房需求在区域内或区域间的流动。相反,区域房价影响因素的领先滞后关系和区域房地产子市场的空间异质系数都是区域住房市场间产生连锁效应的内部成因,主要由各区域住房子市场的异质性引发。对比政府干预效果评价原则发现,连锁效应理论从本质上体现了住房子市场具有异质性和相关性,并从整体上表现为一种空间相关性。需要说明的是,上述五个成因,都是不同学者对房价连锁效应现象作出的行为学解释,其微观基础是不同的。因此,目前还没有一个理论模型能够囊括这些成因对房价的连锁效应进行实证研究,不同学者往往采用不同的实证方法来解释区域房价的互动关系,所得到的结果也往往有所不同。

(二)国内相关研究现状

国内学者开始关注区域间房价波动的连锁效应的时间比较晚,已有的相关文献数量较少,采用的研究方法大多是西方比较经典的计量方法,研究结论通常表明我国不同区域间的房价存在着互动关系。

梁云芳和高铁梅(2007)采用误差修正模型的方法对我国各地区房价波动的差异进行检验,并分析各地区房价波动差异的原因,发现我国不同地区对一些影响因素的反应敏感度有所不同:东部和西部受信贷规模的影响较大,而中部地区的对信贷规模的反应较小;中部地区的房价受其人均 GDP 的影响较大;而各个地区房价受实际利率的影响都较小。

---

① LTV 比率(Loan to Value Ratio)即贷款与价值比率,是指按揭贷款总额与房产价值的比率。

② 王松涛、杨赞、刘洪玉:《我国区域市场城市房价互动关系的实证研究》,《财经问题研究》2008 年第 6 期。

徐迎军和李东（2008）基于协整检验对我国部分省份的住房价格的连锁效应进行了数量研究，结果表明我国房价的扩散存在着一个3—2—2的模式，其中黑龙江、陕西和青海在第一层；山东和湖北在第二层；云南和北京在第三层。王松涛等（2008）采用Johansen协整检验和格兰杰因果检验的方法，对我国5个主要区域的房地产市场内部各城市间房价的连锁效应进行了分析。检验结果表明各个城市的房价在长期中存在着相互制约的稳定关系。黄飞雪等（2009）针对我国城市房价是否存在关联的问题，综合运用协整检验、误差修正模型、向量误差修正模型、脉冲响应分析及方差分解等方法分析了自1999年第一季度至2008年第三季度间中国副省级以上城市间房屋销售价格的关联问题。

随着研究的不断深入，学者们采用的计量方法也在不断改进。黄飞雪（2012）在运用经典的格兰杰因果检验、协整检验的基础上，进一步运用弗里德曼非参数秩排序检验方法和商业周期定点分析方法对我国东、中、西9个城市房屋销售价格的月度数据进行实证分析，发现我国房价波动的连锁效应存在三个层级，主要是东部向中部传导，最后扩散至西部。梁云芳等（2012）在已有研究的基础上，把我国主要城市分成6组，用动态因子模型和卡尔曼滤波的方法提取区域因子和城市因子，方差分解的结果表明大多数城市房价波动受区域因子的影响要大于城市因子的影响，而且经济发展水平较高的城市房价波动更容易受到区域因子的影响。他们对我国区域市场房价联动关系的经验研究显示，房价波动具有明显的连锁效应，波纹从东部沿海发达地区分别向东北、中部、西部蔓延。

此外，部分学者从空间计量的角度分析区域或城市间住房市场的影响关系。例如，于渤等（2008）利用空间计量方法分析了我国住房市场的特征和区域之间的差异性，认为我国住房市场存在空间和时间上的相关性，而且区域内及跨区域住房市场受空间因素的重要影响。陈章喜和黄准（2010）对珠三角代表城市广州、深圳和东莞1990—2008年房价数据的动态相似性及相互影响程度进行实证分析，结果表明：三个城市的房价波动有共同趋势；在三个城市间，房价变动的影响程度有强弱之分。李智和吴伟巍（2013）使用主成分聚类分析法把长三角经济发达区域的16个城市划分成一线、二线和三线城市，在此基础上进行空间自回归分析，发现长三角区域一线、二线和三线城市之间的房价波动存在不对称连锁效应。通过分析其表现和强度，他们还认为国家宏观政策的实行会使得连锁效应持续的时间延长。

（三）对相关研究的评价

国外学者对房价波动连锁效应的研究取得了较为丰富的成果。从研究方法来看，主要有两种思路：一是假设各个地区的住房子市场对不同的影响因素有不同程度的响应，这表现为相同解释变量在各个子市场的模型中具有异质系数；二是从各个城市和地区的房价互动关系角度出发，考察各地区房价在长期中的关系，如果房价在长期中存在协整关系，则表明存在连锁效应。

由于不同学者在研究方法和数据上存在差异，同时由于各国住房市场有各自的特点，因而不同研究者所得结论并不完全一致。归纳起来，主要取得两点成果：一是基本肯定了房价波动连锁效应现象的存在。从已有文献来看，绝大多数的学者都认可房价波动连锁效应是客观存在的。无论是英国还是其他国家，都有明显的证据表明房价波动存在连锁效应，只是不同国家房价波动扩散路径的复杂程度有所区别。比如英国区域间的传导路径是单向的，主要是东南部向其他区域逐步扩散；而澳大利亚的传导路径则可分为三层，且部分城市还会产生反向影响。二是对造成连锁效应的可能原因进行了不同角度的解释。学者们从行为学和经济学的角度对房价波动连锁效应的产生原因进行了解释，并且对部分原因进行了实证研究，这为我们更好地理解连锁效应提供了很好的视角。

相对而言，我国学者对连锁效应的研究取得的成果比较有限。首先，这是由于我国学者对连锁效应的研究起步比较晚。同时，由于我国在 20 世纪末才开始进行住房市场化改革，相对于西方发达国家比较成熟的住房市场，我国住房市场还存在着市场化程度不足和发展时间较短的特点，相关的研究数据也相对不足。尽管如此，大部分研究还是认为我国各地区间存在着房价波动的连锁效应，但对连锁效应的具体路径却研究较少，尤其缺少从区域内部和各区域之间两个维度同时进行的研究。此外，我国学者对连锁效应的产生原因还不够深入。因此，本章将着重关注以下两个问题：一是把我国住房市场按照地理位置、经济发展水平和相关程度进行划分，研究不同区域内部的连锁效应，同时以各区域的中心城市为代表，研究不同地区之间的连锁效应。二是在结合我国基本国情和住房市场发展特点的基础上，尝试采用西方学者的理论观点，对我国房价波动连锁效应的原因进行阐述。

二 房价波动连锁效应及其形成机理

(一) 房价波动连锁效应

1. 波动溢出效应

波动溢出效应来自于组织经济，是一种外部收益的表现形式。目前无论是国外还是国内的学术界对波动溢出效应的研究，基本都集中在金融领域，包括股票、期货、利率等金融产品，主要研究不同种类的金融产品或者相同种类的金融产品在不同市场间的波动特征存在怎样的相互影响和作用。对于房价波动溢出的研究，国外研究较多，但局限性也很大，主要集中在房价空间或时间序列上的研究。国内目前关于此方面的研究还较少，且集中研究单个小区域内房价的波动溢出效应。关于波动溢出效应的定义，比较有代表性的有以下几种：

(1) 波动溢出效应是指不同类金融市场间可能存在波动方面的相互联系，一个市场首先发生波动，同时作为波动源传导至另一个市场。随着全球经济一体化的发展，世界各国金融市场间的波动溢出效应越来越明显，既可能出现在不同区域的市场间，也可能出现在相同区域的不同金融市场间，例如债券市场、股票市场、金融衍生品市场和外汇市场之间等。

(2) 与流星雨理论假定相似，波动溢出效应是指市场产品间的价格波动会从一个市场传导至另一个市场，一个市场的剧烈波动会造成另一个市场的剧烈波动，且波动特征相似，并且来回反复，导致其他市场的共振，它表现为两个及以上的金融市场之间波动的相互影响关系。

(3) 波动溢出效应是市场间波动传递的表现形式，它是指某市场价格的波动不仅对其自身以后的波动产生影响，而且有可能对其他市场以后的波动产生影响，主要表现的是收益率条件二阶矩之间存在的格兰杰因果关系。

总之，由以上定义可知，波动溢出效应的研究对象主要是金融市场，它表现为两个或多个金融市场间波动的相互关系，并且是某市场对其他市场在波动方面的传导和影响程度，主要研究范围是不同类型或者地域间的市场。

2. 连锁效应

连锁效应是指在一定区域内，房价波动由中心城市（核心地区）传导至其他城市（地区）的长期稳定关系，连锁效应理论是研究区域和城市房价传导机制和相关性的最重要和最核心的理论。房价波动连锁效应的早期研究主要以英国住房市场为研究对象，研究者运用建模分析的方法，把英国东南部房价当成回归因子添加到其他区域的房价模型中，证明房价波动随着时间推移存在特别的空间格局，即先在英国东南部区域房价周期性上涨，接着扩散传导至其他区域。

3. 房价波动连锁效应

通过对连锁效应和波动溢出效应概念的解释，我们把主要研究对象转移到住房市场，根据市场范围的大小，可把房价波动连锁效应分为广义和狭义两个层面，如图2—1所示。

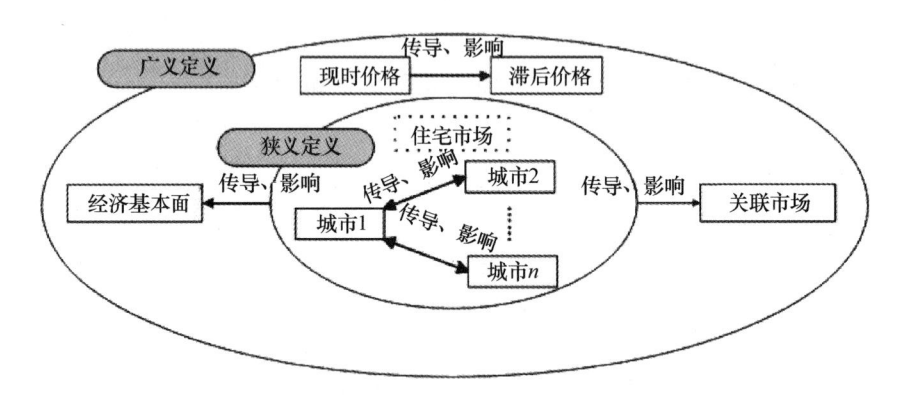

图2—1　房价波动连锁效应

在广义层面上，连锁效应是指某个城市或区域的房价波动的传递性和影响方式，它可能存在于不同城市间，也可能存在于住房市场与宏观经济间，再或许存在于住房市场与其他相关市场之间；在狭义层面上，连锁效应是指两个或两个以上城市之间房价波动的传导、影响的空间联系。就狭义连锁效应而言，已有文献也有不同理解：有指一个区域的房价除了受本地区因素影响外，还受到其他区域房价和其他因素的影响；也有指区域间，特别是相邻区域间的房价存在长期收敛关系。具体来说，主流的连锁效应文献包含两层含义：第一个层面，从全国范围来看，某些区域的房价波动领先于其他区域，但随着时间的推进，其他区域的房价也将发生类似的波动。此外，领先区域的房价波动偏离其他区域的时间不可能很长，最终它们必然回落到全国房价的均衡值附近。[①] 第二个层面，区域间的房价存在长期协整关系和格兰杰因果关系。本章主要从狭义层面来进行研究。

（二）房价连锁效应的形成机理

对房价波动连锁效应的研究可依据连锁效应原理，再加上区域经济学和行为经济学等学科理论，通过对因果关系的分析，努力找出房价波动的影响因素和源头，其基本内容为：某城市由于其对经济、政治等因素变动的敏感性，成为房价波动的发源地，并且通过时间的滞后性传导至其他城市，从而带动区域内房价的波动。影响波动连锁效应大小及表现的因素主要有四个：城市经济、人口迁徙、城市层级和心理预期。

1. 城市经济

城市经济因素主要是通过供给和需求的相互作用影响房价波动的，其中供给层面的主要影响因素有土地成本、开发量、建设成本以及地形限制等。需求层面的影响因素包括城市收入水平、人口数量和构成、就业率和购买使用成本等。在影响上，供给层面往往会产生并引发房价的波动连锁效应，而人口迁移就可以反映需求层面上的人口数量和收入水平。具体的影响过程是：在房价较高的地区获取土地的成本经常因为竞争而升高，政府也会随之加大对土地开发和利用的管控力度，因而开发企业将被迫去购买地价较低、甚至较为偏僻的土地。随着开发企业的大量涌入，这些地区地价的开始上涨，结果造成高房价、地价地区的房价外溢到低房价、地价地区。此外，由于政策变化在不同城市和地区内产生效应的时间也会

---

① 张凌：《城市住房价格波动差异及连锁反应研究》，经济科学出版社2010年版。

有差异，其相对滞后的影响也会造成房价的波动连锁效应。

2. 人口迁徙

人口迁徙是人口流动的一种表现形式，具体原因可能是人群对于较低居住成本的需求、企业的生产或迁移造成相关人群的涌入或流出和家庭的自然迁徙等。

（1）人群对于较低居住成本的需求，指的是在一个城市群中，不同区域的房价可能在某个时间点开始时存在差异，但在不影响正常生活的前提下，个人或家庭会考虑从房价较高的区域迁徙到邻近的房价较低的区域，但随着人口迁徙的逐渐增多，对房价较低区域的需求增加，导致房价会在一定的滞后期内出现溢出现象。此外，由于住房投资或投机行为的普遍存在，一些具备相当规模资产的个人或机构出于对居住改善或倒卖套利的需求，通过投资其他城市的住房市场，从而把一个城市的房价扩散传导至其他城市。

（2）企业的生产或迁移造成相关人群的涌入或流出。当企业生产规模扩大时，在增加收入动力的驱动下，企业会在其他区域或城市成立新的机构或分公司，以降低生产等各项成本和扩大企业营业额，由于"极化—涓滴效应"[①]的双向作用，从而导致房价连锁效应的产生。

（3）家庭自然迁徙所造成的房价波动溢出的影响较小，往往在城市的地理、经济条件和自然环境方面对人口迁徙产生较强的吸引力的情况下才会出现。

3. 城市层级

根据国际上通用的城市分级方法，综合考虑人口数量、经济发展水平和辐射力等因素，可以把城市分为5种类型：国家级或国际化大都市、区域化大都市、地区性质的中心城市、地方（小于地区）中心城市和发

---

① 著名的发展经济学家赫希曼（A. O. Hirshman）深入研究了一个国家内各区域之间的经济关系，并提出了"极化效应—涓滴效应"理论来解释经济欠发达区域与经济发达区域之间的相互作用和影响。他在论文《不发达国家中的投资政策与"二元性"》中首次提出该理论，并在专著《经济发展战略》中做了进一步阐述。赫希曼认为，如果一个国家某个区域的经济率先发生增长，那么它就会对其他区域产生影响。为了便于解释，他用"北方"来代称经济相对发达的区域，用"南方"代称经济欠发达区域。"北方"的增长对"南方"将带来不利和有利的影响，前者称为"极化效应"；后者称为"涓滴效应"。

达城镇。根据地理位置远近的不同，临近的若干城市又可被划分到某个城市群区域，在区域内各城市间形成密切相连的经济系统，在该系统中，存在一个或若干经济发达并且人口较多的特大城市成为区域的核心，它在经济等其他方面发生变化会对区域内其他城市产生较大的影响。区域城市群结构主要由不同层级的城市或节点、通道、流动空间和受力场等相关要素组成。

4. 心理预期

心理预期是指当一个城市的房价出现波动时，由于羊群效应的作用，会导致该城市的购房者跟风购买或者抛售住房，从而加剧波动的幅度。这些行为和现象通过信息的传播，导致邻近城市的购房者在心理上也会受到影响，从而模仿波动源城市购房者采取相似的买卖策略，引起邻近城市房价的波动。

通过以上对房价波动连锁效应的影响因素的分析，可以将波动连锁效应的形成机理和路径归纳为图2—2。

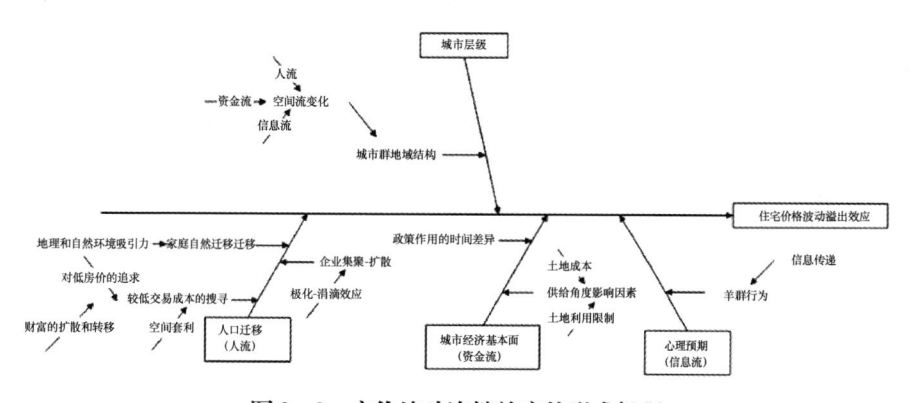

图2—2 房价波动连锁效应的形成机理

三 我国房价的区域波动特征

（一）数据选取和样本分组

1. 数据选取

本章数据来源于国家统计局每月公布的70个大中城市新建商品住宅

价格环比指数，共有32个城市样本，样本区间为2006年4月到2014年7月。样本容量涵盖我国华北、华东、华南、华中、东北和西部地区，基本包含所有地区和省份的城市。

2. 样本分组

本章对样本中32个大中城市进行区域划分，采用的办法是根据综合地理位置的远近，各城市或城市间房价的时差相关系数的大小，并辅以画图等直观方法来划分，最终把房价波动特征类似的城市归为一组，共分为6组。这种划分有助于较为真实地表现各城市或区域间房价波动的内在特征，而且也对后面利用主成分分析（PCA）和广义自回归条件异方差模型（GARCH）对区域内各城市间影响强度和关系进行科学的分析提供很好的帮助。

（二）各区域房价波动特征和相关性

1. 华北组

本组包括北京、天津、济南、青岛、太原与呼和浩特六个大城市，它们的房价波动特征见图2—3，成对的相关系数见表2—1。

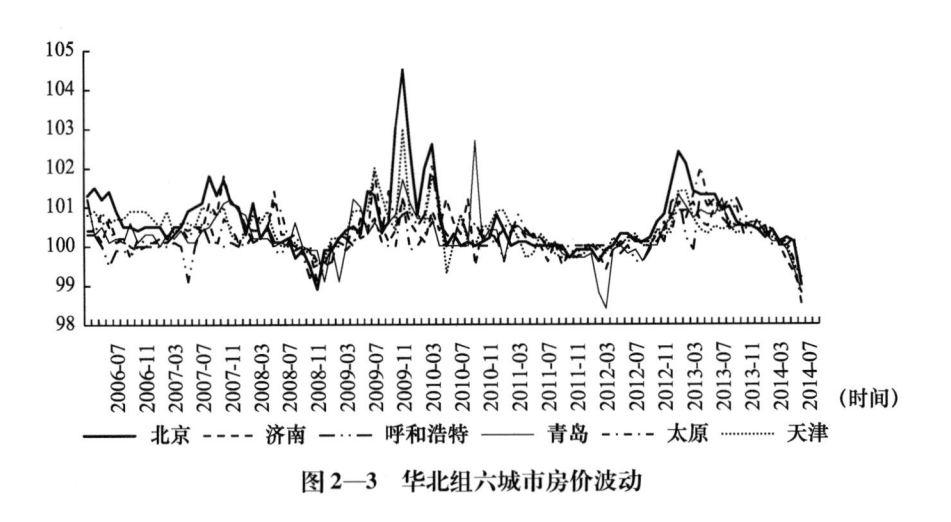

图2—3 华北组六城市房价波动

由图2—3可知，这六个城市的房价波动特点非常相近，由表2—1还能看出，这些城市房价的指数序列间的相关系数较大，而且基本上都大于0.4，有的甚至大于0.7（北京和天津），所以本组划分较为合理。通过对图2—3的分析，可以看出这六个城市房价8年多来波动情况比较一致，共有两个较明显的波峰，第一次出现在2009年31月，由于国际金融危机的濒临结束和国内经济形势的好转，房价环比增速达到近几年的最大值；第二次出现在2013年1月，由于国家相关政策的调整和经济回暖势头明显，房价环比增速再次大幅度增加。从图2—3还可以看出，自2014年3月以来，华北组六个城市房价环比增速陆续进入负增长，严峻的经济形势已对住房市场产生了较大的冲击。

表2—1　　　　　　　　华北组六城市房价相关系数

城市	北京	济南	呼和浩特	青岛	太原	天津
北京	1					
济南	0.5691	1				
呼和浩特	0.4894	0.3271	1			
青岛	0.5678	0.4728	0.4909	1		
太原	0.4891	0.5810	0.4005	0.4295	1	
天津	0.7273	0.5245	0.4201	0.4854	0.3832	1

2. 华东组

本组包括上海、无锡、杭州、南京、宁波和扬州六个城市，图2—4报告了它们的近期房价波动情况，表2—2报告了彼此间的相关系数。从图2—4可以看出，该组六个城市房价波动特征基本一致，波动程度较华北组大，尤其是杭州，房价环比增速的最高值和最低值均由其创造。

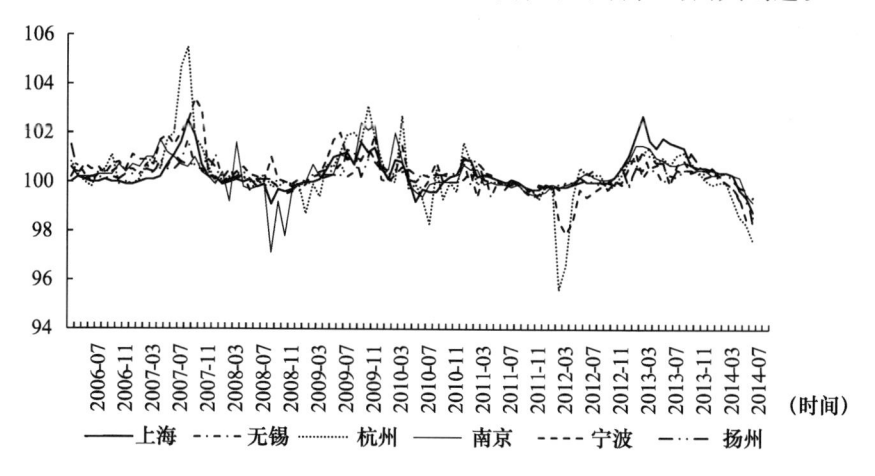

图2—4　华东组六城市房价波动

表 2—2　　　　　　华东组六城市房价相关系数

城市	上海	无锡	杭州	南京	宁波	扬州
上海	1					
无锡	0.6079	1				
杭州	0.6799	0.6433	1			
南京	0.6800	0.5862	0.4755	1		
宁波	0.5481	0.5666	0.7332	0.4231	1	
扬州	0.5357	0.5599	0.5460	0.4959	0.4927	1

3. 华南组

本组包括广州、福州、南宁、厦门和深圳五个城市，它们的房价波动特征见图 2—5，成对的相关系数见表 2—3。从图 2—5 可看出，该组五个城市房价波动特征基本一致，在经历了 2006 年和 2007 年的房价较快增速后，2008 年的国际金融危机对该组冲击更为显著，本组的代表是深圳，其房价环比增速一度在 2008 年 7 月下降为 -5.6%，之后在 2009 年之后随着经济形势的好转，房价环比增速又达到一个波峰。

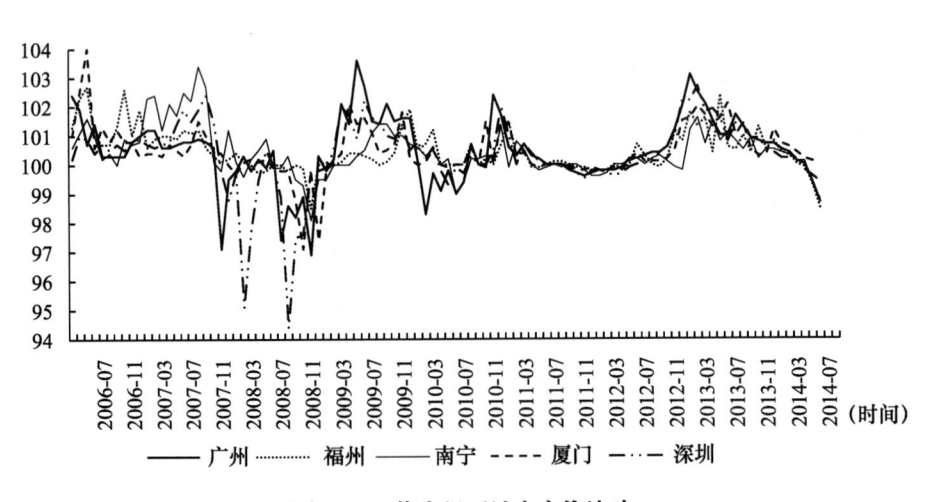

图 2—5　华南组五城市房价波动

表2—3　　　　　　　　华南组五城市房价相关系数

城市	广州	福州	南宁	厦门	深圳
广州	1				
福州	0.5037	1			
南宁	0.5065	0.5527	1		
厦门	0.5395	0.5976	0.4627	1	
深圳	0.6211	0.4488	0.4861	0.5648	1

4. 华中组

本组包括武汉、合肥、南昌、宜昌、长沙和郑州，涵盖湖北省、安徽省、江西省、湖南省和河南省中部五省的省会城市，它们的房价波动特征见图2—6，成对的相关系数见表2—4。从图2—6中可以看出，该组六个城市房价增速在2006—2011年，虽经历2008年短暂谷底，但一直处于高位运行状态，房价增长势头较强。2011年至今增速在经历短暂的小波峰后，一直处于稳定状态，但因目前经济形势的恶化，增速下降势头有望打破2008年的最低值。

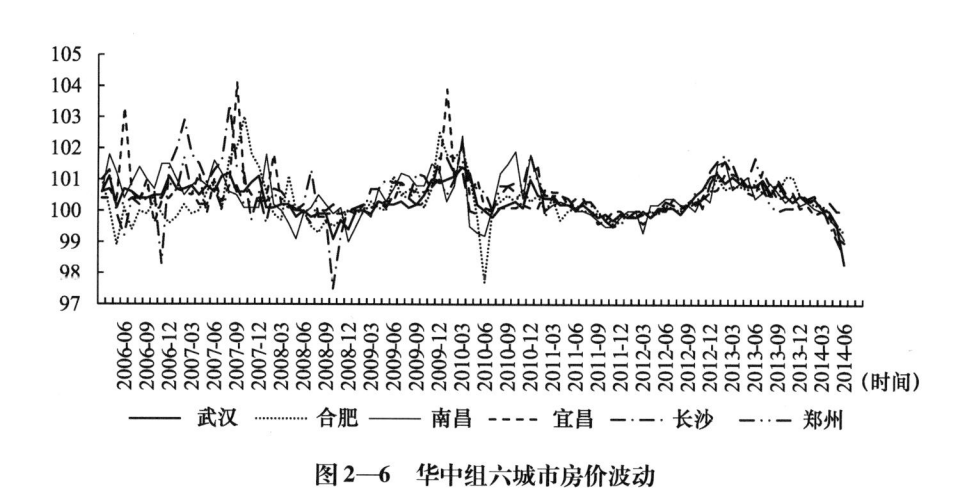

图2—6　华中组六城市房价波动

表2—4　　　　　　　华中组六城市房价相关系数

城市	武汉	合肥	南昌	宜昌	长沙	郑州
武汉	1					
合肥	0.5652	1				
南昌	0.5830	0.2974	1			
宜昌	0.5220	0.4882	0.3110	1		
长沙	0.6708	0.4523	0.4688	0.3802	1	
郑州	0.6543	0.3888	0.5309	0.3857	0.5348	1

5. 西部组

本组主要包括成都、昆明、重庆、西安和西宁五个城市，涵盖四川、陕西、云南、重庆和青海五个西南、西北省市，图2—7报告了它们的房价波动的特征，彼此间的相关系数见表2—5。从图2—7中可以看出，该组五个城市房价增速在2007年和2008年经历了大起大落的情况，2011年至今，五个城市房价增速平缓，走势越来越趋同。

表2—5　　　　　　　西部组五城市房价相关系数

城市	成都	昆明	重庆	西安	西宁
成都	1				
昆明	0.3947	1			
重庆	0.4942	0.3625	1		
西安	0.4250	0.2748	0.2718	1	
西宁	0.4349	0.2368	0.6095	0.3922	1

6. 东北组

本组包括沈阳、哈尔滨、锦州和长春四个城市，涵盖辽宁、黑龙江和辽宁三个东北省份，图2—8报告了它们的房价波动特征，表2—6报告了彼此间相关系数。

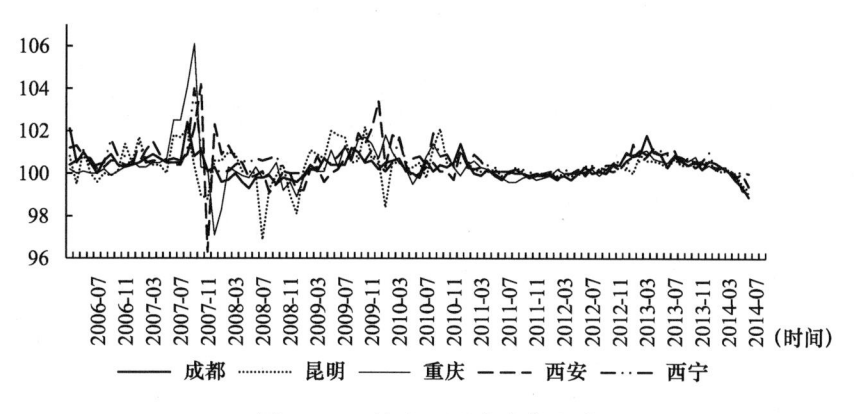

图 2—7 西部组五城市房价波动

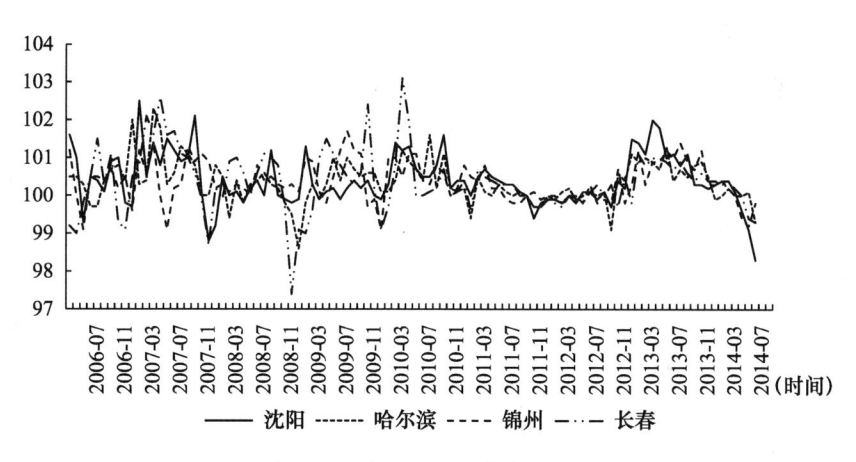

图 2—8 东北组四城市房价波动

表 2—6　　　　　　东北组四城市房价相关系数

城市	沈阳	哈尔滨	锦州	长春
沈阳	1			
哈尔滨	0.4709	1		
锦州	0.4898	0.3319	1	
长春	0.417	0.4754	0.167841	1

从图 2—8 中可以看出，该组四个城市房价环比增速的趋同性较差，波动比较剧烈，在经历了 2006 年、2007 年的显著增长后，于 2008 年进入谷底，随着 2009 年区域经济形势的好转，房价环比增速进入较快增长区间。

四 房价波动连锁效应的实证分析和解释

我国房价波动的区域特征已在上文中进行了详细的分析,然而区域内城市间住房价格波动溢出是否存在?如果存在,则相互间的关系是怎么样的?本章将以华东六市(上海、无锡、杭州、南京、宁波、扬州)作为区域内典型案例和选取上海、北京、广州、武汉、成都、沈阳作为代表城市分析全国范围内房价波动连锁效应的特征和传导机制。

(一) 分析方法和模型

1. 平稳性检验

对时间序列数据进行实证分析往往要求这些数据为同阶单整序列,因此,有必要对本章所用的房价数据进行平稳性检验。最常用的平稳性检验方法是单位根检验,包括 6 种:ADF 检验(Augmented Dickey-Fuller test)、PP 检验(Phillips-Perron)、DFGLS 检验(Dickey-Fuller Test with GLS)、ERS 检验(Elliot,Rothenberg and Stock Point Optimal Test)、KPSS 检验(Kwiatkowski,Phillips,Schmidt and Shin Test)和 NP 检验(Ng and Perron Tests)。在这些检验方法中,前三种方法提出的时间较早,在实践中运用得较多。本章采用 ADF 检验,其模型原假设为实证研究序列至少会存在一个单位根,对应的备择假设是该序列没有存在单位根。当 ADF 检验中的 t 检验统计量值小于相应临界值,就拒绝原假设,接受备择假设,这就表明该时间序列肯定不存在单位根,而是明显的平稳序列。

2. 协整检验

各城市房价之间存在协整关系意味着各个城市的房价在长期中存在着稳定的比例关系。根据已有文献的研究思路,很明显,协整关系的存在是各区域房价波动连锁效应存在的前提。因此,必须对各城市房价数据进行协整检验。对模型的协整性检验一般有两种方法:一是根据回归残差的协整检验方法,该检验可以称为单一方程的协整检验模型,而且多用于检验两个变量之间是否存在协整关系;二是基于回归系数的充分信息的协整检验。美国数学家 Johansen & Juselius 共同提出了一种以 VAR

模型为基础并可以用来检验回归系数的方法,它是一种可以进行多变量相互之间协整检验的较好方法,被称为 Johansen 协整检验。此检验是针对回归系数协整关系的检验,一般有两种检验方法:一种是特征根迹检验(Trance Test);另一种是最大特征值检验。

3. 格兰杰因果关系检验

格兰杰因果关系检验就是判断一个变量在统计学意义上是否是另一个变量发生变化的原因,即"y 是否由 x 格兰杰引起的",实际上是检验一个变量产生的滞后变量是否能够引入到其他变量方程模型中。如果一个变量可以受到其他变量产生的滞后影响,则可以称它们之间存在格兰杰因果关系。此检验是由 Granger(1969)首先提出,被 Sims(1972)推广。如何能够准确检验经济序列各变量之间因果关系存在的方法,虽说在具体应用中,学者看法不同,但在研究不同时期变量之间关系起到了十分重要的作用,在实际研究中也得到了广泛的应用。

4. 主成分分析法

假设我们已经收集到 n 个样本,并且每个样本可以观测到 p 个变量(标记为 x_1, x_2, $\cdots$, x_p),为简化相关计算,设 x_i 集合的均值为 0,集合的方差为 1,($1 \leq i \leq p$),这样可以构成一个 $n \times p$ 阶的相关关系矩阵 $\mathbf{X}$:

$$\mathbf{X} = \begin{pmatrix} x_{11} & \cdots & x_{1p} \\ \vdots & \ddots & \vdots \\ x_{n1} & \cdots & x_{np} \end{pmatrix} \qquad (2—1)$$

主成分分析法(PCA)的主要意图在于采用 x 个原始变量(x_1, x_2, $\cdots$, x_p)建立若干个新的变量,让原始变量可以用新构造变量线性表示,并且保证新变量之间没有相关性,而且每个新生成的变量都包含 p 个原始集合变量的相关信息。因此定义 x_1, x_2, $\cdots$, x_p 为集合原始变量,而 $Z = \{z_1, z_2, \cdots, z_p\ (m \leq p)\}$ 就变成新的综合变量的指标,而这样生成的每个新的综合变量的指标都是由 p 个原始变量线性表示的集合:

$$\begin{cases} z_1 = l_{11}x_1 + l_{12}x_2 + \cdots + l_{1p}x_p \\ \cdots\cdots \\ z_m = l_{m1}x_1 + l_{m2}x_2 + \cdots + l_{mp}x_p \end{cases} \qquad (2—2)$$

不仅满足上述要求,而且还要满足下面的几个条件:

(1) z_i 是 X 集合 x_1, x_2, $\cdots$, x_p 的所有线性相关关系组合中方差最大的一个;

(2) z_i 与 z_j (其中 $i \neq j$, $j = 1$, 2, $\cdots$, m) 相互线性无关。

由此可知,z_2 是与 z_1 线性无关的变量,是 x_1, x_2, $\cdots$, x_p 集合中的一切线性相关关系中方差最大的变量;z_m 是 z_1, z_2, z_3, $\cdots$, z_{m-1} 集合都不具备相关关系,并且是 x_1, x_2, $\cdots$, x_p 可以组成的所有线性集合中的最大方差。因此,新生成的变量 z_1, z_2, z_3, $\cdots$, z_m 分别就是原集合变量 x_1, x_2, $\cdots$, x_p 的第一主成分;第二主成分;第三主成分…;第 m 主成分。

从上面的分析我们可以得到以下结论,主成分分析法的实质就是确定原始变量 X 在主成分 Z 中的系数是否为 l_{ij},该方法的基本步骤为:

(1) 确定分析变量的对象,并收集相关数据。

(2) 对收集的原始数据进行变量标准化。

(3) 根据标准化后的数据计算出协方差矩阵 **R**,矩阵 **R** 就是收集的原始数据的相关集合矩阵,方程式如下:

$$\mathbf{R} = \begin{pmatrix} r_{11} & \cdots & r_{1p} \\ \vdots & \ddots & \vdots \\ r_{p1} & \cdots & r_{pp} \end{pmatrix} \qquad (2\text{—}3)$$

(4) 计算集合的特征根和与此对应的标准正交特征向量。

(5) 分别计算 n 个主成分各自的贡献率和累计贡献比率。

(6) 确定主成分构成数目的保留数量,方法如下:若普通累计贡献比率可以达到 85%—95%,则为重要主成分;选用一切 $\lambda_1 \geq 1$ 的重要主成分;选用累计特征值的相关乘积大于 1 的重要主成分;描述出相对应的特征值变化趋势曲线,用转折点来作标准评判。

(7) 求出主成分。

(8) 最后对 k 个主成分采用集合综合评价方法。

5. GARCH-BEKK 模型

ARCH 模型 (Autoregressive Conditional Heteroskedasticity Model) 是由美国加州大学圣迭戈分校的罗伯特·恩格尔 (Engle) 教授于 1982 年首次提出。此后,该模型便在计量经济学领域中获得广泛应用。标准的 ARCH 模型是把现在一切可利用信息和资源作为条件,并选取某种自回归形式来描述方差的变异,对于相同的时间序列而言,可能在不同时刻可利用的信息和资源是不同的,而相关的条件方差也不同。因此,利用 ARCH 模型可以描述出随时间而变异的相关条件方差。

ARCH 模型能很好地抓住金融时间序列中大量波动的丛集现象,鉴于此,该模型经常被用来研究金融市场的价格和收益序列变化问题。但由于实际问题的层出不穷,学术界对 ARCH 模型的研究和拓展非常迅速。Boller-Slev 首先根据 ARCH 模型提出了改进的 GARCH 模型,此后由于金融资产风险的不断变化会对收益产生相应的影响,资产具有较高收益往往意味着较高风险,于是他将条件方差作为模型的解释变量加入到收益率模型中,从而得到了更一般的 GARCH(p,q)-M 模型。在金融市场领域,正负的波动幅度并非刚好对称,负面消息经常会比正面消息对市场的冲击更为剧烈,例如,Blac 发现,股票期货市场的价格波动特征与波动方向具有相关性,负的收益往往伴随着更大更长期的价格波动,而正的收益却伴随着较小较短期的价格波动。鉴于此 Nelson 提出了 EGARCH 模型。在标准 EGARCH 模型中,它的条件均值方程和条件方差方程分别为:

$$Y_t = \psi x_t + u_t \tag{2—4}$$

$$\ln(\sigma_t^2) = \omega + \beta\ln(\sigma_{t-1}^2) + \alpha\left|\frac{u_{t-1}}{\delta_{t-1}} - \sqrt{\frac{2}{\pi}}\right| + \gamma\frac{u_{t-1}}{\sigma_{t-1}} \tag{2—5}$$

这个模型可以明显地看出正的冲击和负的冲击往往是不对称的,当正面消息在 t 时期进行冲击时,其方差的贡献是:$\alpha+\gamma$;而负面消息在 t 时期冲击时,其方差的贡献是:$\alpha-\gamma$。所以,由非对称波动理论得出:$\gamma<0$,模型中 y_t 表示第 t 个交易日的相关收益率;x_t 表示相关解释变量,而 u_t 表示第 t 时刻的残差。当然,为保证有估计值存在收敛性,需要 $\beta<1$。

通常如果采用极大似然法来精确估计 GARCH(1,1)-BEKK 模型的相关参数,对数最大似然估计函数的表达式通常为:

$$L(\theta|\varepsilon_t) = -\frac{TN}{2}\log(2\pi) - \frac{1}{2}\sum_{t=1}^{N}(\log|H_t| + \varepsilon'_{i,t}H'_t\varepsilon_{j,t}) \tag{2—6}$$

在波动连锁效应检验方面,若 α_{12}、β_{12} 同时为 0 或者估值不显著,这可以表明两个相关变量间并不存在确定的波动连锁效应,否则表明 α 对 β

存在相关的波动连锁效应。若 α_{21}、β_{21} 同时为 0 或者不显著，表明 α 对 β 不存在相关的波动连锁效应，否则就可认为 α 对 β 存在波动连锁效应。

（二）华东区域房价波动连锁效应实证分析

由前文分析可知，我国各区域房价波动的一致性和相关性存在差异，而在这些区域中，华东地区房价波动趋势较为一致，且区域内各城市房价间的相关性较强，具有较高的研究价值。为了避免逐个研究各大区域所造成本书内容的繁杂和重复，因此，这里选取华东区域作为我国区域内房价波动连锁效应研究的代表区域，使用 ADF 检验和协整检验对数据的平稳性和协整关系进行检验，然后通过格兰杰因果检验、主成分分析和 GARCH-BEKK 模型对房价之间的互动关系和连锁效应进行检验和分析。

1. 面板数据的 ADF 检验

为了确保时间序列的平稳性，所以要首先对各变量进行 ADF 单位根检验。表 2—7 是 ADF 检验的结果。由检验结果可知，各变量的对数值均在 1% 的显著水平下拒绝存在单位根的原假设，即使在显著性水平要求严格的情况下，也可以认为该数列是平稳的。

表 2—7 ADF 检验结果

项目	t 统计量	1%临界值	5%临界值	10%临界值	是否平稳
ln 上海	-4.076	-4.044	-3.452	-3.151	是
ln 无锡	-5.293	-4.044	-3.452	-3.151	是
ln 杭州	-5.728	-4.044	-3.452	-3.151	是
ln 南京	-5.259	-4.044	-3.452	-3.151	是
ln 宁波	-4.674	-4.044	-3.452	-3.151	是
ln 扬州	-4.631	-4.044	-3.452	-3.151	是

2. Johansen 协整检验

对该区域城市房价序列进行 Johansen 检验，检验结果如表 2—8 所示。

表 2—8　　　　　　　　华东组各城市房价协整检验

原假设	特征根	迹统计量（P值）	特征根统计量（P值）
不存在协整关系	0.4071	143.9978（0.0000）	49.6589（0.0031）
最多1个协整关系	0.2989	94.3390（0.0002）	33.7359（0.0520）
最多2个协整关系	0.2441	60.6031（0.0021）	26.5840（0.0667）
最多3个协整关系	0.1430	34.0191（0.0154）	14.6596（0.3135）
最多4个协整关系	0.1129	19.3595（0.0124）	11.3796（0.1362）
最多5个协整关系	0.0806	7.9799（0.0047）	7.9799（0.0047）

从表 2—8 的检验结果可知，在 5% 的显著水平下迹统计量及最大特征值检验均表明，协整向量最少 5 个，因而不同变量间具有协整关系。

3. 格兰杰因果关系检验

对华东区域的六个城市进行格兰杰因果关系检验，检验结果如表 2—9 所示。

表 2—9　　　　华东区域各城市房价格兰杰因果关系检验

原假设	F统计量	P值	是否成立
上海不是南京的格兰杰原因	2.3134	0.1046	是
南京不是上海的格兰杰原因	0.3645	0.6955	是
上海不是无锡的格兰杰原因	4.1213	0.0193	否
无锡不是上海的格兰杰原因	2.4764	0.0896	是
上海不是杭州的格兰杰原因	6.1738	0.003	否
杭州不是上海的格兰杰原因	4.5329	0.0132	否
上海不是宁波的格兰杰原因	5.3041	0.0066	否
宁波不是上海的格兰杰原因	1.7826	0.1739	是
上海不是扬州的格兰杰原因	10.3228	0.00009	否
扬州不是上海的格兰杰原因	1.6651	0.1948	是
南京不是无锡的格兰杰原因	6.6789	0.0021	否
无锡不是南京的格兰杰原因	3.6547	0.0297	否
南京不是杭州的格兰杰原因	4.5990	0.0125	否
杭州不是南京的格兰杰原因	0.4828	0.1799	是
南京不是宁波的格兰杰原因	2.5605	0.0827	是

续表

原假设	F统计量	P值	是否成立
宁波不是南京的格兰杰原因	1.4031	0.2510	是
南京不是扬州的格兰杰原因	6.6789	0.0019	否
扬州不是南京的格兰杰原因	0.2153	0.8067	是
无锡不是杭州的格兰杰原因	5.1523	0.0075	否
杭州不是无锡的格兰杰原因	1.5629	0.2150	否
无锡不是宁波的格兰杰原因	8.3938	0.0066	否
宁波不是无锡的格兰杰原因	1.8236	0.1672	是
无锡不是扬州的格兰杰原因	11.0241	0.00005	否
扬州不是无锡的格兰杰原因	1.3769	0.2575	是
杭州不是宁波的格兰杰原因	7.1416	0.0013	否
宁波不是杭州的格兰杰原因	1.7472	0.1799	是
杭州不是扬州的格兰杰原因	4.8249	0.0101	否
扬州不是杭州的格兰杰原因	1.4205	0.2468	是
宁波不是扬州的格兰杰原因	8.8752	0.0003	否
扬州不是宁波的格兰杰原因	1.0847	0.3422	是

从表2—9可得出，华东区域六城市房价存在统计意义上的因果关系，其中上海是无锡、杭州、宁波、扬州的格兰杰原因，并且与杭州之间存在双向的格兰杰因果关系。南京与无锡之间存在双向格兰杰因果关系，南京是杭州、扬州的格兰杰原因；无锡与杭州存在双向格兰杰因果关系，无锡是宁波、扬州的格兰杰原因；杭州是宁波、扬州的格兰杰原因，宁波为扬州的格兰杰原因。

因此，上海作为我国的经济中心对本区域城市房价的波动有较大影响，是本区域房价波动的领先城市，是华东地区房价波动的震源，而宁波、扬州则处于房价传导的底层，很难对本组其他城市的房价产生影响。本区域内房价传导的路径主要有上海—无锡—南京、上海—杭州、上海—宁波—扬州等。

4. 主成分分析

对于上海、杭州、宁波、南京、无锡、扬州的住房价格波动，其主成分参数的估计结果如表2—10、表2—11所示。

表2—10　　　　　　华东区域六城市特征值及其比例估计值

数量	特征值	差异	比例	累计特征值	累计比例
1	3.9532	3.2886	0.6589	3.9532	0.6589
2	0.6646	0.1692	0.1108	4.6178	0.7697
3	0.4954	0.1139	0.0826	5.1132	0.8523
4	0.3814	0.0733	0.0636	5.4946	0.9159
5	0.3081	0.1108	0.0512	5.8027	0.9671
6	0.1973	—	0.0329	6.0000	1.0000

表2—11　　　　　　华东区域六城市主成分估计值

变量	主成分1	主成分2	主成分3	主成分4	主成分5	主成分6
杭州	0.4332	-0.3919	-0.1906	0.1080	-0.3438	0.7018
南京	0.3818	0.6775	-0.2050	0.0709	0.4962	0.3192
宁波	0.397	-0.5662	-0.2052	0.1054	0.5886	-0.3465
上海	0.4298	0.2513	-0.2522	0.0128	-0.5106	-0.5073
无锡	0.4182	0.0594	0.0115	-0.8752	-0.1650	-01680
扬州	0.3836	0.0119	0.9032	0.1892	0.0333	0.0024

主成分的分析将具有共同连锁效应的城市看作一个虚拟城市来补充存在的溢出关系。从表中可以看出，所有第一主成分参数均显著且不为零。因此，区域内六个城市间房价波动存在显著的波动连锁效应，其他主成分分析同理。

5. GARCH-BEKK 模型分析

为了验证房价间波动连锁效应的存在并研究其特征，本章建立六个城市房价的多元 GARCH（1,1）-BEKK 模型，令矩阵 **C** 为方差方程中常数项的系数矩阵，矩阵 **A** 为方差方程中 ARCH 项的系数矩阵，矩阵 **B** 为方差方程中 GARCH 项的系数矩阵，方差方程可表示为：

$$\hat{H}_t = C_t + \hat{A}_t \cdot (\hat{u}_{t-1}\hat{u}'_{t-1}) + \hat{B}_t \cdot \hat{H}_{t-1} \qquad (2—7)$$

我们可用矩阵的形式表示式（2—8）的方差估计结果，其中条件方差矩阵 H_t 为：

$$\hat{H}_t = \begin{pmatrix} \hat{h}_{11,t}^2 & \hat{h}_{12,t} & \hat{h}_{13,t} \\ \hat{h}_{21,t} & \hat{h}_{22,t}^2 & \hat{h}_{23,t} \\ \hat{h}_{31,t} & \hat{h}_{32,t} & \hat{h}_{33,t}^2 \end{pmatrix} \qquad (2-8)$$

可使用 Eviews 软件编程实现，结果如表 2—12 所示：

表 2—12　　　　　　GARCH-BEKK 方差方程估计结果

待估矩阵	矩阵参数					
C	0.0560 * (2.8957)					
	0.1949 * (2.8019)	0.9369 * (5.1665)				
	0.0425 ** (2.1235)	0.2270 ** (2.0797)	0.0291 *** (1.4818)			
	0.0313 *** (1.0489)	0.2911 ** (2.4058)	0.0680 ** (1.4927)	0.2245 ** (2.4320)		
	0.0432 ** (2.1593)	0.2105 ** (2.0923)	0.0442 ** (1.4857)	0.0546 (1.3230)	0.0948 *** (1.7886)	
	0.0444 *** (2.2494)	0.2050 ** (2.1210)	0.0350 (1.3116)	0.0624 *** (1.5503)	0.0438 *** (1.7732)	0.0717 (1.2106)
A	0.2077 ** (2.1800)					
	0.2533 * (3.5150)	0.3089 * (3.1059)				
	0.3263 * (2.9220)	0.3978 * (3.5784)	0.5124 * (2.8102)			
	0.3510 * (3.1568)	0.4280 * (4.3345)	0.5513 * (3.4731)	0.5931 ** (3.6415)		
	0.1397 ** (2.1139)	0.1703 ** (2.1113)	0.2194 *** (1.9379)	0.2360 ** (2.1227)	0.0939 (1.2069)	
	0.1342 ** (1.9766)	0.1636 ** (2.1242)	0.2107 ** (1.9430)	0.22669 (2.02120)	0.0902 *** (1.4620)	0.0866 *** (1.1167)

续表

待估矩阵	矩阵参数					
B	0.0202 (0.0717)					
	0.0389 *** (0.1436)	0.7001 * (13.3167)				
	0.0183 (0.1392)	0.3289 * (2.8762)	0.1545 *** (1.4413)			
	0.0260 (0.1435)	0.4685 * (6.2827)	0.2201 ** (2.4862)	0.3135 * (3.3390)		
	0.0289 (0.1422)	0.5201 ** (2.2170)	0.2443 *** (1.8469)	0.3480 *** (1.9390)	0.3864 (1.0956)	
	0.0336 *** (0.1459)	0.6048 * (2.8865)	0.2842 * (2.3610)	0.4047 ** (2.5513)	0.4493 *** (1.8236)	0.5226 *** (1.4533)
对数似然值	−365.8581					
AIC	8.0972					
SC	9.1132					

注：*、**、*** 分别表示在1%，5%，10%的显著性水平下拒绝原假设。

从表2—12可以看出，矩阵 A 和矩阵 B 的主对角元素在1%的显著水平下拒绝为零，这说明波动溢出模型回归系数皆显著，六个城市的房价自身波动具有显著的时变特征。协方差方程系数矩阵 A 和矩阵 B 皆小于1，并且矩阵 A + B 中的所有元素均在1附近波动，这说明六个城市间均存在显著的波动连锁效应且持续时间较长。

（三）各区域代表城市房价波动连锁效应实证分析

根据上述分析，每个区域都存在着房价波动的领先城市，即波动连锁效应中的"震源"。下面从六个区域中分别选取房价波动连锁效应的代表城市，考察这六个城市之间房价波动的相互影响。由于这六个城市分属不同区域，彼此距离较远，可以从这六个城市房价的互动关系来观察我国跨区域的房价波动连锁效应传导模式。选取的六个城市分别为北京、上海、广州、武汉、沈阳、成都。这六个城市分属我国东、中、西部，

▶ 住房价格波动的时空特征、传导机理与金融风险研究

经济发展水平不一，具有一定的代表性。

首先观察这六个城市的房价波动特征（见图2—9）。

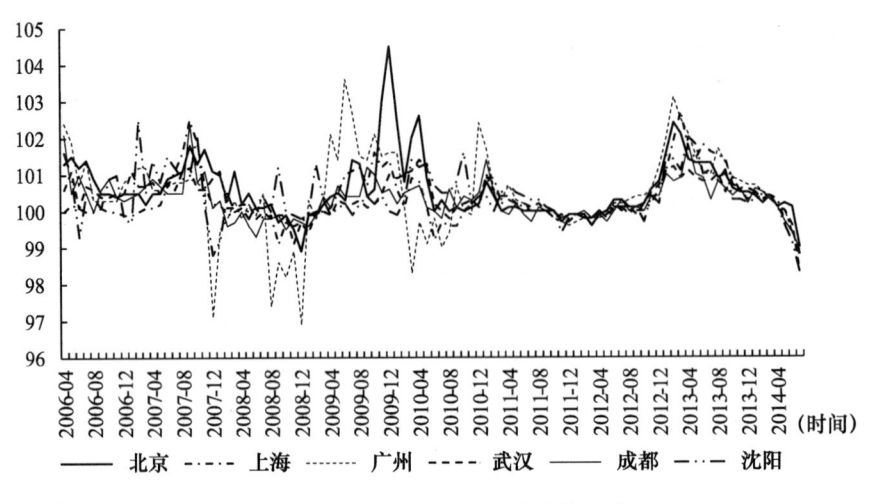

图2—9 六个区域代表城市房价波动

由图2—9可知，上述城市的房价在样本期间内基本一直保持着上涨趋势，上涨幅度最小的上海上涨了31%，而涨幅最大的广州和北京都有近90%的涨幅。但2014年以来由于受宏观经济影响，可以观察到这些城市的房价经历了三次快速上涨的时期。第一个阶段是2006—2007年，除上海以外的城市房价都有比较明显的上涨，涨幅普遍达到近20%。第二个阶段2009—2010年上半年，受国家"四万亿"政策刺激及对房地产市场调控的放松，前期被抑制或者下降的房价开始快速上升，特别是北京、上海、广州等一线城市的房价开始迅速上涨。最后一个阶段是从2012年下半年至今，由于前期的宏观调控对供给产生了抑制，房地产市场的供给不足，导致六个城市的房价同步快速上涨。这六个城市的房价波动在一定程度上可以代表我国房价整体的波动特征。此外，还可以明显看出，在2009年之前，这六个城市的房价波动有较大的差异，特别是在全球金融危机爆发之后，广州的房价出现了明显的回调，而成都这种内陆城市的房价受金融危机的影响较小，但很明显从2010年以来，这些城市的房价波动越来越趋向于同步，这或许是由于我国政府对住房市场的调控政策越来越严厉所导致的。

1. 平稳性检验

用 ADF 检验方法对各城市房价的平稳性进行检验，根据各数据序列的趋势图判断其常数项和趋势项，以 AIC 和 SC 最小值准则确定其滞后阶数。检验结果见表2—13。

由平稳性检验可知这六个城市的房价序列均为非平稳的，但其一阶差分构成的差分序列均为平稳的，因此，这些城市的房价数据都是一阶单整的时间序列。

表2—13　　　　　　六个代表城市房价平稳性检验

变量	检验类型 (C，T，L)	T统计量	P值	临界值 1%	临界值 5%	结论
北京	(C，T，3)	-3.00354	0.1231	-4.05862	-3.45833	不平稳
d. 北京	(C，0，4)	-3.13687	0.0273	-3.50305	-2.89323	平稳*
上海	(C，T，1)	-2.91254	0.1633	-4.05646	-3.4573	不平稳
d. 上海	(0，0，0)	-2.24133	0.0248	-2.58927	-1.94421	平稳*
广州	(C，T，2)	-2.97942	0.1435	-4.05753	-3.45781	不平稳
d. 广州	(0，0，0)	-3.75061	0.0003	-2.58927	-1.94421	平稳**
武汉	(C，T，2)	-3.15699	0.0995	-4.05753	-3.45781	不平稳
d. 武汉	(0，0，0)	-2.30838	0.021	-2.58927	-1.94421	平稳**
沈阳	(C，T，1)	-2.12169	0.527	-4.05646	-3.4573	不平稳
d. 沈阳	(0，0，0)	-4.38351	0	-2.58927	-1.94421	平稳**
成都	(C，T，2)	-2.87788	0.1744	-4.05753	-3.45781	不平稳
d. 成都	(C，T，1)	-2.66221	0.0082	-2.58953	-1.94425	平稳**

2. Johansen 协整检验

对上述的一阶单整的房价序列进行 Johansen 检验，检验结果见表2—14。

表2—14　　　　　　六个代表城市房价协整检验

原假设	特征根	迹统计量（P值）	特征根统计量（P值）
不存在协整关系	0.4031	158.9140（0.0001）	48.5002（0.0281）
最多1个协整关系	0.3574	110.4137（0.0034）	41.5649（0.0337）

续表

原假设	特征根	迹统计量（P值）	特征根统计量（P值）
最多2个协整关系	0.2873	68.8488（0.0596）	31.8384（0.0858）
最多3个协整关系	0.1295	37.0104（0.3470）	13.0403（0.8827）
最多4个协整关系	0.1072	23.9701（0.2017）	10.6553（0.6816）
最多5个协整关系	0.0949	13.3148（0.1038）	9.3727（0.2564）

由协整检验结果可知，在5%的显著水平下迹统计量和最大特征值检验都显示至少存在5个协整向量，由此可以看出这六个城市的房价之间存在着紧密的互动关系，可以进一步作格兰杰因果关系检验。

3. 格兰杰因果关系检验

对这六个城市作格兰杰因果关系检验，检验结果见表2—15。

表2—15　　　　　六个代表城市房价格兰杰因果关系检验

城市	北京	上海	广州	武汉	沈阳	成都	合计
北京		0.1793	0.6157	0.0206	0.3091	0.3923	1
上海	0.465		0.0065	0.4780	0.0337	0.0446	4
广州	0.4261	0.0029		0.2447	0.6063	0.0033	2
武汉	0.8232	0.3830	0.7261		0.0311	0.9214	1
沈阳	0.2833	0.5454	0.5510	0.8679		0.1776	0
成都	0.2762	0.4532	0.6051	0.3293	0.0435		1
合计	0	1	1	1	3	2	

由格兰杰因果关系检验可以看出，作为最大经济中心城市的上海是我国房价波动的领先城市，其房价波动不仅会对广州这样的经济发达的沿海城市产生影响，也会对沈阳、成都这样的内陆城市产生影响，是影响力最广泛的城市。同样广州的房价波动也会传导到上海和成都。而同为一线城市的北京，其在波动连锁效应中的作用却比较小，独立性较强，既不会受到其他城市房价波动的影响，也很难影响到其他城市，从结果来看，北京的房价波动只会对武汉的房价产生影响。这或许是因为一方面北京的房价已经是全国最高，其他城市的房价上涨很难对北京产生影

响，同时北京对全国的经济辐射能力又不如上海强。武汉和成都作为我国中部和西部的中心城市，其在房价波动的传导路径中扮演着承上启下的角色，既要受到其他城市的影响，同时又会把这种房价波动传导至其他城市。而沈阳作为东北地区的中心城市，与其他地区的经济联系比较紧密，较容易受到其他地区房价波动的影响，但由于其地理位置较偏且经济地位在全国并不算瞩目，所以并不会对其他地区的房价产生影响。由于成都位于我国的西部，与其他地区的经济中心相隔较远，联系较弱，房价的走势有较强的独立性，因此只受到上海房价波动的影响，同时其经济发展程度相对落后，很难对其他城市的房价产生影响。总体而言，我国确实存在着房价波动的连锁效应现象，东部发达城市是我国房价波动连锁效应的震源地区，房价波动的传导路径是先从沿海经济发达地区启动，再经过中部和西部的中心城市，最后传导至东北和西部的边远城市。

4. GARCH-BEKK 模型分析

GARCH-BEKK 模型分析的结果如表 2—16 所示。

从表 2—16 可以清晰得出，矩阵 **A** 和矩阵 **B** 的主对角元素在 1% 的显著水平下拒绝为零，这说明波动溢出模型回归系数皆显著，六个城市的房价自身波动具有显著的时变特征。这充分证明六个代表城市之间存在着比较显著的波动连锁效应，且具有长期性溢出的特征。

表 2—16　　　　　　GARCH-BEKK 方差方程估计结果

待估矩阵	矩 阵 参 数					
C	0.4225 * (3.7289)					
	0.1546 *** (1.6844)	0.1671 * (1.1717)				
	0.2452 (1.1180)	0.1761 ** (2.2465)	0.5724 * (2.7182)			
	0.1900 *** (1.6774)	0.0993 * (4.4159)	0.1610 ** (2.2712)	0.1396 * (4.4046)		

续表

待估矩阵	矩阵参数					
C	0.0732 *** (1.7297)	0.0599 ** (2.2867)	0.0660 *** (1.8433)	0.0499 ** (2.5488)	0.1093 (0.5478)	
	0.1409 ** (1.9777)	0.0780 * (2.9048)	0.0959 *** (1.4950)	0.0618 * (2.9585)	0.0437 ** (2.2624)	0.0834 * (4.3002)
A	0.7837 * (6.1031)					
		0.1578 * (4.0060)				
			0.4627 * (5.1968)			
				0.8743 * (5.8337)		
					0.3514 * (4.7235)	
						0.6689 * (5.9779)
B	-0.0726 *** (-0.5395)					
		0.9574 * (164.2920)				
			0.7027 * (6.7865)			
				0.2731 ** (2.1464)		
					0.0944 * (38.7467)	
						0.2833 *** (1.4022)
对数似然值	-385.8114					
AIC	8.4962					
SC	9.5122					

注：*、**、*** 别表示在 1%、5%、10% 的显著性水平下拒绝原假设。

（四）我国区域房价波动连锁效应解释

1. 人口迁移

各城市房价的差异会在一定程度上导致人口的迁移，而人口的迁移又会反过来影响到各城市的房价。这是因为当某城市的房价过高，会迫使该城市中的中低收入人群迁移到其他房价较低的城市居住以满足其住房需求，这一过程会使得低房价城市的住房需求增加，迫使其房价上升，就表现为其他城市的房价追随一线城市的高房价而上涨，各城市间的房价水平在长期中能保持协整关系。

20世纪70年代末以来，我国城市之间、区域之间、省际的人口迁移规模增长迅速。相对而言，东部沿海地区由于自身的自然环境条件较为良好，经济发展水平较高，从而吸引了大量流动人群的涌入。在这种趋势的影响下，由于大量劳动力的进入，不仅有力地推进了东部地区经济长期内保持稳定快速发展，也大大地刺激了东部地区对于物质生活消费的需求。现阶段，我国区域间人口迁移主要有两个方向：一是人口从经济不发达地区流动到经济水平较高的发达地区；二是经济发达地区之间人口的迁移流动。人口迁移一方面会导致人口流入地区房地产市场需求增加，以至于推动房价水平的快速提高；另一方面，还会有力地提升当地的经济增长速度，并且为迁入地创造更多的消费和国内生产总值，大大增强迁入地区居民的住房购买能力。这都会推升当地的房价水平，这一点也与北京、广州、上海等发达城市房价水平高于一般城市的现象相一致。而同时一线城市较高的收入水平使得众多外来人员有了一定的积蓄和住房购买力，但一线城市的高房价对大多数非本地居民来说仍然是无力负担的。于是这些城市中的外来人员或者被迫迁回原户籍地置业生活，或者只能回原户籍地进行置业投资，而继续在一线城市租房生活，这都在一定程度上推升了低房价城市的住房价格水平。

2. 结构差异

各城市的住房市场之间存在着结构性差异，这表现为在各城市的房价模型中，各因素的系数有所不同。而当某一个全国性的因素发生变动时，会对各个城市的房价带来不同的冲击，从而使得各城市的房价出现分异，这种分异有时又会表现为房价的连锁效应。梁云芳和高铁梅

(2007)分别采用误差修正模型等其他方法对我国各地区房价波动的差异性进行检验,结果表明东部地区和西部地区受信贷规模的影响较大,而中部地区对信贷规模的反应较小,但是人均国民生产总值对中部各省的房价产生较大影响。因此,如果国家政策对信贷规模进行严厉调控,对东部和西部地区的房价带来的影响会比中部地区房价受到的影响更大,此时东部与中部城市之间房价的差距就会变小,就会表现为房价的连锁效应。

3. 资本流动

与人口迁移相对应的还有资本的流动。资本是具有逐利性的,在我国的投资渠道还不够完善且股票等金融市场又表现不佳时,住房作为一种投资方式有巨大的吸引力。由于住房的实物性和近年来住房价格的持续快速上升,人们普遍认为住房投资的风险较小,收益较高,因此,房价成为越来越多资本投资的追逐对象。我国资本最密集的是经济发达的一线城市,这些城市的居民有雄厚的投资实力,良好的投资意识,且本地的房价快速上涨使他们财富增加的同时也强化了他们对房地产的投资意愿,这时价格相对较低的二、三线城市的住房就成为他们投资的选择之一。这种资本从东部流向中西部住房市场的趋势也在一定程度上促使了连锁效应的形成。

不仅国内的居民投资于房地产市场,随着我国金融开放力度的加大,众多的国外资本也流入我国并投资于我国的房地产市场。这种短期资本的流入一方面推高了当地的房价;另一方面也造成了房价的泡沫的形成。这种现象逐渐从一线城市向二、三线城市扩散,也有助于连锁效应的形成。

大量国际资本和国内民间资本的流动,不仅造成了我国部分地区房价泡沫的产生,而且房价的急剧抬高,同时也会对当地居民的投资观念产生影响,加上大量的宣传造势,无形中会提高人们对房价上升的预期,从而造成各地房价的持续上升,并影响其他地区的房价,产生连锁效应。

4. 信息扩散

通过实证分析可以看出,我国住房价格波动的连锁效应主要是从经济发达城市扩散至经济相对不发达的城市,从高房价城市逐渐扩散至低房价城市。信息的传播在这一过程中起到了重要的作用。住房市场与股票市场一样,其价格的走势很容易受到消费者心理因素的影响。当消费者预期房价将进一步上涨时,为了节省成本或者增加投资收益,消费者会尽早购买住房,从而增加住房需求,结果在实际中推动住房价格的上涨。

从我国的实际情况来看,东部发达城市由于经济发展水平和人均收入较高,对住房的消费能力也较强,其房价水平普遍比内陆城市高。近些年来,在多种因素的作用下,东部地区城市特别是北京、上海、广州及深圳等一线城市的房价持续快速上涨。日益飞涨的房价逐渐成为人们谈论的焦点问题,同时在媒体的不断关注之下,房价上涨的信息通过网络或者电视等渠道不断传播,人们在生活中也经常通过口头交谈传播这种信息。随着这种信息的不断扩散,人们自然会形成房价将不断上涨的心理。特别是当内陆城市的居民把本地房价与一线城市房价做对比时,会倾向于认为本地的房价较低,未来还有上涨空间。于是,在信息扩散的作用下,内陆城市的房价也追随着一线城市的房价上涨。

五 主要结论

(一)波动性研究和相关系数分析的结论

在房价波动性研究中,首先把我国 32 个大中城市按地理位置和经济水平划分为东北、华东、东北、华中、华南和西部六个区域,分别依次构建各区域房价模型,考察各区域模型的相关系数差异,得出以下三点结论。

第一,在长期里,各区域房价与全国房价的偏离趋于稳定的均衡值,基本符合波动连锁效应的第一个必要条件;各区域房价对于国家统一的金融政策、土地政策以及税收政策的反应存在一定的差异,符合连锁效应的第二个必要条件。由此,可以认为我国区域房价存在波动连锁效应。

第二,就目前的情况而言,宏观经济形势对房地产市场影响最大。因此,国家在调控房地产市场时,应结合当前宏观经济形势,进一步完善和加强土地和税收政策,同时配套使用土地政策、货币政策及相关行政手段。

第三，经济水平相对发达的华东和华南地区对宏观经济形势最为敏感，而东北和西部地区房价对此的反应相对较小。因此，在制定房地产宏观调控政策时，应当根据各个地区的不同特征灵活运用各种政策进行调控，尽可能避免忽略各地区实际情况的"一刀切"现象的出现。

（二）Granger 检验和 GARCH-BEKK 模型分析所得的结论

通过对以上城市的房价进行实证分析，可以得出以下四点结论：

第一，每个区域内城市的房价之间都存在着紧密的互动关系。由房价波动的趋势图以及相关系数结果可知，每个区域内的城市房价都倾向于在长期中维持均衡，可见房价波动连锁效应是客观存在的，这与国内外大多数学者的研究结论一致。同时，也许是由于我国政府对房地产市场的调控更频繁，调控的力度更大，调控的手段更严，所以各城市间的相关关系在我国的表现更为明显。

第二，通过主成分分析法，可以得出在每个区域内部都存在着一个到两个中心城市，其房价的波动会直接传导或通过其他城市间接地传导至区域内的所有城市。这些房价波动连锁效应的中心城市往往在本区域内经济相对发达，与外界经济联系更为紧密，对本区域内其他城市有更大影响，比如北京、天津、上海、广州等，这与国内外的研究结论也基本相同。因此，可以认为一个城市在区域间房价传导的重要程度与其经济实力和影响力是成正比的。

第三，房价波动溢出的传导路径是多样化的。上述各区域的中心城市房价溢出的传导路径各不相同，比如上海组的房价波动就是以上海为中心，通过三条不同的路径传导出去，有的传导路径是呈直线状，有的是呈现放射状，而有的传导路径是循环状的。应该说，一个城市越能成为房价波动传导路径的源头，就越能直接对其他城市的房价产生影响，其在区域内房地产市场中的地位就越重要。

第四，房价波动连锁效应不仅体现在区域内部，而且各区域之间也存在着连锁效应现象，跨区域的连锁效应主要体现在从经济发展水平较高的东部城市通过中部城市逐渐向西部内陆等经济发展水平相对较低的城市扩散。东部经济发达城市作为房价波动传导中的领先城市能够对其他城市房价波动产生一定影响。在我国经济持续发展和人民收入水平稳步提高的背景下，东部城市由于有较好的经济基础和城市宜人性，居民对房价的预期长期看涨。由于当地居民收入水平相对较高，克服购买房产首付款限制的能力比其他城市居民强。因此，随着房价的进一步上涨，首批购房者的成功获利激励了这些城市中原本就极具投资意识的人们，在低利率的背景下，住房的改善需求和投资需求不断增加推动房价进一步攀升。而这也影响到其他内陆城市的居民，强化了其对房价预期中的"追涨"心理，再加上各种资本热钱的涌入等因素的作用，内陆城市的房价水平也会随领先城市的上涨而相应提高。

第三章

房价波动对消费的影响机理和风险分析

——基于财富效应的视角[*]

住房市场的财富效应把房价波动和居民的消费变动紧密联系在一起。在房价过高，消费不足的双重压力下，对这一问题进行研究尤为重要。在现实中，已有不少学者和社会人士抨击我国的高房价，认为高房价是居民收入差距扩大的首要原因，也有人指出住房泡沫化的持续发展给我国经济运行带来了巨大风险。然而，人们往往容易忽视在房价上涨的同时，也会带动房屋所有者收入的增加，从而带动消费的财富效应。同样，人们也容易忽视区域性差异，如房价、收入的不同引起的住房市场的财富效应差异。

的确，我国房价上涨过快，已经引起了社会各界的广泛关注。自1998年正式停止福利分房以来，我国房价开始逐步上涨。从2003年开始，房价进入快速上涨通道。有关数据显示，我国商品房均价从2004年年初的2279.71元/m^{2}上涨至2013年年底的8468元/m^2，增幅达到271.57%。其中，商品住宅的均价则从2605元/m^2，上升至8967.10元/m^2，累计上涨了244.22%。[①] 由此可见，作为实物资产的重要组成部分，住房对居民总财富的影响越来越大，地位也越来越重要，因而房价波动对消费影响日益

---

[*] 本章主要内容已发表在卢建新、贾国锋：《中国住房市场财富效应的区域性差异研究》，载《中国金融发展报告2014》，北京大学出版社2014年版。

[①] 数据来源于巨灵数据平台：http://terminal.chinaef.com/indu/houseData! marketNewStatus.action。

增强。从直接结果来看，房价上涨会带来两方面的影响：一方面，依靠住房投资的家庭，其可支配收入大幅上涨；另一方面，暂时没有买房，但未来需要买房的家庭，其消费支出将被大幅挤占。通常我们关心哪个效应更大一些。

我国存在的另一个宏观问题是消费不足。我国经济增长出现了较为严重的结构偏差，过分依赖投资和出口拉动，这使得我国经济的高增长变得难以持续。因此，提高消费在国民经济中的比重，对于经济结构的调整意义重大。在今后很长一段时间内，通过消费拉动经济增长都是一项基本国策。

从已有文献来看，住房市场的财富效应的确存在。然而，在住房市场财富效应的区域性差异方面依然有很多问题需要进一步探讨。关于区域差异，体现在两个方面：一是区域之间收入不同，体现贫富差距；二是区域之间房价不同，体现房价的区域分割。这就带来了三个问题：一是在不同房价和收入状况的地区，房价波动对其消费的影响是否是一致的；二是如何有效地对不同收入和房价的地区进行分组，从而对其财富效应的差异性进行实证检验；三是人为地对不同收入和房价的地区进行分组是否合理。本章拟采用面板门限模型对这些问题进行研究。

一 文献综述

（一）国外文献综述

目前，国外有很多关于房地产财富效应的研究，但是，研究结果却大相径庭。国外研究主要集中在三个方面。

1. 住房市场财富效应的存在性及大小的研究

在对财富效应的早期研究中，研究者并没有将住房作为一个独立变量，而是把住房和其他财产性收入放在一起，考察这些资产价值变动对消费的影响。Elliott（1980）使用总体数据研究了财富和消费之间的关系，他认为非金融财富对消费的影响不显著，他更倾向于认为房子、汽车等是家庭环境的一部分，不具有现实的购买力。Thaler（1990）和Levin（1998）等也持类似的观点。Yoshikawa & Ohtake（1989）通过对日本土地价格和住房支出之间关系的研究，发现土地价格上涨会提高租房者的储蓄率，不过，由于租房者在日本的占比并不高。因此，总体看来，房价上涨的财富效应还是大于挤出效应，即房价上涨会带来消费的增加。Skinner（1989）利用 PSID 数据进行分析，发现住房财富对消费的影响虽然比较小，但比较显著。

随着研究的进展，研究者逐步发现，住房作为不动产的代表，与其他财富应该区别来进行分析，于是专门研究住房财富效应的文献开始出现。Case（1992）研究了 20 世纪 80 年代英国的数据，验证了住房市场财富效应的存在。Engelhardt（1994）用加拿大的相关数据研究发现，房价上涨会降低租房者的储蓄率，房价每上涨 4000 美元会引起储蓄率降低 1%。4 年后，Engelhardt & Mayer（1998）研究发现低收入的购房者在购房时，其家庭成员会对其进行支持，于是会使得家庭储蓄减少。Campbell & Cocco（2007）认为房价对年老的房产持有者有显著影响，但对年轻租房者的影响却并不显著。Case 等（2005）同时分析了包含美国、澳大利亚、英国等 14 个国家 25 年的面板数据，也认为住房市场有较大且相对显著的财富效应。

2. 住房市场财富效应与股票市场财富效应的比较

Levin（1998）对股市和住房市场的财富效应进行了比较研究，他认为后者的财富效应对消费不存在显著影响。Ludwig & Slok（2001）指出 OECD 国家的住房市场和股市均存在财富效应，而且市场主导型国家的住房财富效应要比股市财富效应弱一些，消费对房价变动的敏感性仅为对股价变动的一半。此外，20 世纪 90 年代以来，房市和股市的财富效应均比以往有明显增大。Slok & Edison（2002）从多个发达国家的数据研究发现，住房市场的财富效应比股市财富效应更加显著。Benjamin & Chinloy（2004）得到住房财富效应的边际消费倾向为 0.08，而股市的财富效应仅为 0.02。Case 等（2005）利用宏观资料的对数形式，研究得出美国 1982—1999 年的住房财富的消费弹性系数为 0.05—0.09，OECD 国家 90 年代的住房财富的消费弹性为 0.11—0.17，与此对应，股票市场的财富效应远小于此。Case 等（2013）将数据范围扩大到 1975—2012 年，进一步验证了住房市场比股票市场具有更大的财富效应，并发现住房市场的衰退会引起消费显著下降。①

3. 不同国家住房市场财富效应的比较研究

当住房市场财富效应的研究趋于成熟的时候,研究者把视角转向国外,开始考察不同国家的财富效应差异。波尔和吉尔德(2002)利用 G7 国家的数据来研究住房市场的财富效应,结论显示,德国的财富效应不显著,其余国家财富效应均为正,但是大小不同,最低为 0.02,最高为 0.06。Dreger(2006)研究的范围主要是欧盟各个国家,虽然各个国家的情况不尽相同,但是实证分析显示,各国的财富效应都显著存在,平均为 0.04②。Leonard(2010)研究对象为美国,为了突出经济发展状况对财富效应的影响,其研究的周期较长,约为 50 年,既包括经济状况较好的时期,也包含经济下滑的时期,结论显示前者的财富效应不如后者。Kadir 等(2013)通过对加拿大和澳大利亚的微观调研数据进行研究,认为几乎没有理由可以支持住房市场价格和消费支出有关系,他们进一步研究发现,税收和信贷政策对于消费的影响才是比较重要的。

4. 住房市场财富效应影响因素的分析

Cho(2011)认为高收入和低收入之间的财富效应不同,因此,他从收入这一影响因素切入,发现高收入者的财富效应为 0.094,而低收入者的财富效应为 0.073,因此抵消之后整体的财富效应依然为正,实证检验表明这一结果在统计上较为显著。Khalifa 等(2013)③ 利用门限回归分析方法,按居民收入将研究对象分为 3 类,实证结果发现,收入水平低于 74046 美元时,财富效应为 0.0106,当收入处于 74046 和 501000 美元之间时,财富效应为 0.028224,当收入高于 501000 美元时,财富效应不显著。但是,关于其他因素对住房财富效应的影响目前还比较少见。

---

① Case, Quigley & Shiller 在 2005 年曾经研究过这个问题,也得到了类似的结论,具体可参考 Case, K., J. M. Quigley, R. J. Shiller. Comparing Wealth Effects: The Stock Market versus the Housing Market, Berkeley Electronic Press, 2005。

② 欧盟各国的财富效应大多数分布在 0.03—0.05,均值为 0.04 左右。

③ Sherif Khalifa, Ousmane Seck, Elwin Tobing. Housing wealth effect: Evidence from threshold estimation, *Journal of Housing Economics*, Vol. 22, No. 1, 2013.

(二) 国内文献综述

就现有文献来看，国内学者对该问题的研究主要从以下几个方面展开。

1. 住房市场财富效应存在性的研究

一些学者发现住房财富效应存在且显著为正，例如宋勃（2007）利用我国1998—2006年的住房价格和居民消费数据，得出房价上涨对居民消费存在正效应。赵扬（2012）从房屋租金、居民可支配收入、房价增速和收入增速、产权类型和货币政策五个方面对住房财富效应的传导机制及其效应大小进行了较为全面的分析。他认为，我国住房财富效应的确存在，这一点在实证分析中得到了验证。由于统计误差、变量的选取差异等因素造成学者们的研究结论并不完全一致，但整体来看财富效应还是显著存在的。王子龙等（2008）认为无论是从长期和短期来看住房市场都存在正的财富效应，而且这一效应随着经济增长和居民收入的增加而增加。黄静和屠梅曾（2009）也得到了正的财富效应的结论，但否认了财富效应的增长。公贺（2012）运用LC-PIH模型，对北京市1999—2011年的季度数据进行实证分析，认为在长期中，住房市场的财富效应显著且为正。短期中，住房财富效应不明显。黄平（2006）利用2001—2005年的季度数据对住房市场的财富效应做了回归分析，得出住房市场存在正的财富效应，大小为0.036，即房地产销售价格指数上升1%，消费增加0.036%。李亚明、佟仁城（2007）[①]也得到了类似的结论。

另一部分学者却持有异议。顾巧（2009）研究发现，住房市场的财富效应比较显著，而且财富效应为负。这主要是由于我国房价上涨过快、房价走势不稳定等因素导致。李成武（2010）运用全国30个省份的面板数据进行财富效应分析，认为从全国来看，财富效应不显著。从地区间财富效应大小的比较来看，直辖市、东部地区、东北部地区的财富效应为负。在另一篇论文中，他利用2004—2009年的季度数据对我国住房市场财富效应进行分析，证明了住房财富的负效应。

[①] 李亚明、佟仁城：《中国房地产财富效应的协整分析和误差修正模型》，《系统工程理论与实践》2007年第11期。

2. 住房市场财富效应传导机制的研究

这些理论分析多见于我国早期对于财富效应的研究文献中。国内较早研究住房财富效应的是金通和倪焱（2003），他们认为住房价格泡沫化一方面，降低了消费者剩余；另一方面，房价高企必然引发投资增加，从而挤出了消费支出。他们进一步指出，对于住房投资的增加，会减少在股市的投资资金，从而引起股市低迷。因此，他们从定性的角度，分析出房价上涨会带来负的财富效应。刘建江和杨玉娟（2005）认为住房市场价格的高企通过六种效应传导到消费市场：实现的财富效应、未实现的财富效应、预算约束效应、流动约束效应、替代效应以及信心效应。这一说法借鉴了 Ludwig & Slok（2001）的说法，后来的多篇论文都借鉴这一研究方式。李天祥和苗建军（2011）把房价看成是资本化的租金，由此分析了租金变化从而房价变化对于消费的影响，他们认为，如果一个社会的住房供应量能够满足人人住有所居，则房价的变动就会存在财富效应，如果房屋的供应量小于需求量，则房价的变动就会表现为财富在有房和无房者之间的流动，整个社会的财富总量不会增加，因而不会存在财富效应。

3. 全国和区域性住房财富效应大小的比较研究

一些学者研究的对象是全国的住房财富效应。这些研究成果包括：黄平（2006）利用 2000—2005 年的季度数据进行测算，得到的结论是全国的住房财富效应是 0.036。张存涛（2006）选用 1987—2005 年的年度数据，得到了与黄平截然相反的结果，证明了房价上涨带来的是负向的财富效应。周建军和鞠方利用相似的数据，也得到了类似的结论，他们也证明了住房的负向财富效应。王子龙（2009）利用 1996—2007 年的季度数据进行测算，得到的财富效应明显较大，为 0.77。

另一些研究者着重探讨区域性的住房财富效应，并在不同区域之间进行比较。代表性的研究成果有：李亚明和佟仁城（2007）选择社会消费品零售总额、居民可支配收入和住房价格指数三个变量，对上海、北京、天津、深圳、重庆的每个城市进行研究，发现深圳的住房财富效应最大，为 1.01，北京次之，为 0.71，上海和天津大小类似，分别为 0.53 和 0.51，而重庆的住房财富效应为 -0.41，即房价上涨 1%，消费会下降 0.41%。刘丽和刘爱松（2008）利用广东省 2003—2007 年人均消费支出、人均可支配收入、住房价格指数的月度数据得到广州市的住房财富效应为 0.13。陆勇（2007）用 1982—2006 年香港地区居民消费支出、工资水平、房价的季度资料，得到香港地区的住房财富效应为 0.27。公贺（2012）对北京 1999—2011 年的资料进行研究发现，长期住房财富效应为正，但短期不显著。

4. 股票市场和住房财富效应的比较研究

对于财富效应的研究，国内早已有之。但早期研究主要集中于股票市场的财富效应。孙耀河和马荆江（1999）较早使用了股票市场的财富效应一词，他们认为，由于股票市场投资者资金量小、股市不会有持续利好、股票市场的收益分配格局不合理等原因，决定了股票市场的财富效应不会大。程悦（1999）分析了股票市场财富效应的传导机制以及制约股票市场财富效应发挥的若干因素。郭峰等（2005）采用 Engle-Granger 两步法进行协整分析，并建立了 EMC 模型，利用 1995—2003 年上证股价指数与 DPI 的季度数据进行了实证分析。研究结果显示，无论长期还是短期，我国股价指数与消费的支出均表现出弱的正相关。他们得出的结论是股票市场的财富效应是存在的，但是由于我国证券市场尚处于不完善阶段，这一定程度上制约了我国财富效应的发挥。

对住房市场和股票市场的财富效应进行对比研究，则始于 2007 年。魏锋（2007）就住房市场和股票市场的财富效应进行了比较分析，他发现，前者具有扩张性的财富效应，而后者则具有收缩性的财富效应。赵晓力等（2007）对实际社会总消费、实际国民收入、实际住房价格和实际上证综合指数在两个时段内数据进行实证分析，得到了不同的结果，其中以 1991—2005 年的季度资料得到的住房和股票市场的财富效应较小分别为 0.22 和 0.002，以 1996—2005 年的季度数据得到的住房和股票市场的财富效应较大，分别为 0.91 和 0.05。胡小芳、汪晓银（2008）利用 1992—2006 年的年度数据，分析得到住房和股票市场的财富效应分别为 0.087 和 0.0135。陈淑云和王志彬（2008）也得到了类似的结论，即住房市场的财富效应大于股票市场的财富效应。唐志军等（2013）使用状态空间模型，利用 1994—2009 年的月度数据检验了住房市场和股市的财富效应，他们认为，在短期内，住房财富和股票市场财富均对消费具有正的影响，然而在长期，住房财富效应为正，而股票市场的财富效应为负。

(三) 对国内外文献的总体评价

目前关于住房市场财富效应的研究，已经取得很大成果，但还有很多可以改进的地方。

第一，大多数的文献显示，研究者都进行了翔实的数据检验，也得到了住房财富效应的存在与否或者大小的结论，但是较少有系统分析财富效应大小或有无的原因，尤其是在区域性差异方面，即使有，也不是很全面。

第二，在选取使用的数据方面，不同的数据和不同的变量，得到的结果迥异。很大一部分作者选取了1990年到论文写作时的数据。我们认为，在1998年房改之前，我国实行住房配给制，在正式停止福利分房之前，房屋的居住者原则上只能享有居住权，而不是所有权。这就意味着对于所居住的房子没有处置的权利，换句话说，住房价格的上涨，居住者并无法从中获取收益。因此，我们认为，用1998年之前的数据进行住房市场财富效应的实证分析，似有不妥。正因为如此，本章拟采用2001—2012年的数据进行实证分析。

第三，在实证方法上，以前的研究大多使用的是单位根检验、协整分析、误差修正模型等分析方法，然而我们发现，由于我国住房市场的区域性差异较大，住房市场的财富效应并非完全线性，因而在分析上需要引入新方法。

二 房价波动对消费影响的理论分析与模型构建

这一部分着重从理论上分析住房市场财富效应的传导机制，通过研究我国住房市场的发展状况，来分析财富效应的主要传导机制，并提出本章的相关研究假设。本部分的另一目标是根据财富效应的已有研究，构建适合本章研究的经济模型，为下文的分析作好理论铺垫。

(一) 财富效应与住房财富效应

1. 财富效应的理论演进

关于财富效应的研究，已经有很长的历史了。20 世纪 30 年代，英国古典经济学家阿瑟·庇古首次提出了"财富效应"理论。该理论描述了社会经济中消费、金融资产和物价水平之间的联系。庇古认为，在名义收入不变的情况下，当物价水平下跌时，人们的实际收入会上升，购买力也会上升，消费的增加会刺激经济的增长。在这个循环中，由于物价的下降导致的实际货币余额的上升就是所谓的"财富效应"，也称为"庇古效应"。

随着财富效应研究的进一步发展，人们把研究范围从实际货币余额扩展到金融资产的实际价值。居民持有的金融资产包括现金、股票、债券、票据等有价证券，但与股票相比，其他形式的金融资产升值空间较少，尤其是在考虑通货膨胀的影响时。由于股票市场更加活跃，股票价格的波动幅度较大，因而股票这一金融资产增值更加迅速，而且其价格走势不易被预料，股票资产的增值或减值对持有者的财富有显著影响，继而会通过财富效应影响消费。因此，在这一阶段，不少研究者把重点转到股市上。

20 世纪 80 年代以后，住房市场进入快速发展区间，房价不断攀升，住房资产在短时期内经历了较大幅度的升值。住房市场的财富效应也开始被研究者所重视。自 90 年代以来，随着证券市场的建立和完善，我国金融市场逐步发展起来，居民持有的资产也开始变得多样化。尽管居民的实际财富以多种资产的形式存在，但总体上可归为两类，不动产资产和金融资产。不动产资产是指土地以及土地上的附属物。对于城镇居民而言，其拥有的不动产形式多为房地产。而在居民持有的房地产中，主要是住房，而办公楼、商铺等性质的房地产被居民所持有的较少。为了更加准确地研究房地产市场的财富效应，本章在测算居民的不动产财富时，以城镇居民所持有的住房为测算对象。金融资产则仍沿用之前学者的方法，以股票市场的价格指数来间接测算居民所持有的金融资产的价值。

2. 住房财富效应

结合财富效应的发展过程和本章的研究范围，本章以下所提到的财富效应是指住房所有者所拥有的住房资产,考虑由于价格涨跌导致价值波动时,其对房屋所有者消费的影响。住房财富效应具有多种表现形式,譬如财富增加或减少效应、财富转移效应等,不管是哪种财富效应,关键是弄清这种效应边际消费倾向的正负,如果符号为正,那么这种财富的初始存量对本期消费有促进作用,反之则相反。这一定义将研究范围限制为城镇居民,将居民的不动产资产限制为住宅房地产,将居民的金融资产限制为股票资产。

从全球范围来看,社会财富有很大比例是作为房产和土地被持有的,我国也不例外。因此,住房财富对于居民收入同样具有举足轻重的作用,这主要是通过住房市场的财富效应反映出来,它分为正的和负的两种,本章主要研究住房市场财富增加的效应。①

(二) 住房财富效应的传导机制

1. 微观层面的住房财富效应传导机制

房价变化引起了城镇住房持有者的住房财富的变化,住房财富的增加会在一定程度上通过多种方式改变居民的消费意愿,进而改变其消费支出。从结果来看,住房财富的变化,通过两种方式影响消费:一是不改变消费者的边际消费倾向,消费支出随住房财富的变动而同比例变动,本章把这种效应概括为住房财富的"水平效应";二是住房财富的"增长效应",即房价上升增加了居民的住房财富,居民的边际消费倾向也随之发生变化,若边际消费倾向提高,那么住房财富效应就为正,反过来,则说明住房市场出现"挤出效应"。具体而言,住房财富向消费传导的机制有五种。

(1) 实现的财富效应。1998年,政府发布的《关于进一步推进住房货币化改革的若干意见》拉开了住房改革的序幕,住房私有化进程开始加速,城镇存量住房也开始快速增长。由于我国金融市场起步晚,发展还不成熟,居民的投资渠道匮乏,房地产成为城镇居民投资的主要渠道。在这种背景下,房价持续升高,从而带来居民住房财富的增加。部分居

---

① 由于我国房价绝大部分时间内都处于上升的通道,房价下跌的数据无法取得,因此,国内的研究大多数研究住房财富增加的效应。

民在住房财富上涨后,将房屋出售变现以增加消费支出,这种住房财富效应被称为"实现的财富效应"。这种财富效应通常发生在持有两套及两套以上住房的城镇居民身上,当然也可能是以住房为投资对象的投资者。

(2)未实现的财富效应。对于很多城镇居民,房屋只是一个家庭住所,即使房价上涨、住房财富发生了较大升值,他们依然不会将自住房屋变现扩大消费。然而,即使如此,在住房财富发生升值的情况下,他们还是明显地感觉到富有了,在这种心理的驱使下,他们会在一定程度上增加消费。这种由于心理方面的原因引起的财富效应,通常称为"未实现的财富效应"。这种财富效应与实现的财富效应不同,更多见于只有一套房的城镇家庭居民。这种财富效应通常难以准确分析,但很多心理学方面的实验证明了类似效应确实存在。例如,有调查发现,用信用卡支付的消费者平均会比用现金支付的消费者消费更多。

(3)信贷约束效应。当居民所持有的住房财富增加时,持有者要想将增值的财富转化为消费,除了前文所述的将住房出售变现以外,另一种方法就是利用银行信贷。房屋持有者将增值的房屋抵押到银行,从银行获得信贷资金用以扩大消费。住房财富增加得越多,居民通过住房获得的信贷资金就越多,消费就会增加得越多。这种财富效应称为"信贷约束效应",其发挥依赖于金融市场或住房抵押市场的发展程度。梁琪等(2011)实证检验了金融市场的发达程度会影响住房市场财富效应的发挥。[1]

(4)强制储蓄效应。城镇中除了一部分居民已经购买了属于自己的住房外,仍有一部分低收入者消费不起昂贵的住房。随着收入的增加,他们会变成潜在的购房者,面临日益走高的房价,他们不得不储蓄更多资金以应对住房支出。这种财富效应被称为"强制储蓄效应",它多发生在年轻人群中,这部分人收入水平较低,但未来收入增长潜力大,都是住房市场的潜在需求者,已经支付了首付款而为还清房贷的住房持有者也在此列。

(5)信心效应。如果房价偶尔上涨,那么住房持有者很难将这种短

---

[1] 梁琪、郭娜、郝项超:《房地产市场财富效应及其影响因素研究——基于我国省际面板数据的分析》,《经济社会体制比较》2011年第5期。

暂的增值转化为消费，然而，当人们乐观地认为房价会持续上涨时，情况就发生了变化，持有者会将这种财富增值视为永久性的财富收入。根据永久收入假说，消费者就会增加消费支出，这种效应在我国现阶段非常明显，在经济危机之前的美国也同样如此。

除此之外，有的研究者还从行为金融学的角度解释了住房财富效应发挥的机制。例如，李成武（2010）概括了四种由于消费者的非理性导致的不合理消费行为：预期理论、过度自信、羊群效应以及心理账户。这些虽然不能决定住房市场的财富效应，但都会对其发挥作用的效果产生重要影响。

上述住房财富效应的五种传导机制有正向的，也有负向的。在实现的财富效应、未实现的财富效应、信贷约束效应和信心效应的作用下，住房财富的增加会改善住房持有者的消费支出。在强制储蓄效应、替代效应的约束下，住房财富与消费呈反向变动，住房财富的挤出效应占主导。无论从整个社会来看，还是从某个区域来看，住房财富效应大小或显著与否，主要取决于各个"效应"博弈的结果，取决于哪些效应更加明显。

2. 宏观层面的财富效应传导机制

住房市场化以后，房地产市场开始与宏观经济紧密结合在一起，该市场上的任何风吹草动都能引起整个宏观经济的波动。因此，房价成为房地产市场投资和消费的风向标。

（1）经济增长效应。房价上涨，会带动住房投资的增长，进一步会增加引致需求，主要会带动钢材、水泥、建筑等相关行业的发展。这些行业都属于第二产业，属于国民经济的支柱产业，因而这些行业的发展，能促进整个国民经济的发展。经济发展速度快，居民的可支配收入增长就快，进而带动消费的增长。这一连锁传导效应，称为"经济增长效应"。

（2）经济结构效应。房地产行业属于资金密集型产业，其开发过程中难免遇到资金需求的限制。房价上涨，投资增加首先面临的是资金需求上升，在货币供应量一定的条件下，房地产行业资金投入过多，会占用部分其他行业的资金投入。近些年来，我国制造业出现的危机渐渐浮现，资金缺乏、投资环境恶化等，在一定程度上是由于房价过快上涨，抢占了其他行业的资金投入。这种情况的直接后果就是导致经济结构不合理，最终影响经济发展速度放缓，居民收入水平差距拉大等，这都会影响到居民收入和支出。这种房价上涨影响经济结构进而影响到消费支出的效应称为"经济结构效应"。

3. 区域性住房财富效应的传导机制

不同区域之间的住房市场之所以呈现不同的财富效应，主要是因为上述因素在不同区域间的强弱不同。例如，东部地区的金融市场较为发达，住房抵押市场也较为完善，这一因素容易引起住房市场的正向财富效应，但东部地区的房价同样较高，因而其强制储蓄效应也较大。因此，住房市场财富效应的区域性差异就更值得研究。

通过总结已有研究，不难发现，以往研究区域性财富效应的方法是把整个住房市场主观地区分为几个区域，对于每个区域分别讨论其财富效应的大小，并在各区域之间作比较。然而，主观区分方式却值得商榷。很多学者在研究时，习惯于把住房市场划分为东、中、西三个地区，还有研究者把直辖市和其他省份区分开来进行研究。这种做法的前提是各个区域内的住房市场具有相似的特征，现实却并不满足这个条件。尽管东部很多省份从经济、金融的发展程度上看是类似的，但住房市场的财富效应发挥机制却大相径庭。例如，北京、上海、广州、深圳这些城市在地域上属于东部，但是这些城市在人口结构、收入水平、房价水平上与其他东部城市有很大不同。因此，本书遵循数据的内在规律，引入门限模型对住房市场进行区域划分，并研究住房财富效应的区域差异，从而改善以前单纯从地域上划分不同区域的研究方法。

在以收入为门限变量时，可以将住房市场分为低收入区域、中等收入区域、高收入区域，不同的收入区域对应着不同的收入水平，不同收入水平的居民由于住房持有状况不同而对住房市场财富增值的反映也不同。① 表3—1直观地描述了不同收入区域各种财富效应传导机制的关系。

---

① 这里的区域划分、传导机制与财富效应方向是定性分析，并不是精确的对应关系。

表3—1　　　　　不同收入等级下住房财富效应的传导机制

诱导因素	区域划分	区域内居民的可能状况	传导机制	财富效应方向
房价上涨	低收入区域	无房，且不打算购买	绝望效应	正向
		无房，但未来收入增长潜力大，有购房打算	替代效应	负向
		已购买房，尚未还清住房抵押贷款	强制储蓄效应	
	中等收入区域	已持有一套住房	未实现的财富效应 信贷约束效应	较弱的正向
	高收入区域	已持有两套或两套以上住房	实现的财富效应 未实现的财富效应 信心效应 信贷约束效应	较强的正向

在以房价为门限变量时，可将住房市场区分为低房价区域、高房价区域。不同的房价区域，对应着不同的住房市场发展水平。类似地，在不同房价区域中，住房市场财富效应的传导机制也不同。

（三）住房财富效应的模型构建

关于住房财富效应的研究模型很多，使用的研究方法也各异，但大多数都是基于经典的生命周期理论和持久收入假说。研究者将这两个理论模型结合起来，形成了研究财富效应的基本框架。

1. 住房财富效应的理论依据——LC-PIH 模型

LC-PIH 模型是指生命周期—持久收入假说模型，该模型结合了弗朗科·莫迪利安尼的生命周期理论和米尔顿·弗里德曼的永久收入假说。根据莫迪利安尼的生命周期理论，人们更愿意在一生中平稳地生活（即比较均匀地消费），而不愿意过着起伏不定的生活。弗里德曼则持不同观点，他提出了永久收入理论。该理论认为消费者的消费支出由其永久收入而不是现期收入决定。一般而言，永久收入可理解为消费者估计的长期加权平均收入，离现在越远，权重越小；离现在越近，权重越大。生命周期理论可以用公式表示如下：

$$C = aWR + cYp \qquad (3—1)$$

在式（3—1）中，a 和 c 分别表示实际财富和劳动收入的边际消费倾向，WR 和 Yp 则分别表示实际财富值和永久劳动收入。

$$Yp = \theta Y + (1 - \theta)Y_{-1} \qquad (3—2)$$

在式（3—2）中，Y 为当年收入，Y_{-1} 为上年收入，θ 为权数。

综合以上两式得：

$$\begin{aligned} C &= aWR + c[\theta Y + (1-\theta)Y_{-1}] = aWR + c\theta Y + c(1-\theta)Y_{-1} \\ &= aWR + c\theta(Y - Y_{-1}) + cY_{-1} \end{aligned}$$
$$(3—3)$$

式（3—3）是 LC-PIH 模型的基本表达式，其中，WR 为实际财富，通常指财富存量。该式表明，当期消费取决于当期财富存量、当期收入和上一期的收入。

2. 住房财富效应的检验模型——变量与模型选择

本章认为影响住房财富效应发挥的最主要因素有居民储蓄存量（$Save$）、人均可支配收入（DPI）、住房财富（HW）以及金融资产的价格（SZ）。此外，负担系数（$Depend$）[①]、人口结构、利率水平、房屋的持有结构都会对财富效应产生较大影响。因此，本章以 LC-PIH 模型为基准，考虑数据的可得性和适用性等因素，对模型进行扩展如下：

$$C_t = \alpha_1 + \alpha_2 DPI_t + \alpha_3 HW_t + \alpha_4 Save_t + \alpha_5 Depend_t + \mu_t \qquad (3—4)$$

在式（3—4）中，C 为人均消费支出，DPI 为人均可支配收入，HW 为城镇住房财富，$Save$ 为城镇居民储蓄存量，$Depend$ 为城镇居民的负担系数。

三　我国住房财富效应存在性及大小的实证检验

前文从微观层面、宏观层面分析了我国住房财富效应的传导机制，

[①] 负担系数是指 0—14 岁的儿童和 60 岁以上老人占劳动力人口的比例，该数据可以从每年的统计年鉴中获得。

并根据生命周期理论和持久收入假说构建了实证分析模型。这一部分将从全国住房市场的角度,来检验住房财富效应存在与否及财富效应的大小。验证全国住房市场财富效应的目的在于与区域性财富效应进行对比。

(一) 数据的选取和变量的测算

这一部分主要说明检验全国住房市场财富效应的数据来源、变量测算过程、各指标设置的合理性。目的在于保证实证检验时运用了可靠的数据和有效的变量。本章涉及的变量及数据有:城镇住房财富、城镇人均消费支出、城镇人均可支配收入、居民金融资产以及负担系数五个变量。以下分别介绍各个指标的数据选取,个别指标无法直接获得,是经过计算得到的。

1. 住房财富

在已有研究中,多数人选择城镇住房价格指数作为住房财富的代理指标,但是从财富效应的含义来看,它是指居民持有的住房财富量变动引起的居民消费变动。因此,本书选取全国住房平均价格和城镇人均居住面积的乘积来测算人均住房财富,以揭示 2001 年以来我国城镇居民的住房财富的变动情况(见表3—2)。

表3—2 　　2001—2012 年城镇居民人均住房财富的季度数据 　　(单位:元)

时间	住房财富	时间	住房财富	时间	住房财富
2001 年第一季度	37695	2005 年第一季度	75038	2009 年第一季度	130050
2001 年第二季度	37170	2005 年第二季度	72271	2009 年第二季度	132630
2001 年第三季度	37653	2005 年第三季度	72584	2009 年第三季度	135960
2001 年第四季度	36078	2005 年第四季度	73524	2009 年第四季度	136140
2002 年第一季度	45600	2006 年第一季度	84579	2010 年第一季度	163386
2002 年第二季度	42704	2006 年第二季度	85961	2010 年第二季度	154184
2002 年第三季度	43913	2006 年第三季度	86991	2010 年第三季度	147861
2002 年第四季度	41975	2006 年第四季度	86503	2010 年第四季度	149739
2003 年第一季度	52306	2007 年第一季度	101798	2011 年第一季度	182806
2003 年第二季度	48656	2007 年第二季度	98252	2011 年第二季度	166406
2003 年第三季度	51026	2007 年第三季度	101825	2011 年第三季度	163372

续表

时间	住房财富	时间	住房财富	时间	住房财富
2003年第四季度	49746	2007年第四季度	103515	2011年第四季度	160496
2004年第一季度	63575	2008年第一季度	108361	2012年第一季度	176645
2004年第二季度	61700	2008年第二季度	106550	2012年第二季度	178117
2004年第三季度	63100	2008年第三季度	106380	2012年第三季度	181550
2004年第四季度	64125	2008年第四季度	104370	2012年第四季度	179458

数据来源：巨灵数据库（http://terminal.chinaef.com/system/gotoLogin.action）。

2. 金融财富

自20世纪90年代我国建立证券市场以来，城镇居民持有的金融财富不断增长，金融财富的种类也在日益丰富。主要金融财富类型有：股票、债券、基金以及储蓄存款等。正如前文提到的，这些金融资产中，只有股票资产的价格波动较大，其他的金融资产类型收益相对固定，不会产生预期之外的较大收益。因此，本书只选取股市财富近似地测算居民的金融财富。

3. 全国人均消费支出

全国人均消费支出是指全国居民每年用于日常生活开支的平均花费，包括食品、服装、医疗保健以及除住房外的其他各种耐用消费品支出。对于这个消费支出指标，有两个代理变量：全社会消费品零售总额和城镇居民人均消费支出。一些文献以全国消费品零售总额来衡量，但是由于这个指标还包括政府购买、企业消费支出等其他形式的消费。本书认为这个指标虽然也是衡量消费，但相比而言，人均消费支出更能衡量个人财富增加引起的支出变动情况。因此，本书采用城镇居民人均消费支出（C）来衡量（见表3—3）。

表3—3　　　　城镇居民人均可支配收入和人均消费支出　　　　（单位：元）

时间	城镇居民人均可支配收入	城镇居民人均消费支出	时间	城镇居民人均可支配收入	城镇居民人均消费支出
2001年第一季度	1857.55	1347.12	2007年第一季度	3935.00	2620.00
2001年第二季度	1587.96	1217.18	2007年第二季度	3117.00	2210.00

续表

时间	城镇居民人均可支配收入	城镇居民人均消费支出	时间	城镇居民人均可支配收入	城镇居民人均消费支出
2001年第三季度	1694.83	1419.95	2007年第三季度	3294.20	2565.10
2001年第四季度	1717.77	1324.76	2007年第四季度	3439.60	2602.40
2002年第一季度	2125.50	1554.40	2008年第一季度	4385.60	2882.30
2002年第二季度	1816.90	1410.90	2008年第二季度	3679.30	2608.00
2002年第三季度	1850.60	1600.60	2008年第三季度	3799.90	2855.20
2002年第四季度	1909.80	1464.00	2008年第四季度	3915.88	2897.30
2003年第一季度	2354.50	1669.10	2009年第一季度	4833.90	3130.10
2003年第二季度	1946.40	1441.40	2009年第二季度	4022.00	2849.20
2003年第三季度	2046.00	1733.50	2009年第三季度	4117.40	3114.40
2003年第四季度	2125.30	1666.90	2009年第四季度	4201.35	3170.85
2004年第一季度	2638.80	1838.90	2010年第一季度	5308.01	3474.71
2004年第二季度	2175.80	1645.30	2010年第二季度	4449.10	3096.09
2004年第三季度	2257.40	1888.60	2010年第三季度	4576.72	3370.83
2004年第四季度	2349.60	1809.30	2010年第四季度	4775.61	3529.82
2005年第一季度	2937.80	2020.10	2011年第一季度	5962.82	3846.32
2005年第二季度	2436.00	1845.20	2011年第二季度	5078.67	3471.85
2005年第三季度	2527.90	2084.80	2011年第三季度	5259.36	3877.22
2005年第四季度	2591.30	1992.00	2011年第四季度	5508.93	3965.50
2006年第一季度	3293.40	2243.80	2012年第一季度	6796.31	4320.13
2006年第二季度	2703.30	1983.80	2012年第二季度	5712.23	3873.64
2006年第三季度	2802.10	2252.80	2012年第三季度	5918.05	4183.44
2006年第四季度	2961.20	2216.60	2012年第四季度	6138.13	4297.11

数据来源：巨灵数据库（http：//terminal.chinaef.com/system/gotoLogin.action）。

4. 劳动性收入

莫迪利安尼等经济学家把居民财富分为两种：财产性收入和劳动收入。本书以城镇居民的人均可支配收入来衡量整个国家某个年度内的劳动收入状况。以人均可支配收入进行替代的原因，一方面是因为我国城镇居民的工资水平数据未在官方公布，不易收集；另一方面在统计上，人均可支配收入与居民劳动收入基本一致。

(二) 我国住房财富效应存在性的实证检验

1. 数据的平稳性检验

格兰杰、纽博尔特 (1974),菲利浦 (1986) 都曾指出,如果数据序列是非平稳的,那么对这些数据进行回归,就会得到虚假的回归结果。沃森 (1989) 也证明当数据非平稳时,线性回归得到的 t 值、F 值、DW 值以及 R^2 将出现误差。因此,为了保证实证分析更加有效、准确,在回归以前都需要进行平稳性检验。通常采用过的方法是 ADF 检验,也就是 Dickey-Fuller 检验。ADF 平稳性检验是基于以下回归方程:

$$\Delta y_t = \beta_1 + \beta_2 + (\rho - 1)y_{t-1} + \alpha_i \cdot \sum_i^m \Delta y_{t-1} + \varepsilon_t \quad (3—5)$$

在式 (3—5) 中,ε_t 为误差项,统计软件通过自动选择合适的滞后阶数,来确保它不具有序列相关性。检验的原假设是 $H_0: \rho = 1$,备选假设是 $H_1: \rho < 1$。检测结果如果不能拒绝原假设,那就表明时间序列含有单位根,或者说是非平稳的。检验结果见表 3—4。检验结果表明,五个变量的检测都通过了检验,P 值显示在 5% 的水平上都可以拒绝原假设。因此,全部变量均为平稳的,用它们进行回归分析不会引起伪回归。

表 3—4　　　　　　　回归变量的单位根检验结果

检验类型	变量	C	DPI	HW	Depend	Save
ADF 检验	统计值	-3.163	-3.171	-2.894	-3.924	-3.789
	P 值	(0.0222)	(0.0217)	(0.0461)	(0.0019)	(0.0030)

2. 模型设定

前文已经对住房市场的财富效应进行了理论分析,实证分析的模型也是建立在理论分析的基础上。根据传统的生命周期理论,本章将居民的资产分为以房产为代表的实物资产和以储蓄为代表的金融资产。在此前提下,这部分对生命周期理论的模型略作改进:

$$C_t = \alpha_1 + \alpha_2 DPI_t + \alpha_3 HW_t + \alpha_4 Save_t + \alpha_5 Depend_t + \mu_t \quad (3—6)$$

模型假定居民的人均消费主要是由人均可支配收入 (用 DPI 表示)、居民持有住房以市场价格折算的财富数量 (用 HW 表示)、人均储蓄存量

(用 Save 表示)、负担系数(用 Depend 表示)所决定的。

3. 回归结果

回归结果见表3—5。

表3—5　　　　　全国住房市场财富效应的检验结果

变量	C	t 值
HW	-0.000989	(0.00374)
DPI	0.509***	(0.0566)
Depend	830.0*	(468.7)
Save	-0.00935**	(0.00412)
Con.	82.32**	(31.05)
Obs.	46	
R^2	0.769	

注：*** 表示 $p<0.01$；** 表示 $p<0.05$；* 表示 $p<0.1$。

用模型的公式表示就是：

$$C_t = 82.32 - 0.000989 HW_t + 0.509 DPI_t \quad (3—7)$$
$$+ 83 Depend_t - 0.00935 Save_t$$

回归结果表明，中国整体的住房市场财富效应为负，房价上涨1%，会引起消费下降0.000989%。除了住房财富这一因素外，模型还分析除了居民可支配收入、负担系数、储蓄三个因素对于消费的影响程度：可支配收入每增加1元，消费者会将0.509元用于消费；负担系数每增加1%，消费会上涨8.3元；储蓄的增加则会使消费降低。

(三)　对我国住房市场财富效应的结果分析

上述结果显示，住房财富的回归结果并不显著，这与很多学者之前的研究是相符的。我们认为可能存在以下几个方面的原因：

第一，从全国来看，房价水平差别较大。以北京、上海、广东、深圳这四大城市来看，房价远远高于内地其他城市，收入房价之间的比例也与内地之间差别较大，如果忽略了这些，用全国统一的数据去测算住房市场的财富效应，显然有失偏颇，实证结果也很难反映现实的情况。

第二，从全国来看，收入水平相差较大。从统计数据来看，我国收入水平大体呈现东部沿海高，中西部较低，其中有些地区相差较多。收入水平不同，对于消费的观念也不同，住房在高低收入群体之间的分布也有差异，这就很难统一地去测算住房市场的财富效应。

总之，我国国土面积辽阔，地域性差异较大，东部地区和西部地区经济发展水平不同，居民持有的住房财富价格波动引起居民消费的变动程度也不同，而且不同地区的居民收入水平也大不一样。这个结果说明了我们要寻求新的方法来研究住房市场财富效应。鉴于以上分析，本书认为应该就整个国家不同地区进行分别研究，才能比较出各个地区财富效应的差异。这样一来，就会有一个疑问：是否是因为一些区域的住房市场财富效应大，而另外一些区域小，二者混在一起研究，就会产生抵消作用？带着这个疑问，本章将分别以收入和房价水平为标准，通过门限估计方法进行分区域研究。

四 房价波动对消费影响的区域性差异：基于面板门限模型的实证分析

前文的分析结果表明，住房市场的财富效应在统计上不显著。然而经过分析，本书认为这一结果并不能反映住房市场财富效应的真实情况。本章余下部分将利用面板门限模型来分析住房市场的区域性财富效应。

（一）面板门限回归模型

1. 门限回归模型

门限回归模型是美国计量经济学家 Hansen 在 1999 年[①]提出来，这种方法主要是用来研究变量之间的非线性关系。Hansen 认为，在不同的阶段，变量之间的关系呈现出不同的相关关系。从 1999 年到 2000 年的论文

---

① 具体可参考 Bruce, E. Hansen, Threshold Effects in Non-Dynamic Panels: Estimation, Testing, and Inference, *Journal of Econometrics*, Vol. 93, No. 2, 1999, 这篇论文详细介绍了门限模型的设定、检验等。

中,他的这个模型的应用还比较窄,主要适用于时间序列和截面数据,对于模型的估计,也只能用 Matlab 软件。在 2000 年后,他又陆续对这一模型进行完善,使得该模型可以适用于面板门限模型的估计,同时也可通过 Gauss、Stata 等软件完成。

(1) 门限模型概述

为了说明 Hansen 的门限模型在进行变量的非线性关系时极具优势,本书对传统门限模型进行简要概述,通过二者的比较来凸显新方法的适用性。

举例说明:为了研究货币政策对经济增长的关系,研究者通常选取经济增长的相关指标,例如经济增长率或者 GDP 值作为因变量,将就业水平、人口结构、城市化水平等作为控制变量,将货币供给量、利率水平等作为自变量进行研究。如果研究者认为两者呈线性关系,则通过一个整体的模型进行分析,最终得出两者之间呈现某种关系的结论。

但是随着研究的发展,很多研究者发现,两者之间的关系并非线性的。换言之,在某一个时点前,货币供应量或利率水平对经济的影响程度和方式比较稳定,但是在这个时点之后,在其他控制因素不变的情况下,货币政策对经济增长的影响方式发生了改变。

于是,人们对上文所述的"某一时点"比较感兴趣,而且找出这个时点对进一步研究非常重要,因为研究者要以这个时点为分界线,设定模型对这一问题做进一步的研究。如此,便会涉及如何找这个分界点的问题。

在这一问题上,Hansen 与前人的观点不同。在他之前的研究者通常是主观的假设一个时点,然后以这个为界设定两个模型,并分别对模型进行估计,如果在检验上这两个模型显著不同,那么研究者认为自变量和因变量存在着非线性关系。Hansen 对这一方法提出了质疑,主要质疑点在于分界点选取的科学性。他认为,传统门限模型对于门限值高度敏感。换言之,模型是否能够准确地反映真实的变量关系,对于门限值的精确选取要求很高。而传统的门限模型在这一点恰巧具有很大的随意性。

相比之下,Hansen 提出的门限模型至少在以下两个方面具有重大突破:一是在模型设定时,不需要设定非线性方程的形式,门限值大小及门限值的个数完全由样本数据内生决定;二是新的门限方法提供了一个渐进分布理论来建立待估参数的置信区间，同时，Hansen 引入了一种新的方法——Bootstrap 法来估计门限值的统计显著性，通过统计显著性来判断门限值的个数。

（2）门限模型估计与检验步骤

与其他模型一样，面板门限模型也要求对变量的平稳性进行检验，在变量平稳的基础上再进行相关关系研究。基本步骤如下：第一步，对各变量进行平稳性检验，即要进行面板单位根检验，对于时间序列可以采用 ADF 检验，也可以采用 IPS 检验；第二步，对各个解释变量尤其是门限变量进行内生性检验；第三步，计算门限值，并检验门限值的统计显著性；第四步，得出结论，如果存在门限效应，就可以估计门限值的置信区间，也可根据需要描画出最大似然比的函数趋势图。

（3）门限模型的设定和检验

Hansen 认为，在模型设定时，门限变量的选择可由理论模型外生决定。他提出的门限回归模型表达式为：

$$y_i = \mu_i + x_{it}\beta_1 + e_{it}, q_{it} > \gamma \quad (3—8)$$

$$y_i = \mu_i + x_{it}\beta_2 + e_{it}, q_{it} \leq \gamma \quad (3—9)$$

在式（3—8）和式（3—9）中，y_i 为被解释变量，x_{it} 为解释变量向量，e_{it} 为误差项，q_{it} 为门限变量，门限变量 q_{it} 将样本划分为不同的组。

如果引入指示函数 $I(\cdot)$，当括号中的条件满足时，指示函数取 1，否则取 0，这时，上述方程可变为：

$$y_{it} = \mu_i + \beta_1 x_{it} I(q_{it} \leq \gamma) + \beta_2 x_{it} I(q_{it} > \gamma) + e_{it} \quad (3—10)$$

在式（3—10）中，i 代表城市，t 代表年份。μ_i 是个体效应，q_{it} 为门限变量，γ 是门限值，$I(\cdot)$ 为指示函数，β_1、β_2 是根据 q_{it} 与 γ 的大小区分的两个不同区间内 x_{it} 的系数，其中 β_1 对应于 $q_{it} \leq \gamma$ 时 x_{it} 的系数，β_2 对应于 $q_{it} > \gamma$ 时 x_{it} 的系数。e_{it} 是随机误差项，且各误差项服从 $(0, \sigma^2)$ 的正态分布。

为了估计上述模型中的各参数，需要先消除模型中的个体效应，也即消除上式中的 μ_i。其中最常用的一种方法是通过去平均值的方法。

令：$\bar{y}_i = \frac{1}{T}\sum_{t=1}^{n} y_{it}$、$\bar{x}_i = \frac{1}{T}\sum_{t=1}^{n} x_{it}$、$\bar{e}_i = \frac{1}{T}\sum_{t=1}^{n} e_{it}$，将式（3—10）按下标 t 分解，然后等式两边分别相加，再除以 T（总年份），则得到式（3—11）：

$$\bar{y}_{it} = \bar{\mu}_i + \beta_1 \bar{x}_{it} I(q_{it} \leq \gamma) + \beta_2 \bar{x}_{it} I(q_{it} > \gamma) + \bar{e}_{it} \quad (3—11)$$

两式相减，且记 $y_{it}^* = y_{it} - \bar{y}_i$，$x_{it}^* = x_{it} - \bar{x}_i$，$e_{it}^* = e_{it} - \bar{e}_i$，则可得到消除了个体效应后的估计模型：

$$y_{it}^* = \beta_1 x_{it}^* I(q_{it} \leq \gamma) + \beta_2 x_{it}^* I(q_{it} > \gamma) + e_{it}^* \quad (3—12)$$

如果以向量的方式来表示，则上述模型可以表示为：

$$Y^* = \beta X^*(\gamma) + e^* \quad (3—13)$$

实际应用中，我们主要关注的是 β，这个量解释了自变量和因变量之间的相关程度。因此，在给定的 γ 的范围内，对于任意一个 γ 值，β 的估计向量为：

$$\hat{\beta}(\gamma) = (X^*(\gamma)'X^*(\gamma))^{-1}X^*(\gamma)'Y^* \quad (3—14)$$

残差的估计向量为：

$$e^*(\gamma) = Y^* - X^*(\gamma)\beta(\gamma) \quad (3—15)$$

因此，对于任意一个 γ 残差平方和的估计向量为：

$$S_1(\gamma) = \sum_{i=1}^{T} e_{it}^2 = \hat{e}^*(\gamma)'\hat{e}^*(\gamma) \quad (3—16)$$

$$\hat{\gamma} = \arg\min S_1(\gamma) \quad (3—17)$$

关于模型的检验，即门限效应的显著性以及通过上述过程计算出来的门限值 γ 是否为真实值，Hansen（1999）也作了详细介绍。在估计完参数后，还应做两个检验：第一，检验门限效应是否具有显著性；第二，检验估计得到的门限值与其真实值是否相等。第一个检验构造了一个 F 统计，统计量为：

$$F_1 = \frac{S_0 - S_1(\hat{\gamma})}{\hat{\sigma}^2}$$

$$\text{s. t. } \hat{\sigma}^2 = \frac{S_1(\hat{\gamma})}{n(T-1)} \quad (3—18)$$

该检验的原假设为 $H_0: \beta_1 = \beta_2$，备择假设 $H_1: \beta_1 \neq \beta_2$。这就意味着，如果检验无法拒绝原假设，则门限效应不存在。由于在原假设下，门限效应不存在，因此 γ 值无从获取。尽管 F 统计量不是一个标准统计量，但可以利用 Hansen 提出的自抽样法来获得它的渐近分布和经验 P 值。

第二个检验构造了一个似然比统计，统计量为：

$$LR_1(\gamma) = \frac{S_1(\gamma) - S_1(\hat{\gamma})}{\hat{\sigma}^2} \tag{3—19}$$

该检验的原假设 $H_0: \hat{\gamma} = \gamma_0$，备择假设 $H_1: \hat{\gamma} \neq \gamma_0$。该似然比统计量同样不是一个标准的统计量，Hansen 也给出了计算该统计的非拒绝域的方法，即当 $LR_1(\gamma) \leq c(\alpha)$ 时，该检验无法拒绝原假设，其中，$c(\alpha) = -2\ln(1 - \sqrt{1-\alpha})$，$\alpha$ 为显著水平。

2. 变量的选取与测算

（1）变量的选取

我国幅员辽阔，东、中、西部经济发展水平差异较大，无论从房价波动，还是从居民的收入、消费来看，都体现了区域性差异的特征。为了研究各个地区之间房价波动对该地区消费影响的差异性，我们收集了我国 35 个大中城市 2001—2012 年，城镇住房销售价格指数、城镇人均消费支出以及人均可支配收入的数据，并运用面板门限模型进行分析，以检验理论分析中提出的一系列假设。

35 个大中城市，从地域上，能够代表我国东中西部的大部分省份（限于数据的可得性，未包含西藏）；从城市发展程度上，既有北京、上海、广州、深圳这样房价、收入和支出较高的城市，也有兰州、西宁等房价较低，但收入、支出水平相对落后的地区。因此，选择 35 个大中城市作为样本进行研究，具有比较好的代表性。

本章结合面板门限模型和实际问题需要，主要设置了以下变量进行分析：被解释变量为 35 个大中城市的人均消费支出（C），两个解释变量分别为各个城市的人均持有的住房财富（HW）和人均可支配收入（DPI），两个门限模型中的门限变量分别为商品住宅平均销售价格（HP）和人均可支配收入（DPI）。

（2）变量的测算

在本部分中，人均消费支出是指不包含购房支出的其他消费性支出，人均可支配收入近似地替代城镇居民的劳动性收入。

本章对于住房财富的测算沿用第三部分对于全国住房财富的测算方法，即城镇居民所持住房的财富值 = 城镇人均住宅建筑面积 × 商品住宅平均销售价格。用公式表示即：

$$HW_{it} = S_{it} \times HP_{it} \qquad (3—20)$$

在式（3—20）中，HW_{it} 代表第 i 个城市第 t 年人均持有的住房财富值，S_{it} 代表第 i 个城市第 t 年的城镇人均住宅面积①，HP_{it} 代表第 i 个城市第 t 年的商品住宅平均销售价格。以北京市为例来说明本书测算各个城市城镇居民所持住房的财富值：

表3—6　　　　　北京市2001—2012年人均住房财富值　　　（单位：元）

年份	2001	2002	2003	2004	2005	2006	2007	2008	2009	2010	2011	2012
S	19	19	20	24	25	27	29	29	29	29	29	29
HP	4278	4716	4456	4747	6162	7375	10661	11648	13224	17151	17860	18660
HW	81282	90547	87783	111555	154050	196913	305544	334764	380983	495664	525084	541140

（3）变量的描述性统计

表3—7报告了主要变量的描述性统计结果。

表3—7　　　　　　　　变量的描述性统计

变量名称	平均值	标准差	最小值	中位数	最大值
HW（住房市场财富）	100000	88471	19260	75970	530000
C（人均消费支出）	11096	4595	4294	10078	27768
DPI（人均可支配收入）	15004	6748	6041	13578	36505
SZ（上证指数）	2269	898.7	1211	1920	3995
RK（人口结构）	0.38	0.07	0.19	0.38	0.58

由表3—7可以看出，我国区域性差异较大，住房市场财富、人均消费支出、人均可支配收入、人口结构这几个变量都较为分散，这样的数据刚好比较符合实证分析的要求，差异性大能够使得实证结果更加有说服力。

在数据的处理方面，有一个问题是，这些数据都是没有经过CPI平减过的名义值，这是否合理、是否必须用实际值。答案是不必要进行。通

---

① 该变量采用的是城镇人均住宅建筑面积。

常，我们研究 2001 年的人民币度量人均可支配收入时，就要求我们把 2011 年的 DPI 转化为 2001 年的人民币度量。但是，如果数据进行了对数处理，就没有必要了。因为 $\ln(DPI/P_{2001}) = \ln(DPI) - \ln(P_{2001})$，尽管这里的每个地区每年的 DPI 不同，但是通常我们能够收集到的关于 CPI 的数据却是一样的。因此，$\ln(P_{2001})$ 将被转化为截距项，而与回归的系数无关。①

3. 变量的单位根检验

面板数据和时间序列数据在作回归分析之前，通常要检验其平稳性。如果数据本身是不平稳的，那么会导致伪回归，从而影响实证检验的有效性。本书使用的是面板数据，因此，要对数据进行面板单位根检验。目前对面板数据进行单位根检验的方法有：LLC 检验、HT 检验、IPS 检验、Breitung 检验、Fisher 检验以及 Hadri 检验。在这些检验方法中，常用的是 LLC 检验和 IPS 检验。LLC 检验方法是 Levin，Lin 和 Chu 三个人在 LL 检验的基础上发展的，这种检验方法比较适合中等维度的面板检验。IPS 检验是 Im，Pesaran 和 Shin 提出的一种适合异质均衡面板数据的单位根检验方法。为了稳健起见，本书同时采用 LLC 检验和 IPS 检验这两种方法对本章涉及的变量进行单位根检验。

这些检验都是基于 ADF 的检验。ADF 检验是通过检验三个模型来完成：（1）检验同时包含趋势项和截距项的模型；（2）检验仅含截距项的模型；（3）检验既不包含截距项，又不包含趋势项的模型。该检验认为，只有三个模型都无法通过检验时，才能判断该时间序列具有非平稳性。换句话说，三个模型中不管哪个模型拒绝了原假设，就能判断该时间序列具有平稳性。检验结果见表 3—8。

表 3—8　　　　　两种方式进行变量单位根检验的结果比较

检验类型	变量	C	DPI	HW	RK	SZ
LLC 检验	统计值	-4.1719	1.2649	-2.9593	-0.3513	0.0001
	P 值	(0.2846)	(1.000)	(0.9038)	(1.0000)	(1.0000)

---

① 具体参考伍德里奇：《计量经济学导论：现代观点》，中国人民大学出版社 2015 年版。

续表

检验类型	变量	C	DPI	HW	RK	SZ
IPS 检验	统计值	6.5477	7.1065	6.4579	-1.1510	1.7460
	P 值	(1.0000)	(1.0000)	(1.0000)	(0.1249)	(0.9596)

LLC、IPS 检验，其原假 H_0：变量存在单位根；备择假设 H_1：变量不存在单位根。由于 Stata 软件自动报告的置信度为 95%，因此，如果检验的 P 值大于 0.05 则无法拒绝原假设，否则拒绝。通过对面板数据原序列的检验发现，所有的变量都无法拒绝序列非平稳的原假设，因此，认定五个变量均存在单位根。

如果变量存在单位根过程，将导致伪回归，为了避免伪回归，本书采取对变量取对数的方法进行处理。表 3—9 列出了对原序列取对数后的检验结果。结果显示：所有变量在两种方法的检验下，P 值都明显小于 0.05，均拒绝了序列非平稳的原假设。因此，认定经过对数处理后的序列平稳，可以对其进行回归分析。

表 3—9　　　　　原序列取对数后的单位根检验结果

检验类型	变量	LnC	LnDPI	LnHW	LnRK	LnSZ
LLC 检验	统计值	-12.6170	-16.7980	-9.7796	-10.6549	-4.9905
	P 值	(0.0000)	(0.0000)	(0.0000)	(0.0000)	(0.0000)
IPS 检验	统计值	-3.3260	-5.3227	-2.2381	-10.3896	-72.8838
	P 值	(0.0004)	(0.0000)	(0.0126)	(0.0000)	(0.0005)

（二）估计模型的选择

通常，只要涉及用面板数据进行分析时，就需要区分是选择固定效应模型，还是随机效应模型。

固定效应模型的一般形式为：

$$Y_{it} = \beta_i x_{it} + \alpha_i + \mu_{it}, t = 1, 2, \cdots, T; i = 1, 2, \cdots, N \quad (3—21)$$

在式（3—21）中，T 为时期数，N 为观测对象个数。

随机效应模型的一般形式为：

$$Y_{it} = \beta_i x_{it} + \mu_{it}, t = 1, 2, \cdots, T; i = 1, 2, \cdots, N \qquad (3—22)$$

在式（3—22）中，T 为时期数，N 为观测对象个数。

哪个模型更适合对所研究的问题进行实证估计分析，取决于除了因变量以外的误差项中是否包含一部分误差，这部分误差恒定不变，即不随时间变化而变化。如果存在这样一部分误差，那么用固定效应模型会比较确当；反之，如果所有没有观测到的误差全部随时间的改变而改变，则选择随机效应模型会更合适。

本书同样需要在两种模型中选择其一。针对本章所研究的内容，结合两种模型的特点，本书的选择思路如下：

第一，考察是否客观存在除了本章模型中所用的解释变量以外的其他变量，影响居民的消费支出，而这种因素具有不易观测且影响基本不随时间变化而变化。

第二，运用计量方法进行检测，从数据本身出发，来选择合适的模型。检验的方式依然沿用 Hausman（1978）提出的检验方法。

对于上述第一个问题，本书给出的答案是肯定的。例如，消费习惯、社会文化环境等方面都会影响到消费，而这两个方面都具有相对的稳定性。在一定时期内，一个地区的居民消费习惯和社会文化环境不会发生太大的变化，同时，由于该类变量不易观测取得数值。因此，本书并未将其考虑在回归模型里。胡日东（2007）、田青等（2008）和骆祚炎（2013）等都对该问题有所探讨。

本书还通过 Hausman 检验方法对两种模型进行检验，进而选取一个比较确当的模型。Hausman 检验的结果如下：

表3—10　　　　固定效应和随机效应模型选择的 Hausman 检验

检验内容	零假设	统计值	P 值	结论
固定效应/随机效应	系数不存在系统性差异	Chi2（4）= 1.93	0.7495	无法拒绝原假设固定效应随机效应均可

表3—10 中的检验结果表明，采用固定效应和随机效应在统计上没有显著差异，这就意味着采用哪种模型都可以，但是结合本书对第

一个问题的分析，我们仍然可以合理地认为采用固定效应模型更加合适。在以下的分析中，如果未加特别说明，均是采用固定效应模型进行分析。

(三) 收入水平对区域性住房财富效应影响的实证分析

本部分将以收入为门限变量，讨论在不同的收入水平状况下，住房市场的财富效应大小。综合以上对于模型选择方面的讨论，本部分首先构建具体的模型，然后进行实证检验。

1. 理论分析

无论是经济学中关于消费函数的理论分析，还是从已有的学术研究成果来看，收入无疑是影响消费的最重要因素。在研究住房市场的财富效应方面，所有的实证分析都将收入作为影响消费的一个主要因素，却鲜有人关注在不同的收入状况下，住房市场的财富效应有何差别。然而，这个问题确实值得关注。

首先，不同收入等级的居民对住房的持有状况不同。在住房商品化改革后，购房者的行为转向市场化，高收入的群体，可以购买多套房，而低收入者甚至一套房也买不起。因此，在已兑现的财富效应的作用机制下，房价上涨会给高收入者带来更大的财富效应。当房价上涨，从而带动住房拥有者的住房财富上升，这时他们就可以在市场上把多套房变现，以增加其财产性收入，从而改善消费支出。

其次，不同收入等级的居民，住房市场财富效应发挥作用的机制不同。对于高收入家庭，住房市场财富效应主要是通过兑现的财富效应、未兑现的财富效应、流动约束效应发挥作用，其中，这些财富效应理论上应该为正。对于低收入家庭，房价上升，则会通过预算约束效应、挤出效应发挥作用，其财富效应理论上为负。

因此，本书假设存在一个或多个收入门限值，将收入分为不同的阶段，在不同的收入阶段，其财富效应的大小也不同。

2. 模型的构建

由于事先并不知道门限值的个数，因此，无法确定门限模型的形式。结合本章研究的内容，本书对门限模型的基本形式进行扩展，得出检验模型为：

(1) 单一门限的实证模型：

$$\text{Ln}C_{it} = \alpha_1 \text{Ln}DPI_{it} + \alpha_2 \text{Ln}SZ_{it} + \alpha_3 \text{Ln}RK_{it} + \beta_1 \text{Ln}HW_{it} \cdot I(DPI \leq \gamma)$$
$$+ \text{Ln}HW_{it} \cdot I(DPI > \gamma) + \alpha_i + \mu_{it} \qquad (3\text{—}23)$$

(2) 双重门限的实证模型：

$$\text{Ln}C_{it} = \alpha_1 \text{Ln}DPI_{it} + \alpha_2 \text{Ln}SZ_{it} + \alpha_3 \text{Ln}RK_{it} + \beta_1 \text{Ln}HW_{it} \cdot I(DPI \leq \gamma_1)$$
$$+ \beta_2 \text{Ln}HW_{it} \cdot I(\gamma_1 < DPI \leq \gamma_2) + \text{Ln}HW_{it} \cdot I(DPI > \gamma_2)$$
$$+ \alpha_i + \mu_{it} \qquad (3\text{—}24)$$

在式（3—23）和式（3—24）中，$i = 1, 2, \cdots, 35$；$t = 1, 2, \cdots, 11$；i 代表城市，t 代表年份；$I(\cdot)$ 是一个指示函数，当门限变量符合括号中的条件时，指示函数取1，否则取0；γ、γ_1、γ_2 为门限值。

为了避免对模型选择的主观性，还需要通过对数据自身的检验，来自内在的决定是使用单门限模型、双门限模型还是三重门限模型。表3—11报告了用Stata13.0输出门限模型检验结果：

表3—11　　　　　　　　门限模型检验结果

模型	F值	P值	BS次数	1%	5%	10%
单一门限	8.351**	0.043	1000	18.141	7.453	5.020
双重门限	7.709***	0.003	1000	6.104	3.756	2.660
三重门限	3.165	0.127	1000	19.444	8.454	5.095

注：(1) 所有的门限值是在Stata通过1000次的Bootstrap情况下得到的；(2) *** 表示 $p < 0.01$，** 表示 $p < 0.05$，* 表示 $p < 0.1$。

单门限变量个数的检验利用的是 F 统计量检验。单门限模型的原假设为 H_0：不存在门限变量，备择假设 H_1：存在单一模型；双门限模型的原假设为 H_0：存在单一门限，备择假设 H_1：存在双重门限；三重门限模型的原假设为 H_0：存在双重门限，备择假设 H_1：存在三重门限。根据检验结果的 P 值，单一门限模型的 F 值在5%的水平下拒绝原假设，验证了单一门限模型的存在。在此基础上，门限程序接着寻找另外的门限值，双重门限模型在1%的水平下拒绝原假设，说明存在双重模型。同样的原理，三重门限模型的 F 值在10%的水平下仍然无法拒绝原假设。

综上所述，本书选择可支配收入的双重门限模型，来检验不同收入水平下，住房市场的财富效应。图3—1为检验结果的似然比——门限参数连线，该图能够更直观地说明上述检验过程。

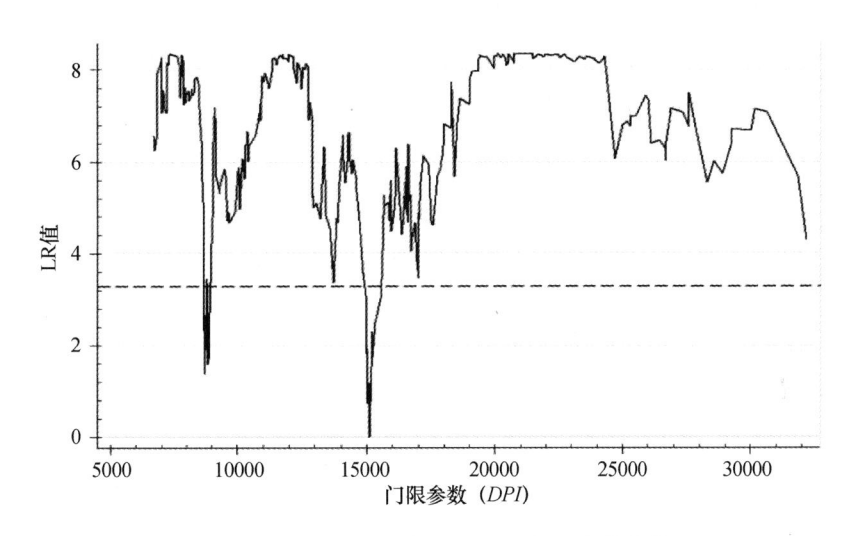

图3—1 检验结果的似然比——门限参数连线

3. 门限回归实证结果及分析

通过对数据的回归分析，验证了前面各部分中假设分析的合理性。理论上，影响消费的因素有很多，但是事实上是不是这样的呢？为了验证模型的合理性，本书将第二部分构建的门限模型拆分为三个子模型：模型1把人均可支配收入、人口结构，住房市场财富、标示金融财富的代理变量证券指数全部放入模型；模型2剔除人口结构这一解释变量；模型3加入人口结构因了，剔除证券指数这 解释变量。分别对三个子模型进行门限回归，结果列示在表3—12中。

表3—12　　　　门限模型参与回归变量选择的检验

变量	模型1 LnC	模型2 LnC	模型3 LnC
LnDPI	0.929 *** （0.0265）	0.934 *** （0.0280）	0.887 *** （0.0254）

续表

变量	模型 1 LnC	模型 2 LnC	模型 3 LnC
LnRK	-0.00542		-0.0315
	(0.0428)		(0.0424)
LnSZ	-0.00610	0.0206**	
	(0.00960)	(0.0102)	
LnHW_1	-0.00525	-0.0311*	0.00342
	(0.0152)	(0.0154)	(0.0150)
LnHW_2	-0.00521	-0.0330*	0.00309
	(0.0154)	(0.0156)	(0.0152)
LnHW_3	-0.00655	-0.0351**	0.00176
	(0.0153)	(0.0156)	(0.0151)
LnHW_4	-0.00801	-0.0366**	-7.79e-05
	(0.0154)	(0.0155)	(0.0152)
Con.	0.499***	0.577***	0.736***
	(0.113)	(0.118)	(0.112)
Obs.	385	385	385
Number of city	35	35	35
R^2	0.978	0.974	0.974

注：(1) 括号中标注的是标准误差；(2) 所有的结果是通过Stata13.0通过1000次自抽样得到；(3) *** 表示 $p<0.01$；** 表示 $p<0.05$；* 表示 $p<0.1$。

表3—12结果显示，三个模型中，人均消费支出这一变量显著性程度均较高，但是在模型1和模型3中，包含人口结构变量时，导致住房市场财富效应显著程度大幅降低。为了突出研究住房市场的财富效应，本书选择模型2进行住房财富效应的测度。

表3—13　　　　模型2测算的门限估计值与对应的置信区间

模型	门限估计值	95%置信区间
单一门限	15112.000	[6705.000, 3.2e+04]
双重门限	8731.000	[8529.000, 1.8e+04]
三重门限	8397.000	[6705.000, 2.8e+04]

表3—13 列示的是利用模型2测算的门限值及其5%水平下的置信区间,由于三重门限模型并不显著,所以模型2对应的两个门限值分别为8731 和15112。

为了更加直观地显示在不同收入水平状况下住房市场财富效应的大小,在表3—14 中呈现更加详细的回归结果。

在表3—14 中,第一列为解释变量;第二列为解释变量的系数;第三列为系数对应的t统计量值;第四列为相应的p值,最后一列显示了落入门限模型确定的各区间内的观测值个数。实证结果较显著地验证了前文提出的相关假设:

第一,人均可支配收入是影响消费的最主要因素。检验结果显示,人均可支配收入这一解释变量的系数为0.834,这一系数在1%的水平上显著。这一点非常符合我国现在的具体情况。前文已经提到人均可支配收入大部分来源于居民的劳动收入,而在目前我国收入分配体制还不完善的前提下,居民的财产性收入依然比较贫乏。因此,党的十八大明确提出了要千方百计增加居民的财产性收入。实证结果佐证了这一点:收入每增加1个百分点,消费支出会相应增加0.834%。

表3—14　　　　　　　　模型2的门限回归结果

变量	LnC	T-stat	P-value	Obs
LnDPI	0.834***	0.0280	0.0000	—
LnSZ	0.0206**	0.0102	0.0238	—
LnHW (DPI<8397)	-0.0311*	0.0154	0.0862	62
LnHW (8397≤DPI<8731)	-0.0330*	0.0156	0.0811	10
LnHW (8731≤DPI<15112)	0.0351**	0.0156	0.0458	154
LnHW (DPI≥15112)	-0.0066**	0.0155	0.0235	159
Con	0.577***	0.1180	8.38e-06	—
Obs.	385			
Number of city	35			
R^2	0.968			

注:(1)*** 代表$p<0.01$,** 代表$p<0.05$,* 代表$p<0.1$;(2)在之前的检验中发现,在模型中加入人口变量会使得住房市场的财富效应测度不显著,因此,本表中只列示了剔除RK(人口结构)变量的相关数值。

第二，股票市场的财富效应较小但较为显著。我国的股票市场目前仍处于发展中，制度还不完善。近年来随着基金的发展，大多数居民直接或间接地参与了股票市场。目前股市的财富效应比较小，主要是由于我国股票市场无法给投资者一个稳定发展的预期，让投资者容易忽视股市带来的财富增值。

第三，住房市场的财富效应在不同的收入水平阶段呈现出较大的差别，这种差别不仅体现在财富效应的大小，而且在实证上显著程度也不同。Stata软件自动报告了三门限模型情形下的财富效应值。但是，在前文的检验过程中已经发现只有双重门限模型在统计上是显著的，在此也同样以双重门限来进行分析。模型根据数据检测出来的两个门限值分别为8731和15112。前者在10%的水平上显著，后者在5%的水平上显著。这两个门限值把收入水平划分为低收入者、中等收入者和高收入者。低、中等和高收入家庭的财富效应分别为-0.0330、0.0351和-0.0066，相对应的显著水平分别为10%、5%和5%。直观上来看，低收入居民的住房财富效应和高收入居民的财富效应都为负，而中等收入者的住房财富效应为正。这一结果刚好验证了本章提出的住房市场财富效应的"倒U"形假说。住房市场财富效应呈现这样一种"倒U"形的特征，有多种原因。

低收入者的住房财富效应较低，一方面，由于低收入者对于住房的消费能力较低，这部分居民持有的存量住房财富较低，在房价上涨时，他们的财富上涨较少。另一方面，低收入者在未来购房时，受到预算约束效应的影响，他们必须花费更多的人均可支配收入。为了能够买得起房，他们只能减少日常的消费支出。对于低收入者，房价上涨的挤出效应较为明显。

中等收入者的财富效应同样较小，但显示出一个比较显著的正向效应，即住房财富增加时，消费随之增加。中等收入者的住房财富效应呈现这样的特点，可能存在两方面的原因：一方面是由于他们持有的住房存量较大，这一群体的居民不仅可以享受到房价上升的财富增值，而且较少需要为再次购房承担压力；另一方面中等收入群体对于资产增值的财富效应更加敏感。由于我国长期存在消费不足的情况，居民处于消费渴望的状态，一旦居民个人资产发生增值的时候，会很大程度激发居民的购买欲望，从而将消费渴望变为现实的支出行为。

高收入居民则呈现出一个较为显著的负向住房财富效应。对于这一收入群体，住房财富上涨，反而引起消费支出的下降。这一实证检验结果似乎与前述理论相冲突，但事实上恰好证明了我们国家存在的另一种情况：高收入者的住房投机需求增加，挤出了日常消费支出，而这种情况与我们国家投资渠道不足有很大关系。第一，我们国家金融市场发展不够发达，基金、信托等投资方式尚未成为主流，股票市场难以给投资者带来合理回报，不少高收入人群更愿意选择房地产市场进行投资。房价上涨，使得有能力投资房地产的高收入者增加了投机的需求。第二，对于高收入者而言，住房资产只是其总资产中较少的一部分，该部分资产的增值对于其总资产增值的边际贡献较小，从而其住房市场的财富效应就比较小。

（四）房价对区域性住房财富效应影响的实证分析

本部分以房价为门限变量，实证分析在不同房价区间，住房市场的财富效应大小，并分三个步骤进行讨论：首先分析不同房价水平下住房财富效应发挥的机制，并提出假设；其次，依据数据本身的特点，构建门限模型；最后，运用模型进行实证分析，并对实证检验的结果进行讨论。

1. 理论分析

住房类似于居民日常生活中的其他消费品，但又有其自身的特点，它是一个价值较大的耐用消费品，同时又兼具有投资保值的功能。住房消费是人们消费支出的一个组成部分，但是这部分支出占居民支出较大比重。因此，在进行住房消费或者投资时，人们往往比较慎重，在决策时受价格的影响比较大。房价影响消费支出有两个截然不同的途径。

第一，房价通过影响住房消费，从而间接影响其他方面的消费支出。在居民的收入一定的条件下，住房消费与其他日常消费支出表现出此消彼长的关系。如果房价过高，则购房者需要花费更多的收入，于是挤出了住房以外的其他消费支出。反之，则消费者可以有更多的盈余收入用于日常消费支出。这种影响机制即为挤出效应。

第二，房价通过改变居民的财富，从而影响到个人的消费。在住房商品化，尤其是在二手住房市场较为活跃的情况下，房价波动在一定程度上可以反映住房拥有者住房财富的变化。当房价上涨时，住房持有者的财富会增加,即使只有一套房,居民个人在心理上也会感觉自己变得更加富有,从而增加消费支出。如果持有两套或两套以上的住房,所有者可能会直接将所持住房变现以增加消费。

从理论上看,不同的房价区间,房价波动引起消费变动的程度是不同的。

在房价较低时,房屋所有者持有的住房增值较少,同样,较低的房价对于将要购房者的挤出效应也比较小。因此,在房价较低时,住房市场的财富效应大小,取决于市场上已经购房者的财富效应和未购房者挤出效应的大小。

当房价继续上涨时,随着房地产市场进一步发展,会带动相关产业的发展,给社会创造就业机会、带动当地经济发展等,从而增加居民的可支配收入。这时,住房增值和房地产市场发展环境下,人均可支配收入增加带来的财富效应会超过房价上涨给未购房者带来的挤出效应,从而整体上的财富效应为正。

如果房价持续攀升,以至于超出了居民的实际购买力,房价泡沫逐渐增大,这时住房市场出现了非理性繁荣。一方面,居民对于住房投资属性的需求大于消费属性的需求,于是居民会增加住房支出在总支出中的比例,挤出了其他方面的消费;另一方面,尚未购买的居民面临同样的问题,他们被迫将更多的收入用于住房消费,同样产生挤出效应。此时,房价上涨给住房持有者带来的财富效应就会小于挤出效应。

表3—15更加直观地概括了以上的理论分析。基于以上分析,本书假设存在一个或多个房价门限值,将房价分为不同的阶段,在不同的房价区间,其财富效应的大小不同。

表3—15　　　　　住房市场财富效应分区间的定性描述

区间	挤出效应	经济拉动效应	财富效应	总效应
低房价区间	较大	较小	小	未定
高房价区间	大	一般	大	负

2. 模型的构建

由于事先并不知道门限值的个数,因而无法确定门限模型的形式。

第三章 房价波动对消费的影响机理和风险分析

结合本章研究的内容，本书对门限模型的基本形式进行扩展，得出检验模型为：

（1）单一门限的实证模型：

$$LnC_{it} = \alpha_1 LnDPI_{it} + \alpha_2 LnSZ_{it} + \alpha_3 LnRK_{it} + \beta_1 LnHW_{it} \cdot I(DPI \leq \gamma)$$
$$+ LnHW_{it} \cdot I(DPI > \gamma) + \alpha_i + \mu_{it} \quad (3-25)$$

（2）双重门限的实证模型：

$$LnC_{it} = \alpha_1 LnDPI_{it} + \alpha_2 LnSZ_{it} + \alpha_3 LnRK_{it} + \beta_1 LnHW_{it} \cdot I(HP \leq \gamma_1)$$
$$+ \beta_2 LnHW_{it} \cdot I(\gamma_1 < HP \leq \gamma_2) + LnHW_{it} \cdot I(HP > \gamma_2)$$
$$+ \alpha_i + \mu_{it} \quad (3-26)$$

在式（3—25）和式（3—26）中，$i = 1, 2, \cdots 35$；$t = 1, 2, \cdots 11$；i 代表城市；t 代表年份；$I(\cdot)$ 是一个指示函数，当门限变量符合括号中的条件时，指示函数取 1，否则取 0；γ、γ_1、γ_2 为门限值。

为了避免对模型选择的主观性，还需要通过数据自身的检验，来自内在的决定是使用单门限模型、双门限模型还是三重门限模型。表 3—16 报告了用 Stata13.0 输出门限模型临界值的自抽样检验结果。

表 3—16　　　　　　门限模型临界值的检验结果

模型	F 值	P 值	BS 次数	1%	5%	10%
单一门限	10.498**	0.037	300	15.033	8.543	5.718
双重门限	6.221	0.183	300	19.357	12.160	9.192
三重门限	3.671	0.220	300	14.712	8.417	5.971

注：(1) 所有的门限值是在 Stata 通过 300 次的 Bootstrap 情况下得到的；(2) *** 表示 $p < 0.01$，** 表示 $p < 0.05$，* 表示 $p < 0.1$。

单门限变量个数的检验利用的是 F 统计量检验。单门限模型的原假设为 H_0：不存在门限变量，备择假设 H_1：存在单一模型；双门限模型的原假设为 H_0：存在单一门限，备择假设 H_1：存在双重门限；三重门限模型的原假设为 H_0：存在双重门限，备择假设 H_1：存在三重门限。根据检验结果的 P 值，单一门限模型的 F 值在 5% 的水平下拒绝原假设，验证了单一门限模型的存在。在此基础上，门限程序接着寻找另外的门限值，双重门限模型在 10% 的水平下仍然无法拒绝原假设，说明仅存在单一门限模型。

综上所述,本书选择房价的单一门限模型,来检验不同房价水平下,住房市场的财富效应。

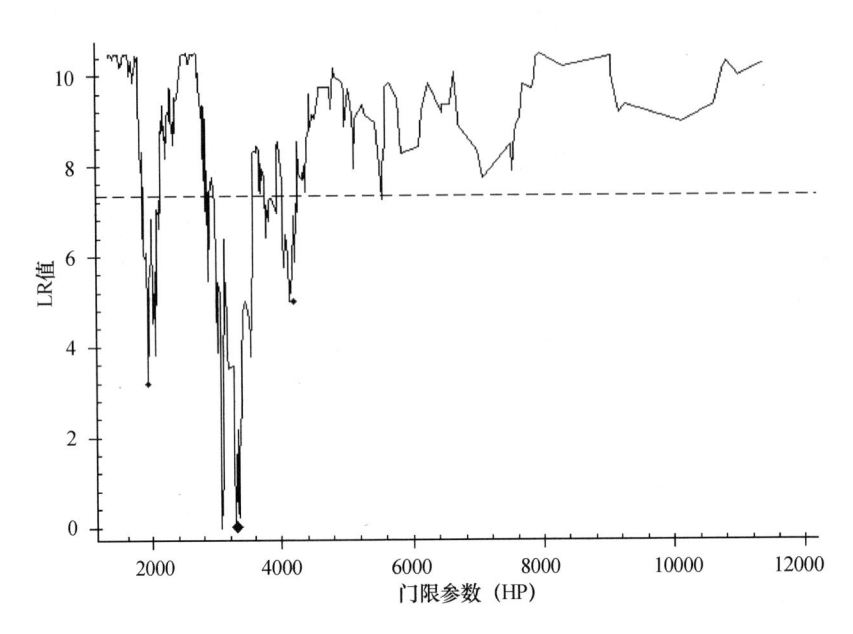

图3—2 检验结果的似然比——门限参数连线

图3—2为检验结果的似然比——门限参数连线,该图能够更直观地说明上述检验过程。

3. 门限回归实证结果及分析

本部分通过门限回归分析来验证前文提出的假设。从理论上来看,影响消费的因素有很多,但是事实上是不是这样的?为了验证模型的合理性,本书将第二部分构建的门限模型拆分为三个子模型:模型1把人均可支配收入、人口结构,住房市场财富、标示金融财富的代理变量证券指数全部放入模型;模型2剔除人口结构这一解释变量;模型3加入人口结构因子,剔除证券指数这一解释变量。分别对三个子模型进行门限回归,回归结果列示在表3—17中。

表3—17　　　　　门限模型参与回归变量选择的检验

变量	模型1 LnC	模型2 LnC	模型3 LnC
LnDPI	0.862***	0.848***	0.867***
	(0.0250)	(0.0290)	(0.0289)
RK	0.0166*		0.0314
	(0.00873)		(0.112)
LnSZ		-0.251***	0.00526
		(0.0957)	(0.0101)
LnHW_1	-0.0331**	-0.0208	-0.0512***
	(0.0158)	(0.0175)	(0.0184)
LnHW_2	-0.0295*	-0.0216	-0.0468**
	(0.0155)	(0.0171)	(0.0181)
LnHW_3	-0.0285*	-0.0190	-0.0441**
	(0.0152)	(0.0168)	(0.0178)
LnHW_4	-0.0297**	-0.0175	-0.0416**
	(0.0148)	(0.0164)	(0.0174)
Con.	1.310***	1.330***	1.459***
	(0.184)	(0.178)	(0.215)
Obs.	385		
Number of city	35		
R^2	0.953		

注：(1) 括号中标注的是标准误差；(2) 所有的结果是通过Stata13.0通过1000次自抽样得到；(3) *** 表示 $p<0.01$，** 表示 $p<0.05$，* 表示 $p<0.1$。

表3—17中的结果显示，三个模型中，人均消费支出这一变量显著性程度均较高，但是在模型2中，由于去掉了人口这一变量，使得各变量都不显著，在模型1和模型3中，变量都较显著，与模型1比起来，模型3的变量系数更加显著，这说明加入上证指数这一变量并不一定能够显著改善回归分析的效果。然而，为了将住房市场的财富效应与股票市场的财富效应进行比较，模型1更为合适。综合上述比较结果，本部分选择模型1进行住房财富效应的测度。

表3—18　　　模型1测算的门限估计值与对应的置信区间

	门限估计值	95%置信区间
单一门限模型：	3068.000	(1850.000, 5547.000)
双重门限模型：		
Ito1	6985.000	(1406.000, 1.1e+04)
Ito2	3068.000	(2882.000, 3546.000)
三重门限模型：	1549.000	(1327.000, 1.1e+04)

表3—18列示的是利用模型1测算的门限值及其95%水平下的置信区间。如前文所述，在以房价为门限时，只有单一门限模型是显著的，表3—18给出了单一的门限值为3068。当房价处于3068元/m^2以下时为低房价区间，当房价高于3068元/m^2时为高房价区间。

为了更加直观地显示在不同房价水平下住房市场财富效应的大小，表3—19呈现更加详细的回归的结果。

表3—19　　　　　　　模型1的门限回归结果

变　　量	LnC	t-stat	p-value	obs
LnDPI	0.862***	34.47	0	—
LnSZ	0.0166*	1.900	0.0583	—
rk	-0.251***	-2.619	0.00921	—
LnHW（HP<1549）	-0.0331**	-2.103	0.0362	223
LnHW（1549≤HP<3068）	-0.0295*	-1.909	0.0571	
LnHW（3068≤HP<6985）	-0.0285*	-1.875	0.0617	162
LnHW（HP≥6985）	-0.0297**	-2.002	0.0461	
Con.	1.310***	7.132	0	—
Obs.	385			
Number of city	35			
R^2	0.967			

注：*** 代表 $p<0.01$；** 代表 $p<0.05$；* 代表 $p<0.1$。

在表3—19中，第一列为解释变量；第二列为解释变量的系数；第三列为系数对应的t统计量值；第四列为相应的p值；最后一列显示了落入门限模型确定的各区间内的观测值个数。实证结果较显著地验证了前文提出的相关假设：

第一，居民的消费支出主要来源于人均可支配收入。检验结果显示，人均可支配收入这一解释变量的系数为0.862，这一系数在1%的水平上显著。这一点非常符合我国现在的具体情况。

第二，人口结构是影响消费的主要因素之一，而且从检验结果上看，人口因素的系数在1%的水平上显著。人口结构比例刻画的是一个城市中未成年人和老年人占青年人口中的比例。一个城市中人口结构比例中，未成年人和老年人越多，消费支出就会越大，反正则较小。有研究证明，我国的人口老龄化问题正在加剧，因此，这也是人口因素对消费影响较为显著的合理解释。

第三，住房市场的财富效应在不同房价水平阶段呈现出较大的差别，这种差别不仅体现在财富效应的大小上，而且在统计上显著程度也不同。Stata软件自动报告了三门限模型情形下的财富效应值。在前文的检验过程中，已经发现只有单一门限模型在统计上是显著的，模型根据数据检测出来的门限值为3068元/m^2，该门限值在10%的水平上显著。该门限值把整个样本划分为低房价区间和高房价区间。低房价区间和高房价区间的财富效应分别为-0.0295和-0.0285，两者均在10%的水平上显著。直观上来看，低房价区间居民的住房财富效应和高房价区间居民的财富效应都为负，这一结果说明了我国住房呈现出负向的财富效应，即居民住房的消费挤出了居民的其他消费。

从理论上来看，在财富效应的作用下，住房市场财富增加会促进消费支出的增加，但是实证分析发现并非如此。本书认为这可能是由多种原因造成的。

第一，我国城镇居民中收入差距较大，少数人持有较多的住房资产。因此，从整体上来说，只有一部分人真正能够享受到住房市场的财富增值。第二，住房按揭制度开始实行以后，出现名义上的所有权和实际上的所有权的偏差。在统计上，通常以商品住房的销售情况来计算，而在现实中，购房者往往在彻底还清银行的住房贷款后才能真正地拥有产权。这就意味着，从统计上看城镇居民的住房财富较高，但是从实际情况上来看，消费者由于没有能够拿到房屋的真正产权，因而无法将增值的住房变现以促使消费。第三，在没有还清房贷的情况下，月供支出无疑会挤出其他的消费。第四，即使住房贷款还清后，由于很多居民购置的是一套房，也基本上用于居住，不会变现用以消费。基于以上原因，我国住房市场财富效应为负就不难理解了。

低房价区间内，住房市场财富效应为负，从表面上看，似乎违背了理论分析，但实际上是由多种原因造成的。最重要的一点是，由于研究期间刚好处于我国住房改革的初期。在住房改革之前，我国基本实行住房配给制，因而收入除了一部分用于预防性储蓄，其余基本用于日常生活开支。1999年住房改革开始后，人们不得不拿出一部分收入用于购房支出。低房价区间也正是住房改革开始的时期，由于住房私有化程度还比较低，因此，从整个社会来看，住房支出较大。此外，低房价区间内，是我国金融市场还比较落后的时期，住房市场的财富很难转化为消费。

在高房价区间，住房财富效应也同样为负，但是从实证结果来看，挤出效应已经相对较小，该区间的财富效应系数为 -0.0285，大于低房价区间的 -0.0295，这个结果支持了前文的假设。从宏观方面来看，房地产业是我国的支柱产业之一，房价上涨，带动了房地产行业的投资和其他方面的发展，进而提高了居民的可支配收入，刺激了消费支出，这在一定程度上可以抵消由于高房价引起消费下降的挤出效应。财富效应为负说明我国目前仍然是挤出效应占主导地位。随着我国住房私有化程度的增加和住房金融市场的逐步发展，住房市场的财富效应将会逐步显现出来。

（五）我国住房市场财富效应区域性差异的分析

1. 以房价为划分标准的区域性差异研究

为了将研究结果和实际情况结合进行对比，本书整理了按实际房价水平门限值分组，所有样本在2001—2012年的分布状况（见表3—20）。一方面该表有利于观察落在不同区间、不同年份的样本有哪些城市，它们之间是否有共性；另一方面可以观察不同分组区间样本量的变化趋势。

表 3—20　2001—2012 年 35 个大中城市实际房价的区间分布

年份＼区间	HP≤3068（元）	HP＞3068（元）
2001	杭州、南京、沈阳、厦门、天津、哈尔滨、昆明、海口、郑州、大连、南宁、福州、济南、长沙、宁波、青岛、长春、石家庄、武汉、乌鲁木齐、兰州、合肥、西安、贵阳、太原、银川、南昌、西宁、成都、呼和浩特、重庆	北京、上海、广州、深圳
2002	南京、沈阳、厦门、天津、哈尔滨、昆明、海口、郑州、大连、南宁、福州、济南、长沙、宁波、青岛、长春、石家庄、武汉、乌鲁木齐、兰州、合肥、西安、贵阳、太原、银川、南昌、西宁、成都、呼和浩特、重庆	北京、上海、广州、深圳、杭州
2003	南京、沈阳、宁波、天津、济南、青岛、太原、哈尔滨、福州、南宁、昆明、大连、南昌、海口、武汉、长春、郑州、西安、合肥、乌鲁木齐、长沙、贵阳、银川、兰州、石家庄、成都、西宁、重庆、呼和浩特	北京、上海、广州、深圳、杭州、厦门
2004	南京、沈阳、宁波、天津、济南、青岛、太原、哈尔滨、福州、南宁、昆明、大连、南昌、海口、武汉、长春、郑州、西安、合肥、乌鲁木齐、长沙、贵阳、银川、兰州、石家庄、成都、西宁、重庆、呼和浩特	北京、上海、广州、深圳、杭州、厦门
2005	沈阳、济南、福州、太原、武汉、合肥、西安、海口、南昌、昆明、哈尔滨、南宁、兰州、郑州、长春、成都、银川、长沙、乌鲁木齐、重庆、贵阳、西宁、石家庄、呼和浩特	北京、天津、上海、杭州、广州、深圳、厦门、宁波、大连、青岛、南京
2006	沈阳、太原、西安、南昌、合肥、海口、昆明、南宁、郑州、兰州、哈尔滨、长春、长沙、银川、贵阳、呼和浩特、重庆、乌鲁木齐、石家庄、西宁	北京、天津、上海、广州、深圳、杭州、宁波、南京、厦门、福州、武汉、大连、青岛、济南、成都
2007	西安、郑州、南宁、合肥、长春、长沙、哈尔滨、兰州、昆明、重庆、贵阳、乌鲁木齐、呼和浩特、石家庄、西宁、银川	北京、天津、上海、广州、深圳、杭州、宁波、南京、厦门、福州、武汉、大连、青岛、济南、沈阳、太原、南昌、成都、海口

续表

区间＼年份	HP≤3068（元）	HP＞3068（元）
2008	南宁、哈尔滨、郑州、合肥、昆明、南昌、长春、长沙、乌鲁木齐、兰州、贵阳、重庆、西宁、石家庄、银川、呼和浩特	北京、天津、上海、广州、深圳、杭州、宁波、南京、厦门、福州、武汉、大连、青岛、济南、沈阳、太原、海口、成都、西安
2009	贵阳、昆明、长沙、兰州、重庆、乌鲁木齐、呼和浩特、银川、西宁	北京、天津、上海、广州、深圳、杭州、宁波、南京、厦门、福州、武汉、大连、青岛、济南、沈阳、长春、哈尔滨、南昌、合肥、郑州、海口、成都、西安、南宁、太原、石家庄
2010	呼和浩特、昆明、银川、西宁	北京、天津、上海、广州、深圳、杭州、宁波、南京、厦门、福州、武汉、大连、青岛、济南、沈阳、长春、哈尔滨、南昌、合肥、郑州、海口、成都、西安、南宁、石家庄、太原、乌鲁木齐、贵阳、长沙、重庆、兰州
2011	西宁、银川	北京、深圳、杭州、厦门、宁波、广州、福州、南京、天津、青岛、长春、济南、海口、大连、武汉、太原、合肥、沈阳、哈尔滨、西安、南宁、长沙、南昌、重庆、乌鲁木齐、郑州、成都、贵阳、昆明、呼和浩特、石家庄、兰州

续表

年份 \ 区间	HP≤3068（元）	HP>3068（元）
2012	西宁、银川	北京、深圳、杭州、厦门、宁波、广州、福州、南京、天津、青岛、长春、济南、海口、大连、武汉、太原、合肥、沈阳、哈尔滨、西安、南宁、长沙、南昌、重庆、乌鲁木齐、郑州、成都、贵阳、昆明、呼和浩特、石家庄、兰州

注：本表中的35个大中城市的房价以2000年为基期进行了平减处理。

表3—20反映出了不同年份，房价变动的趋势。在2004年以前，只有北京、上海、广州、深圳、杭州、厦门这几个城市房价较高，超出了门限值，但是在此之后，房价持续快速上升，先引起周边城市房价上身，而后波及全国。到2012年，全国35个大中城市除西宁和银川外，房价均已较高，普遍过高的房价成为住房市场财富效应为负的重要原因之一。

由此也可以看出，一个城市的住房市场财富效应不是一成不变的，伴随着房价的上涨，当价格超过一定范围的时候，财富效应也会悄然发生变化。

2. 以收入为标准进行分区对比

表3—21显示按实际人均可支配收入水平门限值分组，所有样本在2001—2012年的分布状况。该表一方面有利于观察落在不同区间、不同年份的样本有哪些城市，它们之间是否有共性；另一方面可以观察不同分组区间样本量的变化趋势。

表 3—21　　　　　2001—2012 年 35 个大中城市实际人均可支配收入的区间分布

区间 年份	DPI≤8731（元）	8731＜DPI≤15112（元）	DPI＞15112（元）
2001	石家庄、太原、呼和浩特、沈阳、大连、长春、哈尔滨、合肥、南昌、青岛、郑州、武汉、南宁、海口、重庆、成都、贵阳、昆明、西安、兰州、西宁、银川、乌鲁木齐	北京、天津、上海、南京、杭州、宁波、福州、厦门、济南、长沙、广州	深圳
2002	石家庄、太原、呼和浩特、沈阳、大连、长春、哈尔滨、合肥、南昌、郑州、武汉、海口、重庆、贵阳、昆明、西安、兰州、西宁、银川、乌鲁木齐	北京、天津、上海、宁波、杭州、厦门、济南、福州、南京、长沙、成都、南宁、青岛	深圳、广州
2003	石家庄、太原、呼和浩特、沈阳、长春、哈尔滨、合肥、南昌、济南、郑州、武汉、海口、重庆、贵阳、昆明、西安、兰州、西宁、银川	北京、天津、上海、宁波、厦门、杭州、南京、福州、青岛、大连、长沙、成都、南宁、乌鲁木齐	深圳、广州
2004	石家庄、沈阳、长春、哈尔滨、合肥、南昌、郑州、南宁、重庆、贵阳、昆明、西安、兰州、西宁、银川	杭州、厦门、济南、天津、南京、福州、青岛、长沙、呼和浩特、太原、武汉、大连、海口、成都、乌鲁木齐	北京、上海、广州、深圳、宁波
2005	南宁、兰州、西宁、银川	南京、济南、青岛、天津、福州、呼和浩特、长沙、郑州、武汉、太原、重庆、南昌、沈阳、哈尔滨、长春、贵阳、石家庄、成都、乌鲁木齐、西安、合肥、大连、昆明、海口	北京、上海、深圳、广州、宁波、杭州、厦门

续表

年份\区间	DPI≤8731（元）	8731＜DPI≤15112（元）	DPI＞15112（元）
2006	西宁	济南、青岛、天津、福州、呼和浩特、长沙、武汉、郑州、沈阳、太原、重庆、长春、石家庄、贵阳、哈尔滨、南昌、西安、合肥、南宁、海口、乌鲁木齐、大连、昆明、银川、成都、兰州	北京、上海、深圳、广州、宁波、杭州、厦门、南京
2007		呼和浩特、福州、天津、长沙、沈阳、武汉、重庆、太原、郑州、合肥、南昌、石家庄、长春、西安、哈尔滨、南宁、贵阳、海口、银川、大连、乌鲁木齐、昆明、成都、兰州、西宁	北京、上海、深圳、广州、宁波、杭州、厦门、南京、济南、青岛
2008		沈阳、长沙、武汉、重庆、合肥、郑州、南昌、长春、西安、太原、石家庄、哈尔滨、南宁、海口、大连、昆明、银川、贵阳、成都、乌鲁木齐、兰州、西宁	北京、天津、上海、深圳、广州、宁波、杭州、厦门、南京、济南、青岛、呼和浩特、福州
2009		武汉、重庆、合肥、郑州、南昌、石家庄、南宁、长春、哈尔滨、太原、海口、昆明、银川、贵阳、成都、乌鲁木齐、兰州、西宁	北京、天津、上海、深圳、广州、宁波、杭州、厦门、南京、济南、青岛、呼和浩特、福州、长沙、沈阳、大连、西安

续表

年份\区间	DPI≤8731（元）	8731＜DPI≤15112（元）	DPI＞15112（元）
2010		郑州、西安、长春、南宁、哈尔滨、昆明、太原、海口、贵阳、银川、大连、成都、乌鲁木齐、兰州、西宁	北京、天津、上海、深圳、广州、宁波、杭州、厦门、南京、济南、青岛、呼和浩特、福州、长沙、沈阳、武汉、重庆、合肥、石家庄、南昌
2011		南宁、贵阳、兰州、西宁、银川、乌鲁木齐	北京、天津、上海、深圳、广州、宁波、杭州、厦门、南京、济南、青岛、呼和浩特、福州、长沙、沈阳、长春、大连、哈尔滨、武汉、重庆、成都、合肥、郑州、昆明、南昌、西安、石家庄、太原、海口

续表

年份\区间	DPI≤8731（元）	8731<DPI≤15112（元）	DPI>15112（元）
2012		兰州、西宁、乌鲁木齐	北京、天津、上海、深圳、广州、宁波、杭州、厦门、南京、济南、青岛、呼和浩特、福州、长沙、沈阳、长春、大连、哈尔滨、武汉、重庆、成都、合肥、郑州、昆明、南昌、西安、石家庄、太原、海口、南宁、贵阳、银川

注：本表中的35个大中城市的人均可支配收入以2000年为基期进行了平减处理。

由表3—21可以看出，2003年之前，35个大中城市中，多数处于低收入区间，因而，在这个时期，住房市场主要以负向财富效应为主，这主要是由于在收入较低时，住房财富的保有量较少，住房市场财富上升带来的财富效应基本上被房价上涨的挤出效应抵消了。2003—2008年，这一时期，人均居民收入水平居于中等的城市占到绝大多数，35个大中城市的住房市场财富效应显著为正。2009年以后，大部分城市人均可支配收入处于门限收入的上方，而这个时候，住房市场开始呈现负的财富效应。

总之，从时间维度来看，住房财富效应出现了由负到正，再到负的一个"倒U"形特征；从城市截面维度来看，在中西部城市中，随着多数人均可支配收入上升后，财富效应经历了先上升后下降的过程。以北京、上海、广州、深圳为代表的东部城市人居收入水平虽然也经历了收入的大幅上涨，但财富效应却一直较小。

从上述分析可以看出，无论是以房价水平，还是以收入来划分，不同区域都呈现了不同的财富效应。引起不同区域财富效应大小差异的原因也各不相同。但是，无论如何，房价过快上涨和消费不足都是摆在我们面前的两个重要课题。

五　主要结论

本章旨在探讨不同收入和房价区间内住房市场财富效应的大小。本章以生命周期理论为基础，引入面板门限模型，利用我国35个有代表性大中城市的消费、储蓄、可支配收入、住房市场财富、负担系数等数据对这一问题进行了深入研究。得到的主要结论如下：

（1）从全国范围上来看，住房市场财富效应不显著。这是不是就否认了住房市场财富效应的存在性呢？本书认为并不一定。原因可能在于不同房价水平和收入水平条件下，财富效应的传导机制不同。

（2）收入水平对住房财富效应影响较大。不同收入水平的区域，财富效应的传导机制不同，低收入区域中的居民由于住房财富持有量少、预防性储蓄动机较强等原因，导致财富效应较小。中等收入水平的区域中住房财富效应显著为正，而高收入区域的住房财富效应却为负。本章的实证分析发现，在居民人均可支配收入处于8731元以下时，住房市场的财富效应为负；随着收入水平的提高，在收入上升到8731元以上时，财富效应就会由负变正；然而收入水平继续上升到15112元以上时，财富效应反而为负。本书认为，这主要是由于实现的财富效应、预防性储蓄动机效应以及强制储蓄效应引起的。在收入水平较低时，强制储蓄效应发挥主要作用，当收入水平较高时，实现的财富效应开始主导财富效应的发挥，使得财富效应较大。当收入水平足够高时，投机需求变大，另外居民的预防性储蓄效应已经不再发挥作用，这时财富效应就会变小。

（3）财富效应的大小对房价高低并不敏感，在不同的房价区间，住房市场的财富效应都显著为负。这主要是由于我国的房价上涨速度一致快于收入的上涨速度，在强制储蓄效应下，居民的收入增长被房价的上涨所掩饰，使得财富效应无法发挥。

第四章

房价波动对投资的影响机理和风险分析

在宏观经济总需求中,投资需求是其中最具活力的部分,它通过乘数效应直接引起国民收入的波动。反过来,国民收入的波动又通过加速效应来引致投资的波动。[①] 而我国经济又具有典型的投资拉动型特征,投资冲击是中国经济周期波动的核心(贾俊雪,2006)。从我国2000年以来的新一轮经济增长周期来看,我们可以发现投资需求在经济总量中所占的比重越来越大,它对经济增长的贡献率也显著增加。由既有研究可知,住房投资又是投资需求中最具活力的部分,其波动性远高于其他种类的投资,对经济总量波动具有一定的预测功能。[②] 因此,房价波动到底会对住房投资需求产生何种影响,以及产生这种影响的机制是什么等问题进行深入研究,是了解房价波动对宏观经济影响的关键一步,具有十分重要的现实意义。本章试图通过VAR模型的构建和脉冲响应函数与方差分解方法来研究房价波动是否会引起住房投资需求的显著波动,进而来考察房价变化是否会给经济平稳增长带来显著的影响。

[①] 程永文、孙刚、洪世勤:《住房市场过度投资效应检验》,《财经理论研究》2014年第5期。

[②] 同上。

一 文献综述

(一) 国外文献综述

国外学者很早就开始研究房价波动对投资需求的影响，目前在这一方面已经取得了比较完善的成果。国外学者对这两者之间关系的研究主要集中于两个方面，即住房投资的托宾 Q 效应以及住房投资的抵押担保效应。

1. 住房投资的托宾 Q 效应

Tobin（1969）最先明确提出企业投资由其资产的边际 Q 值决定，该理论被称为"托宾 Q 理论"。此后，该理论被大量运用于股票市场分析。Takala & Tuomala（1990）首次将托宾 Q 理论引入房地产市场，他们分析得出托宾 Q 是决定房地产投资的一个重要因素，但对于房地产市场的托宾 Q 值的定义，他们并没有明确地说明。Poterba（1991）、Abraham & Hendershott（1996）等人在 Takala & Tuomala 的研究基础上，定义托宾 Q 值等于住房市场价格与住房建筑成本的比值，他们发现只有当这两者相等，住房建筑投资活动才会结束。Barot（2003）和 Jaffe（1994）均认为托宾 Q 是瑞典住房投资的重要决定因素之一，他们还认为托宾 Q 与住房投资之间存在着正向的关系。可以看出，以上研究都是从定性的角度来分析托宾 Q 是怎样影响投资的，但并没有从定量的角度来阐述托宾 Q 对投资的影响到底有多大。Barot & Yang（2002）分析了英国和瑞典两个国家 1970—1998 年的住房投资情况，结果发现托宾 Q 值对这两国的住房投资具有非常显著的影响，这说明托宾 Q 值在长期也影响着住房投资。可以说欧洲学者对住房投资的托宾 Q 效应的研究成果做出了显著的贡献。随后，Jud & Winkler（2003）依据托宾 Q 理论对美国的住房投资情况进行了检验，他们发现不论是当前的托宾 Q 值还是滞后期的托宾 Q 值，对住房投资都具有显著的正向影响。以上研究从理论上说明了住房价格与住房投资之间存在着一定的关系。

2. 住房投资的抵押担保效应

住房不仅可以被当作投资品进行投资，它在金融市场上也可以充当抵押品。住房投资的资金主要来源于银行的支持,因此,住房的抵押担保效应通过货币政策间接影响了住房投资需求。在这一方面,日本学者最早开始对其进行研究。早期关于抵押担保效应的研究主要集中于土地担保上。Ogawa(1996,1998)利用日本1970年第二季度到1990年第三季度公司的资产负债数据,采用GMM模型研究了日本土地抵押担保对公司投资行为的影响。实证分析表明,当土地价格持续上涨,现金流增加时,银行放松了对大多数产业的借贷限制,使得企业投资大大增加,这在非制造业部门体现得尤为显著,例如零售业、建筑业等。日本房地产泡沫破灭后,Gan(2003)收集了1994—1998年847个日本公司关于土地资产、银行借贷的微观数据,对担保渠道与信贷周期之间的关系进行研究。结果表明:20世纪90年代,日本房地产泡沫破灭后,土地抵押担保通过两个渠道影响了企业的投资行为,即担保价值减损效应和间接的内部流动性效应。对于那些遭受了很大担保价值损失的公司,银行则会对其采取降低贷款额度的措施,这从另一个角度证明了抵押担保效应是存在的。后来随着人们认识的深入,关于抵押担保效应的研究不仅仅局限于土地担保这一个方面,其他抵押担保因素也被加入进来。Giuliodori(2005)发现,房地产抵押机制在对经济冲击的反应中扮演着重要角色,即如果房地产抵押市场越发达,那么冲击的放大作用则越大。Giuliodori等人认为是房地产抵押机制放大了经济波动,而非房地产借贷领域中的金融加速器。Toshitaka和Towa(2007)通过估计托宾Q模型,对20世纪90年代以来日本公司住房投资行为进行研究,实证结果发现住房通过抵押担保和生产要素这两种机制影响着企业住房投资的行为。Calza等(2012)从抵押贷款和利率传导机制入手进行研究,他们发现家庭可以通过抵押房地产的方式获得资金,从而扩大了在消费和投资上的支出。当出现紧缩的货币政策冲击后,消费、住房投资、房价都经历了一个显著的下降过程,其中住房投资下降幅度在三者之中表现得更为突出,持续时间也更长,这说明房地产抵押机制也同样发挥着放大冲击的作用,并且抵押市场越发达、抵押合同越灵活的国家,货币的传导作用就越大。抵押担保效应从另一个方面阐述了住房价格与住房投资之间存在着相互影响。

（二）国内研究综述

我国关于住房价格波动对住房投资影响的相关研究甚少。早期关于住房的研究主要集中于宏观经济因素是如何影响房价的。

长期以来，宏观经济基本面如何影响房价变动一直是理论界关注的热点。沈悦和刘洪玉（2004）发现经济基本面是房价水平的重要决定因素。[1] 周京奎（2005）的研究表明，宽松的货币政策对住宅价格的上涨起着推动作用。在房地产市场的区域效应显现之后，梁云芳等（2006）指出我国房价存在偏离均衡水平现象[2]。随着计量技术的不断进步，学者们发现由于房价与住房投资之间的关系是动态的，已经不能单纯从静态的角度来考察两者之间的关系。姜彩楼等（2007）研究发现，上海市房价波动受宏观经济面及住房投资力度的重要影响，而那些反映住房市场供需关系的指标，如人均可支配收入、空置率等对房价的影响较小。随后，由于土地改革的实施，张益丰（2008）指出，不能指望只是通过降低地价来控制房价上涨，政府需要在缩小城乡收入差距、加快城镇化建设、减少地域间经济差距等方面采取综合措施，才能抑制房价的过快上涨。

我国房地产商与国外相比，有一个明显的特点，即我国房地产开发的资金主要是通过银行信贷这一间接方式获得，这使得银行利率成为影响房价的主要因素。袁志刚和樊潇彦（2003）通过构建局部均衡模型分析发现，宽松的利率政策是引发房价泡沫的重要原因，但他们没有考虑利率与房价的内生性问题，也没有进行相关的实证研究。平新乔和陈敏彦（2004）指出，政府支持性质的信贷政策对住房投资、房价、房屋销售量和地价均能产生积极的推动作用。但是，他们并没有对利率的副作用进行研究，同时该研究也缺乏相应的理论基础。崔光灿（2009）从住房需求与住房供给两个层面分析发现，通货膨胀率和银行利率对房价有显著影响，住房供给、居民收入水平等在中长期中对房价也有显著影响，

---

[1] 沈悦、刘洪玉：《住宅价格与经济基本面》，《经济研究》2004 年第 6 期。
[2] 梁云芳、高铁梅、贺书平：《房地产市场与国民经济协调发展的实证分析》，《中国社会科学》2006 年第 3 期。

并且房价上升会增加社会总投资和总消费。

近年来，由于美国次贷危机的发生，也开始有学者研究房价波动对宏观经济的影响。如黄承锋等（2008）指出，我国银行贷款变动率与房价波动率之间呈显著的正相关关系，即银行贷款利率上升会伴随着房价的上升，这间接说明了房价可以通过资产负债表效应来影响投资。徐策（2011）指出，投资对房地产业的依赖程度在不断增大。孙翠平（2013）通过研究安徽省房价对社会总投资的影响发现，不论短期还是长期房价对社会总投资都具有正向作用，但与短期房价相比，长期房价对总投资的影响要大得多。长期房价之所以对投资具有更大的影响，是因为住房投资者更看重长期的利好信息，对于短期信息，他们认为作用不大。他还发现，总投资的滞后项对投资也有着明显的影响。也有学者研究发现，由于存在着各种各样的原因，商品房的平均价格与房地产投资之间不存在长期协整关系，如李美丹（2007）收集了近17年的中国商品房平均销售价格与房地产投资数据，并对其进行了协整分析，实证结果表明，由于投机和地方政府的自利行为倾向等原因，房地产市场需求虚增，抵消了住房投资与房价之间的相互关系。

（三）对现有文献的简评

总的来看，关于住房价格与住房投资之间的相互关系的研究，我国学者已经取得了一些初步成果，但对住房市场价格波动到底会对住房投资需求产生何种影响，以及产生这种影响的机制是什么等问题还有待进一步进行深入、全面、系统的理论与实证分析。虽然在这一方面，国外已经开展了较多理论和实证的研究，也取得了不少成果，但由于我国与外国的文化背景、国家制度、经济体制以及社会发展阶段不同，他们的结论放在我国就不一定成立。所以本书试图通过 VAR 模型的构建和脉冲响应函数与方差分解方法来深入研究我国住房价格波动是否会引起住房投资需求的显著波动，进而来考察住房价格变化是否会给经济平稳增长带来显著的影响。

二 房价波动影响投资需求的理论分析

（一）房价波动对住房投资的托宾 Q 效应

1. 托宾 Q 的含义

托宾 Q 理论是由诺贝尔经济学奖的获得者托宾基于传统的新古典投资理论所提出的。托宾认为企业投资与否取决于 Q 值的大小，而 Q 值等于一项资产的当前市场价值与其重置价值之比。托宾 Q 理论考虑了投资的调节成本，而企业的投资意愿与调节成本是呈反方向变动的，即投资的调节成本越高，企业就越不愿意进行投资，投资增加速度放慢；反之，若投资的调节成本降低，则企业将会加大投资力度，投资增加速度变快。其在 t 时期的数学表达式为：

$$\frac{I_t}{K_t} = \frac{1}{C}(R_t - MC_K) \quad (4—1)$$

在式（4—1）中，I_t 为企业在 t 时期的投资量；K_t 为企业在 t 时期的资本存量；C 为大于零的常数；表示资本的调整成本；R_t 为该投资的预期未来收益，即增加一单位该资本的投资可能带来的未来收益的现值；MC_K 为资本的边际成本，等式左边为投资率。当该投资的预期未来收益大于资本的边际成本时，投资率为正值，企业会增加投资；反之，若该投资的预期未来收益小于资本的边际成本，则投资率为负值，企业将减少投资。

若企业进行某项投资的最终目的是实现企业市场价值的最大化，企业资本的市场价值 V_t 可以用企业当期资本存量 K_t 与企业进行该投资的预期未来收益 R_t 的乘积来表示，即：$V_t = K_t \cdot R_t$，则：

$$R_t = \frac{V_t}{K_t} \quad (4—2)$$

将式（4—2）代入式（4—1）得：

$$\frac{I_t}{K_t} = \frac{1}{C}\left(\frac{V_t}{MC_K \cdot K_t} - 1\right) \cdot MC_K \quad (4—3)$$

在式（4—3）中，$MC_K \cdot K_t$ 为企业资本的重置成本，则 $\dfrac{V_t}{MC_K \cdot K_t}$ 即为

托宾 Q 值。将 Q 值代入得：

$$\frac{I_t}{K_t} = \frac{1}{C}(Q-1) \cdot MC_K \qquad (4-4)$$

由式（4—4）可知，当 Q 小于 1 时，即企业资本的市场价值小于企业资本的重置成本，投资率小于 0，企业减少投资；当 Q 等于 1 时，即企业资本的市场价值等于企业资本的重置成本，投资率等于 0；当 Q 大于 1 时，即企业资本的市场价值大于企业资本的重置成本，投资率大于 0，企业增加投资。由此可见，企业微观的 Q 值上升，导致整个经济体投资的上升。托宾 Q 把实体投资与资本市场有机地联系在一起，成为联系虚拟经济与实体经济之间的一座桥梁。

在这里，我们需要注意的是，理论上的托宾 Q 值是边际 Q，即增加一单位的边际投资所能带来的所有未来边际收益的现值，但想要准确得到此数据非常不易。因此，大多数学者往往以平均 Q 值来代替边际 Q 值[①]，但这需要一定的条件。Hayashi（1982）给出了这样一个普遍性的条件：假设 t 时刻企业的资本量为 k_t，劳动量为 l_t，生产函数为 $y_t = f(k_t, l_t)$，f 是连续可微的函数，p_t 为 t 时刻投资品的价格，w_t 为 t 时刻的实际工资水平，$c(i_t, k_t)$ 为企业进行该项投资的调整成本，其中 i_t 为企业 t 时刻的投资量。若 $f(k_t, l_t)$ 和 $c(i_t, k_t)$ 是齐次线性函数，且 p_t 和 w_t 都是外生变量，则企业资本的市场价值 V_t 与 k_t 成线性正比例关系，进而有 $\frac{dV_t}{dk_t} = \frac{V_t}{k_t}$，该式表示一单位的边际资本的价值，所以边际 $Q = \frac{dV_t}{p_t dk_t} = \frac{V_t}{p_t k_t}$，这说明边际 Q 值与平均 Q 值是相等的。

2. 房地产市场的托宾 Q 效应

托宾 Q 理论也可以应用于住房市场，来研究房价变化对住房投资行为的影响。根据传统的新古典投资理论，如果房屋建设长期平均成本小于住房价格，则现有的房地产商将进行一系列的投资来扩大住房供给，新的企业看到房地产行业有利可图，也会先后进入这一产业；如果房屋

---

① Hayasjo（1982）证明了在生产函数和调整成本函数具有规模报酬不变的特征和企业在市场是价格接受者的情况下，平均 Q 等于边际 Q。

建设长期平均可变成本大于住房价格，房地产商将停止生产甚至退出这一产业。但由于在住房市场中，土地资源有限，这使得土地供给弹性小于1，而企业进行住房投资又具有较高的调整成本，因此，传统的新古典投资理论不能很好地解释住房投资活动，托宾 Q 理论的提出，很好地弥补了这些缺陷。

对住房需求方，也就是房屋的购买者来说，如果平均 Q 值小于1，这说明住房的市场价值低于它的重置成本，房屋购买者将减少住房投资，而选择租赁已有的存量住房；而对住房供给方，也就是房地产开发企业来说，如果平均 Q 值小于1，他们会减少住房开发投资建设，这种行为会一直持续到平均 Q 值等于1 的时候。相反，如果平均 Q 值大于1，这说明住房的市场价值高于其重置成本，对住房需求方，也就是房屋的购买者来说，他们会购买新的住房，增加房屋投资；与此同时，住房供给方，也就是房地产开发企业也会选择购置更多的土地，来进行住房开发投资建设，平均 Q 值越大，住房开发投资建设量也就越大。以上过程可概括为：住房价格上升，导致住房市场的托宾 Q 值上升，进而带来房地产投资支出增加。因此，房地产行业通过托宾 Q 效应这一渠道，直接影响着企业部门的投资。

由于土地资源的稀缺性导致土地供给弹性小于1，而企业进行住房投资又具有很高的调整成本，所以经常将房屋的重置成本表示成投资开发建设水平的线性增函数，即房屋的重置成本是随着住房投资开发建设量的增加而增加的，这一现象极大地抑制了住房投资行为。所以，与新古典投资理论相比，托宾 Q 值更能反映出住房价格的上涨对住房投资行为的影响。

托宾 Q 理论是基于金融市场完美性的假设：企业可以以无风险利率获得最优投资决策下所需要的资金。但是，它并没有考虑金融市场的运行状况对企业投资行为的影响。在不完美的金融市场上，企业进行住房投资的资金来源绝大部分是依赖于外部融资，这样就会因信息不对称而出现逆向选择和道德风险问题，此时托宾 Q 理论可能就会失效，所以资产负债表效应的提出在一定程度上弥补了托宾 Q 理论的这一缺陷。

(二) 房价波动对住房投资的资产负债表效应

资产负债表效应又称净财富效应,由于它对投资能力和愿望的影响具有乘数效应,因而也被称为金融加速器机制。下面先对金融加速器理论进行一个简短的介绍,随后对住房市场的资产负债表效应进行详细阐述。

1. 金融加速器理论

金融加速器理论是由 Bernanke & Gertler (1989) 最先提出的。该理论认为,不完美的金融市场使资金的供求双方之间存在着强烈的信息不对称。金融机构作为资金的供给方,想要获得资金需求方即企业的资信状况是很难的,成本也相对较高,它们在信息方面处于劣势。为了防止产生逆向选择和道德风险问题,金融机构不得不对贷款企业的净资产、资金实际运作情况等重要信息进行审核和监督,这就产生了代理成本,从而使得企业的外部融资成本高于内部融资成本。金融机构为了降低贷款风险和减少代理成本,在签订贷款合同时往往会对贷款企业采取抵押担保的方式,这使得企业的资产负债表状况影响着企业的投资水平,即资产价格下降,带来外部融资成本的升高,企业可以获得的贷款数量减少,最终导致企业的投资水平下降。该理论认为资产价格波动对投资有显著影响。

2. 住房市场的资产负债表效应

住房市场的资产负债表效应是指企业所建住房价格的变化会引起企业资产净价值的变化,从而影响企业和金融机构的资产负债表状况。由于企业在金融机构所获得的抵押贷款与企业的资产净价值是正相关的,这使得房价的变化会通过影响其外部间接融资而获得金融机构抵押贷款的能力与预期,个人住房抵押贷款亦是如此。因此,住房资产无论是对于企业还是家庭来说,都是外部融资的重要的抵押担保品,一旦它的价格发生变化,企业的资产净价值水平也会相应地发生改变,从而影响贷款和投资水平,并且通过金融加速器机制,将放大房价波动过程对整个社会的投资和宏观经济的冲击。综上所述,资产负债表效应的影响机制为:当经济景气时,房价往往上升,导致企业的资产净价值增加,从而降低了金融机构的代理成本以及企业的间接融资成本,企业更加容易获得抵押贷款并且贷款的数量增加,最终促使投资水平上升;反之,若房价下降,导致企业的抵押担保品价值缩水,从而增加了金融机构的代理成本以及企业的间接融资成本,企业更加不易获得抵押贷款并且贷款的数量减少,最终导致投资水平的下降。

下面通过 Bernanke 等(1996)的基本模型①,从理论的角度来分析房地产市场的资产负债表效应。假设:房地产商在 t_0 时刻开始进行投资,其生产函数为递增的凹函数,企业投资所需资金全部来自于银行贷款,其资本需求曲线也即边际收益曲线为 D,函数表达式为 $f(x)$,资本供给曲线也即边际成本曲线为 S,函数表达式为 $c(x)$。企业在 t_0 时刻选择的贷款数量以及投资数量是为了使其总产出在扣除所有支出后最大化,所以设资本需求曲线 $f(x)$,且满足 $f'(x) = r_0$,其中 r_0 为利率水平。图4—1描述了住房价格变化对资本成本以及投资水平的影响。

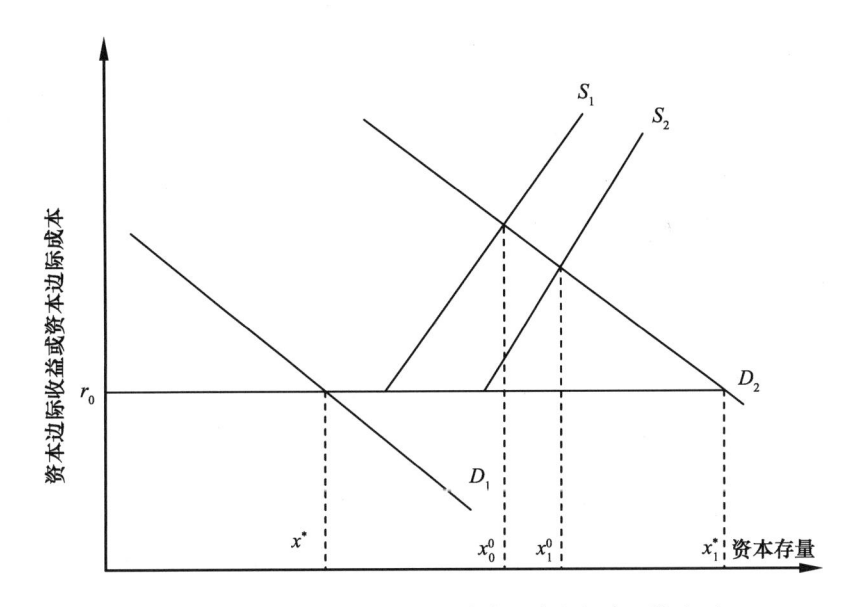

图4—1 住房资产价值变化与资本成本和住房投资水平

当资本需求曲线为 D_1 时,$f(x)$ 满足一阶条件 $f'(x) = r_0$,此时的投

---

① 该模型的详细介绍可参见陈雨露、汪昌云《金融学文献通论·原创论文卷》,中国人民大学出版社2006年版,第226—240页。

资水平为最优投资水平 x^*，它小于抵押担保物的价值，企业能够在金融机构获得所有贷款以满足其投资需求。但是，当资本需求曲线由 D_1 向右移动到 D_2，此时的最优投资水平变为 x_1^*，它大于抵押担保物的价值，企业根据边际收益等于边际成本的原则，使企业最终的均衡投资水平确定为 x_0^0，它要小于最优投资水平 x_1^*。当预期房价会上涨时，企业的抵押担保物价值也会随之增加，这使得融资成本在相同的资本需求水平下降低，所以边际成本曲线会从 S_1 向右移动到 S_2，此时企业新的均衡投资水平变为 x_1^0，其值要大于 x_0^0，成本也要低于 x_0^0 的成本。所以，资本成本随着房价的升高而降低，投资水平随着房价的上升而提高。

基于资产负债表效应的房价波动对企业投资行为的影响具有以下几个特点：（1）不对称性。房价的上升与下降波动对投资的效应具有一定的不对称性。当房价上涨时，企业面临的融资约束会减小，但投资受到既有的最优投资水平的约束使得它的扩张不是无止境的；相反，当房价下跌时，企业面临的融资约束增大，导致企业投资减少，甚至可以持续减小到零。在这种情况下，银行不愿意给企业发放任何贷款。（2）房价与投资之间具有正反馈机制。在经济繁荣期间，房价上涨会使企业投资与产出增加，增加的部分收入企业又会用来购买房产，从而推动房价的进一步上涨，在资产负债表效应下带动贷款量和投资水平的进一步增加；相反，在金融衰退期间，房价的下跌会使企业投资与产出减少，对房产的需求也会随之减少，从而推动房价的进一步下跌，在资产负债表效应下带动贷款量和投资水平的进一步减少，从而形成循环机制。（3）正反馈机制受到逆周期变化的折扣因素的强化。[①] 在住房市场景气期间，因为抵押物品贬值的风险减少，折扣因素会降低，这使得在房价一定的情况下，信贷量和投资水平会增加；相反，在住房市场不景气期间，因为抵押物品贬值的风险加大，折扣因素会提高，这使得在房价一定的情况下，信贷量和投资水平相应减少。折扣因素的这种逆周期特征进一步强化了上述正反馈机制。

---

① 折扣因素是抵押物清偿时的折扣率，参见严金海《住房价格与经济波动的关系研究》，厦门大学出版社 2012 年版，第 89—90 页。

(三) 房价波动对住房投资的其他效应

1. 景气预期效应

作为宏观经济"寒暑表"的房地产市场的变化，会影响人们对未来宏观经济的预期。当供给小于需求时（无论是投资需求还是生活刚性需求），房价上涨，房地产市场表现出活跃的态势，这显现出宏观经济景气，人们对未来经济形势看好，所以企业的投资信心增加，会加大投资力度；相反，如果供给大于需求，房价下跌时，房地产市场表现出疲软的态势，这显现出宏观经济不景气，人们对未来经济形势不看好，所以企业的投资信心下降，会减少投资甚至不进行投资。

2. 干预预期效应

我们知道，住房既可以作为消费品，也可以作为投资品。由于住房投机的盛行，房价往往会偏离房地产的价值，并且房价的波动具有持续性，如果房价上升，它就会不断攀升，形成房地产泡沫的可能性就会增大。在我国，这种现象更是明显，有些人拥有几十套住房，而有些人连一套经济适用房也买不起，这使得房地产市场价格被扭曲，无法正常健康地发展。所以在这种情况下，人们会预期国家为稳定经济形势，避免造成社会动乱而出台一系列政策对房地产市场进行干预，使房价上升速度减慢甚至开始下降，以期营造一个健康的房地产市场。此时面对这种情况，企业会持观望态度，减少住房投资。

以上着重介绍了住房市场的托宾 Q 效应以及资产负债表效应，下文中将运用这两个理论，通过建立 VAR 模型来描述信贷量与住房投资之间的动态关系，从而检验在我国住房投资市场上是否存在着资产负债表效应，随后通过对托宾 Q 效应的检验来反映我国住房投资市场是否趋于理性。

三 理论模型

前文分析了房价波动对投资的动态效应，本部分将在动态效应分析的基础上，提出住房市场的 BGG 模型和一个简单动态模型，为实证分析提供理论基础。

(一) 住房市场的 BGG 模型

金融加速器理论是由 Bernanke & Gertler (1989) 率先提出的，他们在该理论中建立了 BGG 模型，用来分析金融机构的信贷行为对宏观经济的放大作用。金融加速器理论的基础是由 BGG 模型中关键的三个方程构建的，它们分别是贷款成本与企业资产净值之间的关系；投资函数的设定，即只有当预期收益率满足一定的条件时，企业才会进行投资；金融机构的信贷行为对企业资产的放大作用。本部分将在住房市场上引入 BGG 模型，构建起包括金融机构、房地产开发商、消费者等三部分为主体的住房市场系统模型，对房价、住房投资以及住房消费者三者之间的相互作用进行分析。

首先，建立 t 时期的住房需求函数：

$$D_t = f(y_t, demo, p_t) \cdot g(r, GDP, a_t, p_t)/p_t \tag{4—5}$$

在式（4—5）中，D_t 为 t 时期住房需求量；f 为居民购买住房能力函数；y_t 为 t 时期居民可支配收入；$demo$ 为人口因素；p_t 为 t 时期的住房价格；g 为居民外部融资函数；r 为金融机构抵押贷款率；a_t 为银行的贷款态度。

其次，建立 t 时期的住房投资函数：

$$I_t = \alpha \cdot F_t(GDP_t, p_t, a_t, i_t) \tag{4—6}$$

$$F_t = \beta \cdot V_t \tag{4—7}$$

$$V_{t+1} = I_t \cdot R_t + V_t - F_t \cdot i'_t \tag{4—8}$$

在式（4—6）至式（4—8）中，I_t 为 t 时期的住房投资量；F_t 为 t 时期企业投资贷款融资函数；i_t 为 t 时期的市场利率水平；V_t 为 t 时期房地产开发商的净资产价值；R_t 为 t 时期新投资预期收益率；i'_t 为 t 时期金融机构贷款利率；β 为 t 时期房地产开发企业贷款融资与净资产价值之比；$\alpha = 1 + \dfrac{1}{\beta}$，表示总投资额与外部融资额之比[①]。

[①] 以上等式隐含的假设是住房开发商使用资金的成本仅为银行贷款所需支付的利息，未包含税费和工资成本等，这样可以避免计算名目繁多，成本不确定的弊端。

再次，建立 t 时期的住房供给函数：

$$S_t = (1-\delta) S_{t-1} + I_{t-1} \qquad (4-9)$$

其中 S_t 为 t 时期的住房供给量，δ 为折旧率。

最后，令 $D_t = S_t$。

1. 住房需求函数

通过以上分析我们可以看出，t 时期的住房需求函数由两部分构成：一部分为 $f(y_t, demo, p_t)$，它表示购房者的原始消费能力受居民可支配收入、人口等因素的影响；另一部分为 $g(r, GDP, a_t, p_t)$，它表示购房者通过外部借贷融资而获得的资金支持受金融机构抵押贷款率、宏观经济形势以及银行贷款态度的影响。因此，住房需求函数主要是在一定的住房价格水平下，购房者的原始消费能力和外部融资能力相互作用形成的函数。该函数的近似线性表达式可设为：

$$D_t = \alpha_0 + \alpha_1 p_t + \alpha_2 f_t + \alpha_3 g_t \qquad (4-10)$$

2. 住房供给函数

方程 $S_t = (1-\delta) S_{t-1} + I_{t-1}$ 是住房市场供给量 S 的存量调整函数，它反映了 t 时刻的住房供给量是由 $t-1$ 时刻的住房存量和新建住房量（即地产商住房投资量）所构成。方程 $I_t = \alpha \cdot F_t(GDP_t, p_t, a_t, i_t)$ 是房地产开发商的投资方程，它反映了住房投资量是企业向金融机构融资额的线性函数，贷款金额受同期宏观经济状况、银行贷款态度以及市场利率水平的影响。而根据方程 $F_t = \beta \cdot V_t$ 可知，t 时刻的企业融资额又是同一时期企业的净资产价值的线性函数。方程 $V_{t+1} = I_t \cdot R_t + V_t - F_t \cdot i_t'$ 反映了企业本期的净资产价值取决于本期投资的预期收益率和企业前期的净资产价值。房地产开发商所做的投资决策的关键影响因素为本期投资的预期收益率与本期贷款利率之差，该值决定了其是否进行外部贷款融资。

由方程 $I_t = \alpha \cdot F_t(GDP_t, p_t, a_t, i_t)$，$F_t = \beta \cdot V_t$，$V_{t+1} = I_t \cdot R_t + V_t - F_t \cdot i_t'$ 可得：$V_{t+1} = V_t (\alpha \cdot \beta \cdot R_t - \beta \cdot i_t' + 1)$，所以供给函数可表达为：

$$S_t = (1-\delta) S_{t-1} + \alpha \cdot \beta \cdot V_{t-2} [\beta \cdot (R_{t-2} - i_{t-2}') + R_{t-2} + 1] \qquad (4-11)$$

式（4—11）表明企业前两期的净资产价值和投资收益率直接影响着企业该期的投资额，参数 α、β 起到一个放大作用，体现了金融加速器理论。

3. 住房市场均衡函数

当住房市场达到均衡条件时，$D_t = S_t$，将函数表达式代入得到住房市场的均衡函数：

$$f(y_t, demo, p_t) \cdot g(r, GDP, a_t, p_t)/p_t = (1-\delta)S_{t-1} + \alpha \cdot F_{t-1}(GDP_{t-1}, p_{t-1}, a_{t-1}, i_{t-1}) \qquad (4—12)$$

式（4—12）反映了供给、需求和价格三者之间是如何相互影响的，而银行的贷款态度是影响住房市场供给与需求的主要通道。

通常情况下，住房价格上升，使作为抵押物的住房资产价值随之上升，这降低了银行道德风险水平，银行更愿意为房地产开发商发放贷款，造成住房供给需求量增加，大量资金流入房地产市场，而该市场具备土地资源的有限性以及住房建设周期长这两个特点，使得短期供给弹性要远远小于短期需求弹性，这加快了住房价格上升的速度，充分体现了金融加速器对住房价格波动的放大效应。如图4—2所示，短期内，随着金融机构信贷量的增加，使得住房需求曲线由 D_1 向右移动到 D_2，而住房供给量具有刚性特征，供给曲线保持不变，则住房均衡价格由 A 上升到 B。长期内，住房供给量通过调整，使供给曲线由 S_1 向右移动到 S_2，此时形成新的均衡价格 P_0。

BGG模型把企业的资产负债表与其外部融资成本结合在一起。该模型表明，房价可以通过信贷量来影响住房投资，这为下文建立VAR模型中选择信贷变量提供了理论依据。

（二）住房投资、利率和收入模型

1. 住房市场均衡价格的推导

下面，将通过住房需求理论，从住房购买者的角度来推导出上文所说的均衡价格 P_0。考虑一个具有代表性的消费者，收入为 Y，他消费价格总量为 C 的非耐用品并购买住房。假设此时的住房市场单位价格为 p_h，他为购买 h 单位的住房而向银行贷款。住房的折旧率为 δ，该消费者为了维护房屋价值，每一时期都要花费 $\delta p_h h$ 来对住房进行维护，设银行的抵押贷款利率为 r，则消费者的购房总成本为 $(r+\delta)p_h h$。如果在考察时段中，消费者预期住房价格会上涨，则他会花费更少的资金来维护房屋的

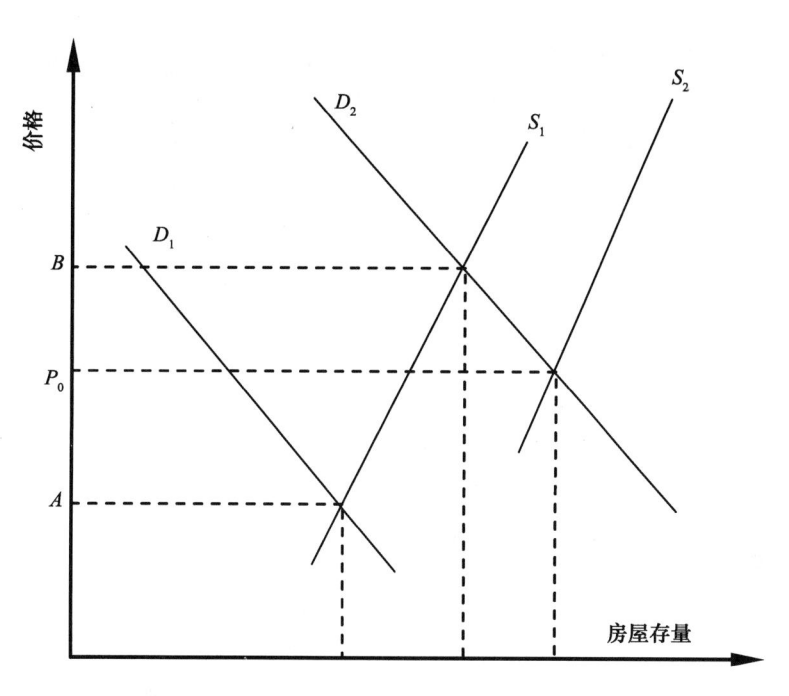

图4—2 金融机构信贷量与住房市场的均衡价格

价值；相反，如果消费者预期住房价格会下跌，则他花费在维护房屋价值上的资金会增加，所以有 $\delta = \delta_0 - i_0$。其中，δ_0 为住房价格达到均衡时，为维护房屋价值所需要进行的资金维修费用，i_0 为消费者预期的住房价格的增长率，它也有可能为负值，即消费者预期住房价格将会下跌。δ_0 和 i_0 都为外生变量。根据以上描述，可以写出消费者的预算约束方程，即：

$$Y = C + (r+\delta)p_h h \tag{4—13}$$

假设消费者的效用函数符合柯布—道格拉斯形式，即：

$$U = h^\eta C^{1-\eta} \quad (0 < \eta < 1) \tag{4—14}$$

他追求效用最大化，则满足一阶条件 $dU/dh = 0$，则：

$$h^d = \frac{\eta Y}{(r+\delta)p_h} \tag{4—15}$$

并且 $\dfrac{\partial U/\partial h}{\partial U/\partial C} = (r+\delta)p_h$，该式表明当消费者的效用达到最大时，住房和耐用品的边际替代率必须等于 $(r+\delta)p_h$。由式（4—15）可以看出，

住房需求量随着收入 Y 的增加而增加，随着住房使用成本 $(r+\delta)p_h$ 的增加而减少。由于短期内，住房供给量保持不变，所以住房价格必须调整到使住房需求量 h^d 等于现有的住房供给量 H，将 $h^d=H$ 代入式（4—15），有 $P_0=\dfrac{\eta Y}{(r+\delta)H}$。该式表明住房存量 H 越多，住房的均衡价格越低；收入水平 Y 越高，利率 r 越低，则住房的均衡价格越高。

在第三部分，通过托宾 Q 效应给出了住房开发商的投资方程为：$I_t=\dfrac{1}{C}(V_t-K_t\cdot MC_K)$，将 $V_t=P_0\cdot H=\dfrac{\eta Y}{(r+\delta)}$ 和 $K_t=H$ 代入上式，可得：

$$I_t=\frac{1}{C}\left(\frac{\eta Y}{(r+\delta)}-P\cdot H\right) \quad (4—16)$$

在式（4—16）中，P 为开发商每单位投入的资产的价格。由式（4—16）可以看出，住房存量的增加通过压低房价来降低企业的投资水平，购房者收入的增加通过抬高房价来提高企业的投资水平，同时消费者也可以通过降低住房的使用成本，来使企业的投资水平增加。

2. 住房市场的动态模型

上文曾定义 δ_0 为住房价格达到均衡时，为维护房屋价值所需要进行的资金维修费用，而当前的投资水平 I_t 中有一部分是用来补偿现有住房存量的折旧，所以住房存量在 t 时期和 $t+1$ 时期存在这样一个恒等式：

$$H_{t+1}=(1-\delta)H_t+I_t \quad (4—17)$$

给定消费者的收入水平 Y 和贷款利率 r，以及现实决定的住房存量 H，由式 $P_0=\dfrac{\eta Y}{(r+\delta)H}$ 可得到 t 时期的住房价格。再给定 P 值，由式 $I_t=\dfrac{1}{C}\left(\dfrac{\eta Y}{(r+\delta)}-P\cdot H\right)$ 可得到 t 时期住房开发商的投资水平，进而通过式 $H_{t+1}=(1-\delta)H_t+I_t$ 来确定 $t+1$ 时期的住房存量。这一过程将会持续进行下去，直到住房价格达到某一水平，使得新建住房数量刚好弥补现有住房存量的折旧而使市场上住房存量保持不变。因此，在长期，住房需求的上涨会导致住房存量的上涨，以此来抑制住房价格上升的趋势。由此可知，式 $P_0=\dfrac{\eta Y}{(r+\delta)H}$，式 $I_t=\dfrac{1}{C}\left(\dfrac{\eta Y}{(r+\delta)}-P\cdot H\right)$ 和式 $H_{t+1}=(1-\delta)H_t+I_t$，构成了住房市场上一个简单的动态模型。

如果考虑到消费者预期住房价格增长率 i_0 这一因素，再结合以上三式，则可以解释住房市场在繁荣与萧条之间不断循环的原因。假设贷款利率下降，则住房需求量会增加，导致短期住房均衡价格上升，此时，住房购买者会预期到未来住房价格会上升，则外生变量 $\delta = \delta_0 - i_0$ 会减少，根据式 $P_0 = \dfrac{\eta Y}{(r+\delta)H}$ 可知，住房均衡价格将进一步上升。尽管住房价格的上涨会引起房地产开发商投资建设新住房，但是建造是需要时间的，增加的住房供给需要一段时间才能跟上住房需求的上升，所以由实际住房价格的上涨而导致预期收益的上升，会使住房市场保持相当长的一段繁荣时期；相反，如果消费者看到住房价格下跌，他们会降低预期收益率，则预期使用成本 $r+\delta$ 将上升，从而降低住房需求量，房价进一步下跌。如此反复下去，使住房市场保持一段时间的萧条状态。

通过以上分析可以得出，住房投资水平受贷款利率和居民收入水平的影响[1]，并且前一期的住房投资水平影响着当期住房投资水平，这为下文变量的选取提供了理论依据。

四 房价波动与住房投资动态关系的实证分析

第三部分介绍了房价波动对住房投资影响的理论模型以及相关的实证分析方法，本部分将对房价波动与住房投资的动态关系展开研究。首先介绍相关的实证分析方法；其次对实证中的数据和变量的选取进行说明，并对所搜集的面板数据进行一个初步的处理和检验；再次通过 VAR 模型的构建，利用脉冲响应函数和方差分解来分析房价波动与住房投资之间的动态关系；最后对我国住房市场的托宾 Q 效应进行检验，以说明我国住房投资市场是否存在着显著的非理性特征。

---

[1] 在时间序列模型中，住房投资主要取决于贷款利率和房价的变化，因此省略了折旧率因素。

（一）计量模型与方法

1. VAR 模型

VAR 模型包含了实证中每个内生变量及其滞后项所形成的函数关系，它通常被用来预测那些互相关联的时间序列向量之间的动态关系，并且也可以用来分析随机扰动项对整个模型的动态冲击，以预测不同冲击对相应变量的影响[①]。

当 VAR 模型有 p 个内生变量时，其方程为：

$$y_t = \phi_1 y_{t-1} + \cdots + \phi_n y_{t-n} + \prod d_t + u_t \quad t = 1, \cdots, T \quad (4\text{—}18)$$

在式（4—18）中，y_t 是 p 维内生变量列向量，n 为滞后阶数，d_t 是 q 维外生变量列向量，T 为样本个数，$\phi_1, \cdots, \phi_n$ 是 $p \times p$ 维的待估计系数矩阵，$\prod$ 是 $p \times q$ 维的待估计系数矩阵，u_t 是 p 维扰动列向量，均值为零，它的协方差矩阵为 $\sum$，是一个 $p \times p$ 维的正定矩阵。将式（4—18）展开，即可得到以下 n 个方程：

$$\begin{Bmatrix} y_{1t} \\ y_{2t} \\ \vdots \\ y_{pt} \end{Bmatrix} = \phi_1 \begin{Bmatrix} y_{1t-1} \\ y_{2t-1} \\ \vdots \\ y_{pt-1} \end{Bmatrix} + \cdots + \phi_n \begin{Bmatrix} y_{1t-n} \\ y_{2t-n} \\ \vdots \\ y_{pt-n} \end{Bmatrix} + \prod \begin{Bmatrix} d_{1t} \\ d_{2t} \\ \vdots \\ d_{qt} \end{Bmatrix} + \begin{Bmatrix} u_{1t} \\ u_{2t} \\ \vdots \\ u_{pt} \end{Bmatrix}, \quad t = 1, 2, \cdots, T$$

$$(4\text{—}19)$$

由式（4—19）可以看出，含有 p 个时间序列变量的 VAR 模型一般由 p 个方程构成。由于外生变量、内生变量的滞后项和随机扰动项均位于等式的右边，因此不存在同期相关性等问题，使用最小二乘估计法就可以得到关于 VAR 简化模型的一致且有效的估计量。

与简单的线性回归模型相比，VAR 模型具备以下显著的优势：第一，内生变量和外生变量在 VAR 模型中不用严格地区分开来；第二，VAR 模型可以分析各个变量之间的相互影响，很好地体现了经济系统的动态性特征，并可以通过脉冲响应函数来分析不同变量间的相互影响，利用方差分解来研究不同变量对某变量影响的贡献程度；第三，VAR 模型中包

[①] Sims（1980）将 VAR 模型运用于经济学分析中，使经济系统动态性分析得以广泛运用。

含多个向量，这使它能够对多个经济变量进行分析和预测①。

2. 格兰杰因果关系检验

所谓格兰杰因果关系，是指一个变量 X 是否有助于预测另一个变量 Y，如果 X 有助于预测 Y，则 X 是 Y 的格兰杰原因；相反，如果 X 无助于预测 Y，则 X 不是 Y 的格兰杰原因②。因此，该检验重点分析一个变量的当前行为是否受另一个变量的过去行为影响，或者这两个变量的过去行为互相影响对方的当前行为③。

格兰杰因果关系的检验步骤可以分为三步：

第一步，估计以下两个回归模型：

$$Y_t = \sum_{t=1}^{p} \alpha_t Y_{t-1} + \sum_{t=1}^{q} \beta_t X_{t-1} + \varepsilon_t \qquad (4—20)$$

$$Y_t = \sum_{t=1}^{p} \alpha_t Y_{t-1} + \varepsilon_t \qquad (4—21)$$

计算它们各自的残差平方和 RSS_1，RSS_2。

第二步，检验原假设 H_0：X 不是引起 Y 变化的格兰杰原因，即 $\beta_1 = \beta_2 = \cdots = \beta_q = 0$。备选假设 H_1：X 是引起 Y 变化的格兰杰原因，即 β_t 中至少有一个显著不为零。构造统计量 $F = \dfrac{(RSS_2 - RSS_1)/q}{RSS_1/(n-p-q)} \sim F(q, n-p-q)$，其中，$n$ 为样本容量，p 为待估参数的个数，q 为滞后阶数。

第三步，若统计量 F 的计算值大于在显著水平 α 下的相应临界值，则拒绝原假设 H_0，这意味着 β_t 中至少有一个显著不为零，X 是引起 Y 变化的格兰杰原因；反之，若统计量的计算 F 值小于在显著水平 α 下的相应临界值，那就不能拒绝原假设 H_0，这意味着 X 不是引起 Y 变化的格兰杰原因④。

将 X 与 Y 的位置交换，按照同样的方法，可以检验 Y 是否是引起 X 变动的格兰杰原因。

---

① Sims, C. A., Macroeconomics and Reality, *Econometrica*, Vol. 48, No. 1, 1980.

② Granger, C. W. J., Investigating Causal Relations by Econometric Models and Cross-Spectral Methods, *Econometrica*, Vol. 37, No. 3, 1969.

③ 可见，格兰杰因果关系更多地被理解为预测关系或领先关系，而不是简单的因果关系。

④ 将 X 与 Y 的位置交换，按照同样的方法，可以检验 Y 是否是引起 X 变动的格兰杰原因。

3. AIC 准则和 Schwarz 准则

在用格兰杰因果关系检验 VAR 模型时，为确保此因果关系不依赖于检验模型，所得的因果关系结论是稳健的，需要对不同的滞后阶数进行检验。常见的检验准则有 AIC 准则和 Schwarz 准则，其计算公式如下：

$$AIC = -2l/T + 2n/T \qquad (4\text{—}22)$$

$$SC = -2l/T + n\ln T/T \qquad (4\text{—}23)$$

其中，T 为样本长度，$n = k(d + qk)$ 为待估计的参数数目；k 是内生变量数目；d 是外生变量数目；q 为滞后阶数；$l = -\dfrac{Tk}{2}(1 + \ln 2\pi) - \dfrac{T}{2}\ln|\Sigma|$ 为对数似然值。AIC 和 SC 的值越小，检验的结果越好。

4. 单位根检验

理论上，单位根检验的方法有很多[①]，这些检验方法存在着一些共同点，即它们都是通过泛函数中心极限定理构造统计量来对模型进行检验；不同之处在于，在不同的原假设和备择假设条件下对随机扰动项可能具有的相关特性的处理方法会有所不同。本章使用 ADF 检验法。

5. Johansen 协整检验

协整，是指在一个经济系统中，某些非平稳的经济变量随着时间的推移会趋于一定的均衡。Johansen & Juselius 在 1990 年提出了 Johansen 检验法[②]，它可以对向量自回归模型进行协整检验。该检验的原理如下：

将不含有移动平均项的向量自回归模型表示为：

$$Y_t = \alpha + \sum_{i=1}^{p} \Gamma_i Y_{t-i} + \varepsilon_t \qquad (4\text{—}24)$$

其中，$Y_t = \begin{pmatrix} y_{1t} \\ y_{2t} \\ \vdots \\ y_{nt} \end{pmatrix}$，$\Gamma_1 = \begin{pmatrix} \gamma_{111} & \gamma_{112} & \cdots & \gamma_{11n} \\ \gamma_{121} & \gamma_{122} & \cdots & \gamma_{12n} \\ \vdots & \vdots & \ddots & \vdots \\ \gamma_{1n1} & \gamma_{1n2} & \cdots & \gamma_{1nn} \end{pmatrix}$，$\cdots$，$\Gamma_p =$

[①] 主要有 ADF 检验法、PP 检验法、KPSS 检验法、霍尔工具变量法、DF—GLS 检验法 5 种。

[②] Johansen, S., and K., Juselius, "Maximum Likehood Estimation and Inferences on Cointegration-with Applications to the Demand for Money", *Oxford Bulletin of Economics and Statistics*, Vol. 52, No. 2, 1990.

$$\begin{pmatrix} \gamma_{p11} & \gamma_{p12} & \cdots & \gamma_{p1n} \\ \gamma_{p21} & \gamma_{p22} & \cdots & \gamma_{p2n} \\ \vdots & \vdots & \ddots & \vdots \\ \gamma_{pn1} & \gamma_{pn2} & \cdots & \gamma_{pnn} \end{pmatrix}, \alpha = \begin{pmatrix} \alpha_1 \\ \alpha_2 \\ \vdots \\ \alpha_n \end{pmatrix}, \varepsilon_t = \begin{pmatrix} \varepsilon_{1t} \\ \varepsilon_{2t} \\ \vdots \\ \varepsilon_{nt} \end{pmatrix}。$$

对式（4—24）做差分变换，可得到下式：

$$\Delta Y_t = \sum_{i=1}^{p} \Pi_i \Delta Y_{t-i} + \Gamma Y_{t-1} + u_t \qquad (4—25)$$

经分析可知，若 $R(\Gamma) = r$ $(0 < r < n)$，这意味着该模型存在着 r 个协整组合。因此，可以将 Γ 表达为如下形式：

$$\Gamma = \alpha\beta' \qquad (4—26)$$

其中，α 和 β 是 $n \times r$ 阶矩阵。将式（4—26）代入式（4—25）可得：

$$\Delta Y_t = \sum_{i=1}^{p} \Pi_i \Delta Y_{t-i} + \alpha\beta' Y_{t-1} + u_t \text{①} \qquad (4—27)$$

Johansen 检验一般有两种检验方法②。

6. 脉冲响应函数和方差分解

在向量自回归模型中，当一个扰动项发生变化或者模型受到某种冲击时，这些变动因素会通过变量之间的动态关系，对未来各变量产生一系列的连锁反应。③ 考虑一个 p 阶自向量回归模型：

$$Y_t = \alpha + \phi_1 Y_{t-1} + \cdots + \phi_p Y_{t-p} + \varepsilon_t \qquad (4—28)$$

在式（4—28）中，Y_t 是内生变量组成的 k 阶向量；α 为常数向量；ϕ_i 为系数矩阵；ε_t 是误差向量，它的协方差矩阵为 $\sum$。如果 Y_t 是一个随机平稳过程，则式（4—29）的无限形式可表示为：

$$Y_t = A + \sum_{j=0}^{\infty} \Pi_j \varepsilon_{t-j} \qquad (4—29)$$

---

① 矩阵 α 被称为调整参数矩阵；矩阵 β 被称为协整向量矩阵；且 α 和 β 不是唯一的；r 表示协整向量的个数。

② 最大特征值检验法及特征根迹检验法。

③ 当模型系统内某一扰动项受到冲击时，脉冲效应函数不仅能够反映该冲击对其他变量扰动项的影响轨迹，而且还能描述该冲击的当前值和未来值是如何受其他扰动变量的影响，以此来说明系统对外部经济环境的依赖程度。

在式（4—29）中，A 为常数向量，Π 为系数矩阵。由式（4—25）可知，系数矩阵 Π 第 s 行第 t 列的元素表示第 t 个变量对第 s 个变量产生了单位冲击，第 s 个变量对此作出的 j 期滞后反应，即自向量回归模型中，变量 s 对变量 t 的 j 期脉冲响应。因为误差向量的协方差矩阵 $\sum$ 是正定的，所以 $\sum$ 可以表示为：

$$\sum = P \cdot P' \qquad (4-30)$$

在式（4—30）中，P 为非奇异矩阵。将式（4—30）代入式（4—24）有：

$$Y_t = A + \sum_{j=0}^{\infty} (\Pi_j P)(P^{-1}\varepsilon_{t-j}) = A + \sum_{j=0}^{\infty} (\Pi_j P) u_{t-j} \text{①} \quad (4-31)$$

由式（4—31）可以得到某变量对另一变量的脉冲响应函数，通过比较不同滞后期的脉冲响应，能够分析某变量对另一变量的影响时滞。

方差分解主要分析各种随机扰动项的冲击对其他内生变量变化的贡献程度，并用方差来衡量这种贡献程度，最后再评估各种冲击对系统的重要性②。其具体思路是：一个自向量回归模型如式（4—32）所示，它的均方误差为：

$$\begin{aligned} MSE &= \sum + \Pi_1 \sum \Pi_1 + \cdots + \Pi_{j-1} \sum \Pi_{j-1} \\ &= PP' + \Pi_1 PP' \Pi_1 + \cdots + \Pi_{j-1} PP' \Pi_{j-1} \\ &= \sum_{s=1}^{N} (P_s P'_s + \Pi_1 P_s P'_s \Pi_1 + \cdots + \Pi_{j-1} P_s P'_s \Pi_{j-1}) \text{③} \end{aligned} \quad (4-32)$$

根据式（4—32）得知：每个内生变量的均方误差均能分解为系统中各变量的随机冲击所达到的贡献度，求出其贡献在总贡献中所占的比例，即可比较每个变量的相对重要性以及变量的作用时滞和效应的相对大小。

以上介绍了 VAR 模型以及相关的实证分析方法。本章主要是通过构建 VAR 模型，运用脉冲响应函数和方差分解方法来分析房价的波动对住房投

---

① u 为标准的向量白噪声，系数矩阵 $\Pi_j P$ 的第 s 行第 t 列的元素表示，模型中第 s 个变量对第 t 个变量一个标准误差的正交化冲击的 j 期脉冲响应。

② 该方法给出了每一随机扰动项对 VAR 模型中的变量所产生的影响的相对重要信息。

③ P_s 为矩阵 P 的第 s 列向量，括号内的式子可理解为第 s 个正交化冲击对第 j 步预测均方误差的贡献程度。

资的动态影响。采用脉冲响应函数分析房价波动对住房投资市场的动态响应，利用方差分解分析当系统内某一变量受到冲击后，其他变量对它的贡献程度。这两种分析方法不仅能反映房价波动与住房投资市场之间存在着动态关系，而且还能定量地测度它们之间的响应程度以及贡献大小。

（二）时间序列数据的处理与检验

本章采用的是年度数据，由于 1998 年我国开始实行住房改革制度，1999 年的数据还不甚完备，故样本区间定为 2000—2013 年。选取本年住房投资完成额为变量，根据第二部分的理论模型和数据的可得性，选取住房价格、1—3 年贷款利率、银行信贷量为变量，其中银行信贷量用来检验我国住房市场上是否存在着资产负债表效应。

选取本年完成住房投资额作为变量，是因为它与住房投资额相比，更能准确地反映出该年新增住房投资量，用 I 来表示。

住房价格是指住房连同其占用土地的价格，本书用住房平均销售价格来表示，该变量以 hp 代表。

利率用 1—3 年期商业银行贷款利率表示[①]。该数据来源于交通银行网站，该变量用 r 来代表。

银行信贷量是银行发放给房地产开发企业的贷款额。对我国来说，房地产企业的开发资金绝大部分是通过银行贷款获得的，这使得银行信贷量在住房开发投资中起着举足轻重的作用。本章用银行贷款额来表示该变量，用 bc 来代表。

由于边际的托宾 Q 值难以得到，通过第一部分的分析我们知道，可以用平均的托宾 Q 值来代替边际的托宾 Q 值进行实证分析。根据托宾 Q 理论，我们可以推出房地产市场的托宾 Q 值等于住房的价格水平与住房的重置成本之比。考虑到数据的可获得性，这里用住房平均销售价格作为当前住房的价格水平，用住宅建造价值[②]与土地价格之和作为住房的重置成本，两者相除得到托宾 Q 值。由于无法找到 2003 年之前的 35 个大

---

① 根据银行的有关贷款规定，住房开发贷款的最高年限不得超过三年。
② 住宅建造价值等于住宅竣工价值与住宅竣工面积之比。住宅竣工价值与住宅竣工面积数据来源于《中国房地产统计年鉴》，土地价格数据来源于国泰安数据库。

中城市的土地价格数据,故对我国住房市场的托宾 Q 效应检验的样本区间定为 2003—2012 年。

以上数据中,本年完成住房投资额、住房平均销售价格、银行信贷量均来自于《中国房地产统计年鉴》,贷款利率来自于交通银行数据库,托宾 Q 值是经测算得到,实证分析是用 Stata13.0 软件进行实现。

1. 时间序列数据处理

本书选取的变量共有 4 个,分别为本年完成住房投资额 I、住房平均销售价格 hp、银行贷款额 bc 以及 1—3 年商业银行贷款利率 r。这些变量中,本年完成住房投资额和银行信贷量的单位为万元,住房价格的单位为元每平方米,故变量单位不统一,需要对各个变量进行量纲标准化处理①。为方便起见,将进行量纲标准化处理后的 4 个变量仍记为 I、hp、bc 和 r。

在进行托宾 Q 检验时,我们用本年完成住房投资额与上一年完成住房投资额的差值除以上一年完成住房投资额来代表住房投资增长率。由于我国住房开发的大部分资金都来自银行贷款,所以将银行信贷量的增长率也作为控制变量加入 VAR 模型中。

2. 数据的平稳性检验

在构建 VAR 模型时,应先检验时间序列变量的平稳性。一般来说,若直接对非平稳的时间序列变量进行回归分析,得到的结果很可能是虚假回归或者伪回归。因此,为保证所得结果真实、有效、准确,需要在回归之前进行平稳性检验,而单位根检验是时间序列数据平稳性检验中最常用的方法。本篇论文采用的是单位根检验中的 ADF 检验法,检验结果见表 4—1。

表 4—1　　　　　　　　　各变量单位根检验结果

变量	ADF 统计量	P 值	结论
I	5.27941	1.0000	不平稳
hp	4.81783	1.0000	不平稳

---

① 将原始数据减去均值,再除以标准差。

续表

变量	ADF 统计量	P 值	结论
bc	11.7752	1.0000	不平稳
r	167.142	0.0000	平稳
dI	92.7938	0.0356	平稳
dhp	96.9923	0.0181	平稳
dbc	148.502	0.0000	平稳
dr	268.263	0.0000	平稳

从表4—1可以看出，除1—3年商业银行贷款利率 r 拒绝原假设，是平稳序列以外，其余变量都是接受原假设，是非平稳序列。为保证各变量都是平稳的，对其做一阶差分，检验结果显示，一阶差分后的各个变量都是平稳序列①。

3. Johansen 协整检验

在对变量进行平稳性检验后，我们使用 Johansen 协整检验来检验各变量之间的协整关系，表4—2汇报了相关检验结果：

从以上协整结果可以得知：由于539.5790大于47.85613，295.5266大于29.79707，170.2435大于15.49471，50.56787大于3.841466，说明迹检验分别拒绝0个协整向量、至少1个协整向量、至少2个协整向量以及至少3个协整向量；由于244.0524大于27.58434，125.2831大于21.13162，119.6756大于14.26460以及50.56787大于3.841466，说明最大特征根检验分别拒绝0个协整向量、至少1个协整向量、至少2个协整向量以及至少3个协整向量。综上所述，迹检验和最大特征根检验的结果都显示在5%的显著水平上，至少存在3个协整向量。因此，各变量在5%的显著水平上，存在着长期协整关系。

---

① 此处平稳序列是指在1%显著水平上，各序列都是平稳的。

▶ 住房价格波动的时空特征、传导机理与金融风险研究

表4—2　　　　　　　　　　Johansen 协整检验

无限制的协整秩检验（迹）

Hypothesized No. of CE（s）	特征值	迹统计量	临界值（5%）	概率
None*	0.581725	539.5790	47.85613	0.0001
Atmost1*	0.360737	295.5266	29.79707	0.0001
Atmost2*	0.347806	170.2435	15.49471	0.0001
Atmost3*	0.165230	50.56787	3.841466	0.0000

无限制的协整秩检验（最大特征值）

Hypothesized No. of CE（s）	特征值	最大特征值	临界值（5%）	概率
None*	0.581725	244.0524	27.58434	0.0001
Atmost1*	0.360737	125.2831	21.13162	0.0001
Atmost2*	0.347806	119.6756	14.26460	0.0001
Atmost3*	0.165230	50.56787	3.841466	0.0000

（三）VAR 模型的构建

1. 构建 VAR 模型

本部分主要构建包含本年完成住房投资额 I、住房平均销售价格 hp、1—3 年商业银行贷款利率 r、银行信贷量 bc 等 4 个变量[①]的 p 阶向量自回归模型：

$$Y_t = \Gamma_1 Y_{t-1} + \Gamma_2 Y_{t-2} + \cdots + \Gamma_p Y_{t-p} + u_t, \quad t = 1, 2, \cdots, T \quad (4—33)$$

在式（4—33）中，$Y_t = \begin{bmatrix} dI \\ dhp \\ dbc \\ r \end{bmatrix}$，$\Gamma_t = \begin{bmatrix} \gamma_{11}^{(i)} & \gamma_{12}^{(i)} & \gamma_{13}^{(i)} & \gamma_{14}^{(i)} \\ \gamma_{21}^{(i)} & \gamma_{22}^{(i)} & \gamma_{23}^{(i)} & \gamma_{24}^{(i)} \\ \gamma_{31}^{(i)} & \gamma_{32}^{(i)} & \gamma_{33}^{(i)} & \gamma_{34}^{(i)} \\ \gamma_{41}^{(i)} & \gamma_{42}^{(i)} & \gamma_{43}^{(i)} & \gamma_{44}^{(i)} \end{bmatrix}$，

---

① 本章下文所指的变量都是原变量的一阶差分变量。

$$u_t = \begin{bmatrix} u_{1t} \\ u_{2t} \\ u_{3t} \\ u_{4t} \end{bmatrix}。$$

2. VAR 模型的检验

在构建 VAR 模型时，需要确定 VAR 模型的最佳滞后阶数。在确定最佳滞后阶数时，需要从两个方面来考虑：第一，要尽可能地获得最大滞后阶数，以便能更准确地刻画 VAR 模型的动态响应关系；第二，若选择的滞后阶数越大，那么就有更多的参数需要估计，模型的自由度也随之下降。因此，在确定滞后阶数时，我们应该从这两个方面进行综合考虑。首先选出尽可能大的滞后阶数 5，则模型的滞后长度检验结果见表 4—3。

表 4—3　　　　　　　　模型的滞后长度检验结果

Lag	LogL	LR	FPE	AIC	SC	HQ
0	893.7460	NA	2.44e－09	－5.642832	－5.583267	－5.619034
1	971.7380	153.0129	1.74e－09	－5.979289	－5.621901	－5.836499
2	1097.267	242.2902	9.20e－10	－6.617566	－5.839618	－6.355784
3	1149.843	99.81130*	7.72e－10*	－6.792653*	－5.962355*	－6.411880*
4	1191.299	140.3292	9.71e－11	－5.843562	－4.982734	－5.378529
5	1548.364	132.7349	6.47e－12	－5.382461	－4.290673	－4.638201

说明：表中"*"表示从每一个标准中选择出来的最佳滞后阶数。

在对 VAR 模型的滞后阶数确定为 3 后，下面进行格兰杰因果关系检验，以考察这 5 个变量间是否存在显著的格兰杰因果关系。检验结果如表 4—4。

表 4—4　　　　　VAR 模型的格兰杰因果关系检验结果

被解释变量：DI

Excluded	Chi-sq	df	Prob.
DHP	25.11917	2	0.0000
DBC	7.638111	2	0.0219

续表

Excluded	Chi-sq	df	Prob.
R	14.69123	2	0.0006
All	61.06700	6	0.0000

被解释变量：DHP

Excluded	Chi-sq	df	Prob.
DI	1.559555	2	0.4585
DBC	18.91082	2	0.0001
R	39.69517	2	0.0000
All	80.03856	6	0.0000

被解释变量：DBC

Excluded	Chi-sq	df	Prob.
DI	6.369689	2	0.0414
DHP	8.949800	2	0.0114
R	33.43345	2	0.0000
All	67.15291	6	0.0000

被解释变量：R

Excluded	Chi-sq	df	Prob.
DI	8.711157	2	0.0128
DHP	37.48998	2	0.0000
DBC	40.99874	2	0.0000
All	82.26720	6	0.0000

从表4—4可以看出：在5%的显著水平上，住房平均销售价格的一阶差分、银行贷款额的一阶差分和1—3年商业银行贷款利率是本年完成住房投资额的一阶差分的格兰杰原因，所有变量都是本年完成住房投资额的一阶差分的格兰杰原因且显著性相当高；在5%的显著水平上，银行贷款额的一阶差分、1—3年商业银行贷款利率是住房平均销售价格的一阶差分的格兰杰原因，所有变量都是住房平均销售价格的一阶差分的格兰杰原因且显著性相当高；在5%的显著水平上，本年完成住房投资额的一阶差分、住房平均销售价格的一阶差分以及1—3年商业银行贷款利率是银行贷款额的一阶差分的格兰杰原因，所有变量都是银行贷款额的一

阶差分的格兰杰原因且显著性相当高；在5%的显著水平上，本年完成住房投资额的一阶差分、住房平均销售价格的一阶差分、银行贷款额的一阶差分是1—3年商业银行贷款利率的格兰杰原因，所有变量都是1—3年商业银行贷款利率的格兰杰原因且显著性相当高。综上所述，由格兰杰因果关系检验可以得出，在2000年至2012年期间，本年完成住房投资额、住房平均销售价格、银行贷款额以及1—3年商业银行贷款利率之间存在着相互影响关系，因此所有变量都不能作为外生变量来看待。下面对VAR模型进行估计，所得结果见表4—5。

表4—5　　　　　　　　VAR模型的估计结果

	DI	DHP	DBC	R
DI（-1）	0.102961	0.054519	0.492051	-0.454754
	(1.32740)	(0.79570)	(3.61961)	(-1.99574)
DI（-2）	-0.214566	0.122866	0.280852	0.132945
	(-2.45373)	(1.59064)	(1.83259)	(0.51753)
DI（-3）	-0.136397	0.047291	0.534410	0.763777
	(-1.40392)	(0.55105)	(3.13859)	(2.67610)
DHP（-1）	0.215377	-0.181567	0.169978	0.992789
	(3.03928)	(-2.90056)	(1.36863)	(4.76898)
DHP（-2）	0.170072	-0.254905	0.588051	0.161124
	(1.97289)	(-3.34753)	(3.89232)	(0.63625)
DHP（-3）	0.204986	-0.078208	-0.226842	0.901684
	(2.15570)	(-0.93109)	(-1.36116)	(3.22788)
DBC（-1）	0.032723	0.085732	-0.585348	0.279764
	(0.85226)	(2.52777)	(-8.69876)	(2.48034)
DBC（-2）	0.031179	-0.012660	-0.548916	-0.376772
	(0.65039)	(-0.29896)	(-6.53331)	(-2.67536)
DBC（-3）	-0.024495	-0.030966	-0.458826	-0.403699
	(-0.43702)	(-0.62544)	(-4.67081)	(-2.45176)
R（-1）	-0.040030	-0.005662	-0.068790	0.480535
	(-2.06926)	(-0.33135)	(-2.02900)	(8.45585)

续表

	DI	DHP	DBC	R
R（-2）	-0.004123	0.065803	0.196166	-0.627019
	(-0.20919)	(3.78003)	(5.67967)	(-10.8307)
R（-3）	0.048624	0.049678	-0.042763	-0.011147
	(2.22959)	(2.57881)	(-1.11884)	(-0.17399)
C	0.205937	0.359567	0.218868	-0.238498
	(6.02823)	(11.9155)	(3.65561)	(-2.37651)

说明：括号中的数值为 t 统计值。

若被估计的 VAR 模型是不稳定的，那么就会让某些估计结果（如脉冲响应函数的标准误）失效。因此，我们有必要对所估计的 VAR 模型进行平稳性检验，采用的方法是 AR 根图表法，检验结果如下：

表4—6　　　　　　　　VAR 模型的 AR 根

根	模
0.872311	0.872311
-0.122763 - 0.846160i	0.855019
-0.122763 + 0.846160i	0.855019
0.309404 - 0.755128i	0.816057
0.309404 + 0.755128i	0.816057
-0.234496 - 0.708479i	0.746278
-0.234496 + 0.708479i	0.746278
0.631592	0.631592
-0.422320 - 0.371336i	0.562357
-0.422320 + 0.371336i	0.562357
-0.491386	0.491386
0.334101	0.334101

表4—6 说明所有特征值都小于1，而图4—3 显示了全部特征根的倒数值均位于单位圆内，因此，这两种结果均表明所构建的 VAR 模型具有平稳性。

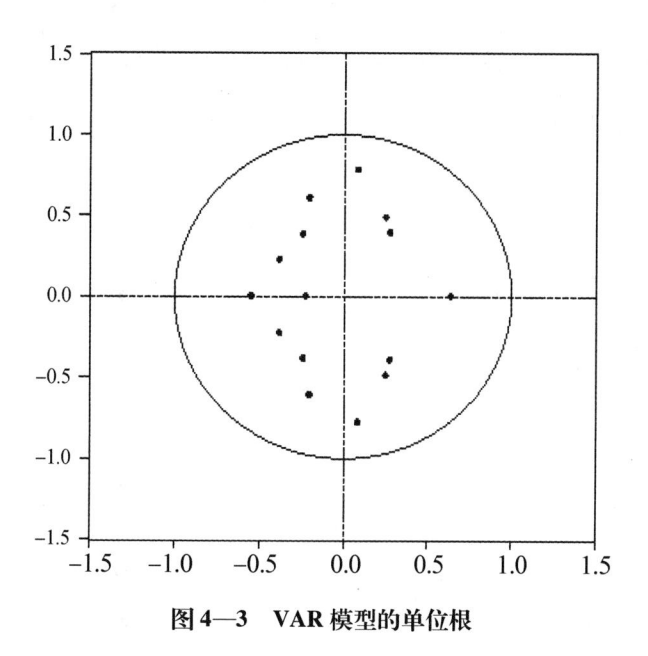

第四章 房价波动对投资的影响机理和风险分析

图4—3 VAR模型的单位根

最后是对VAR模型进行自相关检验，在这里我们采用混合的自相关检验。计算出与指定阶数所产生的与残差序列相关的多变量的Q统计量，然后计算出Q统计量和调整后的Q统计量（即小样本修正）。在原假设滞后m期残差不存在序列相关的条件下，取m等于10，检验结果见表4—7。

表4—7　　　　　　　　混合自相关检验结果

Lags	Q-Stat	Prob.	Adj Q-Stat	Prob.	df
1	8.194444	NA*	8.220541	NA*	NA*
2	63.34177	NA*	63.72024	NA*	NA*
3	92.21876	NA*	92.87490	NA*	NA*
4	106.0030	0.0000	106.8365	0.0000	29
5	125.6378	0.0000	126.7879	0.0000	45
6	132.1817	0.0000	133.4589	0.0000	61
7	146.6387	0.0000	148.2445	0.0000	77
8	161.2491	0.0000	163.2355	0.0000	93
9	170.5762	0.0001	172.8370	0.0001	109
10	185.6917	0.0003	188.4480	0.0002	125

说明：*表示混合自相关检验的滞后阶数大于VAR模型的滞后阶数。

▶ 住房价格波动的时空特征、传导机理与金融风险研究

由表4—7可以看出,混合自相关检验的滞后阶数大于VAR模型的滞后阶数,这说明残差不存在序列相关[①]。

(四) VAR模型实证分析

1. 本年完成住房投资额的脉冲响应分析

在VAR模型中,对某个变量的冲击不仅对该变量产生作用,而且这个冲击会通过模型的动态结构传递给其他所有内生变量。因此,利用脉冲响应函数来评估当发生某种冲击时系统受到的动态影响。

(1) 本年完成住房投资额I的响应结果

给定本年完成住房投资额I一个正的冲击(见图4—4)。当期对本年完成住房投资额I施加一个正的标准差冲击之后,即本年完成住房投资额上涨,在第1期,本年完成住房投资额的上涨会导致该指标出现正响应,急剧达到最大值后开始迅速下降,在第2期出现第一个波谷,即显现出负响应,在第2期后,该指标会有所增加,随后会出现具有上下波动性的响应结果,且波动趋势逐渐放缓,最终趋于0。从分析结果可以看出,

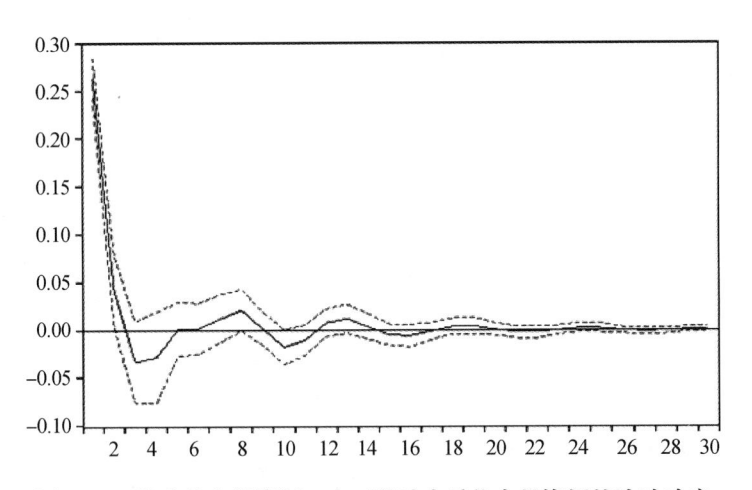

图4—4 给定住房投资额一个正的冲击后住房投资额的脉冲响应

---

① 由于任何序列相关都可以通过增加更多的变量滞后阶数而被消除,经检验此模型在滞后三阶后是满足序列不相关要求的。

第四章 房价波动对投资的影响机理和风险分析

本年完成住房投资额对其自身影响的持续时间在 20 期左右，本年完成住房投资额增加会导致其自身在第一期内迅速扩大。从响应结果可以看出，本年完成住房投资额对其自身的影响主要在前期。

给定住房平均销售价格 hp 一个正的冲击（见图 4—5）。当期对住房平均销售价格 hp 施加一个正的标准差冲击后，即住房平均销售价格上涨，在第 1 期本年完成住房投资额紧接着开始迅速增加并出现正的响应，在第 2 期达到最大值。随后，本年完成住房投资额会上下波动，但在第 4 期之前，本年完成住房投资额一直表现为正响应结果，第 4 期之后，本年完成住房投资额开始出现暂时的负响应[①]。在第 6 期，本年完成住房投资额回到原来的投资规模后开始上升，在第 8 期又会回到原来的投资规模并且继续下降，出现负响应，在第 10 期达到最小值，然后又开始新一轮的上升与下跌，正负响应交错，但幅度会越来越小，最终会趋于平稳状态 0。从分析结果看出，住房平均销售价格对本年完成住房投资额的影响的持续时间较长，在 16 期左右，住房平均销售价格增加会导致本年完成投资额在第 2 期内迅速增加到最大值。从响应结果可以看出，住房平均销售价格对本年完成住房投资额的影响主要集中在前 16 期，随后该影响效果越来越弱。

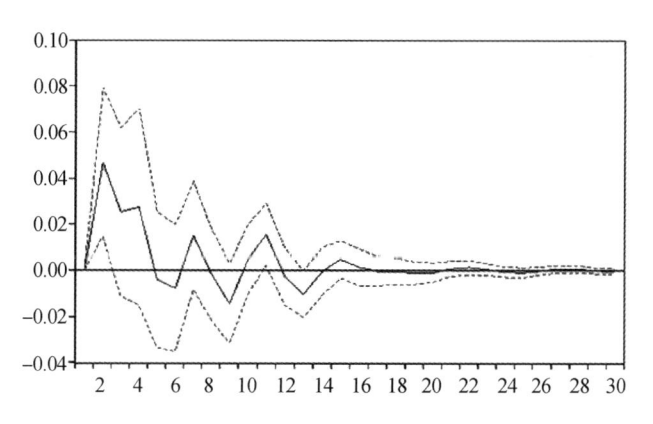

图 4—5 给定房价一个正的冲击住房投资额的脉冲响应

---

① 这可能是因为由于前几期住房投资的增加导致供给大于需求，根据供需原理，使得住房价格下降，从而住房投资额也随之下降。

▶ 住房价格波动的时空特征、传导机理与金融风险研究

给定1—3年商业银行贷款利率 r 一个正的冲击（见图4—6）。当期对1—3年商业银行贷款利率 r 施加一个正的标准差冲击后，即1—3年商业银行贷款利率 r 上升，本年完成住房投资额在第一期会出现负响应并开始减少，在第3期时达到原来的投资规模后继续上升，出现正响应[①]。在第4期，本年完成住房投资额达到最大值后开始减少，继而出现负响应，在第6期会达到最小值，随后出现上下波动，正负响应交替出现，但波动的幅度逐渐减小，最终趋于稳定状态0。从分析结果可以看出，1—3年商业银行贷款利率 r 对本年完成住房投资额的影响的持续时间较长，在30期左右，这充分说明了银行利率政策对住房投资的影响很深远。1—3年商业银行贷款利率 r 增加会导致本年完成住房投资额在第1期内迅速减少。从响应结果可以看出，1—3年商业银行贷款利率对本年完成住房投资额的影响持续时间很长，在30期左右。[②]

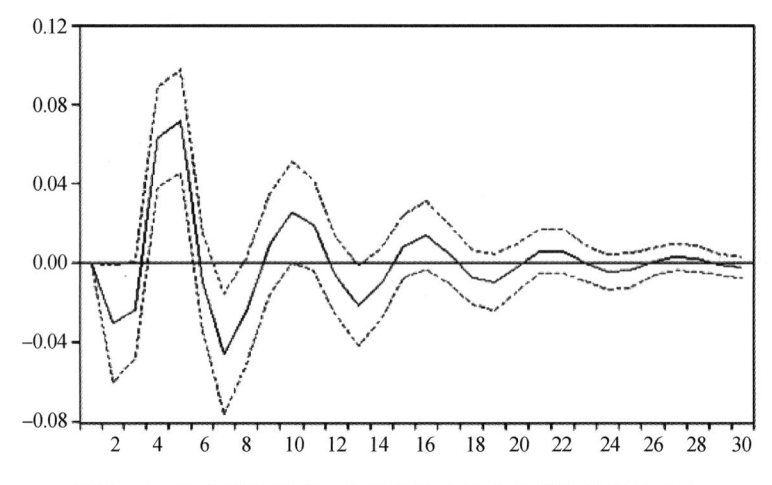

图4—6 给定贷款利率一个正的冲击住房投资额的脉冲响应

给定银行贷款额 bc 一个正的冲击（见图4—7）。当期对银行贷款额 bc 施加一个正的标准差冲击后，即银行贷款额 bc 增加，本年完成住房投

[①] 这可能是因为由于前两期住房投资减少，使得住房供给小于住房需求，根据供需原理可知，住房价格会上升，这导致住房投资额开始上升。

[②] 银行利率政策的实施对我国住房投资额的变化起着至关重要的作用。

资额会在第 1 期开始上升，出现正响应，在第 2 期达到最大值后开始减少，第 3 期回到原来的投资规模后继续减少，出现负响应，在第 4 期达到最小值，随后，本年完成投资额开始增加，之后出现上下波动性，正负响应交替出现，在第 9 期时，本年完成住房投资额会达到最大值，随后波动幅度越来越小，最终趋于稳定状态 0。从分析结果可以看出，银行贷款额 bc 对本年完成住房投资额的影响的持续时间较长，为 28 期左右，这也充分说明了我国银行的信贷政策对住房投资的影响很大。银行贷款额 bc 增加会导致本年完成住房投资额在第 1 期开始迅速上升，整个影响过程正负响应交替出现，并持续 28 期左右。[①]

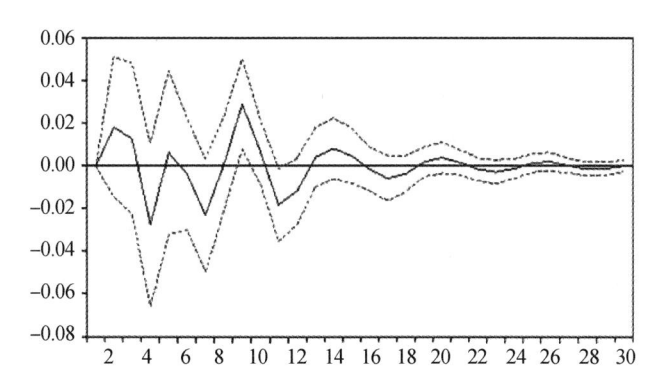

图 4—7　给定银行贷款一个正的冲击住房投资额的脉冲响应

（2）住房平均销售价格 hp 的响应结果

给定本年完成住房投资额 I 一个正的冲击（见图 4—8）。当期对本年完成住房投资额 I 施加一个正的标准差冲击后，即本年完成住房投资额 I 增加，这时会使住房平均销售价格迅速上升到最大值，随后开始下降，在第 3 期回到原来的投资水平后开始出现负响应，第 4 期住房平均销售价格达到最小值，随后又开始上升，出现新一轮的上升与下降，正负响应交替出现，但波动的幅度越来越小，最终趋于平稳状态。从响应结果可以看出，本年完成住房投资额对住房平均销售价格的影响时间在 14 期左右，本年完成住房投资额增加会使住房平均销售价格迅速上升，这也符

---

① 说明我国银行的信贷政策对住房投资额的影响很大。

合我国的住房市场。近些年来，住房投资每年都在增加，房价也是跟着不断攀升①，政府为了稳定住房价格，会采取一系列的财政政策或货币政策，这也是后来房价开始下降的原因。

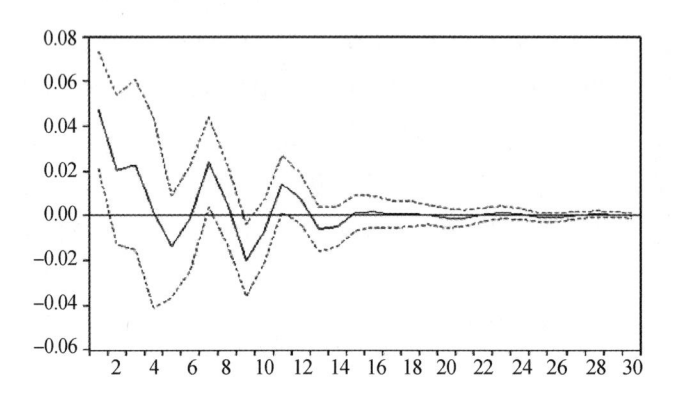

图4—8 给定住房投资额一个正的冲击住房价格的脉冲响应

给定住房平均销售价格 hp 一个正的冲击（见图4—9）。当期对住房平均销售价格 hp 施加一个正的标准差冲击后，即住房平均销售价格 hp 上升，会导致其自身迅速上升到最大值后开始下跌，第2期回到原来的价

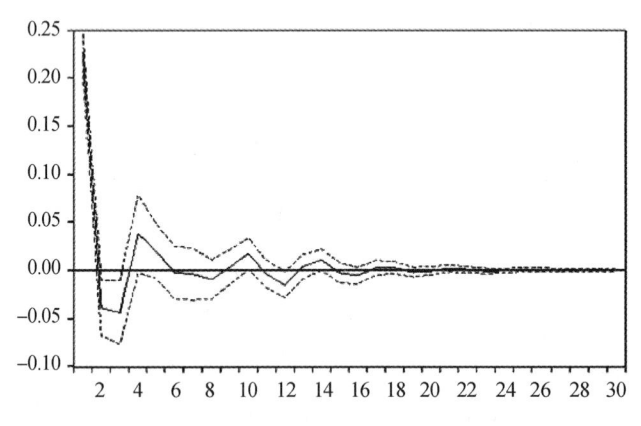

图4—9 给定房价一个正的冲击房价的脉冲响应

---

① 可能原因是在我国的住房市场中，投机现象尤其严重，从而扭曲了供需定理，使房价迅速升高。

格水平，随后开始出现负响应，在第 4 期达到最小值后，住房平均销售价格开始新一轮的上升与下跌，正负响应交替出现，但波动的幅度越来越小，最终趋于稳定状态。总体来说，住房平均销售价格上升的幅度大于下降的幅度，它对其自身的影响时间在 16 期左右。从响应结果可以看出，住房平均销售价格上升会导致其自身迅速上升到最大值才开始下跌，这与近些年来我国住房市场所反映出来的现象基本一致，房价的升高导致炒房行为越来越严重，这使得住房价格会进一步升高。

给定银行信贷规模 BC 一个正的冲击（见图 4—10）。当期对银行信贷规模 BC 施加一个正的标准差冲击后，即银行信贷规模 BC 增加，这时住房平均销售价格出现正响应，在第 1 期会上升到最大值，随后开始下降；第 2 期回到原来的价格水平后开始出现负响应；第 3 期下降到最小值，然后会出现新一轮的上升与下跌，正负响应交替出现，但波动的幅度越来越小，最终趋于稳定状态。从响应结果可以看出，银行信贷规模对住房平均销售价格的影响时间在 15 期左右。信贷规模增加，说明国家对住房市场进行松绑，银行等金融机构对住房市场看好，认为未来房价会上升，所以住房投资会增加，房价也会随之增长。

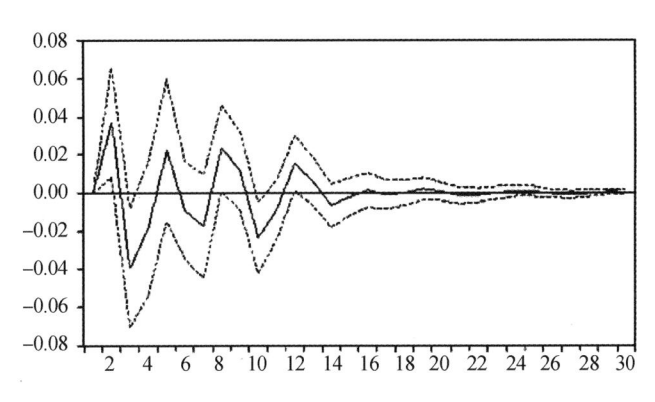

图 4—10　给定信贷量一个正的冲击房价的脉冲响应

给定 1—3 年商业银行贷款利率 r 一个正的冲击（见图 4—11）。当期对 1—3 年商业银行贷款利率 r 施加一个正的标准差冲击后，即 1—3 年商业银行贷款利率 r 上升，这时住房平均销售价格出现短暂的负响应后开始迅速上升，表现为正响应特征，在第 3 期达到最大值后又开始下降，第 4

期回到原来的价格水平，随后继续下降，出现负响应，在第 6 期达到最小值后又开始新一轮的上升与下跌，正负响应交替出现，但波动的幅度越来越小，最终趋于稳定状态。从响应结果可以看出，1—3 年商业银行贷款利率对住房平均销售价格的影响时间在 26 期左右，持续时间较长。

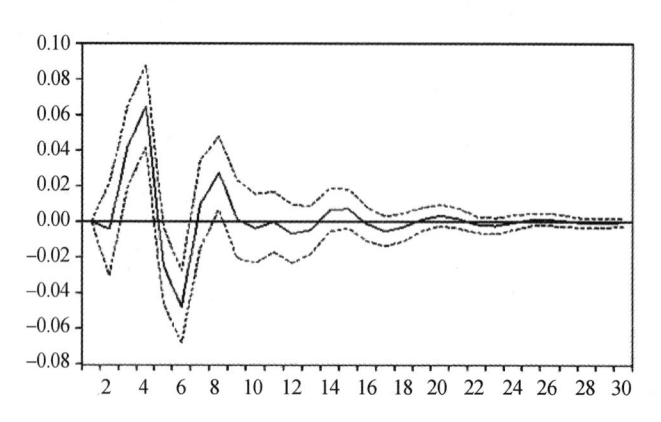

图 4—11　给定贷款利率一个正的冲击房价的脉冲响应

（3）银行信贷规模 BC 的响应结果

给定本年完成住房投资额一个正的冲击（见图 4—12）。当期对本年完成住房投资额施加一个正的标准差冲击后，即本年完成住房投资额增加，这时会使信贷规模出现正响应并迅速上升到最大值，这说明银行愿意给住房开发商贷款。随后银行信贷规模开始下降；第 3 期回到原来的信贷规模后开始出现负响应；在第 4 期达到最小值，随后开始出现新一轮的上升与下跌，正负响应交替出现。从响应结果可以看出，本年完成住房投资额对银行信贷量的影响时间在 20 期左右，本年完成住房额增加，会使银行信贷量迅速上升到最大值。

给定住房平均销售价格 hp 一个正的冲击（见图 4—13）。当期对住房平均销售价格 hp 施加一个正的标准差冲击，即住房平均销售价格 hp 上升，会使银行信贷规模表现出正响应特征，迅速上升，在第 2 期达到最大值后开始下降；第 3 期回到原来的信贷规模后继续下跌；在第 4 期达到最小值，随后开始出现新一轮的上升与下跌，正负响应交替出现，但波动的幅度越来越小，最终趋于平稳状态。从响应结果可以看出，住房平

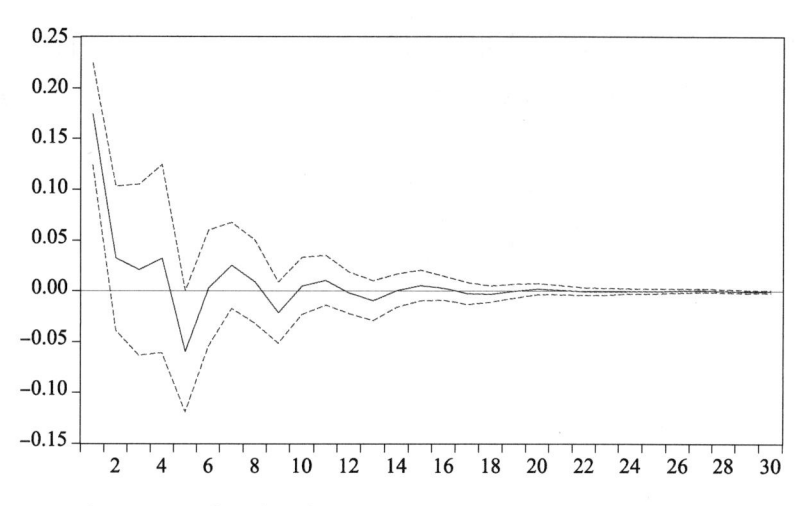

图4—12 给定住房投资额一个正的冲击银行信贷量的脉冲响应

均销售价格对银行信贷规模的影响时间在 17 期左右，住房平均销售价格上升，银行信贷规模也会随之上升，这说明在我国的住房市场上存在着资产负债表效应。住房平均销售价格上升，意味着抵押品的价值升高，银行更愿意发放贷款给企业。

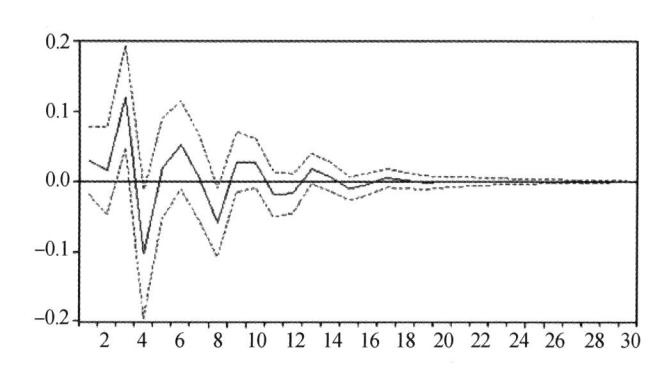

图4—13 给定房价一个正的冲击银行信贷量的脉冲响应

2. VAR 模型的方差分解分析

方差分解研究的是每一个随机扰动项的冲击对其他内生变量变化的贡献程度，通常用方差来衡量，进而来分析和评价不同冲击对系统的重要性，该方法给出了每一随机扰动项对 VAR 模型中的变量所产生的影响

▶ 住房价格波动的时空特征、传导机理与金融风险研究

的相对重要信息①。下面对本年完成住房投资额 I 和住房平均销售价格 hp 进行方差分解，其结果见表4—8和表4—9。

表4—8　　　　　　本年完成住房投资额的方差分解结果

Period	S. E.	DI	DHP	DBC	R
1	0.2625	82.7521	6.5073	9.5532	1.1874
2	0.2825	72.8286	12.5606	11.5445	3.0664
3	0.2875	71.3382	13.8482	11.4498	3.3638
4	0.2925	68.9396	13.4096	11.3042	6.3466
5	0.2981	66.3755	13.3985	10.8931	9.3330
6	0.2994	65.8368	13.8543	10.9451	9.3639
7	0.3015	65.0399	13.7085	10.8364	10.4152
8	0.3020	64.9220	13.8649	10.8177	10.3954
9	0.3025	64.7526	13.8217	10.8254	10.6003
10	0.3027	64.7021	13.8622	10.8109	10.6248
11	0.3027	64.6825	13.8616	10.8189	10.6370
12	0.3028	64.6686	13.8657	10.8158	10.6500
13	0.3028	64.6656	13.8684	10.8165	10.6495
14	0.3028	64.6634	13.8683	10.8162	10.6521
15	0.3028	64.6624	13.8689	10.8160	10.6528
16	0.3028	64.6623	13.8688	10.8159	10.6529
17	0.3028	64.6620	13.8688	10.8159	10.6532
18	0.3028	64.6620	13.8689	10.8159	10.6532
19	0.3028	64.6620	13.8688	10.8159	10.6533
20	0.3028	64.6620	13.8688	10.8159	10.6533
21	0.3028	64.6620	13.8688	10.8159	10.6533
22	0.3028	64.6620	13.8688	10.8159	10.6533
23	0.3028	64.6619	13.8688	10.8159	10.6533
24	0.3028	64.6619	13.8688	10.8159	10.6533

---

① 高铁梅：《计量经济分析方法与建模——EViews应用及实例》，清华大学出版社2009年版。

续表

Period	S. E.	DI	DHP	DBC	R
25	0.3028	64.6619	13.8688	10.8159	10.6533
26	0.3028	64.6619	13.8688	10.8159	10.6533
27	0.3028	64.6619	13.8688	10.8159	10.6533
28	0.3028	64.6619	13.8688	10.8159	10.6533
29	0.3028	64.6619	13.8688	10.8159	10.6533
30	0.3028	64.6619	13.8688	10.8159	10.6533

从表4—8可以看出，在不考虑本年完成住房投资额波动的自身贡献率的情况下，住房平均销售价格对本年完成住房投资额波动的贡献率最大；其次是银行信贷量；最后是1—3年商业银行贷款利率。从前30期来看，住房平均销售价格、银行信贷量以及1—3年商业银行贷款利率对本年完成住房投资额波动的贡献率分别达到13.87%、10.82%和10.65%，这说明住房平均销售价格对本年完成住房投资额起着至关重要的作用。由于我国住房开发商的资金主要来自于银行贷款，因此，银行信贷量也起着不可忽视的作用。银行信贷支持住房市场的发展，同时住房市场的变动又对银行资产安全性产生很大的威胁性。所以，政府应慎重对待住房市场的发展，防止住房市场的波动对银行也产生威胁，进而影响我国的金融稳定。

表4—9　　　　　　住房平均销售价格的方差分解结果

Period	S. E.	DI	DHP	DBC	R
1	0.2625	6.5073	89.8093	0.4859	3.1975
2	0.2825	7.3352	83.6029	5.5686	3.4933
3	0.2875	7.5589	79.1098	6.4760	6.8553
4	0.2925	7.0846	75.9744	6.0605	10.8805
5	0.2981	6.9360	75.0669	7.0212	10.9760
6	0.2994	6.8240	73.7995	7.3579	12.0185
7	0.3015	6.8287	73.7057	7.4300	12.0356
8	0.3020	6.7960	73.2863	7.7026	12.2152

续表

Period	S. E.	DI	DHP	DBC	R
9	0.3025	6.8016	73.2871	7.7022	12.2091
10	0.3027	6.8000	73.2316	7.7529	12.2156
11	0.3027	6.8007	73.2186	7.7660	12.2147
12	0.3028	6.8012	73.2174	7.7670	12.2145
13	0.3028	6.8010	73.2128	7.7711	12.2152
14	0.3028	6.8009	73.2116	7.7719	12.2156
15	0.3028	6.8009	73.2112	7.7720	12.2159
16	0.3028	6.8008	73.2106	7.7727	12.2160
17	0.3028	6.8008	73.2105	7.7727	12.2160
18	0.3028	6.8008	73.2105	7.7728	12.2160
19	0.3028	6.8008	73.2104	7.7728	12.2160
20	0.3028	6.8008	73.2104	7.7728	12.2160
21	0.3028	6.8008	73.2104	7.7729	12.2160
22	0.3028	6.8008	73.2104	7.7729	12.2160
23	0.3028	6.8008	73.2104	7.7729	12.2160
24	0.3028	6.8008	73.2104	7.7729	12.2160
25	0.3028	6.8008	73.2104	7.7729	12.2160
26	0.3028	6.8008	73.2104	7.7729	12.2160
27	0.3028	6.8008	73.2104	7.7729	12.2160
28	0.3028	6.8008	73.2104	7.7729	12.2160
29	0.3028	6.8008	73.2104	7.7729	12.2160
30	0.3028	6.8008	73.2104	7.7729	12.2160

从表4—9可以看出，在不考虑住房平均销售价格波动对其自身贡献率的情况下，1—3年商业银行贷款利率对住房平均销售价格波动的贡献率最大，其次是银行信贷量，最后是本年完成住房投资规模。从前30期来看，1—3年商业银行贷款利率、银行信贷量以及本年完成住房投资额对住房平均销售价格波动的贡献率分别达到12.22%、7.77%和6.80%，这说明1—3年商业银行贷款利率对住房平均销售价格起着至关重要的作用，这是因为关系到住房的开发成本，若开发成本升高，则住房价格上涨；反之，若开发成本降低，则住房价格下降。

(五) 基于 VAR 模型的住房投资市场的托宾 Q 效应检验

在第二部分中我们分析了住房价格是如何通过托宾 Q 效应这一渠道来影响住房投资额的，下面利用我国 35 个大中城市 2003—2012 年的相关面板数据，来检验在我国的住房市场上托宾 Q 效应是否显著存在。

1. 变量的选取

选取住房投资额的增长率为因变量，该指标的值等于本年完成住房投资额与上一年完成住房投资额之差除以上一年完成住房投资额，用 ri 来表示。考虑到我国房地产开发商的资金来源主要是来自银行贷款，所以将银行的信贷规模加入到 VAR 模型中，并取银行信贷规模的增长率 rbc 作为控制变量。托宾 Q 值在前面章节已经说过，用住房的市场价格与住房的重置成本之比来衡量，其中，住房的市场价格用历年住房的平均销售价格来表示，住房的重置成本用土地购置费用和住房造价之和来表示，而住房造价之和用住房的竣工价值除以住房的竣工面积得到。以上住房的平均销售价格、住房的竣工价值和住房的竣工面积数据均来自《中国房地产统计年鉴》，土地购置费用来自于国泰安数据库。

2. 平稳性检验

表 4—10　　　　　　　　　　平稳性检验结果

变量	ADF 统计值	P 值	结论
ri	239.255	0.0000	平稳
rbc	144.945	0.0000	平稳
Q	135.557	0.0000	平稳

由表 4—10 可以看出，住房投资比率 ri、rbc 和托宾 Q 值都要拒绝原假设，即这三个变量都是平稳序列。

3. 模型的滞后长度检验

由于 ri、rbc 和 Q 都是平稳序列，所以用变量 ri、rbc 和 Q 来构建 VAR 模型。下面检验 VAR 模型的滞后长度，首先给出一个尽可能大的滞后阶数 6，则检验结果如表 4—11 所示。

▶ 住房价格波动的时空特征、传导机理与金融风险研究

表4—11　　　　　　　　　滞后长度检验结果

Lag	LogL	LR	FPE	AIC	SC	HQ
0	-107.6394	NA	0.0010	1.5806	1.6436	1.6062
1	-51.1042	109.8398	0.0005	0.9015	1.1536*	1.0040
2	-37.3199	26.1901	0.0005	0.8331	1.2744	1.0125
3	-21.5928	29.2075	0.0004	0.7370	1.3674	0.9932*
4	-12.1769	17.0832*	0.0004*	0.7311*	1.5506	1.0641
5	-6.2964	10.4168	0.0004	0.7757	1.7842	1.1855
6	-1.8382	7.7064	0.0005	0.8406	2.0382	1.3272

说明：表中用*来表示从每一个标准中选择出来的最佳滞后阶数。

经过VAR模型的平稳性检验结果得知，此VAR模型是平稳的，故可以用来进行脉冲响应函数分析和方差分解分析。

4. 托宾Q效应的脉冲响应分析

（1）住房投资比率的响应分析

给定住房投资比率一个正的冲击（见图4—14）。当期对住房投资增长比率施加一个正的标准差冲击后，可以看出其自身会产生正响应，并在第1期就会迅速上升到最大值，随后住房投资增长比率会不断下降，在第12期左右回到原来的投资水平，之后便一直保持这一稳定水平。从结果可知，住房投资增长比率对其自身的影响持续期在12期左右，并且一直反映的是一个正向的影响。

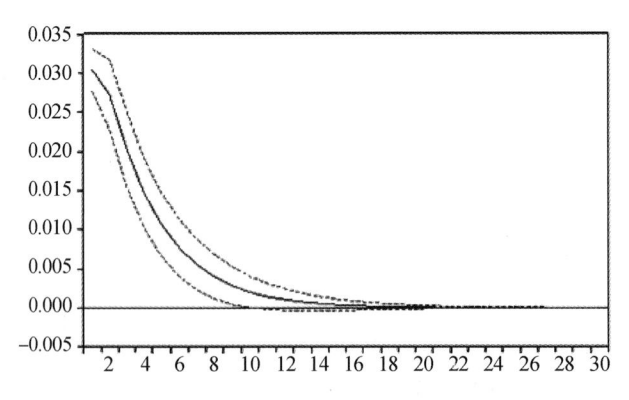

图4—14　给定住房投资额一个正的冲击住房投资额的脉冲响应

给定银行信贷量的增长率一个正的冲击（见图4—15）。当期对银行信贷量的增长率施加一个正的标准差冲击后，这时住房投资增长率在第1期会出现正响应，迅速上升；在第2期到达最大值后开始回落，此后住房投资增长率会一直减少；最后趋于原来的投资水平并保持稳定，整个持续时间在9期左右。在此期间，住房投资增长率一直表现为正响应，并没有出现过负响应，说明对银行信贷量的增长率施加一个正的冲击，会对住房投资增长率产生一个持续的、正向的影响，在现实经济中也是如此。若银行决定对房地产市场松绑，会放宽其贷款条件，使开发商能够获得更多的贷款，这样会促使他们进行更多的开发，从而增加住房投资额，使住房投资额的增长率升高。

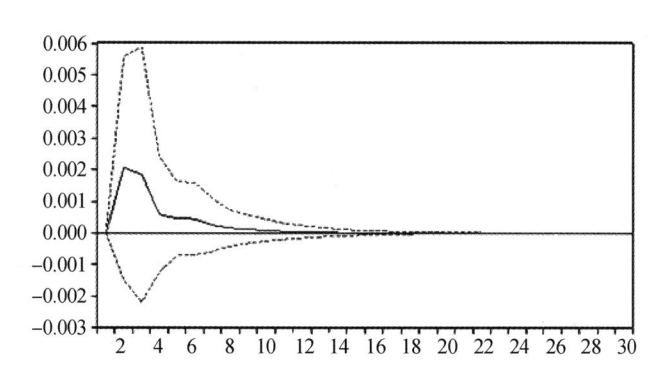

图4—15 给定银行信贷量一个正的冲击住房投资额的脉冲响应

对托宾Q施加一个正的冲击（见图4—16）。当期对托宾Q施加一个正的标准差冲击后，可以看出住房投资增长率开始上升，显现出正响应特性，随后住房投资增长率开始上下波动，但波动的幅度越来越小，最终趋于稳定状态，回到原来的投资水平。从分析结果可以看出，给托宾Q一个正向的冲击，会对住房投资增长率产生一个持续的正向影响，大概经过20期以后，住房投资率趋于平稳状态。在现实经济中，对托宾Q施加一个正的冲击，意味着住房价格上涨或者住房的开发成本降低，面对这一现象，开发商们会愿意增加投资，导致住房投资增长率上升。

（2）托宾Q的响应分析

当期对住房投资增长率施加一个正的标准差冲击后，托宾Q值出现

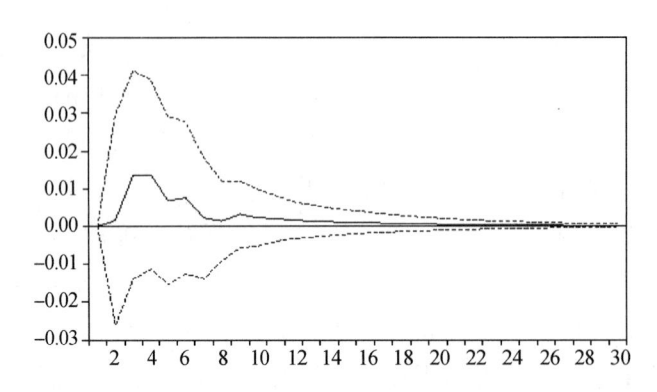

▶ 住房价格波动的时空特征、传导机理与金融风险研究

图4—16 给定托宾Q一个正的冲击住房投资额的脉冲响应

负响应（见图4—17），但会不断增加，在第2期后又开始减少，这样不断上下起伏，但波动的幅度越来越小，最终趋于平稳状态。从分析结果可以看出，住房投资增长率对托宾Q的影响时间持续了20期左右，对住房投资增长率施加一个正的冲击，托宾Q会对其产生一个持续的负响应。在现实经济中，如果住房投资增长率上升，说明住房市场上供给增加，由供需定理可以知道，在需求不变的情况下，供给增加会使住房价格下降，而住房价格的下降导致了托宾Q值的减少。

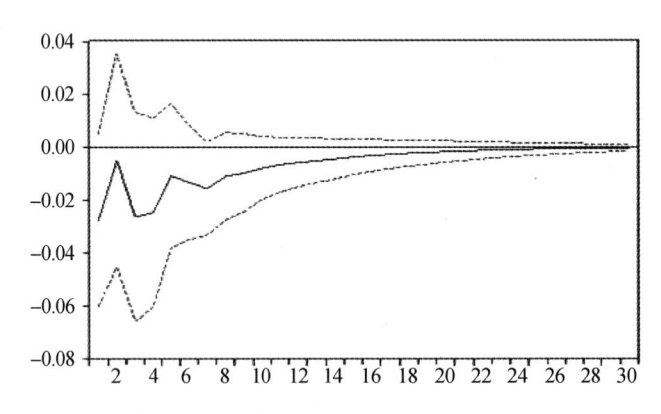

图4—17 给定住房投资额一个正的冲击托宾Q的脉冲响应

5. 托宾Q效应的方差分解

为了详细说明各个变量对住房投资的解释能力的大小，我们使用方

差分解的方法，结果见表4—12。

表4—12　　　　　　　　方差分解结果

Period	S. E.	I	BC	Q
1	0.1820	88.8953	9.4716	1.6331
2	0.1853	87.1459	11.2674	1.5868
3	0.1859	86.6264	11.1955	2.1781
4	0.1917	81.9795	15.4738	2.5468
5	0.1941	80.0089	17.4298	2.5614
6	0.1946	79.6880	17.5668	2.7453
7	0.1947	79.6570	17.5774	2.7656
8	0.1947	79.6567	17.5750	2.7683
9	0.1948	79.6327	17.5690	2.7983
10	0.1948	79.6215	17.5661	2.8125
11	0.1948	79.6103	17.5656	2.8242
12	0.1948	79.6019	17.5678	2.8303
13	0.1948	79.5970	17.5672	2.8358
14	0.1948	79.5939	17.5665	2.8395
15	0.1948	79.5916	17.5660	2.8424
16	0.1948	79.5896	17.5656	2.8448
17	0.1948	79.5882	17.5652	2.8465
18	0.1948	79.5873	17.5650	2.8477
19	0.1948	79.5866	17.5649	2.8486
20	0.1948	79.5860	17.5647	2.8492
21	0.1948	79.5856	17.5647	2.8497
22	0.1948	79.5853	17.5646	2.8501
23	0.1948	79.5851	17.5645	2.8504
24	0.1948	79.5849	17.5645	2.8506
25	0.1948	79.5848	17.5645	2.8507
26	0.1948	79.5847	17.5645	2.8508
27	0.1948	79.5847	17.5644	2.8509
28	0.1948	79.5846	17.5644	2.8510
29	0.1948	79.5846	17.5644	2.8510
30	0.1948	79.5846	17.5644	2.8510

表4—12列出了各个变量在前30期里对住房投资增长率的贡献程度，托宾Q值的解释比例约为2.8%，不到3%，而信贷增长率的解释比例在17%左右，说明虽然托宾Q值对住房投资的波动有一定的预测和解释能力，但是与信贷增长率相比，其解释能力相对较弱。

造成这一现象的主要原因是我国从1998年起开始对住房市场进行改革，随后住房市场迅速发展，呈现出繁荣景象，这就促使房价过快上涨，扭曲了"使用需求上升导致托宾Q值增大，最终使得住房投资增加"这一正常渠道，取而代之的是"使用需求上升导致托宾Q值增大，继而开始出现投机现象，最终导致更加高的托宾Q值，也就是更高的房价"。面对较高的托宾Q值，即上涨过快的房价，投资者们开始不愿意进行长期的开发投资，相比之下，他们更愿意囤积土地、投机炒房，从而通过低买高卖的套利方式获取巨大的差额利润。这样投机对投资产生了替代效应，导致托宾Q理论的失效。而且我国的住房市场存在着较大的泡沫隐患，为了抑制房价的过快上涨，政府不断出台政策进行宏观调控，这些也都抑制了托宾Q值带动住房投资的链条。

五　主要结论

（一）房价波动对住房投资的影响

从VAR模型系统中各变量的响应结果来看，住房平均销售价格的波动会引起本年完成住房投资额出现一定程度的响应，而本年完成住房投资额的波动也会带来住房平均销售价格出现一定程度的响应。

（1）住房平均销售价格与本年完成住房投资额之间存在着正向响应。住房平均销售价格上涨会导致本年完成住房投资额出现正响应并开始上升，而本年完成住房投资额升高会导致住房平均销售价格迅速提升到最大值。

（2）住房平均销售价格与银行信贷规模之间存在着正向响应。住房平均销售价格上升会导致银行信贷规模出现正响应并在第2期达到最大值，而银行信贷规模上升也会引起住房平均销售价格出现正响应并开始升高。

（3）从住房投资与住房价格的方差分解结果来看，住房平均销售价格对本年完成住房投资额起着至关重要的作用，而银行信贷量决定着住房平均销售价格。

（二）我国住房投资市场的托宾 Q 效应

本书利用 VAR 模型，基于我国 35 个大中城市的数据来检验我国住房市场的托宾 Q 效应，实证结果如下：我国住房价格的托宾 Q 效应并不是非常显著，对托宾 Q 施加一个正的冲击，住房投资只产生一个很小的正向响应，因此托宾 Q 效应几乎无法体现。

第五章

房价波动对金融市场的影响机理和风险分析[*]

我国商品住宅平均售价由 1998 年的 1854 元/m² 上涨到 2012 年的 5401 元/m²，15 年间房价增长了 191.31%，其间仅有 2008 年房价下降 1.90%。在我国房地产业快速发展的同时，银行信贷规模也随之迅猛增长。由图 5—1 可以看出，房价与金融市场[①]有相似的波动趋势，但波动

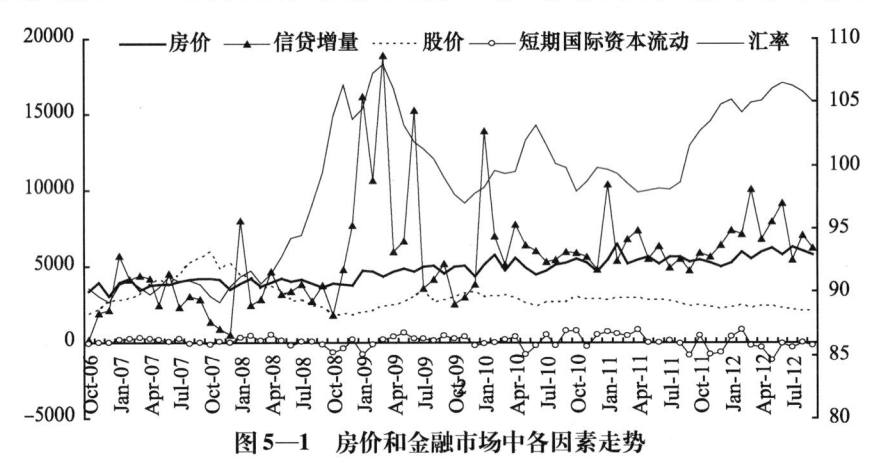

图 5—1 房价和金融市场中各因素走势

说明：横坐标是月份；左纵坐标代表房价（元/m²）、股价（点）、信贷增额（亿元）和短期国际资本流动（亿美元）；右纵坐标代表有效汇率，单位是指数。

---

[*] 本章主要内容已发表在卢建新、卢明安《房价波动与金融市场动态关系的实证分析》，载《中国金融发展报告 2013》，北京大学出版社 2013 年版和卢建新、卢明安《金融市场与住房价格波动的联动关系——基于 SVAR 模型的实证分析》，《海南大学学报》2014 年第 6 期两篇论文中。

① 本书选取信贷市场、股票市场和外汇市场作为金融市场的代表因素。

幅度有些差异，其中，房价与信贷增额、短期国际资本流动及汇率的高低峰点极为相似，在 2012 年以前房价与股价走势甚是相似，2012 年后两者之间出现背驰现象。那么，房价快速上涨伴随着信贷规模的增加是否会通过信贷风险等渠道影响到银行体系的稳定？房价波动是否会通过信贷风险传导至股票市场和外汇市场？在经济全球化的背景下，房价波动引起股票市场和外汇市场变化，进而是否会引致短期国际资本流动？思考这些问题，并试图找到在开放经济下房价波动对金融市场的传导机制，这正是本章的出发点。

一　文献综述

（一）国外相关研究

在国外，房价波动和金融市场关系问题很早就受到研究者的重视。早期研究大部分关注房价和股票市场之间的联系，得到的基本结论是它们之间存在协整关系。Ambrose 等（1992）和 Okunev & Wilson（1997）均指出，美国的住房市场与股票市场之间具有协整关系；类似地，Ling & Naranjo（1999）也指出，美国股票市场与住房市场之间具有极强的协整关系。随后国外学者对因果关系进行研究，Quann & Titman（1999）利用面板数据（17 个国家 14 年的数据）研究房地产价格波动与股票收益率的相关性，结果表明两者短期相关性不明显，但若选择较长的时间跨度，两者的相关性增强；Chen（2001）指出，在 1973—1992 年内我国台湾地区的股价与房价之间存在因果关系，表明股价是房价的格兰杰原因；Okunev 等（2002）发现，澳大利亚的股价与房价之间具有双向线性格兰杰因果关系。

随着研究的逐渐深入，学者们开始注重把货币政策因素纳入住房市场与股票市场关系的研究中。Hofmann（2003）采用 VECM 模型考察了银行信贷与股票价格之间的长期和短期因果关系。在长期里，股票价格是银行信贷的原因，而短期两者存在双向因果关系。Goodhart & Hofmann（2004）通过对 10 个工业化国家银行信贷与股票、房地产价格关系的研究发现，有 9 个国家的银行信贷与房价存在长期联系，VAR 模型脉冲分析表明，信贷与房地产价格之间存在较强的双向作用；但是其中只有3个国家的信贷与股票价格之间存在长期联系。Gerlach & Peng（2005）研究了我国香港的资产价格与信贷之间的联系，发现资产价格是信贷的原因。Greiber & Setzer（2007）采用 VECM 模型研究发现美国和欧元区的资产价格与货币（信贷）之间存在双向关系。

随后，房价波动与金融市场（股票市场和外汇市场）的关系问题引起了研究者更广泛的关注。Tymoigne（2009）通过货币（信贷）政策将房地产市场和股票市场联系起来，认为房地产市场变化对股票市场会有很大的冲击作用。如果货币政策的制定没有很好抑制房价波动，那么它带来的严重后果可能会波及整个金融体系的稳定性。Clayton & Miller（2010）选取 1990—2002 年的美国 114 个地区的数据，研究了房地产市场的成交量与价格之间的关系，得出了房地产市场价格波动受到劳动力市场、抵押信贷市场和股票市场影响的结论；同时，房价波动也会对股票市场等产生冲击。房地产成交量并不是房价的 Granger 关系，而是受到如股票市场等外生源冲击的影响。Louis（2011）认为长期股票收益与房地产市场呈负相关，同时房地产市场的区域波动性比较大且区域之间具有传染机制。随着研究方法和现代经济学技术的改进，学者开始构建模型，研究房地产市场和股票市场之间的关系。如 Peltonen（2012）利用 14 个新兴国家经济体的面板季度数据分析了住房市场与股票市场的财富效应以及对本国消费的影响。研究表明房地产财富效应和股票市场的财富效应之间具有相互转移关系；房地产财富效应的变化不仅会对本国股票市场财富效应产生影响，同时也会引起外汇市场波动和短期国际资本的流动。随着学者们对经济规律认识的不断深入，也有学者开始区分不同趋势的区间，避免笼统分析影响准确性。如 Eddie Chi-man Hui（2012）在原有文献的基础上，加上断点区分和关系变量对 1990—2006 年我国香港地区房地产市场和股票市场的数据进行研究，同时也包括市场的基本面因素和大陆相关的因素。研究结果表明，随着时间变化房地产市场和股票市场之间关联度不断变弱；信贷政策的变化会影响投资者的投资在两个市场之间转移；房地产市场波动对股票及其他金融市场有很大的冲击作用。

由上述分析可以看出，国外学者已对房价与金融市场动态关系作出深入研究，从房价与单个金融市场关系到多个金融市场，从简单的协整分析到复杂的系统模型分析。分析工具和技术不断进步，方法和理论也在不断改进。国外大量优秀研究成果为研究我国房价波动与金融市场的动态关系奠定了基础，在理论和方法上有很强的借鉴意义。

（二）国内相关研究

国内对房价波动与金融市场关系的实证研究起步较晚。已有的文献主要从以下几个方面进行研究：房价与股市、房价与汇率、房价与股市和汇率之间的关系。

房价与股票市场互动关系。学者们都认为房价与股价之间有较强的联动关系。如张红（2005）依据 MTV 模型对中国房价与股票价格的关系进行分析，得出房价和股价有很强的政策导向性，同时房价波动与股票价格变动呈现正向关系。也有的学者将股价和房价纳入整个经济周期内考虑，如尹中立（2008）认为房价与股市之间关系随着经济周期变化而变化。在经济繁荣时期，股价上涨导致房价暴涨，而房价的大幅上涨会增加居民财富值，进而促进股价上涨，它们的交互作用会促使经济泡沫化。陈立文（2011）借助余弦相似度概念，测量房价与股票市场关系，得出我国股票市场和房地产市场的强关联性。由以上分析可以发现，虽然学者们都通过理论和实证分析得到房价与股价具有互动关系，但并未指出这种互动影响是否一致[①]。

房价与汇率动态关系。有的学者把住房市场视为中介目标，并用来分析汇率对投资、消费和国民经济增长的影响。如陈六傅等（2007）利用 VAR 模型对人民币有效汇率的价格传递效应进行分析，发现外汇汇率的变动对国内资产价格具有很强的传递效应。不能依靠汇率调整来解决外部失衡，要用稳健的货币政策来保持国内资产价格稳定性。王爱俭和沈庆劼（2007）认为根据房地产周期适时调整汇率，增加汇率的浮动区间，有利于国民经济的健康运行。也有学者通过建立一个理论模型来解释房价与汇率之间联系。杜敏杰、刘霞辉（2007）构建了汇率波动和房价变动联系的理论模型，分析结果表明，人民币的小幅升值会带来房价

---

① 在后文实证分析发现两者之间的互动作用并不一致。

较大幅度的上升，并且如果预期人民币会持续升值，那么房价也会随之持续上升。

随着研究的不断拓展，学者们在研究房价波动与汇率关系的同时加入其他变量，研究变量之间的动态传导机制。大部分学者是利用格兰杰因果关系检验和 VAR 模型进行实证研究。如黄静（2010）、邓永亮（2010）和杨立春（2010）等构建 VAR 模型来研究房价与汇率的联动关系，并用格兰杰检验、脉冲响应函数及方差分解来分析房价波动对汇率市场的影响。后来，有学者对原有的 VAR 模型进行改进，如朱孟楠（2011）通过理论模型分析房地产价格和汇率之间的动态关系，发现两者之间具有非线性动态关系。其就对 VAR 模型进行改进，加入非线性 Markov 区制转换，这样能够更好地反映两者之间的非线性关系。郭树华、王旭（2012）认为，汇率改革后房价和人民币汇率间存在正向相关关系。值得注意的是，有关房价和汇率之间关系的研究，学者们并没有得到完全一致的结论。

学者们开始关注房价、股市与汇率之间的关系，同时考虑了货币政策因素。丁晨、屠梅曾（2007）指出，在货币传导机制中房价起着较显著的作用，而且其总体传导效率比较高。一部分学者是将信贷作为货币政策，如王晓明（2010）研究房价、股价与信贷政策之间的顺周期关系。姚星垣（2010）研究信贷资金流向与资产价格波动间存在内在关联性。马亚明（2012）阐述资产价格波动、银行信贷与金融稳定关系。有的学者把利率作为货币政策中介目标。李成等（2010）构建了一个全球化背景下涵盖多种非有效资产市场的宏观动态理论模型来研究房价、股价与货币政策（利率）之间最优化规制。还有的学者研究房价和股票价格变化对货币需求量的影响（谈正达，2011）。

也有小部分学者研究开放经济下房价、股市与汇率之间关系，如陈浪南等（2009）、朱孟楠等（2010）和李勇等（2011）以国际视野研究我国房价波动对整个国民经济的影响。

（三）对国内外文献的总体评价

综上所述，国外学者对房价和金融市场联动关系的研究取得了显著成效，但由于各国住房市场、股票市场和外汇市场发展进程并不一样，又加之政策和监管方式也有不同。因此，国外的经验与结论未必适用于中国。国内学者在研究内容上，主要是分别关注房价与股市、外汇或货币政策之间关系；在研究方法上，大多数采用格兰杰因果检验、VAR 模型进行研究；数据主要是采用房地产价格指数修改前的数据（2010 年 10 月前），现在已经有新的房地产价格指数，但新旧指数之间并没有可比性，所以有待于对新的数据进行补充。

二 房价波动对金融市场的影响机理

（一）房价波动对信贷市场的影响机理

房价波动对银行信贷市场的影响机制主要体现在资产负债表效应、流动性效应等方面，其中，资产负债表效应包括企业和居民（信贷需求方）资产负债表效应和银行（信贷供给方）资产负债表效应。

1. 信贷需求方资产负债表效应

房价波动通过信贷需求方资产负债表影响银行信贷规模。信贷需求方资产负债表效应的含义是，资产价格波动（如房价）引起抵押资产的价值波动和资产负债表的失衡，从而对银行信贷规模及质量带来直接影响。在这里是指房价波动影响房地产价值造成信贷需求方的资产价值波动，进而影响信贷需求和信贷安全。从需求方来看，当房价上涨时，企业的房地产价值增加，进而总体资产价值也随之上涨，企业的资产负债表项目也会得到改善，从而提升其偿债能力，因此，企业从银行拿到贷款会变得更容易。反过来，房价下跌会恶化需求方的资产负债表，降低房地产的抵押价值，增加银行的贷款风险。在这种情况下，银行会降低对企业提供贷款的积极性，并逐渐收紧银根、削减贷款发放，从而引起信贷市场的收缩。换言之，房价波动会引发银行信贷规模的收缩和扩张。从银行方面来看，在房价连续或快速下跌时，借款人持有的住房资产的抵押价值将大幅缩减，从而引发大规模违约，进而导致银行形成大量不良资产，其资本充足率也会出现问题。换言之，房价波动决定着银行信贷资产质量的高低。[①]

2. 信贷供给方资产负债表效应

信贷供给方资产负债表效应是指当资产价格大幅度下跌时，信贷需求方大面积违约造成银行呆账、坏账激增及其资产负债表严重恶化，进而直接影响其信贷供给能力和信贷规模。在这里主要指房价持续下跌影响银行资产负债表状况。对于银行而言，房价下跌引起的借款人无力偿还抵押贷款[②]，并引发大规模的抵押贷款违约及大量的不良贷款。当不良贷款使银行的权益资本遭到损失时，银行为了满足监管要求[③]将出卖资产，并成倍地缩减贷款供给。这就是信贷供给方资产负债表恶化所导致的信用收缩效应，大量的贷款损失引起大幅度的信贷紧缩及金融体系的失衡。

3. 流动性效应

关于流动性效应的解释有很多，在这里主要是强调经营活动的流动性。它是指金融机构或企业为了稳定经营而持有的足够的流动性资产。金融市场拥有足够的流动性对于银行和企业稳定经营至关重要。对于银行而言，在其遇到流动性不足时，它们往往会通过变卖非流动性资产、资产证券化等手段来增加流动性。不过在这种情形下，银行其实很难以较合理价格和较快的速度售出手中的住房资产，因而其偿付能力会受到严重影响。换句话说，房价波动引起的风险扩散到银行体系，进而引发银行之间的连锁反应，乃至大规模的系统性金融风险。[④] 对企业来说，房价大幅下跌和银行信贷萎缩会引起资本市场中流动性严重不足。在这种情况下，企业很难获得直接融资，投资被迫大幅下降，甚至会发生信贷违约事件，这又进一步恶化了银行的信贷质量。因此，房价波动风险逐渐演化为系统性金融风险。

---

① 2008年美国次贷危机就是因房价下跌，借款人大面积违约，致使银行资产迅速恶化，进而通过连锁反应引发全球性金融危机。

② 当房价大幅度下跌其资产价值小于贷款额时，不仅借款者无力偿还贷款，而且也会丧失还款意愿。

③ 满足监管当局对于资本充足率10%的要求。

④ 马亚明、邵士妍：《资产价格波动、银行信贷与金融稳定》，《中央财经大学学报》2012年第1期。

(二) 房价波动对股票市场的影响机理

房价波动对股票市场的影响主要通过资产组合效应、替代效应和挤出效应来实现。[①]

1. 资产组合效应

根据马克维茨的资产组合理论,投资者按照一定的比例对不同资产进行投资。当一种资产价格上升时,其资产价值增加,同时其在资产组合中比例也相应地上升。投资者为了平衡资产组合,将会用其他资产替换它,使投资组合达到平衡。例如,股票价格上升会引起投资者持有的股票价值上涨,其总财富也随之增加,进而在投资者的资产组合中股票价值的占比也会增大。投资者为了重新平衡起初确定的资产组合比例,必然会卖出适量的股票并增加部分住房资产。类似地,在房价上升的情况下,投资者也会卖掉一部分房地产而购买股票。房价波动与股价变动的资产组合效应可分为直接作用和间接作用,前者是指当房价(股价)上涨导致其在资产组合中比例提升,而出售适量该种资产转而增加持有另一种资产;后者是指当房价(股价)上升时,抵押品价值提高,投资者通过信贷渠道获得更多的资金转而投资资本市场。

2. 替代效应

按照经济学边际收益率等量原理[②],当资本可以自由流动时,各类部门(行业)的投资收益率必然相同,否则,投资者就会大量出售其持有的低收益率资产,并不断增持高收益率资产,这个过程一直会持续到不同资产的边际收益率相等为止。换句话说,资金会大规模地从低收益率市场转入高收益率市场,或者说,当某个市场中的风险资产价格快速下降时,资金会大规模地、快速地逃离这个市场。[③] 在股市低迷时,股票收益率降低,投资者会通过出售持有的股票来抽出资金,并转投到高收益率的市场;在住房市场行情不妙时,房市投资收益率下降,投资者可把

---

① 王树强、陈立文:《房地产市场对股票市场波动的响应机制研究》,《技术经济与管理研究》2011 年第 2 期。

② 用公式表示为 $MRS_{SP} = MRS_{hp}$ (两部门投资回报率相等)。

③ 巴曙松等:《中国股票市场与房地产市场的联动关系》,《系统工程》2009 年第 9 期。

资金从房地产市场抽出,转向其他投资项目。资金在房地产市场和股票市场来回流动,两者之间具有替代效应。①

3. 挤出效应

挤出效应是指在投资资本既定的前提下,投资者将无风险资产和风险资产按照一定比例进行组合,投资者对多种风险资产进行选择,当一种风险资产投资比例增多,则其他风险资产比例将会减少。在资本市场中,股票与房地产同为风险资产,它们在资产组合中也存在挤出效应。在其他条件不变的前提下,若股票价格上升及其价值上涨引起风险资产在投资组合中的占比增大时,风险中性的投资者将会减持风险资产和增持无风险资产(如减少房地产投资);同样,若房价上涨时,投资者会减少风险资产(如减少股票投资)的投资额而转投无风险资产。

(三) 房价波动对外汇市场的影响机理

房价波动对外汇市场的影响机理主要体现在财富效应、信贷效应和资产收益率效应等方面。②

1. 财富效应

财富效应是指资产价格波动会引起资产持有者的账面价值增减,资产持有者的财富变化会改变其消费计划。当资产价格上涨时,居民财富增加,进而导致其提高消费水平;当资产价格下跌时,居民财富缩水,进而导致其降低消费水平,但由于"棘轮效应"的作用,消费水平的降低幅度要小于消费水平的提高幅度。在不考虑其他因素的作用下,当房价上涨时,通过财富效应的作用,资产持有者会提高消费水平,进而增加对进口商品的需求,有可能导致汇率贬值;反之,当房价下跌时,则可能导致汇率升值。

2. 信贷效应

信贷效应是指资产价格变动通过信贷渠道影响经济增长,进而对国

---

① 由于房市比股市的流动性弱,因而投资者从房市抽出资金较为艰难。从短期来看,房市对股市的替代作用不是很明显。

② 当然这几个效应并不仅仅存在于外汇市场,也可能存在其他市场,比如股票市场也可能存在财富效应。在这里我们只是强调房价波动会通过这些效应影响外汇市场或外汇市场也会通过这几个效应影响房价波动。

际资本流动和外汇市场产生影响。在房价上升的情况下，住房的抵押价值上涨，投资者可以从银行获得更多的贷款，转而投资高收益项目。在货币供给既定的条件下，信贷规模的扩大会引起利率提升，国内外利差增大，国际资本流入加速，从而导致汇率升值；反之，当房价下跌时，房地产抵押品价值降低，银行会紧缩和限制信贷，利差缩小致使国际和国内资本流出，导致汇率贬值。在这里，房价波动对外汇市场的影响程度取决于信贷渠道的通畅程度。[1]

3. 资产收益率效应

资产收益率效应是指在国际资本可以自由流动的前提下，当不同国家间资产收益率存在差异时，将会导致国际资本向高收益国家流动。在开放经济条件下，一国资产价格的上涨和资产收益率提高，会引导国际资本向这个国家流动；同时，国内资本也受高收益率驱使，会积极筹集资金（如银行信贷）投资于这种资产，这会抬高本国资金成本，进一步诱导国际资本流入。在上述双重作用下，国际资本流入增加，汇率升值；反之，当资产价格下跌时，会引起国际和国内资本流出，导致汇率贬值。

前文分别阐述了房价波动对信贷市场、股票市场及外汇市场的影响机理，我们从中发现，房价波动通过各种渠道的直接和间接作用与金融市场形成动态联系。房价波动通过资产负债表效应（包括需求方和供给方）和流动性效应影响银行信贷规模，再经过信贷渠道间接作用于外汇市场；信贷规模增减影响利差，同时房价波动也会通过资产收益率效应引起国际资本的流动，国际资本流动不仅通过反馈效应影响房价波动（房价波动又开始循环影响信贷、股票和汇率），而且还会导致股价波动；股价波动又会通过财富效应和资产收益率效应加强国际资本流动。总之，通过对各种理论的阐述，我们发现房地产市场、信贷市场、股票市场和外汇市场之间存在紧密联系，具有系统的动态关系。图5—2总结了房价波动对金融市场的影响机理。

---

[1] 我国逐步实现信贷市场化，放宽对银行信贷的限制，从下文实证结果可以看出，房价波动对短期国际资本流动和汇率变化还是较明显的。

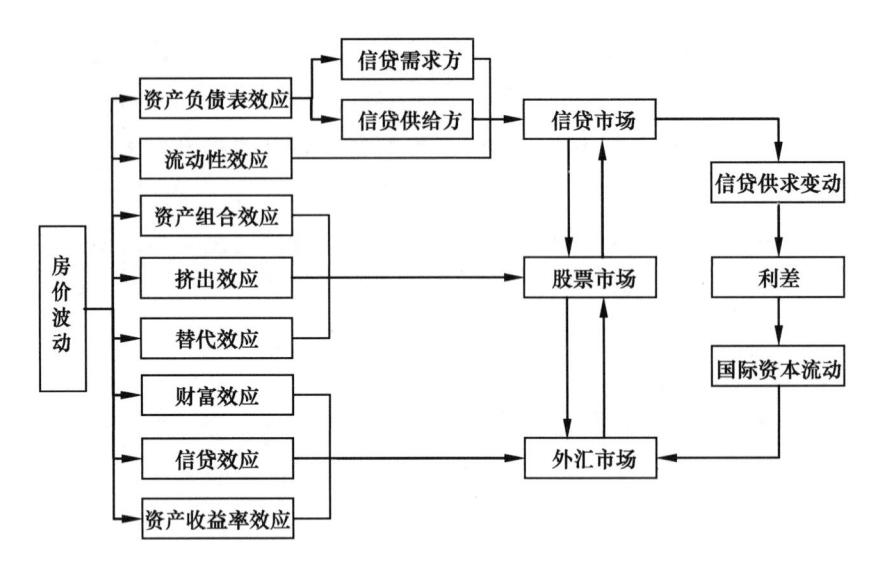

图 5—2 房价波动与金融市场动态效应

三 房价波动对金融市场影响的理论分析

(一) IS-LM-BP 模型分析

在初始状态第 t_0 期,假设经济社会处于均衡状态,即图 5—3 中的 E_0 点。在第 t_1 期,房价小幅上涨不会对企业投资和居民消费产生影响,国民经济也未受到大的冲击,经济平稳持续增长;当给房地产市场一个正的冲击时,房价大幅上涨,通过"财富效应"和"资产负债表效应"引起企业投资和居民消费增加;同时房价上涨会通过实体经济对股市的传导产生作用,特别是受房地产上市企业股票的拉动,会导致股价上涨,这又加强企业投资和居民消费,IS 向右移到 IS_1。资产价格(房价和股价)上涨,本国资产收益率提高导致短期国际资本流入。国内投资和消费及国际游资进入对本国货币需求增加,在货币供给不变的前提下,汇率升值,BP 向右移至 BP_1。货币当局一方面为了稳定外汇市场①,同时国民经济增长增加对货币的需求,导致国内货币供给增加,其中,信贷增量增

---

① 前文假设货币当局根据人民币汇率实际情况积极干预外汇市场。

第五章 房价波动对金融市场的影响机理和风险分析

加是其一种表现形式，LM 向右移至 LM_1。这样经济又形成了新的均衡 E_1 点（见图5—3）。

在第 t_1 期，新的均衡 E_1 点，国民收入提高到 Y_1，利率水平保持不变仍为 r_0。国民收入相对于上期有所提高和利率水平相对稳定以及短期国际资本的流入，导致国内资金供给相当充裕，资产价格开始进一步上涨。

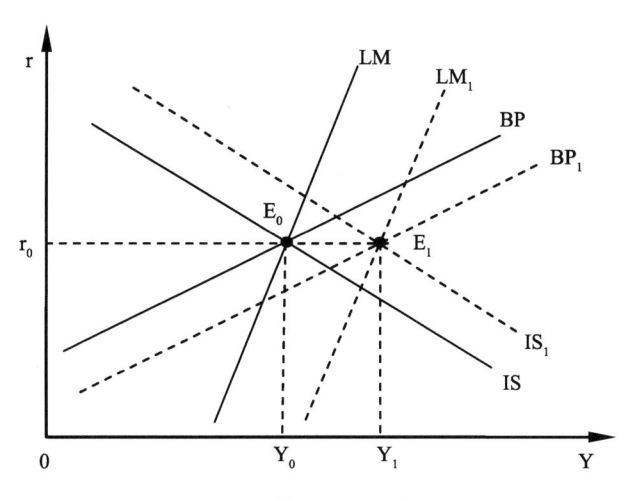

图5—3 第 t_1 期的经济系统

在第 t_2 期，资产价格持续上涨容易带来通货膨胀压力，促使中央银行实施收缩性货币政策①。中央银行采取适当措施冲抵市场中已有的过多货币，减少通胀压力。此时，汇率升值开始影响本国出口，贸易顺差降低，经常项目的余额减少；但是由于短期国际资本的流入，资本项目的余额有所增加，因此，国际收支账户余额较之前减少，但不会迅速恶化，BP_1 线向左移至 BP_2。汇率升值引起本国居民对国外商品的消费需求，但在 t_2 期消费增加并不能抵消汇率升值和利率提高对投资的紧缩，加上贸易出口受阻使得经常项目恶化，IS_1 向左移至 IS_2。同时，尽管货币当局采取措施冲销货币投放量起到一定的作用，但是经济系统的联动性注定本国货币供给较初期还是有所增加，LM_1 向左移至 LM_2。这样经济再次形成了新的均衡 E_2 点（见图5—4）。

---

① 假设货币当局主要采取提高利率和限制银行信贷措施，使得货币需求减少。

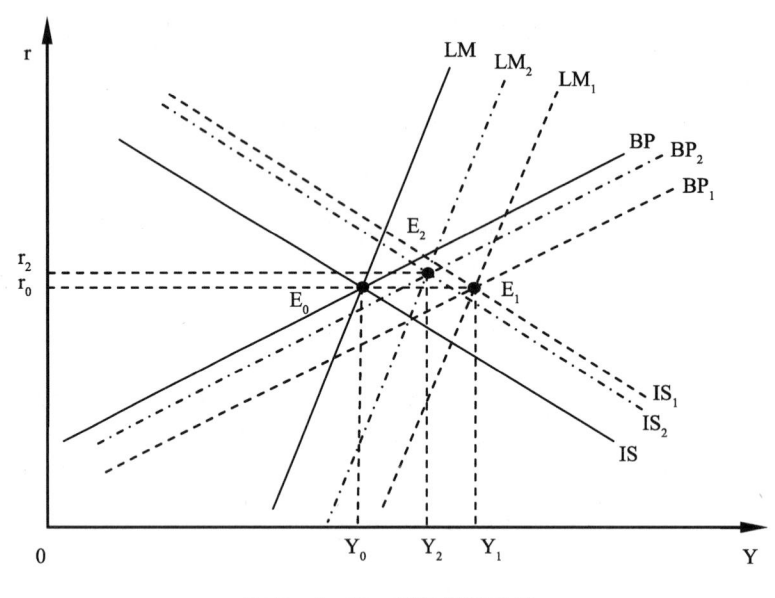

图 5—4　第 t_2 期的经济系统

在第 t_2 期，新的均衡 E_2 点，国民收入较第 t_1 期有所降低，与初期 Y_0 相比提高到 Y_2，而利率水平则由初期的 r_0 上升至 r_2。一方面，利率上升提高了资金成本，并会削减国内投资，从而引起资金资本市场寻找投资收益率高的投资机会；另一方面，在国外利率不变的条件下，本国利率上升会使国内外利差增大，从而吸收更多国际资本流入。综合起来，两类资本汇入国内资本市场，必然引起房价与股价的快速上升。

当本国资产价格上涨至某一特定水平时，资本市场中必然会出现泡沫，国际资本为了躲避高风险而逃离。资本市场的投资者或投机者形成恐慌心理，受羊群效应影响，本国资本也将开始撤出外逃，导致资产价格下跌。在国内外资本逃离的压力下，该国汇率就会出现贬值压力，此时资产价格下跌和汇率贬值，货币当局为维护本国经济稳定一般采取提高利率措施吸引国际资本或试图留住资本，但利率上升会引起资产价格下降。如果该国国内金融系统不太完善的话，加上没有足量的国际储备，该国很有可能发生国际收支危机，甚至金融危机。

（二）理论模型分析的主要结论

由理论模型分析可以得到以下结论：

（1）房价上涨会增加社会对信贷的需求，增加股票市场的利好消息，促使股价上扬。资产价格的上涨提高了本国资产收益率，引起国外资本对本国投资的增加，短期资本流动表现为净流入，汇率升值；同时，信贷规模的增加为房地产行业提供充足的资金，房价上涨。随着房价不断上涨，房地产行业的收益率空前提高，资本逐利性会引起其他行业的资金流入房地产行业。房价与信贷规模之间存在循环强化的作用，而且两者变动会引起其他因素同步变动。

（2）从第 t_2 期经济系统分析可以得到，房价上涨会引起股价上涨，从而资产价格继续攀升。在这种情况下，国民经济增加同时也导致利差加大，吸引国际资本继续流入，催生资产泡沫化。

（3）在一定程度上，房价上涨会吸引国际资本流入，导致汇率升值；当房价上涨到一个极点[①]，某一个负面结构冲击就会导致市场恐慌。在羊群效应的驱使下，引发大规模资本逃离，导致汇率贬值。

（4）房地产市场会通过信贷渠道，将房价波动影响到金融市场中的其他变量。房价波动引起信贷规模变化，并进一步影响资金流向及投资成本，最终会导致股票市场和外汇市场波动。

四 计量模型与方法

本章使用 SVAR 模型来研究房价波动对金融市场的影响，下面对该模型及实证方法做简要介绍。

（一）结构向量自回归模型

与传统的结构性计量方法相比，VAR 模型具有显著的优势。第一，VAR 模型对系统内各变量的结构关系不用作严格限制，也就无须区别变量的内生性和外生性；第二，VAR 模型可以分析各变量之间的互动性，更能体现经济系统的动态性，并能利用脉冲响应考察变量的动态反应及利用方差分解分析各变量对某一变量变动的贡献程度；第三，VAR 模型

---

① 市场出现大规模不理性状况，房地产价格虚高，存在泡沫化。

可以对多个相关的经济变量进行分析与预测。虽然 VAR 模型有诸多优点，但它对变量间当期相关关系并没有给出确切的形式，也就是在模型的右侧没有包括内生变量的当期值，它们之间的相关关系被隐藏在误差项的相关结构中，是不可能给出解释的。为克服 VAR 模型的弊端，Blanchard & Quah（1989）引入了包含变量的当期相关关系的 SVAR 模型。[①] SVAR 模型就是结构式的 VAR 模型，也就是说，变量之间的当期关系被包含在模型中。

与第四章式（4—18）和式（4—19）相对应，考虑 k 个变量的情形，p 阶结构向量自回归模型 SVAR（p）为：

$$C_0 Y_t = \Pi_1 Y_{t-1} + \Pi_2 Y_{t-2} + \cdots + \Pi_p Y_{t-p} + \Psi_t, \quad t=1, 2, \cdots, T \quad (5—1)$$

在式（5—1）中：

$$C_0 = \begin{bmatrix} 1 & -c12 & \cdots & -c1k \\ -c21 & 1 & \cdots & -c2k \\ \vdots & \vdots & \ddots & \vdots \\ -ck1 & -ck2 & \cdots & 1 \end{bmatrix},$$

$$\Pi_i = \begin{bmatrix} \lambda_{11}^{(i)} & \lambda_{12}^{(i)} & \cdots & \lambda_{1k}^{(i)} \\ \lambda_{21}^{(i)} & \lambda_{22}^{(i)} & \cdots & \lambda_{2k}^{(i)} \\ \vdots & \vdots & \ddots & \vdots \\ \lambda_{k1}^{(i)} & \lambda_{k2}^{(i)} & \cdots & \lambda_{kk}^{(i)} \end{bmatrix}, \Psi_t = \begin{bmatrix} \varepsilon_{1t} \\ \varepsilon_{2t} \\ \vdots \\ \varepsilon_{kt} \end{bmatrix}, \quad i=1, 2, \cdots, p$$

可以将式（5—1）写成滞后算子形式：

$$C(L) y_t = \varepsilon_t, \quad E(\varepsilon_t \varepsilon_t') = I_k \quad (5—2)$$

在式（5—2）中，$C(L) = C_0 - \Pi_1 L - \Pi_2 L^2 - \cdots - \Pi_p L^p$，$C(L)$ 是滞后算子 L 的 $k \times k$ 的参数矩阵，$C_0 \neq I_k$。则有：

$$\Psi_t = C_0^{-1} \varepsilon_t \quad \Phi_i = C_0^{-1} \Pi_i \quad (i=1, 2, \cdots, p) \quad (5—3)$$

对于一个 k 元 p 阶的 SVAR 模型，我们一共需要估计 $k^2 p + k^2$ 个参数[②]。若要获得该模型唯一的参数估计值，需要对结构式参数施加 $k(k+1)/2$

[①] Blanchard and Quah, "A Traditional Interpretation of Macroeconomic Fluctuations", *American Economic Review*, Vol. 79, No. 5, 1989.

[②] C_0 是主对角线元素为 1 的 $k \times k$ 阶矩阵，有 $k^2 - k$ 个带估计参数，SVAR 模型的误差向量 ε_t 方差-协方差矩阵是对角矩阵，所以只有 k 个待估计参数。

个限制条件方可估计出待估参数值。当然，短期或长期的约束条件均可施加。SVAR 模型克服了 VAR 模型无法分析变量间当期关系的不足，而且利用脉冲响应分析是可有效避免 VAR 模型中 Choleski 分解引发内生变量排序对结果的影响。此外，还可排除误差修正模型对系统施加错误的长期约束而导致的错误估计[①]。

（二）实证分析方法说明

在使用 SVAR 模型分析系统变量时，需要先对其进行相关检验，只有通过了相关检验，方可使用该模型进行实证分析。由于格兰杰因果关系检验、AIC 准则和 Schwarz 准则、单位根检验、Johansen 协整检验、脉冲响应函数、方差分解[②]等方法在第四章已经做了详细说明，因此，本章将直接使用这些方法，而不再赘述。这里只是对前文未涉及的同期因果关系的 DAG 分析作必要说明。

在分析 VAR 模型时，对扰动项的同期因果关系的处理一般使用 Choleski 分解法，但这种处理方法会让 VAR 模型结构具有先验的主观判断特点。为了克服这种不足，Swanson & Granger（1997）、Spirtes 等（2000）、Pearl（2000）发展出了一种"有向无环图（DAG）技术"，这种技术可以有效地识别扰动项的同期因果关系。[③] 该方法主要运用画图的方式来描述变量之间的同期因果关系。换句话说，该方法以分析扰动项之间的相关性及偏相关系数为基础，来识别各变量间的同期因果关系。

Spirtes 等（2000）提出的 PC 算法[④]建立在完全无向图的基础上，其分析步骤为：第一步，求出任意两个变量之间的无条件相关系数，如果某两个变量之间的无条件相关系数等于零，那么就要在完全无向图中去

---

① 王松涛，刘洪玉：《以住房市场为载体的货币政策传导机制研究——SVAR 模型的一个应用》，《数量技术经济研究》2009 年第 10 期。

② 对这些方法的详细说明参见《向量自回归模型（VAR） – Eviews 实现》，百度文库，http://wenku.baidu.com/view/054a3019c5da50e2524d7f26.html 及《第 09 章 向量自回归模型》，百度文库，http://wenku.baidu.com/view/b94f921114791711cc791761.html。

③ 杨子晖：《财政政策与货币政策对私人投资的影响研究——基于有向无环图的应用分析》，《经济研究》2008 年第 3 期。

④ Spirtes, P., Glymour, C., Scheines, R., 2000, Causation, Prediction and Search, Cambridge: MIT Press.

掉它们之间的连接线,因为它们之间不存在相关关系;第二步,处理完全部变量的相互无条件相关系数后,再计算有连线变量之间的一阶偏相关系数,如果某两个变量之间的一阶偏相关系数等于零,那么就要在完全无向图中去掉它们之间的连接线;第三步,处理完全部有连线变量之间的一阶偏相关系数后,采用同样的方法依次处理二阶、三阶、…、$n-2$ 阶偏相关系数(假定有 n 个变量),在完全无向图中去掉所有相关系数等于零变量之间的连线。最后剩下的就是有向无环图[①]。

基于上述分析,本章通过构建 SVAR 模型,并运用脉冲响应函数与方差分解来研究房价波动对金融市场的影响。[②] 利用脉冲响应函数分析房价波动与金融市场的动态响应,采用方差分解分析当系统内某一变量(如房价)受到冲击时其他变量对其的贡献程度。我们通过构建 SVAR 模型,采取脉冲响应函数和方差分解分析方法,不仅能反映房价波动与金融市场之间存在的动态关系,还能定量测度它们之间的响应程度和贡献大小。

五 数据选取、检验与模型构建

(一)数据选取

本章使用 2006 年 10 月至 2012 年 12 月的月度数据为样本,选取房价、信贷增额、股票价格、汇率、短期国际资本流动和利差作为实证分析的主要变量。[③]

住房价格是指商品房的平均销售价格(简称房价,记为 HP),用商品房的销售额除以其销售面积来计算。但在大量已有研究中,很多学者

---

① 关于 DAG 分析的 PC 算法可参考杨子晖《财政政策与货币政策对私人投资的影响研究——基于有向无环图的应用分析》,《经济研究》2008 年第 3 期;唐毅等《我国的财政赤字政策是有效的吗?——基于储蓄视角的有向无环图分析》,《财经问题研究》2012 年第 12 期。

② 卢建新、卢明安:《金融市场与住房价格波动的联动关系——基于 SVAR 模型的实证分析》,《海南大学学报》2014 年第 6 期。

③ 在确定样本区间时,原打算从 2005 年 7 月开始,因为 2005 年 7 月央行宣布实行以市场供求为基础、参考一篮子货币进行调节、有管理的浮动汇率制度。但是有些变量 2006 年之前没有数据,如求利率差时,人民币隔夜利率从 2006 年 10 月起才有统计数据。

直接使用房地产销售价格指数来替代房地产价格。但房地产销售价格指数已经做了一些调整①，这导致新指数与旧指数不具可比性。鉴于此，本章使用新指数进行实证分析。

信贷增额（记为 CL）是货币政策的一个中间渠道，是货币供给的一种形式。数据来源于中国人民银行网站，用当期各项贷款额减上期各项贷款额来计算。

股票价格（记为 SP）用上证综合指数的收盘价来表示，而不用股票实际交易价格。

汇率（记为 EE）采用人民币兑美元的有效汇率②来代表，根据国际清算银行公布的交易日数据，本章利用移动均值法把日度交易数据转换为月度数据。

短期国际资本流动（记为 SC）是指期限为 1 年或 1 年以内即期支付资本的流入与流出资金。③ 由于这种资本具有明显的短期性，因此，大规模的短期国际资本流动会引起相关国家经济增长的波动。本章利用间接法来测算短期国际资本流动规模，即用外汇储备减正常贸易额和 FDI 流入额来计算。

利差（记为 RR）是指国内利率与国际利率的差额。④ 利差倒挂会使一些国际资本从原来利率高的国家流动到现在利率高的国家。

在上述各变量中，房价和信贷增额数据取自于《中国统计年鉴》（各年）；股票价格（即上证综合指数的收盘价）数据取自于上海证券交易所网站；汇率数据从国际清算银行（BIS）网站得到；短期国际资本流动数据根据中经网中相关变量数据计算得到；人民币同业隔夜拆借利率从银行业同业拆借中心网站得到；美元隔夜 Libor 利率从万得资讯数据库中得到。

---

① 2010 年 10 月前是旧房地产价格销售指数，而后是新的房地产价格销售指数，两者之间统计样本和范围都不同，不具有可比性。

② 为保证汇率的有效性，这里选取有效汇率，数据来源于国际清算银行（BIS）。

③ 对于短期资本的测算有许多方法，也有许多争议，本书采用 Michaelson（2010）的计算方法。

④ 国内外利差 RR = 人民币同业隔夜拆借利率 – 美元隔夜 Libor 利率。

(二) 数据检验

1. 数据序列处理

本章构建的 SVAR 模型用到的主要变量包括：房价 HP、信贷增额 CL、股价 SP、汇率 EE、短期国际资本流动 SC 和利差 RR。[①] 一般情况下，在对时间序列数据进行实证分析之前先必须消除季节性因素的影响，为此，本章采用广泛使用的 CensusX12 加法来进行季节调整。另外，从收集的统计数据来看，6 个变量的单位差别较大，也就是它们的量纲并不完全相同，为此，我们对这 6 个变量进行无量纲标准化处理[②]。为了使用方便，这 6 个变量经无量纲标准化处理后仍使用原来的变量符号。

2. 平稳性检验

单位根检验[③]是检验时间序列数据平稳性的最常用方法，本章使用 ADF 检验法来检验数据的平稳性。检验按以下步骤进行：先画出各变量数据序列的条形趋势图，然后通过趋势图来确定各变量的趋势项和常数项，最后用 AIC 和 SC 值的最小准则来找到各变量的最佳滞后阶数。表 5—1 报告了相关检验结果，结果显示，在 5% 的显著水平下，SP、EE 和 RR 接受原假设，是不平稳序列；HP、CL 和 SC 拒绝原假设，是平稳序列，但在 1% 显著水平下是非平稳序列。为了保证各序列之间都是平稳的，我们对其做一阶差分。检验结果显示，差分后的序列都是平稳序列[④]。

[①] 在确定样本区间时，原打算从 2005 年 7 月开始，因为 2005 年 7 月央行宣布实行以市场供求为基础、参考一篮子货币进行调节、有管理的浮动汇率制度。但是有些变量 2006 年之前没有数据，如求利率差时，人民币隔夜利率从 2006 年 10 月起才有统计数据。

[②] 量纲标准化处理：std-Var = [var − r(mean)]/r(sd)，其中 std-Var 是标准化后的变量，Var 是各个变量，r(mean) 是各标量的均值，r(sd) 是标准差。具体标准化数据请见附录二中附表 5—1。

[③] 我们在阅读相关文献时，发现有些学者对短期国际资本流动对数化，增加数据的平稳性。但经计算发现短期国际资本流动有许多月份表现为净流出，即有些月份数据为负的，则对其对数化产生怀疑。

[④] 此处平稳序列是指在 1% 显著水平下，各序列都是平稳的。

表5—1　　　　各指标变量的单位根检验

变量	检验类型 (C, T, L)	T统计量	P值	临界值 1%	临界值 5%	结论
HP	(C, T, 3)	-3.981234	0.0138	-4.098741	-3.477275	平稳*
CL	(C, 0, 1)	-3.677343	0.0065	-3.527045	-2.903566	平稳*
SP	(C, 0, 1)	-1.710117	0.4219	-3.525618	-2.902953	不平稳
EE	(C, T, 1)	-2.368801	0.3923	-4.094550	-3.475305	不平稳
SC	(C, 0, 1)	-2.999205	0.0398	-3.527045	-2.903566	平稳*
RR	(C, T, 1)	-3.005875	0.1380	-4.092547	-3.474363	不平稳
dHP	(C, T, 2)	-12.96446	0.0001	-4.096614	-3.476275	平稳**
dCL	(C, 0, 0)	-14.02451	0.0001	-3.527045	-2.903566	平稳**
dSP	(C, 0, 0)	-8.373418	0.0000	-3.527045	-2.903566	平稳**
dEE	(C, 0, 0)	-5.273803	0.0002	-4.094550	-3.475305	平稳**
dSC	(C, 0, 0)	-14.40033	0.0001	-3.527045	-2.903566	平稳**
dRR	(C, T, 0)	-9.600946	0.0001	-4.094550	-3.475305	平稳**

注：*表示在5%的显著水平下，上述t检验统计量值大于相应单位根检验的Mackinnon临界值，表明各序列不存在单位根，是平稳序列；**表示在1%的显著水平下，各序列是平稳的；(C, T, L)分别表示ADF检验形式中常数项、趋势项和滞后阶数；d表示对变量做一阶差分。

3. Johansen协整检验

本书对经过平稳性检验后的变量采用Johansen协整检验，检验结果报告在表5—2中。最大特征值检验和迹统计量显示，在5%的显著水平下至少有5个变量具有协整关系。

表5—2　　　　Johansen协整检验

原假设	特征根	迹统计量（P值）	λ-max统计量（P值）
0个协整向量	0.571913	195.1214（0.0005）	57.69319（0.0002）
至少1个协整向量	0.460340	137.4282（0.0023）	41.94351（0.0044）
至少2个协整向量	0.420481	95.48467（0.0043）	37.09784（0.0022）
至少3个协整向量	0.309349	58.38683（0.0093）	25.16825（0.0128）
至少4个协整向量	0.246353	33.21858（0.0123）	19.23250（0.0075）
至少5个协整向量	0.185905	13.98609（0.0434）	13.98609（0.0002）

注：以上统计量的检验在5%的显著水平下都是显著的。

(三) SVAR 模型的构建

1. SVAR 模型的选择

前文已说明，尽管 VAR 模型有很多优点，但它对变量间当期相关关系并没有给出确切的形式，也就是在模型的右侧没有包括内生变量的当期值，由于它们之间的相关关系被隐藏在误差项的相关结构中，所以是不可能给出解释的。但 SVAR 模型却可以把变量间的当期关系包含进来。本章构建的 SVAR（P）模型包含 HP、CL、SP、EE、SC 和 RR 6 个变量，其方程式为：

$$C_0 Y_t = \Pi_1 Y_{t-1} + \Pi_2 Y_{t-2} + \cdots + \Pi_p Y_{t-p} + \Psi_t, \quad t=1, 2, \cdots, T \quad (5\text{—}4)$$

在式（5—4）中，C_0 为因变量的系数矩阵；Y_t 为因变量矩阵；Π_p 为滞后 P 阶因变量的系数矩阵；ε_t 为误差项矩阵，具体表达式如下：

$$C_0 = \begin{bmatrix} 1 & -c12 & -c13 & -c14 & -c15 & -c16 \\ -c21 & 1 & -c23 & -c24 & -c25 & -c26 \\ -c31 & -c32 & 1 & -c34 & -c35 & -c36 \\ -c41 & -c42 & -c43 & 1 & -c45 & -c46 \\ -c51 & -c52 & -c53 & -c54 & 1 & -c56 \\ -c61 & -c62 & -c63 & -c64 & -c65 & 1 \end{bmatrix}, \quad Y_t = \begin{bmatrix} dHP \\ dCL \\ dSP \\ dEE \\ dSC \\ dRR \end{bmatrix}$$

$$\Pi_t = \begin{bmatrix} \lambda_{11}^{(i)} & \lambda_{12}^{(i)} & \lambda_{13}^{(i)} & \lambda_{14}^{(i)} & \lambda_{15}^{(i)} & \lambda_{16}^{(i)} \\ \lambda_{21}^{(i)} & \lambda_{12}^{(i)} & \lambda_{23}^{(i)} & \lambda_{24}^{(i)} & \lambda_{25}^{(i)} & \lambda_{26}^{(i)} \\ \lambda_{31}^{(i)} & \lambda_{32}^{(i)} & \lambda_{33}^{(i)} & \lambda_{34}^{(i)} & \lambda_{35}^{(i)} & \lambda_{36}^{(i)} \\ \lambda_{41}^{(i)} & \lambda_{42}^{(i)} & \lambda_{43}^{(i)} & \lambda_{44}^{(i)} & \lambda_{45}^{(i)} & \lambda_{46}^{(i)} \\ \lambda_{51}^{(i)} & \lambda_{52}^{(i)} & \lambda_{53}^{(i)} & \lambda_{54}^{(i)} & \lambda_{55}^{(i)} & \lambda_{56}^{(i)} \\ \lambda_{61}^{(i)} & \lambda_{62}^{(i)} & \lambda_{63}^{(i)} & \lambda_{64}^{(i)} & \lambda_{65}^{(i)} & \lambda_{66}^{(i)} \end{bmatrix}, \quad \Psi_t = \begin{bmatrix} \varepsilon_{1t} \\ \varepsilon_{2t} \\ \varepsilon_{3t} \\ \varepsilon_{4t} \\ \varepsilon_{5t} \\ \varepsilon_{6t} \end{bmatrix}$$

2. SVAR 模型的检验

SVAR 模型实际上是 VAR 模型的结构式。在实证过程中，一般先建立一个稳定的 VAR 模型，然后对 VAR 模型施加约束条件以构建 SVAR 模型，这样就可以观察各变量之间的当期关系，并能使脉冲响应函数分析得更为精确。

基于上述思路，我们先构建一个 VAR（2）模型，它包含了 HP、

CL、SP、EE、SC 和 RR6 个变量①；然后运行 Eviews 统计软件求出各变量方程中的估计值、标准差及 t 值；最后再对模型的稳定性、自相关性和变量间的因果关系进行检验。

检验 VAR 模型的滞后长度。需要计算出滞后长度的各种标准和检验 VAR 模型的滞后阶数。为了检验 VAR（2）模型的滞后长度正确性，首先选择尽可能大的滞后阶数 9，得到如下结果（见表 5—3）。在表 5—3 中，我们用"＊"来标示利用每个列标准选出的最佳滞后阶数，从结果来看，最佳滞后阶数选择 2 阶比较合理。

表 5—3　　　　　　　　　模型的滞后长度检验结果

Lag	LogL	LR	FPE	AIC	SC	HQ
1	-215.9350	NA	7.46e-05	7.520447	8.705058*	7.989200*
2	-165.0369	83.56391*	4.88e-05*	7.075730*	9.444951	8.013237
3	-140.5469	35.82125	7.29e-05	7.419310	10.97314	8.825571
4	-107.4945	42.42550	8.96e-05	7.507298	12.24574	9.382312
5	-72.0202	30.28373	0.000232	8.129685	14.30524	10.55436
6	1.191951	61.40377	0.000111	6.929292	14.33995	9.838905
7	54.84839	34.61705	0.000136	6.359729	15.00550	9.754278
8	160.3865	47.66238	5.37e-05	4.116564	13.99745	7.996048
9	289.0019	33.19107	3.35e-05	1.128970	12.24496	5.493389

在 VAR 模型的滞后阶数被确定以后，就需要检验模型的显著性。联合检验的结果②表明模型的各阶数的显著性较高，这意味着运用 VAR 模型是合理的。

检验 VAR 模型的平稳性。表 5—4 和图 5—5 报告了模型的特征和情况，观察图表可知，全部特征值都位于单位圆内（特征值均小于 1）。因此，VAR 模型具有稳定性。③

---

① 下文所指的变量都是原变量的一阶差分变量，后不赘述。
② 联合检验结果：Chi-sq = 562.3946，df = 504，Prob. = 0.0364。
③ 卢建新、卢明安：《金融市场与住房价格波动的联动关系——基于 SVAR 模型的实证分析》，《海南大学学报》2014 年第 6 期。

表 5—4　　　　　　　　　　　VAR 模型 AR 根

根	模
−0.351939 − 0.734898i	0.814822
−0.351939 + 0.734898i	0.814822
−0.383005 − 0.653260i	0.757259
−0.383005 + 0.653260i	0.757259
−0.553594	0.553594
0.530297	0.530297
−0.010428 − 0.522839i	0.522943
−0.010428 + 0.522839i	0.522943
0.387316 − 0.279372i	0.477559
0.387317 + 0.279372i	0.477559
−0.322926 − 0.035631i	0.324887
−0.322927 + 0.035631i	0.324887

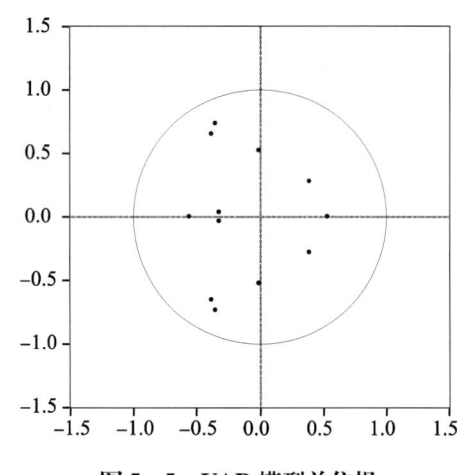

图 5—5　VAR 模型单位根

检验模型的自相关性。在这里采用混合的自相关检验（Portmanteau Auto-correlation Test），计算与指定阶数所产生的残差序列相关的多变量的 Q 统计量及调整后的 Q 统计量。自相关检验的原假设为，滞后 m 期的残差不存在序列相关性，取 m 为 9，检验结果见表 5—5。检验的滞后阶数

第五章 房价波动对金融市场的影响机理和风险分析

大于 VAR 模型滞后阶数，表明残差不存在序列相关①。

表 5—5 　　　　　　　　　混合自相关检验

Lags	Q-Stat	Prob.	Adj Q-Stat	Prob.	df
1	10.53899	NA*	10.69398	NA*	NA*
2	21.84176	NA*	22.33414	NA*	NA*
3	52.12016	0.04012	53.98883	0.02754	36
4	86.35356	0.11911	90.32890	0.07102	72
5	118.07241	0.23884	124.52584	0.13214	108
6	170.88823	0.06253	182.37173	0.01683	144
7	197.87194	0.17172	212.40192	0.04951	180
8	230.24092	0.24122	249.01608	0.06112	216
9	258.90500	0.36904	281.97973	0.09423	252

注："*"表示 VAR 模型的滞后阶数小于检验的滞后阶数，df 表示（近似）x^2 分布的自由度。

检验格兰杰因果关系检验。基于 VAR（2）模型检验 6 个变量之间是否有显著的格兰杰因果关系，表 5—6 报告了部分检验结果（考虑到变量比较多，这里只给出 HP 和 CL 两个变量的检验结果，其他检验结果见附录二中附表 5—3）。

表 5—6 　　　　　　VAR 模型的格兰杰因果关系检验

变量	原假设	Chi-sq	自由度	P 值
HP	CL 不能格兰杰引起 HP	7.748386	2	0.0208
	SP 不能格兰杰引起 HP	4.663129	2	0.0971
	EE 不能格兰杰引起 HP	6.717423	2	0.0348
	SC 不能格兰杰引起 HP	12.21173	2	0.0022
	RR 不能格兰杰引起 HP	0.274197	2	0.8719
	CL、SP、EE、SC 和 RR 不能同时格兰杰引起 HP	40.62604	10	0.0000

---

① 由于任何序列相关都可以通过增加更多的变量滞后阶数而被消除，经检验此模型在滞后两阶后是满足序列不相关要求的。

续表

变量	原假设	Chi-sq	自由度	P值
CL	HP 不能格兰杰引起 CL	3.571602	2	0.1677
	SP 不能格兰杰引起 CL	0.113613	2	0.9448
	EE 不能格兰杰引起 CL	0.994445	2	0.6082
	SC 不能格兰杰引起 CL	4.639928	2	0.0983
	RR 不能格兰杰引起 CL	1.256517	2	0.5335
	HP、SP、EE、SC 和 RR 不能同时格兰杰引起 CL	10.11524	10	0.1304

格兰杰因果关系检验结果显示：在10%的显著水平下，信贷增量、股价、汇率和短期国际资本流动是房价的格兰杰原因，所有变量是房价的格兰杰原因具有很高的显著性；房价（20%的显著性水平）和短期国际资本流动（10%的显著性水平）是信贷增量的格兰杰原因。总体来看，在20%的显著性水平下，全部变量都是信贷增量的格兰杰原因；汇率（20%的显著性水平）和利率（10%的显著性水平）是股价的格兰杰原因，所有变量在一定程度上（20%的显著性水平）是股价的格兰杰原因；房价（20%的显著性水平）和利率（1%的显著性水平）是汇率的格兰杰原因。在5%的显著性水平下，全部变量均是汇率的格兰杰原因，房价和信贷增量是短期国际资本流动的格兰杰原因。在10%的显著性水平下，房价和短期国际资本流动是利率的格兰杰原因。在20%的显著性水平下，汇率是利率的格兰杰原因，全部变量是利率的格兰杰原因。从格兰杰检验结果可以发现，在观察期内，房价、信贷增量、股价、汇率、短期国际资本流动和利率间存在相互影响关系。[①]

3. 同期因果关系的 DAG 分析

SVAR 模型变量之间同期相关影响多使用 Choleski 分解法来处理。为

[①] 卢建新、卢明安：《金融市场与住房价格波动的联动关系——基于 SVAR 模型的实证分析》，《海南大学学报》2014年第6期。

了避免同期因果关系分析的主观性，Spirtes 等[1]和 Pearl[2] 在 VAR 研究领域里获得了新的进展，他们提出了"有向无环图"分析技术，即通过分析扰动项之间的（条件）相关系数，以正确识别扰动项之间的同期因果关系，进而为正确设定 VAR 模型扰动项的结构关系提供客观的依据，从而回避了传统处理方法的不足[3]。

根据 Spirtes（2000）的研究方法，在样本量小于 100 情况下，采用 20% 的显著性水平进行 DAG 分析。通过对一阶差分 VAR（2）模型估计和残差提取，能够得到 6 个变量之间的"扰动相关系数矩阵"，[4] 结果报告在表 5—7 中：

表 5—7　　　　　　　　变量间"扰动相关系数矩阵"

	HP	CL	SP	EE	SC	RR
HP	1	-0.016003	0.049789	-0.094957	-0.153861	0.076941
CL	-0.016003	1	-0.129699	0.036649	0.358186	-0.030225
SP	0.049789	-0.129699	1	-0.274298	-0.117883	-0.016698
EE	-0.094957	0.036649	-0.274298	1	0.075758	0.206560
SC	-0.153861	0.358186	-0.117883	0.075758	1	0.216329
RR	0.076941	-0.030225	-0.016698	0.206560	0.216329	1

以 VAR 模型的"扰动项相关系数矩阵"为基础，对变量间的同期因果关系进行 DAG 分析。[5] 图 5—6 报告了在 20% 的显著性水平下[6]的 DAG 分析结果。

---

[1] Spirtes, P., Glymour, C., Scheines, R. Causation, Prediction and Search, Cambridge：MIT Press, 2000.
[2] Pearl, J., Causality, Cambridge：Cambridge University Press, 2000.
[3] 杨子晖：《财政政策与货币政策对私人投资的影响研究——基于有向无环图的应用分析》，《经济研究》2008 年第 3 期。
[4] 卢建新、卢明安：《金融市场与住房价格波动的联动关系——基于 SVAR 模型的实证分析》，《海南大学学报》2014 年第 6 期。
[5] 同上。
[6] 在样本量小于 100 情况下，为了保证 DAG 分析的有效性，采用 20% 的显著性水平进行分析。

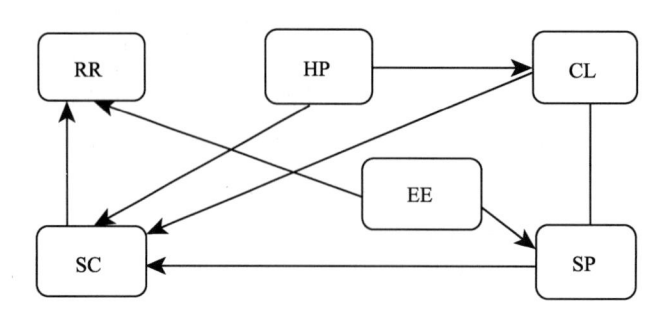

▶ 住房价格波动的时空特征、传导机理与金融风险研究

图 5—6 20%显著性水平下的有向无环图分析

从图 5—6 可以看出，在 20%显著性水平下，存在房价到信贷增量和短期国际资本流动、信贷增量到股价和短期国际资本流动、股价到短期国际资本流动、汇率到利差和股价、短期国际资本流动到利差的同期因果关系。①

六 房价波动与金融市场相互影响的实证分析

（一）结构脉冲响应分析

在分析 SVAR 模型时，我们使用结构脉冲响应函数方法，即分析当一个误差项发生变化时，或者模型受到某种冲击时对系统的动态影响。②

1. 房价波动的脉冲响应

当期对房价施加一个正的标准差冲击之后，即房价上涨（变量响应见图 5—7，具体响应数值见附录二中附表 5—4，下同）。其他变量对这一冲击的响应为：（1）在前两期，房价上涨会导致信贷增量增加，而后出现波动性且趋势逐渐放缓，最终趋于 0；（2）当期股价出现正的响应，第 2 期后正响应下降且出现负响应，第 5 期开始又出现正响应，随后呈现波动性趋势并最终衰减为 0；（3）即期汇率升值，第 2 期开始出现贬值，之后又变现为正值，波动性变动最终趋于 0；（4）短期资本流动净流入增加，随后房价波动对其影响逐渐削弱；（5）前期利差扩大，但随资本流

---

① 杨子晖：《财政政策与货币政策对私人投资的影响研究——基于有向无环图的应用分析》，《经济研究》2008 年第 3 期。

② 山本拓：《经济事件序列分析》，创文社 1987 年版，第 206—225 页。

第五章 房价波动对金融市场的影响机理和风险分析

入的增加和宏观政策的调整，使得利差逐渐缩小。[1]

从分析结果可以看出，房价波动对其他变量冲击的影响持续时间在15个月左右。房价上涨会导致信贷增量的增加、股价上涨、汇率升值、短期资本流入增加及利差扩大。但从各变量响应结果来看，房价波动对其他变量前10期影响较大，后期出现相反的反应[2]。

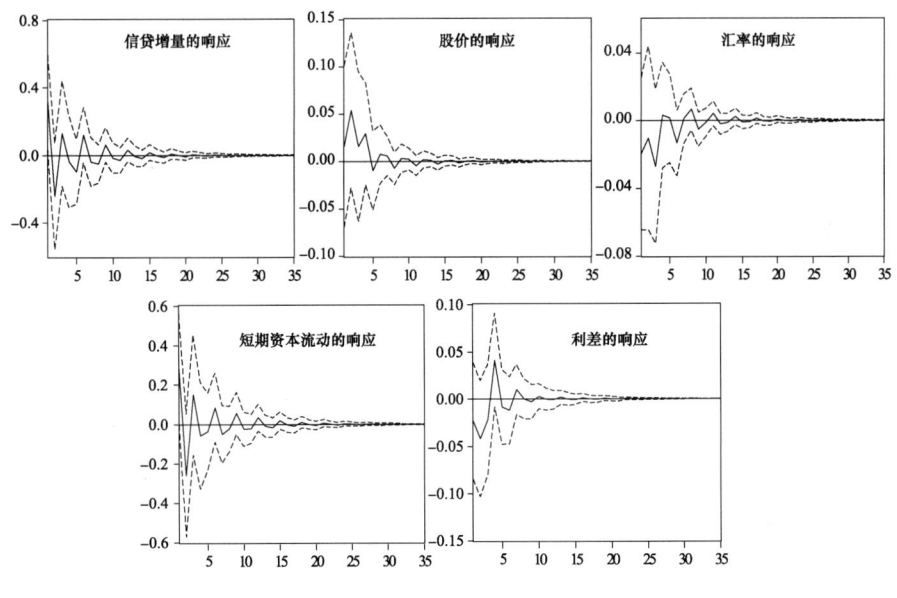

图5—7 其他变量对房价冲击的响应

2. 信贷增量的脉冲响应

给定信贷增量一个正的冲击，即信贷增量受需求或宏观政策调整的影响而增加（变量响应见图5—8）。其他变量对这一个正冲击的响应：（1）信贷增量的增加将导致即期房价上涨，但随后房价却下降，2期后又出现大幅上涨。房价短期内波动较大，第5期之后逐渐降低，最终衰减为0；（2）在前8期，信贷增量变动对股价的影响较为平缓，响应值大致在 -0.05—0.05。当期信贷增量变动会导致股价波动产生负响应，且信

---

[1] 卢建新、卢明安：《金融市场与住房价格波动的联动关系——基于SVAR模型的实证分析》，《海南大学学报》2014年第6期。
[2] 这可能与房价波动对其他变量产生影响有关，导致国家宏观政策发生调整。

· 201 ·

贷增量对股价的影响在10个月左右;(3)在前4期,汇率表现为正响应,说明信贷增量增加,汇率贬值,持续时间大概有5个月;(4)在前两期,短期资本对其响应较为平淡,随后出现短暂性正响应,第4期开始出现大幅度的下降,最大响应值达到-3.8左右。持续响应12个月后趋于0;(5)信贷增量的增加,经济形势大好。为了避免资本大量流入国内扰乱本国经济秩序,货币当局可能会降低利率,改变短期资本流入的欲望。利率差对信贷增量的响应持续时间较短,第4期后就恢复为0,这说明我国利率受政策性影响较大,基本上属于外在因素。[1]

从分析结果可以看出,信贷增量的变动对其他变量的影响持续时间差距较大,在4~15个月。信贷增量的增加将导致房价上涨、股价较小幅度下跌,短期资本流入持续前期影响,仍保持流入不断增加,但随着信贷政策快速增加,利率差缩小导致短期资本流出。

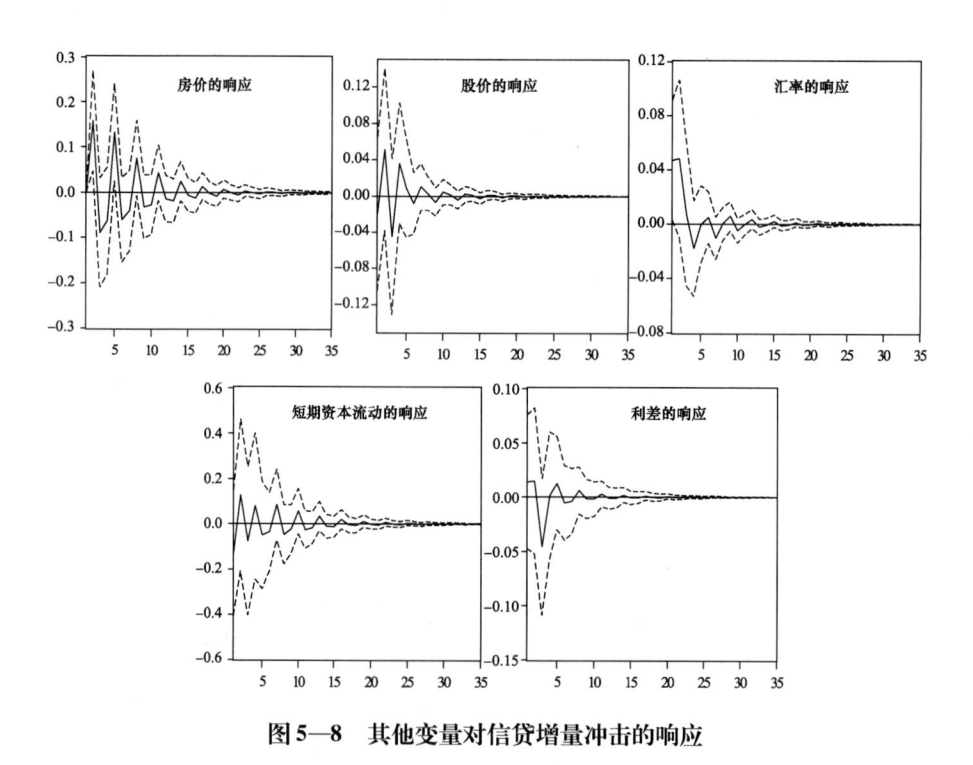

图5—8 其他变量对信贷增量冲击的响应

---

[1] 卢建新、卢明安:《金融市场与住房价格波动的联动关系——基于SVAR模型的实证分析》,《海南大学学报》2014年第6期。

3. 股价的脉冲响应

给定股价一个正的冲击,即股票市场呈现整体上升趋势,股市是国民经济的"晴雨表"(变量响应见图5—9)。系统内其他变量对股价的冲击响应表现为:(1)股价上涨对房价变动产生正响应,持续响应10个月左右,股价波动会刺激房价正向相关,说明这两种资产的价格之间存在相互响应①;(2)股价上涨将导致信贷增量正响应(第3期出现短暂小幅度的下降),持续时间达15个月。说明股价上涨会增加居民财富,人们对信贷需求也在增加或居民可抵押资产价值增大;(3)在前5期,股价上涨促使汇率变动出现负响应,即汇率升值。股价上涨致使本国资产收益率上升,促使国外资本流入导致汇率升值;(4)股价上涨使本国资产收益率上升,会导致短期资本完全净流入,这也充分说明短期资本的逐利性;(5)当期,股价上涨对利差的影响较小。从第2期开始,随着股价上涨、资本流入增加,国内货币供给增加,利差逐步缩小②。

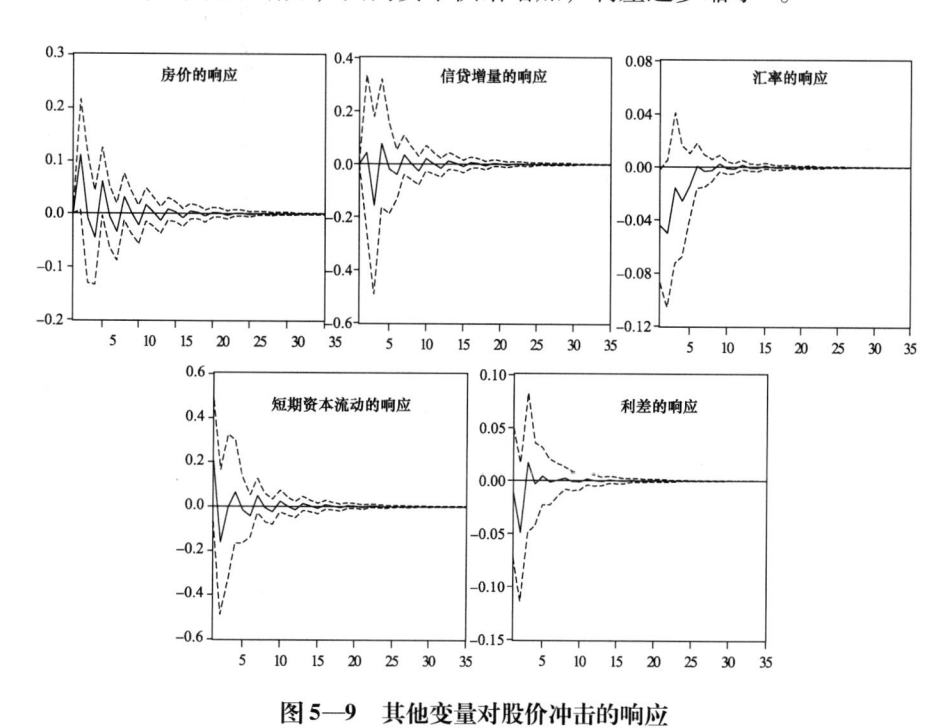

图5—9 其他变量对股价冲击的响应

---

① 房价波动对股价的刺激存在正负响应,而不如股价波动对房价影响那么一致。
② 货币当局出于对本国金融市场稳定性考虑,会降低利率抑制短期资本的流入。

▶ 住房价格波动的时空特征、传导机理与金融风险研究

从分析结果来看，股价波动对其他变量的响应持续时间 10 个月左右。股价上涨会导致房价上涨[①]、信贷增量增加、汇率升值、短期资本流入、利差缩小。

4. 汇率的脉冲响应

给定汇率一个正的冲击，即假设汇率贬值（变量响应见图 5—10）。其他变量对汇率冲击的响应表现为：（1）前两期，汇率贬值会对房价变动产生正响应，第 3、第 4 期出现负响应，随后交替呈现正负响应。持续时间 10 个月左右，总体响应幅度较小，响应值在 -0.02—0.02；（2）前 3 期，汇率贬值会导致信贷增量正响应，随后出现小幅度波动性的负响应，第 8 期开始逐步衰减为 0。说明汇率贬值促进了本国出口和国内经济的发展，从而增加社会对信贷的需求；（3）汇率贬值导致股价变动持续 10 个月左右的负响应，响应值较小，在 -0.06 和 0 之间；（4）汇率贬值将导致短期资本流出增加，由前一个响应结果可知：汇率贬值致使股价

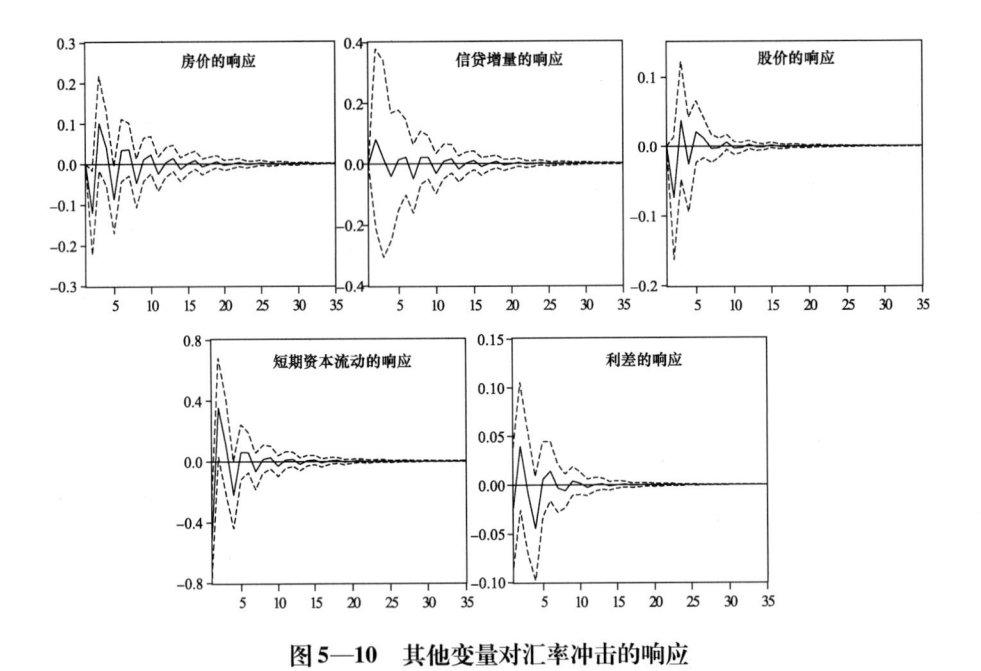

图 5—10 其他变量对汇率冲击的响应

---

① 与给定房价一个正冲击股价的响应相比较，股市对房市的调整是迅速的，而房市对股市的调整较慢。

小幅度下跌，又加之出口增加，外汇流入增多，国内货币供给增加。短期资本流入相对无利可图，导致部分资金外流；（5）汇率贬值会导致利差缩小，这是因为外汇流入增多，国内货币供给增加，为维护本国金融市场的稳定性，避免资本进一步流入，当局可能会降低利率。[①]

从分析结果可以看出，汇率变动对其他变量的响应持续时间 10 个月左右，其中利差响应的滞后期为 5 个月左右。汇率贬值会导致房价上涨、信贷增加、股价小幅下跌、短期资本流出和利差缩小。

5. 短期国际资本的脉冲响应

给定短期国际资本流动一个正的冲击，即短期资本流入大于短期资本流出（变量响应见图 5—11）。当短期国际资本净流入时会导致：（1）前期并没有引起房价正响应，直到第 3 期房价波动出现较大幅度的正响应，最大值达到 0.22 左右。这是因为房地产行业属于实体行业，外部资金对其影响并不是即期的，具有一定的滞后性；（2）当期，信贷增量的变动具有大幅度的正响应，随后，信贷增量的响应呈现波动衰减趋势，最大响应值达到 0.41 左右。短期国际资本的流入会间接导致国内货币供给增加，在这里体现为信贷增量的增加；（3）引起股价变动正响应，第 5 期之后就衰减为 0。说明短期资本流动对股市的影响是短暂的，股市正常的运行还是需要国民经济的发展；（4）在前 2 期，短期资本流入会引起汇率变动产生负响应，即汇率升值，而后汇率出现小幅贬值，之后又表现为大幅升值，最后慢慢衰减为 0；（5）短期资本流入反而导致利差扩大，第 3 期后出现正负交替性响应。这可能与我国管控性利率政策有关，说明短期资本流动并不是决定利率的唯一因素。[②]

从分析结果可以看出，短期国际资本流动变动对其他变量的冲击持续时间 12 个月左右。短期资本流入导致房价滞后性上涨、信贷增量增加、股价小幅上涨、汇率升值和利差扩大。

[①] 卢建新、卢明安：《金融市场与住房价格波动的联动关系——基于 SVAR 模型的实证分析》，《海南大学学报》2014 年第 6 期。

[②] 同上。

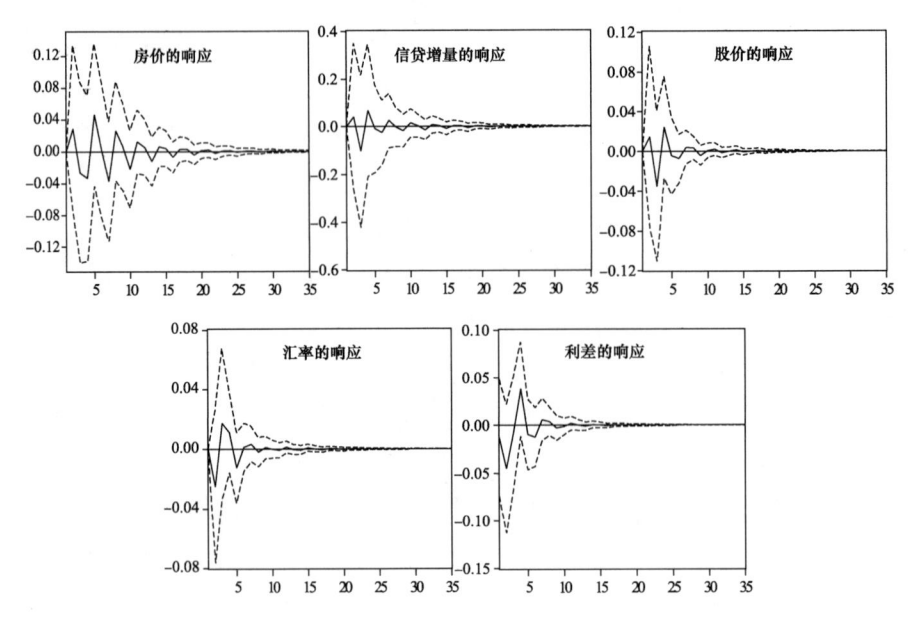

图 5—11 其他变量对短期资本流动冲击的响应

6. 利差的脉冲响应

给定利差一个标准差正的冲击，即利差扩大（变量响应见图 5—12）。其他变量对利差冲击的响应表现为：（1）当期，利差扩大将导致房价上涨，随后却出现大幅度的负响应，之后又出现正响应，响应值在 -0.04 和 0.02 之间；（2）即期信贷增量的响应很微弱，第 2 期后信贷增量出现负响应，随后呈现交替性减弱趋势，最后衰减为 0。说明利差扩大导致国内信贷需求减少；（3）在前 3 期，利差扩大对股价波动产生负的响应，之后出现波动衰减性趋势，利差冲击对股价波动持续时间为 5 个月左右；（4）前 3 期，利率扩大会导致汇率正响应，随后存在负响应影响；（5）利率扩大对短期资本流动的扰动，当期存在微弱的正响应 0.041；第 2 期转为负响应；第 3 期降幅最大 0.054，随后双向衰减收敛。[①]

从分析结果可以看出，利差变动对其他变量的冲击持续时间 10 个月左右。利差扩大导致房价下降、信贷增量减少、股价下跌和短期资本流

---

① 卢建新、卢明安：《金融市场与住房价格波动的联动关系——基于 SVAR 模型的实证分析》，《海南大学学报》2014 年第 6 期。

第五章 房价波动对金融市场的影响机理和风险分析

动增加。

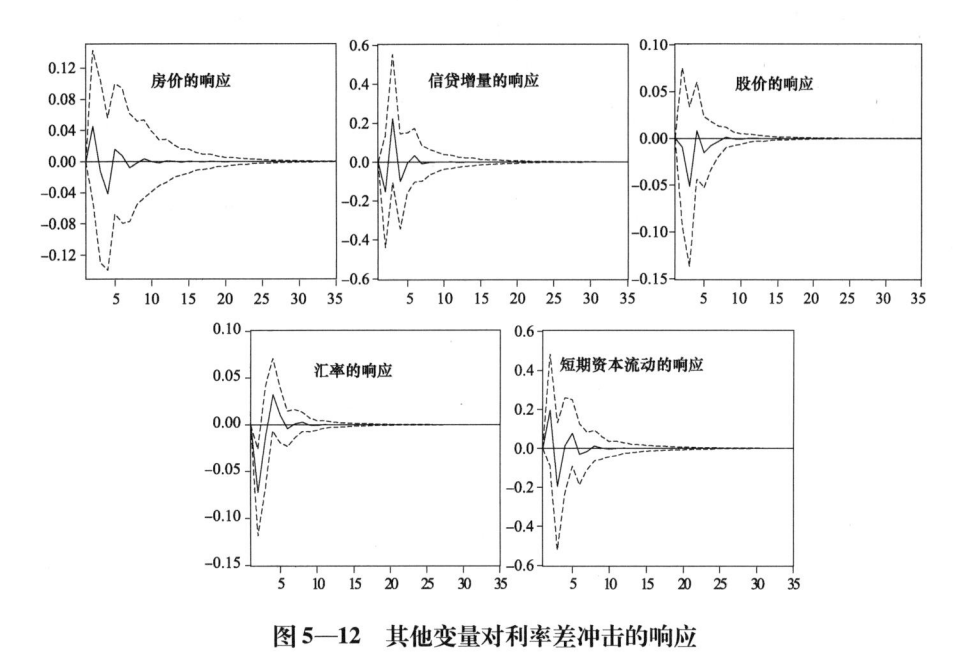

图 5—12 其他变量对利率差冲击的响应

(二) 方差分解分析

方差分解是通过分析每个结构性冲击对内生变量变化（利用方差来测度）的贡献程度，从而测度不同结构冲击的重要程度。因而该方法能够给出对 SVAR 模型中各变量产生影响的每个随机扰动的相对重要性的信息。[①] 下面分析住房市场、股票市场、信贷市场和汇率市场之间扰动的方差贡献率。

1. 房价的方差分解

从图 5—13 可以看出（方差分解见附录二中附表 5—10，下同），汇率的贡献一直不明显，各变量对房价的贡献度在第 5 期之后趋于平缓，略微出现局部波动。在不考虑房价波动的自身贡献率的情况下，信贷增量对房价波动的贡献率最大，其次是利差、股价和短期资本流动，最后是汇率。从前 36 期来看，信贷增量、利差、股价、短期资本流动和汇率的冲击对房价波动的贡献度平均分别达到 31.00%、5.00%、4.55%、

---

① 王柏杰：《资产价格波动与货币政策选择研究》，西北大学博士论文，2011 年。

3.33%和1.14%。说明信贷数额对房价影响起到至关重要的作用，这与我国房地产行业资金来源主要以银行信贷为主有关，也间接地反映房地产行业和银行之间密切关系。银行信贷支撑房地产行业的发展，同时房地产行业变动对银行资产安全存在很大的威胁性。所以，政府应慎重对待房地产行业的发展，以防房地产行业的波动对银行业产生威胁。利差冲击对房价的贡献度也达到5.00%左右，说明房地产交易者都要考虑利率对自身成本的要求，利率上升会减少房地产交易双方对信贷的需求，会导致房价下跌。股价通过财富效应等对房价产生影响，在此股价的贡献度也达到4.55%。同时短期资本的逐利性和汇率变动也影响了房价波动。

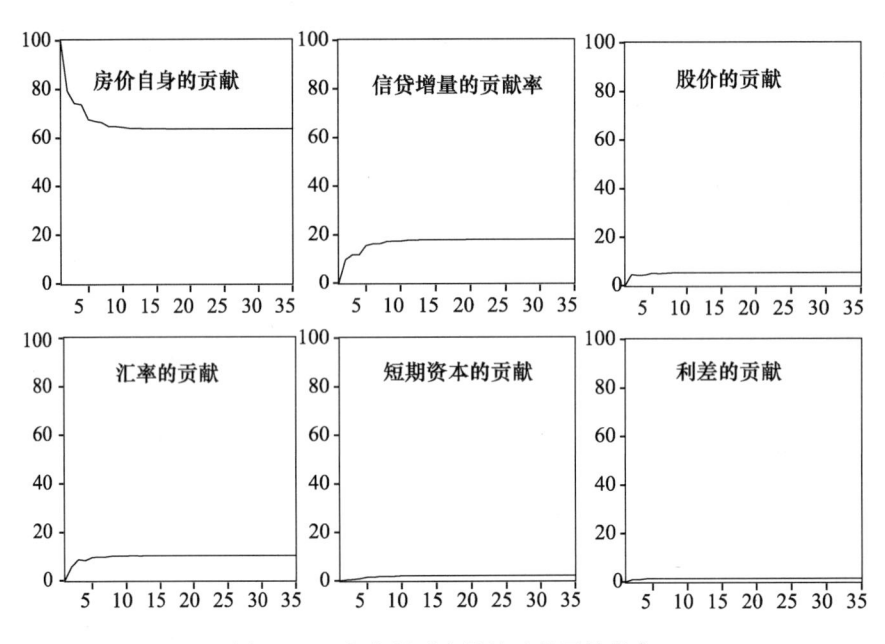

图5—13 各变量对房价波动的贡献程度

2. 信贷增量的方差分解

从图5—14可以看出，前7期房价和股价贡献度开始呈线性上升，随后渐趋平稳；短期资本流动呈整体下滑趋势，其中前3期下降较陡峭，随后小幅慢慢下降；前期汇率（2期）和利差（3期）贡献度快速上升，随后汇率的贡献度曲折式上升至第10期达到平稳，而利差却缓慢下降至第 10 期趋于平稳。总体来说，房价对信贷增量的贡献度最大，之后贡献度大小依次为汇率、利差、短期资本流动和股价。从前 36 期来看，房价、汇率、利差、短期资本流动和股价的冲击对房价波动的贡献度平均分别达到 18.64%、14.77%、14.02%、9.56% 和 3.12%。从方差分解结果可以看出，在不考虑信贷增量自身的贡献度，其他变量对其贡献度合计达到 60.11%，说明信贷增量的变动有 60.11% 的比例可以由其他因素解释，即信贷增量受外界因素的影响比较大。房价对信贷增量的贡献度最大①，中国近些年随着房地产市场发展火爆，刺激了房地产行业对信贷的需求，致使信贷增量有将近 20% 的比例都可由房价变动来解释。这也说明了房地产行业和信贷市场之间存在正相关关系，房价波动对信贷市场的影响尤为重要，要引起足够的重视；汇率、利差和短期资本流动对信贷增量的贡献度占到很大的比重，在关注房价对信贷变动的影响的同

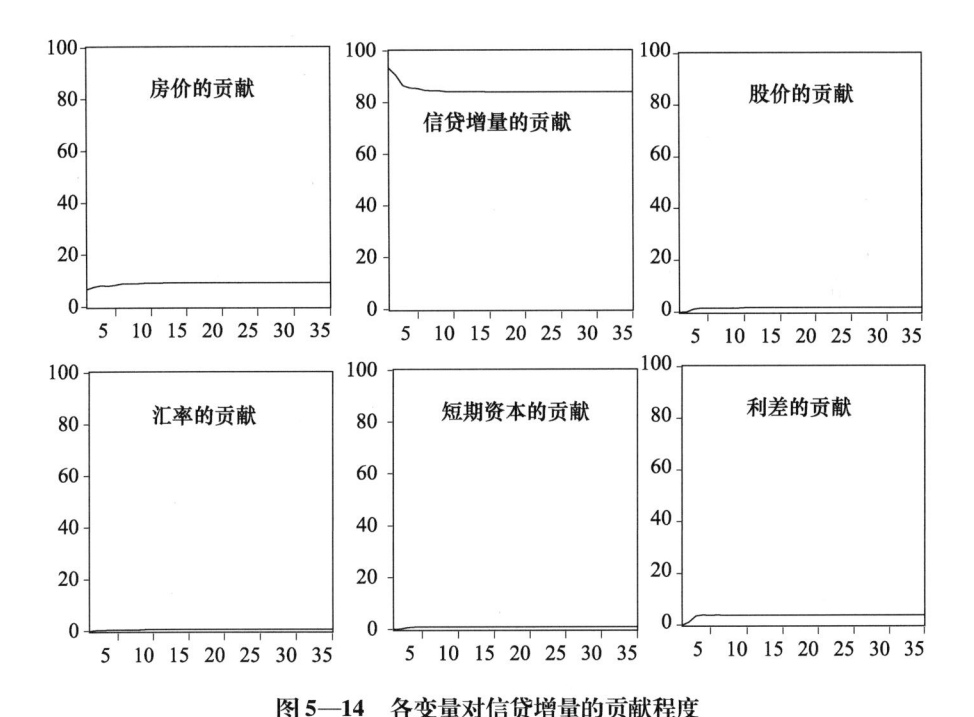

图 5—14　各变量对信贷增量的贡献程度

---

① 但并没有像信贷增量对房价的贡献度那么大。

时，要注意国际资本流动通过间接的外汇市场对本国信贷市场的影响①；股价的贡献度较小，股市变化对信贷增量的影响并没有其他因素明显②。

3. 股价的方差分解

从图5—15可以看出，在前5期，房价和短期资本流动的贡献度呈陡峭式线性增长，而后趋于平稳；而其他三个变量的贡献度涨幅较小。从方差分解的结果（见附录二中附表5—12）可以得到，股价自身的贡献度达到74.12%，即股价波动大部分受其自身的变动冲击影响。这说明我国股市仍是一个相对比较"封闭"的市场，与实体经济之间存在一定的隔阂，不是一个健康完善的市场，所以在相当长时间内并不能作为我国经济的"晴雨表"。这与李勇（2011）的研究结论是相近的。③ 值得注意的是，房价变动的冲击对股价的贡献度达到18.63%，也就是说中国股价有

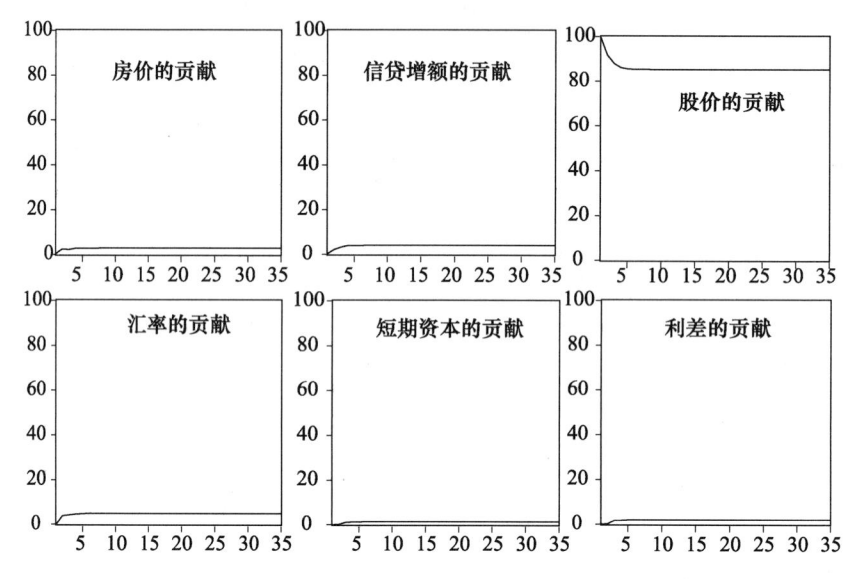

图5—15 各变量对股价波动的贡献程度

---

① 外资流入会推高本国资产价格的上涨，短期内资产收益率提高，也会刺激社会对信贷的需求的增加，这点也正好说明房价波动与金融市场之间存在动态关系。

② 可能由于中国股市仍是一个相对"自发"的市场，存在诸多方面的不完善，市场参与者不愿通过借贷方式投资股票市场；也可能在货币供给不变前提下，投于房地产行业的信贷资金较多的情况下，那么投资股市的信贷资金自然就少，因此股价变动对信贷增量的解释力度较小。

③ 李勇、邓晶、王有贵：《中国通胀、资产价格及货币政策间关系研究》，《国际金融研究》2011年第10期。

第五章 房价波动对金融市场的影响机理和风险分析

18.63%的比例可由房价的变动解释,由此可知我国房地产市场和股票市场通过"财富效应"和"托宾Q效应"存在紧密联系。股价的变动约4.97%的比例可由短期资本流动的变动解释,由此可以推测有一定数量的国际游资在我国股票市场采取公开或隐蔽的手段影响股价,但其影响力有限。信贷增量和汇率对股价的解释力度很微弱,可以忽略不计。利差变动对股价变动解释力度也很小,这与前面脉冲响应分析是一致的①。

4. 汇率的方差分解

从图5—16可以看出,在前5期,房价、信贷增量、股价和利差对汇率变动的贡献度都是上升的,而短期资本流动是先下降再上升,最后趋于平稳。从方差分解分析的结果,可以得到汇率变动约23.78%的比例由房价变动引起,约14.44%的比例由短期资本流动引起,约8.99%的比例由利差引起,约4.86%的比例由信贷增量引起,约9.0%的比例由汇率引起。从以上分析可知,房价波动对汇率变动的解释力度超过1/5,说明房

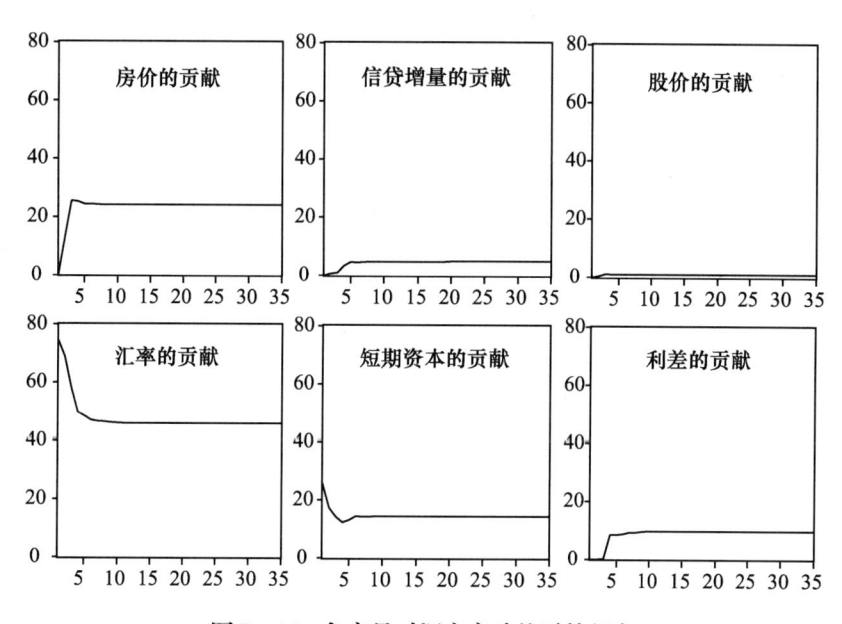

图5—16 各变量对汇率变动的贡献程度

---

① 从前面分析可知,股价对利差变动的冲击的响应是很微弱的。

地产市场变化对外汇市场有较强的影响,房地产行业的波动对外汇市场的稳定性有间接作用,所以房地产行业的稳定性不仅关系到本行业的发展,同时也对外汇市场的健康发展起着显著性作用。短期资本流动的贡献度是先下降后小幅上升,由此可以推测短期资本流动对国内经济发展产生影响。政府为了稳定本国经济,采取一定的措施抑制短期资本流动,导致其贡献度下降,但受利润的驱使,短期资本流动又逐渐增加其影响力。[①]

七 主要结论

本章在对房价波动影响金融市场的传导机理进行理论分析的基础上,构建了SVAR模型,并运用脉冲响应和方差分解进行了实证分析,研究发现房价波动确实会冲击金融系统的稳定性,具体结论如下:

第一,房价对其他变量冲击的贡献率最大。当不考虑各因素自身的贡献度时,房价波动对金融市场中各变量的贡献度最为显著,房价波动会经过不同渠道影响到信贷增量、股价及汇率等,这意味着住房市场的健康发展对维护金融市场的稳定起着非常重要的作用。

第二,房价与信贷增量间响应最为显著,房价波动容易带动信贷增量的同向响应,响应程度和贡献度均十分显著。房价上涨会引起国内信贷增量增加和短期国际资本流入增加,导致国内货币供给增加,进一步加速房地产价格上涨,即两者之间具有自我强化的循环作用,这与理论模型分析一致。这种反应不利于经济健康发展,这是因为我国房地产行业资金来源比较单一,大部分来源于信贷资金。房地产行业的波动会冲击信贷市场的安全性,当房价攀升到一定程度时,将会形成泡沫,进而影响本国金融市场的稳定性。

第三,房价和股价对系统因素反应各不相同。从方差分解的结果来看,房价波动对其他变量的冲击的贡献程度最大,股价对其他变量的冲

---

① 政府的作用是显著的,但其抑制市场行为的措施不能长久或一直强硬实行,这导致短期资本流动短期内会受到一定的影响,但为了追逐利润其会变通手段流入或流出本国资本市场。

击的贡献度最小。房价波动对股价是负向反应，而股价变动却对房价波动产生正向反应。由于这两种资产的流动性存在差异，即股票市场流动性强而房地产市场流动性弱，当房价上涨时，人们很容易将资本从股票市场抽出并投入房地产市场；但股价上涨时，因房地产变现能力不易，致使房价并没有因股价上涨而下降。① 房价和股价对系统内各因素的反应不一致，这表明应区分看待这两种资产价格的波动②。这可以帮助决策者识别资产波动的重要性，更加关注房价波动。实体经济才是经济社会的根本，只有实体企业健康稳定发展，才能破除金融市场中的"虚像"。

第四，国际资本流动影响国内资产价格。短期国际资本流动影响资产价格波动，从实证结果可以看出，与股价相比，短期国际资本流动对房价影响较大，这与一般理论预期不太一致。理论认为股票市场的流动性强于房地产市场，这更有利于短期国际资本流动的运作。由股市实际运行情况可知，我国股市很不完善，波动幅度过大。因此，流入我国的短期国际资本通常并不愿意投入股市，而更愿意投入房地产市场。这样会增加房地产市场的不稳定性，同时也暴露我国房地产行业暴利的特点，引起短期国际资本竞相追逐。

第五，汇率自身的贡献度低于50%，汇率受房价波动、信贷增量、短期资本流动等影响较大，这与我国逐步放松对汇率监管有关，汇率变动不再完全受当局的支配。

---

① 这正好解释了本章开头指出的2012年以后房价和股价出现较为明显的背驰现象，即这个时期两者替代效应作用较大。

② 大部分学者是将房价和股价合为资产价格进行研究，其实这两种资产具有很多不同的特点，它们对经济系统的影响和经济系统内各因素变化对它们的影响差异很大。

第六章

房价波动的宏观溢出效应
——基于 DSGE 模型的贝叶斯估计

在现代社会中，住房市场日益成为家庭、开发企业、银行、政府等各类经济主体经济活动交汇的场所，并逐渐成为左右宏观经济发展态势的主导因素。Muellbauer & Murphy（2008）、Iacoviello & Neri（2010）、Mayer & Gareis（2013）、王国军和刘水杏（2004）、梁云芳等（2006）、骆永民和伍文中（2012）等国内外经验研究均表明，住房市场与国民经济之间存在强烈的相互影响，房价波动对宏观经济波动具有很强的带动作用，并成为社会公众广泛关注的热点问题。鉴于上述原因，长期以来，政府部门采取诸多有力措施来调控房价，包括货币政策措施和财政政策措施，甚至包括一系列行政控制措施。

虽然政府在近十多年时间内出台了一系列有力政策，但是成效并不理想，房价还是在波动中快速上涨，尤其是在 2014 年 4 月全国百城房价达到 11013 元/平方米的高位，而 2014 年就业人员平均年工资为 49969 元。房价收入比过高，已经成为影响居民消费和社会稳定的关键因素，不同角度的市场分析及政策建议纷纷出现在各类报纸、网站乃至学术期刊上。但房价波动究竟会给宏观经济运行带来哪些冲击，以及这些冲击的内在传导机理是什么，这些问题并没有得到细致而深入的分析。究竟是什么因素导致住房市场剧烈波动，推动其快速上涨？由于房地产市场不是孤立的，它对宏观经济又有怎样的溢出效应呢？因此，探究住房市场波动的根源，科学评估房价波动的宏观溢出效应是一个具有重要理论和现实意义的话题。

第六章　房价波动的宏观溢出效应

本章主要关注两个问题：一是什么推动着住房市场的波动？二是住房市场的溢出效应有多大？我们将运用 DSGE 模型对经济中的家庭、企业和住房部门、央行等进行理论刻画，通过设定约束条件得到优化方程，并假定市场均衡时用加总的方法得到总体经济满足的方程。[①] 该模型能把宏观经济分析建立在个体分析的基础上，并对经济的长期均衡状态及短期的动态调整过程进行细致刻画，从而将长短期分析有机结合起来。另外，DSGE 模型以结构参数的深层次识别为基础，利用修改局部政策参数的方法来进行政策对比分析，它可以为制定住房市场宏观调控政策提供一个合理的分析框架。

一　文献综述

自宏观经济学诞生以来，研究经济波动便成为其发展的主体[②]。经济波动机制的理论以 "Frisch-Slutsky" 范式为核心，它认为在经济稳态水平上的外生冲击是造成经济波动的主要原因[③]。DSGE 模型则是这一范式的经典应用，并以其"随机性"特点引入各种冲击来研究经济波动，已成为学者研究经济波动和最优经济政策的重要工具[④]。该理论主要用于宏观经济产出波动，而在住房市场波动方面的应用较少，但国内外学者都已试图将这一理论贯彻其中。下文将对国内外相关文献进行梳理，以了解 DSGE 模型在住房市场研究中的发展，尤其是 2008 年金融危机后融入金融因素的理论发展。把握理论发展的动态，为研究住房市场波动提供一个全新的视角。

[①] 对 DSGE 模型应用的详细论述参见刘斌：《动态随机一般均衡模型及其应用》，中国金融出版社 2014 年版，第 1 页。

[②] Blanchard, Oliver, "What Do We Know About Macroeconomics that Fisher and Wicksell Did Not?", *Quarterly Journal of Economics*, Vol. 115, No. 4, 2000.

[③] 徐高：《基于动态随机一般均衡模型的中国经济波动数量分析》，北京大学博士学位论文，2008 年。

[④] 李松华：《动态随机一般均衡模型应用研究综述》，《当代经济》2010 年第 9 期。

(一) 国外研究现状

国外关于引入住房市场的 DSGE 的研究较早。Aoki 等 (2004) 是较早从住房的资产属性来研究宏观经济的学者，模型中外生冲击通过房地产借贷中的加速器效应放大了经济波动。但该文献仅考察了住房的资产属性，并通过植入金融加速器来体现其影响。Iacoviello (2005) 是将住房部门纳入新凯恩斯 DSGE 中来研究其对经济影响的第一人，通过引入抵押物约束机制并指出该机制显著加强了总需求对住房价格冲击的反应，第一次从抵押物约束机制考察了住房市场对宏观经济的波动。Goodhart 等 (2009) 在此基础上将住房市场和个体的异质性引入模型来分析美国发生危机时反向冲击对银行所带来的影响，异质性的出现增强了模型对实体经济的拟合度。Calza 等 (2009) 以住房抵押属性和利率传导机制为研究的切入点，他们发现抵押贷款市场越成熟、抵押合同越灵活，货币的传导作用就越大。Andres & Arce (2012) 在 DSGE 模型中引入一个不完全竞争的银行贷款市场，通过抵押物约束机制把投资者的信贷能力与其持有的住房价值联系起来，虽然这两者只是从房产抵押品的属性来研究，但为后人研究溢出效应提供了方向。之后的一些学者从住房市场的溢出效应方面进行进一步的研究，如 Iacoviello & Neri (2010) 指出住房市场对消费和商业投资的溢出效应不可忽视，并且随着时间的流逝越来越重要，他们发现住房价值每变动 10%，总消费将会变动 1.33%，并且抵押约束机制的贡献度大约为 2.5 个百分点。Jin 等 (2012) 把金融加速器机制融入 DSGE 模型中，分析了住房市场、外部融资溢价与商业投资之间的联系，他们发现正的住房价格冲击降低了外部融资溢价，并刺激了非住房投资和实际 GDP。Yepez (2012) 在 DSGE 模型中纳入内生性杠杆和房地产抵押物，并用贝叶斯方法评估了信贷条件和土地价格变动对总体经济波动的影响。Mayer & Gareis (2013) 运用贝叶斯的两国 DSGE 模型研究了爱尔兰住房市场波动的推动因素，认为住房需求偏好和货币政策冲击是造成住房市场波动的主要原因。Lee & Song (2014) 重点研究了住房抵押机制和前定价格对含有住房部门的多部门 DSGE 模型与实体经济拟合程度，认为住房需求冲击在经济波动中起关键作用，并在 Iacoviello & Neri (2010) 的基础上研究了住房贷款价值比率对宏观经济变量的影响。

Eric（2015）利用一个估计的 DSGE 模型来研究中国住房市场波动，发现住房偏好冲击对房价波动的贡献度为 1/3，住房部门技术冲击对住房投资波动的贡献度大于 1/2，住房价值对总消费的溢出效应大约为 0.122%。通过对国外学者研究成果的梳理可知，在把住房市场引入 DSGE 模型时，需考虑金融加速器和抵押约束机制等机制的影响，同时要从系统的角度出发研究住房市场的溢出效应。

（二）国内研究现状

国内关于 DSGE 的研究起步较晚，并且大多数研究主要是在介绍该理论模型及其简单的应用，且集中在货币政策、财政政策的宏观经济政策研究上，以及研究中国经济波动上（李松华，2010）。而在对住房市场的研究中，所使用的工具多是传统的计量经济模型，如梁云芳、高铁梅（2006）等人的 VAR 模型、赵昕东（2010）应用的 SVAR 模型、卢建新、苗建军（2011）构建的二阶差分模型、张谦、王成璋（2013）的空间面板模型等。但近 3 年来使用 DSGE 模型来研究房地产市场的国内学者人数在逐渐增加。较早把住房部门引入 DSGE 来分析的国内文献是崔光灿（2006），他构建了包含金融加速器的 RBC 模型，并指出房价上涨与信贷数量可以相互影响、相互促进，但该 RBC 模型对短期经济波动原因的解释还没有足够的说服力。侯成琪、龚六堂（2011）通过建立异质性家庭、异质性生产部门的 DSGE 模型发现住房价格波动不仅通过金融加速器机制影响需求，还通过改变住房与一般消费品的相对价格影响产出。这是国内学者首次将异质性因素引入 DSGE 模型，具有较好的理论价值。梁斌（2011）将房地产部门引入 DSGE 模型中分析房价波动与货币政策的关系，在异质性 DSGE 模型中引入收入分配差距冲击来分析其对住房价格的影响，发现收入分配差距冲击对房价影响是正向的。李巍、张志超（2011）基于不同货币政策规则的 DSGE 模型分析通货膨胀、房价变化对实体经济的冲击影响。刘兰凤、袁申国（2011）通过使用含金融加速器的 DSGE 模型分析货币政策变动所引起的房价变动及其对住房投资和住房消费的影响。谭政勋、王聪（2011）从房价波动与金融稳定之间相互联系的角度进行研究，但主要是集中在金融市场上，并未研究房价波动的主要影响因素。郑忠华、邱俊鹏（2013）从住房的多重属性建立 DSGE

模型，发现影响房价波动的主要因素是通胀率和利率。上述针对房地产市场的研究虽运用了动态随机一般均衡模型，但研究主要集中于货币政策对房价的影响和房价波动对金融市场、经济波动的影响，鲜有学者将两者联合起来分析研究。不过有学者开始结合中国的特殊国情，从政府财政政策调控的角度和社会福利角度来研究房地产市场波动及宏观经济波动。骆永民、伍文中（2012）将房产税纳入模型来研究宏观经济效应变化，认为房产税改革在长期可有效降低房价但会对宏观经济带来负面效应。王云清等（2013）建立了一个两部门 DSGE 模型，考察了我国房价和产量（数量）波动的机制，认为货币政策是影响房价的最主要因素。马亚明、刘翠（2014）构造了包含多个经济主体的 DSGE 模型，认为货币政策对房地产价格波动作出反应能有效降低产出和通货膨胀的波动，并减少社会福利损失，首次利用 DSGE 模型来研究房地产市场波动对宏观经济影响的福利效应。易斌（2015）构建了考虑信贷摩擦和房地产抵押担保效应的 HDSGE 模型，考察土地住房需求抑制和土地供给调节这两类房地产调控政策对房价的调控效果和对宏观经济的影响。这是当前 DSGE 模型在中国发展取得的新成果，但在集中于住房市场波动的研究上有很大分歧，究竟是货币政策冲击、住房偏好冲击导致房价波动，还是生产技术冲击、房地产税等财政政策冲击导致住房市场波动，没有定论。

（三）现有文献简评

通过国内外关于住房市场波动和 DSGE 模型应用的研究，我们发现国外的研究多只从资产品或抵押品的角度来研究住房市场对宏观经济的冲击影响，而国内关于住房市场的研究在理论工具上相对落后，采用 SVAR 等计量经济模型，难以避免"卢卡斯批判"[①]。而利用 DSGE 模型研究中国房地产市场的学者，一种是运用 DSGE 模型来评价宏观经济政策（尤其是货币政策）的效果或其通过房地产市场加剧经济波动的研究；一种

---

① "卢卡斯批判"（Lucas Critique），卢卡斯是理性预期学派的代表人物，他认为一般计量经济学模型所依赖的统计关系基础会受到政策变动的影响，而参数不应是政策的函数，因此基于历史观测数据得出的经济关系来预测经济形势和评价经济政策就可能是失效的，因此应当建立真正意义上的结构一致性模型。

是利用DSGE框架考虑各种冲击对房地产市场波动的影响。近些年有学者将财政政策引入HDSGE模型中，试图探索宏观调控政策对房地产市场及宏观经济的影响，甚至有学者开始着手HDSGE模型中房地产市场波动对于社会福利损失的研究。这表明DSGE模型在我国逐渐发展起来，也为本书的研究指明了方向。因此我们综合近年来在住房市场发展中的研究，建立一个贝叶斯估计的DSGE模型。从模型的角度来看，我们沿用大多数DSGE模型作为标准的宏观经济学研究范式（重点借鉴Iacoviello & Neri 2010的模型），基于合理的代表人假设研究住房市场对宏观经济的作用，并将抵押约束机制引入DSGE模型，结合住房的多重属性及中国特殊的楼市调控政策来考虑住房市场的波动原因。另外，我们将综合借鉴前人所引入的冲击变量，来研究影响住房市场波动的根源及其对宏观实体经济产生何种溢出效应。

二 动态随机一般均衡理论

这一部分主要是从宏观经济理论动态随机一般均衡模型的发展以及分析框架出发，为构建含有住房部门的DSGE模型提供理论支撑和实证分析框架。

（一）DSGE 模型的产生与发展

1. DSGE 模型的产生

20世纪50年代经济学界普遍意识到凯恩斯主义宏观经济学缺乏微观基础，到了70年代它又遭受到理性预期学派的批评，而当时的经济现实——"滞胀"，更是给凯恩斯主义学派以巨大的打击，以需求管理的凯恩斯主义经济政策显得非常窘迫。凯恩斯主义缺乏微观基础已经备受诟病，同时它又由于理性预期导致的政策无效性。在这样的背景下，新古典宏观经济学代表人物卢卡斯和萨金特呼吁建立"一致性基础"的模型，并极力主张以微观个体理性选择为基础来解释宏观经济运行，考察微观个体理性决策对宏观总体经济活动的影响，寻找宏观经济学缺失的微观基础。理性预期理论的出现有助于微观个体分析跨期选择，同时可以分析经济的动态性及其影响效果。这些都启发了年轻的新一代凯恩斯主义者，并由此形成了新凯恩斯主义，这也是 DSGE 的起点。与此同时，新古典主义者 Kydland & Prescott（1982）创立了真实经济周期理论（RBC 理论），并用它来分析宏观经济的波动，该理论与当时美国经济的实际数据拟合得很好。RBC 理论涵盖了 DSGE 模型的全部重要元素：即微观基础、一般均衡、理性预期、跨期决策、外生冲击和动态过程分析，因此，RBC 理论被视为 DSGE 的雏形。

RBC 理论是新古典主义者在 DSGE 上探索的一大成果，它带来了方法论上的突破，并且是第一次严格地从供给角度考察经济周期的宏观经济学理论，但该理论自提出以来就遭受到很多批评。因为它忽略了不完全竞争和不完美市场引致的价格与工资黏性，于是得出了财政政策和货币政策完全失效的结论。根据 RBC 理论，经济波动是行为人对真实冲击做出的理性反应结果。因此，出现衰退也不应视为一种福利损失，即"大萧条"也是帕累托最优的，这一点受到许多经济学家的攻击。另外，它未考虑经济行为主体的异质性和预期的有限性以及经济活动的复杂性而备受批判。

2. DSGE 模型的发展

新凯恩斯主义者基于原凯恩斯主义的"价格刚性""工资刚性"和"市场非出清"，并结合 RBC 的方法，形成了新凯恩斯 DSGE 模型。简要地说，新凯恩斯 DSGE 模型以新古典学派的理性经济人假说和一般均衡理论为基础，把宏观经济分析建立在微观个体理性决策的基础上，从而回避了"卢卡斯批判"问题。可以说，在凯恩斯开创现代宏观经济学以后，DSGE 模型是主流宏观经济学全面整合，代表着该领域的发展前沿。正因为如此，新凯恩斯主义宏观经济学和新古典主义宏观经济学均把它视为自己的主要研究工具。鉴于此，Goodfriend & King（1997）把它概括为"新的新古典主义综合"。

20 世纪 90 年代以来，新凯恩斯主义 DSGE 模型发展很快，名义黏性和不完全竞争等均被纳入 DSGE 模型的分析框架，出现了 Yun（1996）、Rotemberg & Woodford（1997）等一批优秀模型。进入 21 世纪以后，Christiano 等（2003）、Smets & Wounters（2003，2007）等文献极大地推动着该领域的发展，这些研究通过引入更符合现实的价格黏性、工资黏性、外生冲击等以及其他微观机制,并利用极大似然估计、贝叶斯估计或最小距离估计等方法来分析以上各因素对宏观经济波动的影响。这些研究成果已成为用于货币政策和财政政策效果分析的参考模型。当前,DSGE 模型业已成为 21 世纪最完善的经济学分析范式,在宏观经济分析中获得了迅猛发展和广泛应用[1],受到世界各国央行的青睐。

(二) DSGE 模型的分析框架

新凯恩斯主义 DSGE 模型的基本框架来源于 RBC 模型。因此,一个规范的 DSGE 模型一般应该包含微观经济主体所在的市场环境、最优的行为决策方法和资源约束条件等要素[2],以及垄断竞争、名义刚性和短期货币的非中性等特殊因素。下面参考 Walsh (2003) & Gali (2008) 的模型及 Woodford (2003) 和 Christiano (2005) 等经典文献,来说明 DSGE 模型的一般分析框架。一个完整的 DSGE 模型分析框架主要包括三大部分:一是模型设定(主要是行为主体、约束规则及面临的不确定性);二是模型求解(主要是非线性模型的线性化);三是估计模型相关的结构参数(主要采用贝叶斯估计方法)。

1. 主体假定

一般假设经济中包含个人(或家庭)、企业(中间品及最终品厂商)及货币当局(或中央银行)等各类经济活动主体,其中个人通过向企业提供服务而获取劳动报酬,并持有一定的货币资产,个人持有企业的所有权;中间品企业是测度为 1 的连续统,[3] 它们各自生产具有一定差异性的产品并自己定价,故处于垄断竞争地位,并以交错的方式调整产品价

---

[1] Balke, N., F., Canova, F., Milani and M., A. Wynne, 2012, *DSGE Models in Macroeconomics: Estimation, Evaluation, and New Developments*, Emerald Group Publishing Limited,方福前、王晴:《动态随机一般均衡模型:文献研究与未来展望》,《经济理论与经济管理》2012 年第 11 期,杨农和郭辉铭:《动态随机一般均衡模型理论与实证研究进展》,《经济学动态》2013 年第 8 期,对 DSGE 模型的产生和发展方向作了详细论述。

[2] 杨农、郭辉铭:《动态随机一般均衡模型理论与实证研究进展》,《经济学动态》2013 年第 8 期。

[3] 同上。

格，因而具有价格黏性；最终品企业利用中间品产出相同品质的最终产品，①以供家庭或政府消费，因而最终品厂商处于完全竞争地位；中央政府（或央行）执行货币政策。

（1）家庭

代表性家庭在预算约束条件下，对消费、劳动力供给及财产选择进行决策，其中可供家庭选择的资产包括货币和债券，且家庭拥有厂商的所有权并获得利润。通过消费、闲暇、持有货币获得效用，消费的效用函数为常数相对风险规避（Constant Relative Risk Aversion，CRRA）型，货币的效用函数为 MIU②，最后实现效用的最大化，用公式表示如下：

$$\max E_t \sum_{i=0}^{\infty} \beta^t \left\{ \frac{\left(\frac{C_{t+i}}{A_{t+i}}\right)^{1-\tau} - 1}{1-\tau} + \mu_t \ln \frac{M_{t+i}}{P_{t+i}} - h_{t+i} \right\} \qquad (6-1)$$

$$\text{s.t. } C_t + \frac{M_t}{P_t} + \frac{B_t}{P_t} = w_t h_t + \frac{M_{t-1}}{P_t} + \frac{R_{t-1} B_{t-1}}{P_t} + \aleph_t \qquad (6-2)$$

在式（6—1）中，消费的跨期替代弹性用 $\frac{1}{\tau}$ 来表示。③

拉格朗日函数可以利用预算约束条件及效用函数来构建，再对控制变量分别进行求偏导，调整后即得：

$$\left(\frac{C_t}{A_t}\right)^{-\tau} \frac{1}{A_t} = \beta E_t \left[\frac{R_t}{\pi_{t+1}} \left(\frac{C_{t+1}}{A_{t+1}}\right)^{-\tau} \frac{1}{A_{t+1}} \right] \qquad (6-3)$$

在式（6—3）中，$\pi_t = \frac{P_t}{P_{t-1}}$。

---

① 杨农、郭辉铭：《动态随机一般均衡模型理论与实证研究进展》，《经济学动态》2013 年第 8 期。

② MIU 是效用函数中的货币模型（Money in the utility Function 或 MIU Model）的英文缩写，它是由 Sidrauski（1967）首先提出来的。该模型假定行为人的效用既来自对货币的持有，也来自对物品的消费。持有货币能直接带来效用的原因在于货币的使用可以在交易中减少购物时间，而时间是能为人们带来效用的。但要增加货币持有量就必须减少行为人的消费量或债券拥有量，而这些同样会为行为人带来效用。因此，行为人要使其效用最大化，需要在货币持有量与其消费量或债券拥有量之间进行权衡。如果稳态下模型经济的货币需求为正，它能为人们带来效用，那么，货币就具有了正的价值。MIU 模型是首次在均衡分析中使货币真正具有正价值的模型。

③ 杨农、郭辉铭：《动态随机一般均衡模型理论与实证研究进展》，《经济学动态》2013 年第 8 期。

(2) 最终品企业

假设最终品企业面临完全竞争的要素市场和产品市场,且最终品由企业用购买的中间品生产得到,我们沿用迪斯特和斯蒂格利茨(Dixit and Stiglitz)型的生产函数:

$$Y_t = \left[\int_0^1 Y_{it}^{\frac{v-1}{v}} di\right]^{\frac{v}{v-1}} \quad (6—4)$$

在式(6—4)中,Y_t 为最终品企业生产的最终品数量,Y_{it} 为中间品企业 i 生产的产品数量,v 为中间品的替代弹性,为了利润最大化,最终品企业通过选择不同的 Y_{it} 来实现[①]:

$$\max_{Y_{it}} P_t Y_t - \int_0^1 P_{it} Y_{it} di \quad (6—5)$$

$$\text{s. t. } Y_t = \left[\int_0^1 Y_{it}^{\frac{v-1}{v}} di\right]^{\frac{v}{v-1}} \quad (6—6)$$

整理一阶条件可以得到中间品的需求函数:

$$Y_{it} = \left[\frac{P_{it}}{P_t}\right]^{-v} Y_t \quad (6—7)$$

在市场是完全竞争的情况下,最终品企业的经济利润一定是 0,故有:

$$P_t = \left[\int_0^1 P_{it}^{1-v} di\right]^{\frac{1}{1-v}} \quad (6—8)$$

(3) 中间品企业

企业面临的劳动力市场是完全竞争的,其生产函数是 $Y_{it} = A_t N_{it}$,这里,A_t 为技术水平,它满足随机游走的过程;N_{it} 是中间品企业 i 聘用的劳动力的数量:

$$\ln A_t = \gamma + \ln A_{t-1} + \tilde{z}_t, \quad \tilde{z}_t = \rho_z \tilde{z}_{t-1} + \varepsilon_{zt} \quad (6—9)$$

为体现价格黏性,采用卡尔沃(Calvo,1983)的模型,假设中间品企业在每期都以 $(1-\omega)$ 的概率调整价格,以 ω 的概率维持原来的价格水平,另外,价格调整与前一次调整的时间间隔没有关系,企业以利润

---

① 杨农、郭辉铭:《动态随机一般均衡模型理论与实证研究进展》,《经济学动态》2013 年第 8 期。

最大化为行动目标①，则有：

$$\max E_t \sum_{s=0}^{\infty} (\beta\omega)^s \mu_{t+s} \left(\frac{P_{it} \pi^s}{P_{t+s}} - mc_{t+s} \right) Y_{i,t+s} \quad (6—10)$$

$$\text{s. t. } Y_{i,t+s} = \left(\frac{P_{it} \pi^s}{P_{t+s}} \right)^{-v} Y_{t+s} \quad (6—11)$$

在式（6—10）中，μ_{t+s} 为 t+s 期与 t 期的消费边际效用之比，mc_{t+s} 为实际边际成本。省略复杂的推导过程，可以得出 t 期的价格水平表达式为：

$$\begin{aligned} P_t &= \left[(1-\omega) \sum_{s=0}^{\infty} \omega^s (\pi^s P_{t+s}^*)^{1-v} \right]^{\frac{1}{1-v}} \\ &= \left[\omega (\pi P_{t-1})^{1-v} + (1-\omega)(P_t^*)^{1-v} \right]^{\frac{1}{1-v}} \end{aligned} \quad (6—12)$$

（4）中央政府

假设央行执行简单的货币政策以实现政策目标，而不是作为最优化的主体存在。通常假设其实施的货币政策参照泰勒规则：

$$i_t = \rho + \varphi_\pi \pi_t + \varphi_y \hat{y}_t + v_t \quad (6—13)$$

具体刻画如下：

$$R_t = R_{t-1}^\rho \left(r\pi \left(\frac{\pi_t}{\pi} \right)^{\varphi_1} \left(\frac{Y_t}{Y_t^*} \right)^{\varphi_2} \right)^{1-\rho} e_{R_t}^\varepsilon \quad (6—14)$$

在式（6—14）中，r 表示稳态时的实际利率；π 表示通胀目标，即稳态时的通胀率；Y_t^* 表示潜在产出。当然在建模过程中，央行可以采用更为复杂的规则来刻画这一目标。通过将上述方程联立就可得出整个经济的最优配置，即可模拟货币政策冲击和技术冲击对整个经济的影响。

2. 非线性模型的对数线性化

通过上面的简单 DSGE 模型容易发现，经济主体的最优决策行为方程往往具有非线性特点，对于这种非线性的动态模型，若想求出解析解是比较困难的。因此，常用的解决方法是在稳态附近对模型进行线性近似，并据此研究模型的某些二阶特征。例如，假设某变量在 t 期的取值为 X_t，且其稳态值为 $\bar{X}$，则定义其对数差分（Log Differences）$\hat{X}_t$ 为：

---

① 杨农、郭辉铭：《动态随机一般均衡模型理论与实证研究进展》，《经济学动态》2013 年第 8 期。

$$\hat{X}_t = \ln X_t - \ln \bar{X} \tag{6—15}$$

式（6—15）等价于 $X_t = \bar{X} e^{\hat{X}_t}$。

对于下述方程：

$$\hat{R}_t = \rho_R \hat{R}_{t-1} + (1-\rho_R)(\varphi_1 \hat{\pi}_t + \varphi_2(\hat{y}_t - \hat{z}_t)) + \varepsilon_{R_t} \tag{6—16}$$

可以按照类似方法将式（6—16）转化成对数线性形式，通常是将模型中的变量逐个换成其对应的对数差分形式即可。

对于单变量函数，如 $X_{t+1} = f(X_t)$，一般采用一阶泰勒展开式在 X_t 的稳态处 $\bar{X}$ 展开，可得：

$$X_{t+1} \approx f(\bar{X}) + f'(\bar{X})(X_t - \bar{X}) \tag{6—17}$$

由于稳态时 $\bar{X} = f(\bar{X})$，因此，式（6—17）可转化为：

$$X_{t+1} \approx \bar{X} + f'(\bar{X})(X_t - \bar{X}) \tag{6—18}$$

进一步化简得：

$$\frac{X_{t+1}}{\bar{X}} \approx 1 + f'(\bar{X}) \frac{X_t - \bar{X}}{\bar{X}} \tag{6—19}$$

由 $\hat{X}_t = \ln X_t - \ln \bar{X} \approx \dfrac{X_t - \bar{X}}{\bar{X}}$ 可知：

$$\hat{X}_{t+1} = f'(\bar{X}) \hat{X}_t \tag{6—20}$$

式（6—20）即可在单变量中直接套用。

对于多变量函数，如 $X_{t+1} = f(X_t, Y_t)$，仍采用一阶泰勒展开式分别在 X_t、Y_t 稳态值处进行展开，即可得：

$$X_{t+1} \approx f(\bar{X}, \bar{Y}) + f_X(\bar{X}, \bar{Y})(X_t - \bar{X}) + f_Y(\bar{X}, \bar{Y})(Y_t - \bar{Y})$$

$$\tag{6—21}$$

同理，将稳态时 $\bar{X} = f(\bar{X}, \bar{Y})$ 代入然后进一步化简，最后可得：

$$\hat{X}_{t+1} = f_X(\bar{X}, \bar{Y}) \hat{X}_t + f_Y(\bar{X}, \bar{Y}) \frac{\bar{Y}}{\bar{X}} \hat{Y}_t \tag{6—22}$$

式（6—22）即可在多变量中直接套用。

3. 线性模型的数值求解

有多种方法来求解线性 DSGE 模型，例如：Blanchard & Kahn（1980）的 BK 法、Sims（2001）的 QZ 分解法、Uhlig（1999）的待定系数法。目前多数实证论文中使用的是 BK 法，因此，有必要将该法的求解原理进行介绍。

由前一部分所讲一阶式子进行对数线性化之后，获得平稳的线性方程组，通常可写为：

$$AE_tX_{t+1} = BX_t + C\varepsilon_t \quad (6\text{—}23)$$

在式（6—23）中，E_t 是期望，表示 t 期对未来变量做的条件期望；X_t 为线性 DSGE 模型所有变量的集合，不仅包括内生变量还包括外生变量，并以各变量对其稳态值的对数偏离来表示；ε_t 为模型中所有外生随机冲击的集合；A、B、C 为方程组的系数矩阵。若 A 可逆，则可将上式改写为如下：

$$\begin{bmatrix} X_{1t+1} \\ E_t(X_{2t+1}) \end{bmatrix} = \tilde{A} \begin{bmatrix} X_{1t} \\ X_{2t} \end{bmatrix} + D\varepsilon_t \quad (6\text{—}24)$$

在式（6—24）中，$\tilde{A} = A^{-1}B$，$D = A^{-1}C$，$n_1 \times 1$ 阶向量 X_{1t} 由线性 DSGE 模型内生前定变量构成，即它不包含预测误差；而 $n_2 \times 1$ 阶向量 X_{2t} 由模型中的内生非前定变量构成，即它包含预测误差，$X_{2t+1} = E_t(X_{2t+1}) + \mu_{t+1}$，该向量 μ_{t+1} 为预测误差。

若当系数矩阵 A 不可逆时，则需要采用 King & Watson（2002）的方法，将模型缩减为由其确定性的变量子集表示的形式，即将模型变量分为三类：外生冲击变量 η_t，动态变量 ζ_t，静态变量 ξ_t，那么线性模型即可表示为如下方程：

$$\Phi_1\xi_t = \Phi_2\zeta_t + \Phi_3\eta_t \quad (6\text{—}25)$$

$$\Phi_4 E_t(\zeta_{t+1}) = \Phi_5\zeta_t + \Phi_6\xi_t + \Phi_7\eta_t \quad (6\text{—}26)$$

在式（6—25）和式（6—26）中，Φ_1—Φ_7 均为系数矩阵，但 Φ_1 和 Φ_4 是可逆的。于是，上二式可化为：

$$\Phi_4 E_t(\zeta_{t+1}) = (\Phi_5 + \Phi_6\Phi_1^{-1}\Phi_2)\zeta_t + (\Phi_7 + \Phi_6\Phi_1^{-1}\Phi_3)\eta_t$$

$$(6\text{—}27)$$

对式（6—27）左乘Φ_4^{-1}，即可得到能够进行 BK 法求解的 DSGE 模型，但要对系数矩阵$\tilde{A}$进行 Jordan 分解，$\tilde{A} = Q^{-1}\Lambda Q$，可得：

$$\begin{bmatrix} X_{1t+1} \\ E_t(X_{2t+1}) \end{bmatrix} = Q^{-1}\Lambda Q \begin{bmatrix} X_{1t} \\ X_{2t} \end{bmatrix} + \begin{bmatrix} D_1 \\ D_2 \end{bmatrix} \varepsilon_t \qquad (6—28)$$

其中矩阵Λ进行顺序分块：

$$\Lambda = \begin{bmatrix} \Lambda_1 & 0 \\ 0 & \Lambda_2 \end{bmatrix} \qquad (6—29)$$

在式（6—29）中，Λ_1中的特征根在单位圆内，而Λ_2的特征根在单位圆外，故Λ_2^n随着n的增大是发散的，同样也将Q进行分块：

$$Q = \begin{bmatrix} Q_{11} & Q_{12} \\ Q_{21} & Q_{22} \end{bmatrix} \qquad (6—30)$$

在式（6—29）中，Q_{11}与Λ_1对应，如此类推，若模型内生非前定变量个数与非平稳特征根个数相等，那么方程组服从鞍点平稳路径，这种情况下模型有唯一解[①]。将Q左乘代入上式，可得：

$$\begin{bmatrix} \dot{X}_{1t+1} \\ E_t(\dot{X}_{2t+1}) \end{bmatrix} = \begin{bmatrix} \Lambda_1 & 0 \\ 0 & \Lambda_2 \end{bmatrix} \begin{bmatrix} \dot{X}_{1t} \\ \dot{X}_{2t} \end{bmatrix} + \begin{bmatrix} E_1 \\ E_2 \end{bmatrix} \varepsilon_t \qquad (6—31)$$

在式（6—31）中：

$$\begin{bmatrix} \dot{X}_{1t} \\ \dot{X}_{2t} \end{bmatrix} = \begin{bmatrix} Q_{11} & Q_{12} \\ Q_{21} & Q_{22} \end{bmatrix} \begin{bmatrix} X_{1t} \\ X_{2t} \end{bmatrix} \qquad (6—32)$$

$$\begin{bmatrix} E_1 \\ E_2 \end{bmatrix} = \begin{bmatrix} Q_{11} & Q_{12} \\ Q_{21} & Q_{22} \end{bmatrix} \begin{bmatrix} D_1 \\ D_2 \end{bmatrix} \qquad (6—33)$$

这种分解使得模型中的非前定内生变量完全取决于包含在Λ_2中的系数矩阵$\tilde{A}$的不稳定特征根。则式（6—31）可变为：

---

① 李霜：《动态随机一般均衡下中国经济波动问题研究》，华中科技大学博士学位论文，2011年，第31页。另外当不稳定特征根个数大于模型非前定变量个数，模型无解；反之当不稳定根个数小于非前定变量个数时，模型有无穷多解。

$$\begin{cases} \dot{X}_{1t+1} = \Lambda_1 \dot{X}_{1t} + E_1 \varepsilon_t \\ E_t(\dot{X}_{2t+1}) = \Lambda_2 \dot{X}_{2t} + E_2 \varepsilon_t \end{cases} \quad (6\text{—}34)$$

由分解部分式子可得：

$$\dot{X}_{2t} = \Lambda_2^{-1} E_t(\dot{X}_{2t+1}) - \Lambda_2^{-1} E_2 \varepsilon_t \quad (6\text{—}35)$$

对其向前迭代：

$$\dot{X}_{2t+1} = \Lambda_2^{-1} E_{t+1}(\dot{X}_{2t+2}) - \Lambda_2^{-1} E_2 \varepsilon_{t+1} \quad (6\text{—}36)$$

再次代入可得：

$$\dot{X}_{2t} = \Lambda_2^{-2} E_t(\dot{X}_{2t+2}) - \Lambda_2^{-2} E_2 E_t(\varepsilon_{t+1}) + \Lambda_2^{-1} E_2 \varepsilon_t = \Lambda_2^{-n} E_t(\dot{X}_{2t+n})$$
$$- \sum_{j=0}^{\infty} \Lambda_2^{-(j+1)} E_2 E_t(\varepsilon_{t+j}) = - \sum_{j=0}^{\infty} \Lambda_2^{-(j+1)} E_2 E_t(\varepsilon_{t+j}) \quad (6\text{—}37)$$

在式（6—37）中，Λ_2^{-n} 当 n 趋近于无穷大时趋于 0。

将所得 $\dot{X}_{2t}$ 代回线性 DSGE 模型中非前定变量 X_{2t} 等式中可得：

$$X_{2t} = -Q_{22}^{-1} Q_{21} X_{1t} - Q_{22}^{-1} \sum_{j=0}^{\infty} \Lambda_2^{-(j+1)} E_2 E_t(\varepsilon_{t+j}) \quad (6\text{—}38)$$

将系数矩阵 $\tilde{A}$ 进行分块操作，$\tilde{A} = \begin{bmatrix} \tilde{A}_{11} & \tilde{A}_{12} \\ \tilde{A}_{21} & \tilde{A}_{22} \end{bmatrix}$，将原式展开：

$$X_{1t+1} = \tilde{A}_{11} X_{1t} + \tilde{A}_{12} X_{2t} + D_1 \varepsilon_t \quad (6\text{—}39)$$

将前式代入后式即可得 X_{1t} 的解：

$$X_{1t+1} = (\tilde{A}_{11} - \tilde{A}_{12} Q_{22}^{-1} Q_{21}) X_{1t} - \tilde{A}_{12} Q_{22}^{-1} \sum_{j=0}^{\infty} \Lambda_2^{-(j+1)} E_2 E_t(\varepsilon_{t+j})$$
$$+ D_1 \varepsilon_t \quad (6\text{—}40)$$

自上我们已经求解出线性 DSGE 模型的解，其一般形式为：

$$X_{t+1} = \Gamma X_{t+1} + G \varepsilon_{t+1} \quad (6\text{—}41)$$

在式（6—41）中，Γ、G 为模型的机构参数函数。

4. DSGE 模型的参数估计

参数估计方法有很多，李霜（2011）按照发展顺序可分为校准法、广义矩估计法（GMM）、基于模拟的矩估计法（SMM）和间接推断法

(Ⅱ)、极大似然估计法和贝叶斯估计，用于估计非线性模型的投影法、值函数迭代法、策略函数迭代法。本章主要使用校准法和贝叶斯估计，故下面重点介绍这两种估计方法。

（1）校准法

该法主要用于模型中反映稳态特性的有关参数，其基本思路是依据实际经济中得到的基本统计关系来推算对应参数。虽然对于反映模型动态特性有关参数，校准法也有所应用，但是相比其他的估计方法，该法所得值不是很精确。

（2）贝叶斯估计法

近些年来，该法得到广大经济学家和研究 DSGE 模型的学者的广泛应用，主要得益于其更精确、便于不同模型比较及马氏链蒙特卡罗（MC-MC）方法使得贝叶斯估计[①]稳健且易得。该法所估计的模型参数主要是具有随机性的参数。Bayes 估计法把先验分布和似然函数按信息综合起来，把先验信息视为似然函数的权重，将参数的估值区间估计得更加精确。[②] 我们假设 $p(\theta_M | M)$ 是模型参数 θ_M 的先验密度函数，M 表示具体模型，似然函数为：

$$L(\theta_M | Y^T, M) = p(Y^T | \theta_M, M) \tag{6—42}$$

将其迭代：

$$p(Y^T | \theta_M, M) = p(y_0 | \theta_M, M) \prod_{t=1}^{T} p(y_t | Y^{T-1}, \theta_M, M)$$

$$\tag{6—43}$$

在模型似然函数 $p(Y^T | \theta)$ 及先验密度函数 $p(\theta)$ 给定的条件下[③]，由贝叶斯定理可以得到后验密度函数为：

$$p(\theta | Y^T) = \frac{p(Y^T | \theta) \times p(\theta)}{p(Y^T)} \tag{6—44}$$

那么对于具体模型 M 可得：

---

① 此方法主要用于估计反映模型动态特性的参数，但方法不局限于此一种，刘斌：《动态随机一般均衡模型及其应用》，中国金融出版社 2014 年版，书中将估计方法分为 GMM、SMM、极大似然法和贝叶斯估计法，由于本章主要运用后者，因而这里略过其他方法的介绍。

② 李霜：《动态随机一般均衡下中国经济波动问题研究》，华中科技大学博士学位论文，2011 年。

③ 同上。

$$p(\theta_M \mid Y^T, M) = \frac{p(Y^T \mid \theta_M, M) \times p(\theta_M \mid M)}{p(Y^T \mid M)} \propto p(Y^T \mid \theta_M, M)$$

$$p(\theta_M \mid M) = K(\theta_M \mid Y^T, M) \qquad (6\text{—}45)$$

在式（6—45）中，$p(Y^T \mid M)$ 是 M 的边缘数据密度，就参数矩阵 θ_M 而言，特定模型边缘密度为常数，① 后验概率密度 $p(\theta_M \mid Y^T, M)$ 与后验密度核 $K(\theta_M \mid Y^T, M)$ 成正比关系。

三 植入住房部门的 DSGE 模型构建

这一部分主要应用新凯恩斯主义 DSGE 模型并结合住房市场季度数据来研究我国住房市场波动，模型包含两大基本假设，即：价格黏性与垄断竞争。进入后危机时代，理论界通过对金融危机的反思，普遍认为金融机构和货币不只是实体经济的"一层面纱"，应将金融部门加入 DSGE 模型框架中来研究其对宏观经济运行和经济波动的影响，只有这样才能更好地拟合实体经济和解释经济波动。从已有文献来看，将金融因素纳入到 DSGE 模型中主要有四种模式：（1）围绕金融加速器理论来进行建模，这些文献基本上建立在 Bernanke & Gertler（1996）和 Bernanke 等（1999）提出的金融加速器理论的基础上；（2）围绕银行资本机制进行建模，主要以 Gerali 等（2010）和 Meh & Moran（2010）等为基础，通过把一个结构化的银行部门纳入一般均衡理论框架内来研究宏观政策如何通过金融部门传导至实体经济；（3）围绕信贷利差进行建模，主要以 Curdia & Woodford（2009）和 Davis & Huang（2012）等为基础，银行利差是反映金融体系运行的重要变量，将信贷利差纳入货币政策的泰勒规则中，从而建立信贷利差模型来研究货币政策与经济波动；（4）围绕抵押物约束机制进行建模，主要以 Iacoviello & Neri（2010）和 Andres & Arce（2012）等为基础，该方法把主要抵押物（如住房、土地及资本等）纳入企业生产函数和个人效用函数中，并把抵押物价格与产出和消费联系起

---

① 李霜：《动态随机一般均衡下中国经济波动问题研究》，华中科技大学博士学位论文，2011 年。

来。本章在研究中国住房市场波动时，重点从住房抵押物约束机制的角度把金融因素纳入 DSGE 模型，以便分析我国住房市场波动的根源。

本部分将建立一个包含耐心家庭和缺乏耐心家庭的两类异质性家庭，并通过缺乏耐心家庭引入抵押约束机制，同时建立一个包含商业和房地产两个部门的异质性生产部门以及包括央行的多经济主体的 DSGE 模型。从住房的多重属性入手，研究住房市场波动的原因。我们将考虑房地产供给方面的因素，不仅从房价与货币政策方面进行研究，也从房地产产量波动方面进行研究。

（一）模型构建的背景

1. 住房市场发展状况

自 2003 年房地产市场发展过热之后，2005 年政府首次进行楼市调控并推出"国八条"，随后又出台了一系列的"国 X 条"政策调控市场，然而，这些政策的实施并未有效地降低房价。于是，便有了"楼市调控越调越涨"的说法。但自 2014 年 8 月以来，房地产市场出现"拐点"，房价已经连续数月下跌，房屋销售低迷。于是，多地限购政策"松绑"、央行多次降息降准、"930 新政"和"330 新政"等多重利好政策纷纷出台，在这些利好政策的刺激下，楼市开始走出低潮，止跌回升。此次楼市调控与以往相比，市场化意味更重，给楼市带来不少新变化。城市间分化加剧，一二线城市成为众多房地产企业的利润保障区，它们纷纷扎堆拿地。与此同时，市场也进入存量时代，大主题以去库存为主，上市房地产企业批量转型进入金融、医疗等行业。另外，房地产税改革基本框架已定，推出后将一改以往重流转而不重保有环节的税种，可能有效减少投资性购房。总之，房价回落一方面会刺激刚性需求者购房；另一方面又会导致住房持有者财富减少，"财富效应"导致消费低迷。房地产企业转型、房产税推进，导致房地产投资进一步降低，从而拖累固定资产投资增速，进而导致宏观经济下行。因此，住房市场波动不容忽视，将一系列政策措施考虑进模型也将更好地研究住房市场，构建动态化、系统化的经济模型来模拟实体经济越来越有必要。

2. 理论背景

Iacoviello（2005）指出，抵押物约束机制显著加强了总需求对住房价格冲击的反应。该文虽然率先从抵押物约束机制考察了住房市场对宏观经济的波动，但它并没有考虑金融加速器机制及住房通过其他属性所起的作用。Iacoviello & Neri（2010）指出，住房市场对消费和商业投资的溢出效应不可忽视，并且随着时间的流逝越来越重要。Jin 等（2012）把金融加速器机制融入 DSGE 模型中，分析了住房市场、外部融资溢价与商业投资之间的联系，他们发现正的住房价格冲击降低了外部融资溢价，并刺激了非住房投资和实际 GDP。Mayer & Gareis（2013）运用贝叶斯 DSGE 方法研究了爱尔兰住房市场波动的推动因素。侯成琪、龚六堂（2011）通过建立异质性家庭、异质性生产部门的 DSGE 模型发现住房价格波动不仅通过金融加速器机制影响需求，还通过改变住房与一般消费品的相对价格影响产出。王云清等（2013）通过建立两部门新凯恩斯主义 DSGE 模型，考察了我国房地产价格和产量（数量）波动的机制，认为货币政策是影响房价的最主要因素。易斌（2015）构建了考虑信贷摩擦和房地产抵押担保效应的 HDSGE 模型，考察土地、住房需求抑制和土地供给调节这两类房地产调控政策对房价的调控效果和对宏观经济的影响。

如前所述，我国住房市场自 2005 年以来受到一系列或强或弱的行政调控，在一轮又一轮的调控中财政政策的影子不时闪现。因此，理应将财政政策与货币政策一起引入进 DSGE 分析框架。但由于 DSGE 框架下财政政策的研究主题是该政策是否有"产出效应"，且此类研究主要集中在欧美国家。尽管有学者开始尝试构建中国化的财政政策模型，如肖尧、牛永青（2014）构建的含有政府购买性冲击、税率冲击和转移支付冲击的财政政策模型，但该模型是建立在西方市场经济的经典假设基础之上，中国特色并没完全考虑进去，且住房市场的波动与此难以建立很好的传导机制。刘斌（2014）指出，中国在 DSGE 分析框架下考虑财政政策有许多不足之处，而朱军（2013）也认为基于财政政策建立模型存在诸多问题，尤其是财政政策设定的内生性与外生性问题以及时间一致性问题，另外还存在政府支出的划分问题，如将公共教育支出作为公共消费合适还是公共投资合适？此外，我国房地产税改革长效机制尚未建立起来，尤其是党的十八大以来酝酿的房地产税由流通环节向保有环节转变的重大方案仍未出台。综上所述，我们决定暂不考虑财政政策对住房市场的影响,将模型简化为只受货币政策影响的多部门 DSGE 模型。

(二) 模型主体设定

宏观经济学的一个常用假设就是"代表人"假设,尤其体现在对家庭这一主体上,但我们都知道"家家都有一本难念的经",也就是说家庭具有异质性,单纯的宏观加总数据会抵消个体的异质性,因此,对于严谨的研究来说有一定缺陷。凯恩斯主义曾由于缺乏微观基础备受诟病,那么考虑家庭异质性同样要提供一些严谨的微观基础,目前西方国家比较重视家庭的调查和研究,各国现有的调查机构有 SCF、HFCS、FRS、SHIW 等,因此,西方关于家庭异质性研究领先于我国。2010 年由西南财经大学和中国人民银行合作发起的中国家庭金融调查(CHFS)填补了我国对于家庭金融的研究空白,同时也为研究家庭异质性提供了微观调查。据《中国家庭金融调查报告 2012》[①] 显示,在家庭资产构成中,城市户均住房资产 93 万元,占总资产之比为 37.6%,农村户均住房资产为 22.3 万元,占比 59.2%,充分证明住房是家庭最大的一笔投资。柴国俊、尹志超(2013)认为,从财富效应来看,拥有较多房产家庭比拥有较少房产家庭消费更多,从预防性储蓄假说来看,年龄结构差异导致消费差异,并认为房产异质性造成了家庭消费的异质性。因此,我们将家庭分为两类:耐心家庭和非耐心家庭,区别在于后者拥有较少住房,其折现因子 β'' 小于前者的 β',后者以住房作为抵押并支付较高的利率向前者借款消费,由此而引入金融加速器机制。另外,我们还假设两类家庭之间能直接融资,抵押物为住房,从而引入住房抵押机制。我们借鉴 Aoki 等(2004)的方式引入金融加速器效应,用 b'' 表示无耐心家庭的借款量,$q_t h''$ 表示住房价格与房地产量的乘积,若 $b''/(q_t h'')$ 越小,说明借贷风险越小,则利率越低。我们假定其表达式如下:

$$R_t^L = G\left(\frac{b''}{q_t h''}\right) R_t^f = G(m'') R_t^f \qquad (6\text{—}46)$$

在式(6—46)中,$G'(\cdot) > 0$,$G''(\cdot) < 0$。

基于上述分析,本章借鉴 Iacoviello & Neri(2010)和 Ng(2015)的

---

① 甘犁、尹志超等:《中国家庭资产状况及住房需求分析》,《金融研究》2013 年第 4 期。

研究，建立中国化的住房市场模型，主要包括耐心家庭、无耐心家庭、中间品厂商、零售商（消费品和住房）以及央行等主体。首先，耐心家庭为两类厂商提供劳动获得工资收入，通过满足消费和住房的需求获得效用，为企业投入生产资本而拥有经济体中的企业，并提供贷款给无耐心家庭。无耐心家庭同样提供劳动获得工资收入、持有住房和消费获得效用，但由于其缺乏耐心，他们需要抵押其住房获得贷款来进行消费，故所积累的净资产仅仅满足其偿付贷款本息。消费品部门利用资本和劳动生产消费品，中间商提供资本服务以供零售商使用，住房部门利用家庭提供的资本、中间品厂商的资本服务和劳动生产新的住房。耐心家庭获得零售商的利润和工会提供的利润，而无耐心家庭只获得工会利润。央行则是经济中利率的调控者，无耐心家庭抵押获得贷款不仅受贷款价值比的影响，而且受借贷利率的变动影响。

本书设定的外部冲击有：住房需求偏好冲击、技术进步的冲击、货币政策冲击、成本推动的通胀冲击等，其中住房需求偏好冲击主要是反映我国住房需求中的刚需，其他几项冲击则是为了仿真经济体中的技术进步、货币政策导致经济波动进而传导给住房市场的影响。

1. 耐心家庭

该种家庭是在一个以 1 为长度的连续统，他们在预算约束下理性的选择消费品需求 c_t 和住房需求 h_t，并在两部门之间分别供给劳动 $n_{c,t}$、$n_{h,t}$，分别在两部门之间积累资本为 $k_{c,t}$、$k_{h,t}$，以及对缺乏耐心的家庭贷款为 b_t，最终实现其效用的最大化[①]：

$$\max_{\{c_t,h_t,n_{c,t},n_{h,t}\}} E_0 \sum_{t=0}^{\infty} (\beta G_C)^t z_t \left(\ln c_t + j_t \ln h_t - \frac{\tau_t}{1+\eta}(n_{c,t}^{1+\xi} + n_{h,t}^{1+\xi})^{\frac{1+\eta}{1+\xi}} \right)$$

(6—47)

在式（6—47）中，β 为耐心家庭的折现因子；z_t、τ_t 分别表示跨期偏好冲击与劳动供给冲击，服从 AR（1）的过程：$\ln z_t = \rho_z \ln z_{t-1} + \mu_{z,t}$；$\ln \tau_t = \rho_\tau \ln \tau_{t-1} + \mu_{\tau,t}$；$j_t$ 为住房偏好冲击，表示相对购买其他商品购买住房导致的可用资源的周期波动或者是社会人将偏好转向于住房，服从以

---

① 此处假设耐心家庭无现金约束，后文无耐心家庭也遵循此假设，具体可参看 Woodford（2003）。

下过程 $\ln j_t = (1-\rho_j)\ln j_{ss} + \rho_j \ln j_{t-1} + \mu_{j,t}$，$(\mu_{j,t} \sim N(0, \sigma_j^2))$，$j_{ss}$ 为住房偏好冲击的稳态取值；我们沿用 Horvath（2000）的方法来描述劳动的负效用（$\xi, \eta \geq 0$）且劳动供给并非完全自由流动，若 ξ 等于 0，则劳动在部门间可以完全替代。

耐心家庭积累资本和住房并且贷款给无耐心家庭[①]，出借资本给厂商，确定资本的使用效率并卖掉未折旧的资本获得收益，另外，存在消费品和消费品部门投资品的联合生产。因此该家庭最大化其效用水平时受到的预算约束为：

$$c_t + \frac{k_{c,t}}{A_{k,t}} + k_{h,t} + k_{b,t} + q_t h_t + p_{l,t} l_t - b_t = \frac{w_{c,t} n_{c,t}}{X_{wc,t}} + \frac{w_{h,t} n_{h,t}}{X_{wh,t}} - \frac{R_{t-1} b_{t-1}}{\pi_t}$$

$$+ p_{b,t} k_{b,t} + \left(R_{c,t} z_{c,t} + \frac{1-\delta_{kc}}{A_{k,t}}\right) k_{c,t-1} + (R_{h,t} z_{h,t} + 1 - \delta_{kh}) k_{h,t-1} + (p_{l,t}$$

$$+ R_{l,t}) l_{t-1} + q_t (1-\delta_h) h_{t-1} + Div_t - \phi_t - \frac{a(z_{c,t}) k_{c,t-1}}{A_{k,t}}$$

$$- a(z_{h,t}) k_{h,t-1} \tag{6—48}$$

在式（6—48）中，$w_{c,t}$，$w_{h,t}$ 分别为耐心家庭在消费品部门和房地产部门的实际工资率，$k_{c,t}$，$k_{h,t}$，$k_{b,t}$ 分别是消费品部门、住房部门的资本存量及住房部门的中间品产出（$p_{b,t}$ 是其价格），住房为 h_t（q_t 是住房价格），土地为 l_t（$p_{l,t}$ 是土地价格），劳动供给量为 $n_{c,t}$，$n_{h,t}$，资本利用率分别为 $z_{c,t}$，$z_{h,t}$，借贷款为 b_t。$A_{k,t}$ 表示投资技术冲击，代表在非住房部门生产资本的边际成本，$\ln A_{k,t} = \rho_{AK} \ln A_{k,t-1} + \mu_{AK,t}$，$\mu_{AK,t} \sim N(0, \sigma_{AK}^2)$。贷款需要偿付名义无风险利率 R_t，$R_{c,t}$，$R_{h,t}$ 分别表示两部门资本的回报率，δ_{kc}，δ_{kh} 分别表示两部门折旧率，由于工会的原因，$X_{wc,t}$，$X_{wh,t}$ 为零售厂商和房地产厂商支付工资的加成。$\pi_t = P_t/P_{t-1}$ 为通货膨胀率，Div_t 为最终品厂商和工会转移给耐心家庭的利润，ϕ_t 资本严格凸的调整成本[②]，$a(\cdot)$ 是

[①] 在实际生活中，贷款者应将其所持有住房抵押给银行获得贷款，储蓄户将其多余的存款存入银行获得利息，银行从中进行资金的配置获得息差，但在模型中我们简化了这一过程，直接由耐心家庭出借多余的货币给无耐心家庭。

[②] 资本成本的调整函数形式为 $\phi_t = \frac{\phi_{kc}}{2G_{KC}}\left(\frac{k_{c,t}}{k_{c,t-1}} - G_{KC}\right)^2 \frac{k_{c,t-1}}{(1+\gamma_{AK})^t} + \frac{\phi_{kh}}{2G_{KH}}\left(\frac{k_{h,t}}{k_{h,t-1}} - G_{KH}\right)^2 k_{h,t-1}$。

资本利用率 z 的凸性成本①。根据目标函数和约束条件，可以构造拉格朗日函数：

$$\mathcal{L} = \sum_{t=0}^{\infty} (\beta)^t \left(\ln c_t + j_t \ln h_t - \frac{\tau_t}{1+\eta} (n_{c,t}^{1+\xi} + n_{h,t}^{1+\xi})^{\frac{1+\eta}{1+\xi}} \right.$$
$$+ \lambda_t \left(\frac{w_{c,t} n_{c,t}}{X_{wc,t}} + \frac{w_{h,t} n_{h,t}}{X_{wh,t}} - \frac{R_{t-1} b_{t-1}}{\pi_t} + p_{b,t} k_{b,t} + \left(R_{c,t} z_{c,t} + \frac{1-\delta_{kc}}{A_{k,t}} \right) \right.$$
$$k_{c,t-1} + (R_{h,t} z_{h,t} + 1 - \delta_{kh}) k_{h,t-1} + (p_{l,t} + R_{l,t}) l_{t-1} + q_t (1-\delta_h) h_{t-1}$$
$$+ Div_t - \phi_t - \frac{a(z_{c,t}) k_{c,t-1}}{A_{k,t}} - a(z_{h,t}) k_{h,t-1} - \left(c_t + \frac{k_{c,t}}{A_{k,t}} + k_{h,t} \right.$$
$$\left. \left. \left. + k_{b,t} + q_t h_t + p_{l,t} l_t - b_t \right) \right) \right) \tag{6—49}$$

然后，分别对 c_t，h_t，b_t，$k_{c,t}$，$k_{h,t}$，$n_{c,t}$，$n_{h,t}$，$k_{b,t}$，$z_{c,t}$，$z_{h,t}$，l_t 求一阶条件，则可得：

$$U_{ct} = \lambda_t \tag{6—50}$$

$$U_{ct} q_t = U_{ht} + \beta G_C E_t \left(U_{ct+1} q_{t+1} (1-\delta_h) \right) \tag{6—51}$$

$$U_{ct} = \beta G_C E_t \left(U_{ct+1} R_t / \pi_{t+1} \right) \tag{6—52}$$

$$U_{ct} \left(\frac{1}{A_{k,t}} + \frac{\partial \phi_{ct}}{\partial k_{c,t}} \right) = \beta G_C E_t U_{ct+1} \left(R_{c,t+1} z_{c,t+1} - \frac{a(z_{c,t+1}) + 1 - \delta_{kc}}{A_{k,t}} - \frac{\partial \phi_{ct+1}}{\partial k_{c,t}} \right) \tag{6—53}$$

$$U_{ct} \left(1 + \frac{\partial \phi_{ht}}{\partial k_{h,t}} \right) = \beta G_C E_t U_{ct+1} \left(R_{h,t+1} z_{h,t+1} - a(z_{h,t+1}) + 1 - \delta_{kh} - \frac{\partial \phi_{ht+1}}{\partial k_{h,t}} \right) \tag{6—54}$$

$$U_{ct} w_{c,t} = U_{nc,t} X_{wc,t} \tag{6—55}$$

$$U_{ct} w_{h,t} = U_{nh,t} X_{wh,t} \tag{6—56}$$

$$U_{ct} (p_{b,t} - 1) = 0 \tag{6—57}$$

$$R_{c,t} A_{k,t} = a'(z_{c,t}) \tag{6—58}$$

$$R_{h,t} = a'(z_{h,t}) \tag{6—59}$$

$$U_{ct} p_{l,t} = \beta G_C E_t U_{ct+1} (p_{l,t+1} + R_{l,t+1}) \tag{6—60}$$

---

① $a(z_{h,t}) = R_j \left(\frac{\varpi z_{jt}^2}{2} + (1-\varpi) z_{jt} + \left(\frac{\varpi}{2} - 1 \right) \right)$，其中，$j=c$，$h$，$R_j$ 是两类资本租用回报率的稳态值，我们用 $\zeta = \varpi/(1+\varpi)$ 来定义资本使用率函数的曲度，可得 $0 < \zeta < 1$（$\varpi > 0$）。

2. 缺乏耐心的家庭

该家庭具有比耐心家庭更小的贴现因子（$\beta' < \beta$），表明缺乏耐心家庭消耗财富更快，这种家庭不积累资本，也不拥有最终品厂商和土地，且将所持有的住房作为抵押品向耐心家庭借贷 b_t' 进行消费，但其最大借款额度受到其拥有住房市值的借贷比率 m 的限制。与耐心家庭一样，它也是理性地选择消费 c_t' 和住房需求 h_t'，并在两部门分别提供劳动 $n_{c,t}'$、$n_{h,t}'$，来实现其终生效用的最大化：

$$\max_{\{c_t',h_t',n_{c,t}',n_{h,t}'\}} \sum_{t=0}^{\infty} (\beta' G_C)^t z_t \left(\ln c_t' + j_t \ln h_t' - \frac{\tau_t}{1+\eta'} \left(n_{c,t}'^{1+\xi'} + n_{h,t}'^{1+\xi'} \right)^{\frac{1+\eta'}{1+\xi'}} \right)$$

(6—61)

缺乏耐心家庭除面临预算约束外还面临信贷约束：

$$c_t' + q_t h_t' - b_t' = \frac{n_{c,t}' w_{ct}'}{X_{wc,t}'} + \frac{n_{h,t}' w_{ht}'}{X_{wh,t}'} + q_t (1-\delta_h) h_{t-1}' - \frac{R_{t-1} b_{t-1}'}{\pi_t} + Div_t'$$

(6—62)

$$\text{s. t. } b_t' \leq m E_t (q_{t+1} h_t' \pi_{t+1} / R_t)$$

在式（6—62）中，w_{ct}'，w_{ht}' 分别为耐心家庭在消费品部门和房地产部门的实际工资率，在均衡路径上，住房价值波动通过抵押约束机制影响着住房持有者的借贷能力，m 为抵押贷款比率，在其他条件不变的情况下，该值波动越大影响就越大。与耐心家庭一样，我们可构造拉格朗日函数，此时信贷约束条件应为：

$$\mathcal{L}' = \sum_{t=0}^{\infty} (\beta' G_C)^t z_t \left(\ln c_t' + j_t \ln h_t' - \frac{\tau_t}{1+\eta'} \left(n_{c,t}'^{1+\xi'} + n_{h,t}'^{1+\xi'} \right)^{\frac{1+\eta'}{1+\xi'}} \right.$$
$$+ \lambda_t' \left(\frac{n_{c,t}' w_{ct}'}{X_{wc,t}'} + \frac{n_{h,t}' w_{ht}'}{X_{wh,t}'} + q_t(1-\delta_h) h_{t-1}' - \frac{R_{t-1} b_{t-1}'}{\pi_t} \right.$$
$$\left. \left. + Div_t' - (c_t' + q_t h_t' - b_t') + v_t'(m E_t(q_{t+1} h_t' \pi_{t+1}/R_t) - b_t') \right) \right)$$

(6—63)

$$\text{s. t. } b_t' = m E_t (q_{t+1} h_t' \pi_{t+1} / R_t)$$

然后分别对 h_t'，b_t'，$n_{c,t}'$，$n_{h,t}'$ 求一阶条件，则可得：

$$U_{c_t'} q_t = U_{h_t'} + \beta' G_C E_t (U_{c_{t+1}'} q_{t+1} (1-\delta_h)) + E_t \left(\lambda_t' \frac{m q_{t+1} \pi_{t+1}}{R_t} \right)$$

(6—64)

$$U_{c't} = \beta' G_C E_t \left(U_{c't+1} \frac{R_t}{\pi_{t+1}} \right) + \lambda'_t \quad (6-65)$$

$$U_{c't} w'_{ct} = U_{nc't} X'_{wc,t} \quad (6-66)$$

$$U_{c't} w'_{ht} = U_{nh't} X'_{wh,t} \quad (6-67)$$

在式（6—64）中，λ'_t 是预算约束的拉格朗日乘子，在均衡状态附近大于0。

3. 两类企业

为了在消费品部门引入价格黏性，中间品厂商分别使用两种技术生产中间消费品和中间品住房，中间品厂商在消费品部门是以垄断竞争形式运作，我们分别用两种灵活调整的价格来表示。最终品厂商雇佣劳动力、资本服务和购买中间品来生产最终消费产品 Y_t 和新的住房 IH_t。他们以利润最大化为原则：

$$\max \left\{ \frac{Y_t}{X_t} + q_t IH_t - \left(\sum_{i=c,h} w_{i,t} n_{i,t} + \sum_{i=c,h} w'_{i,t} n'_{i,t} + \sum_{i=c,h} R_{i,t} z_{i,t} k_{i,t-1} \right.\right.$$
$$\left.\left. + p_{b,t} k_{b,t} + R_{l,t} l_{t-1} \right) \right\} \quad (6-68)$$

在式（6—68）中，X_t 是最终品相对于中间品的价格加成，两种生产函数为：

$$Y_t = (A_{c,t} n_{c,t}^{\alpha} n'_{c,t}{}^{1-\alpha})^{1-\mu_c} (z_{c,t} k_{c,t-1})^{\mu_c} \quad (6-69)$$

$$IH_t = (A_{h,t} n_{h,t}^{\alpha} n'_{h,t}{}^{1-\alpha})^{1-\mu_h-\mu_b-\mu_l} (z_{h,t} k_{h,t-1})^{\mu_h} k_{b,t}^{\mu_b} l_{t-1}^{\mu_l} \quad (6-70)$$

在上式中，消费品部门利用劳动和资本生产最终品，住房部门则要利用劳动 $n_{h,t}$、$n'_{h,t}$、资本 $k_{h,t-1}$、土地 l_{t-1} 和中间品资本投入 $k_{b,t}$ 来生产新房，其中 $A_{c,t}$，$A_{h,t}$ 分别衡量两部门的生产力，$A_{c,t}$ 为消费品部门的供给冲击（技术冲击），且其服从 AR（1）的过程，$\ln A_{c,t} = \rho_{AC} \ln A_{c,t-1} + \mu_{AC,t}$，$\mu_{AC,t}/N(0, \sigma_{AC}^2)$，$A_{h,t}$ 为房地产部门所受的技术冲击，且服从 AR（1）的过程，$\ln A_{h,t} = \rho_{AH} \ln A_{ht-1} + \mu_{AH,t}$，$\mu_{AH,t}/N(0, \sigma_{AH}^2)$。我们假设两种家庭提供的劳动以 Cobb–Douglas 形式进入两种生产函数，这一假设表明两种劳动技术是互补性的，且获得模型在稳态值的近似形式，公式中的参数 α 衡量耐心家庭的劳动收入份额。

同理，通过构建拉格朗日函数，我们可得其一阶条件：

$$(1 - \mu_c) \alpha Y_t = X_t w_{c,t} n_{c,t} \quad (6-71)$$

$$(1-\mu_c)(1-\alpha)Y_t = X_t w'_{c,t} n'_{c,t} \tag{6—72}$$

$$(1-\mu_h-\mu_b-\mu_l)\alpha q_t IH_t = w_{h,t} n_{h,t} \tag{6—73}$$

$$(1-\mu_h-\mu_b-\mu_l)(1-\alpha)q_t IH_t = w'_{h,t} n'_{h,t} \tag{6—74}$$

$$\mu_c Y_t = X_t R_{c,t} z_{c,t} k_{c,t-1} \tag{6—75}$$

$$\mu_h q_t IH_t = R_{h,t} z_{h,t} k_{h,t-1} \tag{6—76}$$

$$\mu_l q_t IH_t = R_{l,t} l_{t-1} \tag{6—77}$$

$$\mu_b q_t IH_t = p_{b,t} k_{b,t} \tag{6—78}$$

我们假定价格黏性存在于消费品部门，工资黏性则存在于消费品部门和住房部门，排除了住房市场的价格黏性。根据 Barsky 等（2007）的研究，住房可能有诸多原因说明其可能是灵活的价格。第一，每单位住房的价值相当高，即使存在菜单成本，对于购房者来说仍然有很大的动机去进行价格谈判；第二，大多数住房被卖时是一次性定价。我们通过假定消费品部门在垄断竞争的市场下引入价格黏性并隐含着价格调整遵循 Calvo 调整方式，即每一期仅有 $1-\theta_\pi$ 部分的零售商采用最优价格定价，θ_π 部分的零售商则不是按照最优价格调整，该部分厂商按照前期通胀水平调整价格指数，弹性系数为 ι_π。零售商从中间品厂商那里以 P_t^w 的价格购买中间品 Y_t，零成本分化产品然后在边际成本上以 $X_t = P_t/P_t^w$ 的加成出售。加总商品的 CES 函数使得产品转换为同质消费品和住房持有者的投资品。因此，消费品部门的菲利普斯曲线为：

$$\ln\pi_t - \iota_\pi \ln\pi_{t-1} = \beta G_C (E_t \ln\pi_{t+1} - \iota_\pi \ln\pi_t) - \varepsilon_\pi \ln\left(\frac{X_t}{X}\right) + \mu_{p,t} \tag{6—79}$$

在式（6—79）中，$\varepsilon_\pi = (1-\theta_\pi)(1-\beta\theta_\pi)/\theta_\pi$，$\mu_{p,t}$ 是服从独立同分布的成本推动冲击，即，$\mu_{p,t} \sim N(0, \sigma_p^2)$。

工资设定与价格设定类似。耐心家庭和缺乏耐心家庭为工会提供同质劳动，正如 Smets & Wouters（2007）假定一样，工会分化劳动服务，工资设定按照 Calvo 制度，并将劳动提供给中间品厂商进行劳动"打包"重新处理成包含有 n_c, n_h, n'_c, n'_h，中间品厂商从这些"打包"的劳动中雇佣所需的劳动。在 Calvo 价格规则下，部分工资指数按照通胀水平设定工资，工会制定的价格规则隐含着四条工资菲利普斯曲线：名义工资通胀水平 $\omega_{i,t} = (w_{i,t}\pi_t)/w_{i,t-1}$，$i = c, h$。四条工资菲利普斯曲线分别为：

$$\ln\omega_{c,t} - \iota_{wc}\ln\pi_{t-1} = \beta G_C(E_t\ln\omega_{c,t+1} - \iota_{wc}\ln\pi_t) - \varepsilon_{wc}\ln\left(\frac{X_{wc,t}}{X_{wc}}\right) \quad (6-80)$$

$$\ln\omega'_{c,t} - \iota_{wc}\ln\pi_{t-1} = \beta' G_C(E_t\ln\omega'_{c,t+1} - \iota_{wc}\ln\pi_t) - \varepsilon'_{wc}\ln\left(\frac{X_{wc,t}}{X_{wc}}\right) \quad (6-81)$$

$$\ln\omega_{h,t} - \iota_{wh}\ln\pi_{t-1} = \beta G_C(E_t\ln\omega_{h,t+1} - \iota_{wh}\ln\pi_t) - \varepsilon_{wh}\ln\left(\frac{X_{wh,t}}{X_{wh}}\right) \quad (6-82)$$

$$\ln\omega'_{h,t} - \iota_{wh}\ln\pi_{t-1} = \beta' G_C(E_t\ln\omega'_{h,t+1} - \iota_{wh}\ln\pi_t) - \varepsilon'_{wh}\ln\left(\frac{X_{wh,t}}{X_{wh}}\right) \quad (6-83)$$

$$\text{s.t.} \quad \varepsilon_{wc} = (1-\theta_{wc})(1-\beta G_C\theta_{wc})/\theta_{wc}$$
$$\varepsilon'_{wc} = (1-\theta_{wc})(1-\beta' G_C\theta_{wc})/\theta_{wc}$$
$$\varepsilon_{wh} = (1-\theta_{wh})(1-\beta G_C\theta_{wh})/\theta_{wh}$$
$$\varepsilon'_{wh} = (1-\theta_{wh})(1-\beta' G_C\theta_{wh})/\theta_{wh}$$

4. 货币当局

货币政策规则自泰勒规则出现后就有很多变形，如 Clarida et al. (2000) 的方法引入利率平滑，即：

$$\hat{r}_t = \rho_R \hat{r}_{t-1} + (1-\rho_R)(\rho_\pi \pi_t + \rho_Y \hat{y}_t + \rho_Q \hat{q}_t) + \varepsilon_{R,t} \quad (6-84)$$

$$\hat{r}_t = \rho_R \hat{r}_{t-1} + (1-\rho_R)(\rho_\pi \pi_t + \rho_{Y_c}\hat{y}_{ct} + \rho_{Y_h}\hat{y}_{ht}) + \varepsilon_{R,t} \quad (6-85)$$

$$\text{s.t.} \quad \rho_{Y_h} > \rho_{Y_c}$$

我国货币政策的目标是控制通胀和促进经济增长，同时还要确保政策的持续稳定性。谢平等（2002）认为泰勒规则可以成为我国货币政策的参照尺度，随后相关学者对价格型政策和数量型政策进行了一系列研究，Zhang（2009）、马文涛等（2010）、卞志村（2015）等均认为价格型政策规则比数量型政策规则更为有效。因此，可以看出泰勒规则能拟合我国货币政策的调控意图，本书参考 Iacoviello（2010）和王云清等人（2013）的设定方法，将泰勒规则设定为：

$$R_t = R_{t-1}^{r_R} \pi_t^{(1-r_R)r_\pi} \left(\frac{GDP_t}{G_C GDP_{t-1}} \right)^{(1-r_R)r_Y} \frac{\mu_{R,t}}{S_t} \quad (6\text{—}86)$$

在式（6—86）中，$\mu_{R,t}$ 是服从独立同分布的货币政策冲击，即 $\mu_{R,t}/N(0, \sigma_R^2)$；$GDP_t$ 是两部门的产品价值总和，$GDP_t = Y_t - k_{b,t} + \bar{q} IH_t$；$S_t$ 是偏离央行制定的货币政策目标的一个随机过程，因为我国货币政策有可能长时间偏离稳态，故加上此随机过程可以更好地反映中国的货币政策，且 $\ln S_t = \rho_S \ln S_{t-1} + \mu_{S,t}$，$\mu_{S,t}/N(0, \sigma_S^2)$。

（三）系统均衡

1. 两大市场均衡

商品市场生产消费品、投资货物及中间品，住房市场生产新建住房，因此两大市场均衡有：

$$C_t + \frac{IK_{c,t}}{A_{k,t}} + IK_{h,t} + k_{b,t} = Y_t - \phi_t \quad (6\text{—}87)$$

$$H_t - (1-\delta_h) H_{t-1} = IH_t \quad (6\text{—}88)$$

在式（6—87）和式（6—88）中，$C_t = c_t + c_t'$，表示的是总消费；$H_t = h_t + h_t'$，表示住房总存量。

债务市场均衡条件为：

$$b_t' + b_t = 0 \quad (6\text{—}89)$$

两种投资为：

$$IK_{c,t} = k_{c,t} - (1-\delta_{kc}) k_{c,t-1} \quad (6\text{—}90)$$

$$IK_{h,t} = k_{h,t} - (1-\delta_{kh}) k_{h,t-1} \quad (6\text{—}91)$$

均衡状态下，两种家庭所获得的利润分别为：

$$Div_t = \frac{X_t - 1}{X_t} Y_t + \frac{X_{wc,t} - 1}{X_{wc,t}} w_{c,t} n_{c,t} + \frac{X_{wh,t} - 1}{X_{wh,t}} w_{h,t} n_{h,t} \quad (6\text{—}92)$$

$$Div_t' = \frac{X_{wc,t}' - 1}{X_{wc,t}'} w_{c,t}' n_{c,t}' + \frac{X_{wh,t}' - 1}{X_{wh,t}'} w_{h,t}' n_{h,t}' \quad (6\text{—}93)$$

土地总和是固定的，且标准化为1，即 $l = 1$。

2. 模型变量去趋势

由模型中消费品部门、住房部门以及非住房部门的生产函数中技术冲击分别服从不同的趋势项，如下：

$$\ln A_{c,t} = t\ln(1+\gamma_{AC}) + \ln Z_{c,t} \qquad (6\text{—}94)$$

$$\ln Z_{c,t} = \rho_{AC}\ln Z_{c,t-1} + u_{C,t} \qquad (6\text{—}95)$$

$$\ln A_{h,t} = t\ln(1+\gamma_{AH}) + \ln Z_{h,t} \qquad (6\text{—}96)$$

$$\ln Z_{h,t} = \rho_{AH}\ln Z_{h,t-1} + u_{H,t} \qquad (6\text{—}97)$$

$$\ln A_{k,t} = t\ln(1+\gamma_{AK}) + \ln Z_{k,t} \qquad (6\text{—}98)$$

$$\ln Z_{k,t} = \rho_{AK}\ln Z_{k,t-1} + u_{K,t} \qquad (6\text{—}99)$$

在式（6—94）至式（6—99）中，技术创新 $u_{C,t}$、$u_{H,t}$、$u_{K,t}$ 是序列不相关且均服从 0 均值，标准差分别为 σ_{AC}、σ_{AH}、σ_{AK}，而 γ_{AC}，γ_{AH}，γ_{AK} 分别为各部门技术的净增长率。由于生产函数服从 Cobb-Douglas 形式，故存在平衡增长路径，住房部门的投资 $IK_{h,t}$，消费品部门的投资 $IK_{c,t}/A_{k,t}$，以及住房价值 $q_t IH_t$ 的增长率等于真实消费变量的趋势增长率。真实变量有如下的增长率：

$$G_C = G_{Kh} = G_{qIH} = 1 + \gamma_{AC} + \frac{\mu_c}{1-\mu_c}\gamma_{AK} \qquad (6\text{—}100)$$

$$G_{Kc} = 1 + \gamma_{AC} + \frac{1}{1-\mu_c}\gamma_{AK} \qquad (6\text{—}101)$$

$$G_{IH} = 1 + (\mu_h+\mu_b)\gamma_{AC} + \frac{\mu_c(\mu_h+\mu_b)}{1-\mu_c}\gamma_{AK} + ((1-\mu_h-\mu_b-\mu_l)) \qquad (6\text{—}102)$$

$$G_q = 1 + (1-\mu_h-\mu_b)\gamma_{AC} + \frac{\mu_c(1-\mu_h-\mu_b)}{1-\mu_c}\gamma_{AK} - (1-\mu_h-\mu_b-\mu_l)\gamma_{AH} \qquad (6\text{—}103)$$

可以看出，只要 $\gamma_{AK}>0$，消费品部门投资增长就会比消费增长要快。真实住房价格趋势增长率抵消了消费品部门与住房部门生产增长率之间的差异，该差异来自两部门不同的技术增长率和生产住房函数中存在的土地变量。接下来，将模型变量去除趋势，即 $\tilde{c}_t = \frac{c_t}{G_C}$，$\tilde{q}_t = \frac{q_t}{G_q}$，$\tilde{h}_t = \frac{h_t}{G_{IH}}$，$\tilde{U}_{ct} = G_C U_{ct}$，$\tilde{U}_{ht} = G_{IH} U_{ht}$ 等，得到转换后的方程。将上述方程在稳态处进行线性化处理得到一组系统方程，并对应以下变量：

$$\left(\frac{c,\ h,\ k_c,\ k_h,\ k_b,\ n_c,\ n_h,\ w_c,\ w_h,\ X_{wc},\ X_{wh},\ b,\ l,}{c',\ h',\ n'_c,\ n'_h,\ w'_c,\ w'_h,}\right)$$

$X'_{wc},\ X'_{wh},\ b',\ IH,\ Y,\ q,\ \pi,\ \lambda,\ X,\ p_b,\ p_l$ 。最后，采用标准 DSGE 解法求解这个系统，得到各宏观变量的最优均衡路径。我们利用 Dynare 软件进行参数估计和脉冲响应分析以及方差分解分析比较。

四 参数估计与脉冲响应分析

(一) 模型参数校准与估计

1. 参数校准

按照通常做法，我们需要固定一些参数，一方面是因为有些参数是众多学者公认的难以估计的参数；另一方面是可能需要其他信息才能更好地确定的参数。借鉴 Ng（2015）的做法，我们设定 1991—2012 年金融机构一年期信贷利率为 7.3%，稳态时 $R = 1/\beta$。我们计算的 $\beta = 0.9825$ 和由 Iacoviello & Neri（2010）的假定 $\frac{\beta}{\beta'} = 1.0232$，可以得知 $\beta' = 0.9603$。

参照 Iacoviello & Neri（2010），我们设定 $X = 1.15$，表明消费品部门在稳态值处有 15% 的价格加成，同理也设定 $X_{wc} = X_{wh} = 1.15$。根据 Ng（2015）使用中国多年的收支表来校准非住房部门和住房部门的劳动收入份额（$1-\mu_c$）、（$1-\mu_h-\mu_b-\mu_l$），在 1992—2010 年，劳动收入份额在非住房部门税后增加值中平均占比为 0.54。因此，非住房部门的资本份额 $\mu_c = 0.46$。住房部门劳动收入份额平均占比为 0.66，参照 Iacoviello（2010）、Davis & Heathcote（2005），本书设定土地份额 $\mu_l = 0.10$，$\mu_b = 0.10$，最后设定，$\mu_h = 0.14$。我们采用 Bai et al（2006）的做法，根据 1978—2005 年中国资本和建筑业的数据估计的年度平均折旧率 $\delta_{kc} = 0.11$，$\delta_h = 0.08$，因此，我们分别取 0.0275、0.02。根据 Iacoviello & Neri（2010）的研究，建筑设备比非建筑类设备折旧得要快，因此，设定 $\delta_{kh} = 0.13$，故我们设为 0.0325。由于没有官方的贷款价值比率（Loan to Value）数据，根据王云清（2013）估计的贷款价值比率 $m = 0.693$ 以及 Eric

(2015) 的假定 $m = 0.8$，设定为 $m = 0.7465$。参考王云清测算的 2010 年中国住房存量价值占 GDP 比重为 90.38%，按照稳态方程计算效用函数中住房偏好稳态值 $j = 0.19$。另外，我们也将货币政策冲击的相关系数 ρ_S 固定下来，因为该参数在贝叶斯估计初值难以假定，所以我们假定 $\rho_S = 0.975$，自回归系数通常是在 0.9 附近，因此，这样的假定也是合理的。表 6—1 给出了校准参数及结果：

表 6—1　　　　　　　　校准参数及结果

参数	数值
β	0.9825
β'	0.9603
j	0.19
μ_c	0.46
μ_h	0.14
μ_l	0.10
μ_b	0.10
X	1.15
X_{wc}	1.15
X_{wh}	1.15
δ_{kc}	0.0275
δ_{kh}	0.0325
δ_h	0.02
m	0.7465
ρ_S	0.975

2. 贝叶斯估计法

（1）数据描述

本书所使用的数据主要来自 Wind 数据库以及国统局公布的年鉴，主要选取季度数据,时间跨度从2005年第一季度到2015年第一季度[①]。选择这一段时期是因为这是我国楼市调控的10年,房价快速上涨的10年,同时也是研究房地产最热的10年。其中实际消费变量,我们采用大多数国内学者选用的变量社会消费品零售总额的季度数据,而商业部门投资和住房部门投资,我们均采用Iacoviello(2010)选用固定资产投资和房地产投资作为变量。这三个变量均需除以人口数以及通胀率。通胀率采用消费者物价指数(CPI)代替,但数据库里的是月度数据,我们采用夏春(2002)、仝冰(2010)的方法,将其定基处理然后几何平均得到季度数据。名义利率水平,我们采用李文溥等(2010)、王云清(2013)的方法,以银行三个月同业拆借市场利率算数平均作为实证数据中的利率指标。真实住房价格,我们使用住宅销售面积和住宅销售额计算出单位均价,然后除以通胀水平。劳动数据较难以得到,本书参照王君斌和王文甫(2010)、王云清(2013)的方法,使用劳动就业量来代替该变量,"国有企业从业人员总计"作为消费品部门的劳动变量,"房地产企业单位从业人员总计"作为住房部门的劳动变量,对应的两部门单位人员劳动报酬,去除通胀水平得到两部门实际工资水平[②]。除利率和通胀外,其他变量需做季节调整处理,我们采用CensusX12的方法对消费、房价、消费品部门投资额、住房部门投资额以及两部门的工资滤去季节波动的趋势部分。由于模型所需要的是平稳变量,对上述利率和通胀水平均进行对数差分,并且去均值处理,而实际消费、两类投资以及房价均进行HP滤波处理,然后将对数处理减去第一期的值。

(2)估计参数描述

前述部分参数采用校准法得到确值,剩下的参数我们采用贝叶斯估计的方法,并沿用Smets & Wouters(2007)、Iacoviello & Neri(2010)、

[①] 本书选取2005年作为研究起点,是因为1998—2005年房价基本反映的是实际消费需求,而2005年之后房地产的资产属性得到不断强化,受货币政策影响更大(巴曙松,2012)。将住房部门纳入进DSGE模型主要是考察其金融属性,因此,从2005年开始研究。

[②] 两部门的工资水平均需要采取去均值的处理。或者两部门的劳动供给数量分别由两部门就业人数乘以该部门年均工作小时数得到名义变量,然后由名义变量除以人口得到实际变量,而两部门的工资水平可由名义工资水平对数差分可得,名义工资由两部门年均劳动报酬除以两部门就业人员的年均工作小时数。

Ng（2015）所采用的先验分布假设。对于各冲击的标准差，我们采用逆伽马（Inverse Gamma PDF）分布作为先验分布，对于冲击的持续性系数，采用贝塔分布并设定均值为 0.8，标准差为 0.1。对于货币规则，采用已有研究 Zhang（2009）、Methrotra 等（2013）结果，r_R，r_π，r_Y 分别为 0.75，1.5 和 0。资本调整成本的参数我们直接参照 Iacoviello & Neri（2010）的假设，ϕ_{kc}, ϕ_{kh} 二者均服从伽马分布，均值为 10，标准差为 2.5，而对于资本利用率参数 ζ 一般则在 [0，1] 之间，当取 0 时表示资本调整无成本，当取 1 时表示资本难以调整，我们折中将其先验均值设为 0.5。家庭效用函数中的两部门劳动替代弹性的倒数 ξ，ξ'，我们采用 Horvath（2000）、Iacoviello & Neri（2010）的估计结果，设定均值为 1，标准差为 0.1 的正态分布，而对于其中劳动负效用劳动供给弹性系数 η、η'，将其先验均值设为 0.5。而对于价格黏性与工资黏性中的参数 θ_π，θ_{wc}，θ_{wh}，依照 Calvo 定价制度，1/3 厂商和家庭可以调整最优价格或工资，而对应的标准差参照经典估计结果（Eichenbaum & Evans，2005）。因此，参数可设为先验均值 0.667，标准差为 0.05 的贝塔分布。参照 Smets & Wouters（2007）的估计，指数参数 ι_π，ι_{wc}，ι_{wh} 先验均值可以设为 0.5，标准差为 0.2 的贝塔分布。本书采用 Ng（2015）设定的耐心家庭的先验劳动收入份额 α 占比均值为 0.65，标准差为 0.05。各参数的先验分布见表 6—2。

表 6—2　　　　　　　　　　　参数先验分布

结构参数先验分布					外生冲击参数先验分布			
参数	先验分布	均值	标准差	参数	先验分布	均值	标准差
η	Gamma	0.5	0.1	ρ_{AC}	Beta	0.8	0.1
η'	Gamma	0.5	0.1	ρ_{AH}	Beta	0.8	0.1
ξ	Normal	1	0.1	ρ_{AK}	Beta	0.8	0.1
ξ'	Normal	1	0.1	ρ_j	Beta	0.8	0.1
ϕ_{kc}	Gamma	10	2.5	ρ_z	Beta	0.8	0.1
ϕ_{kh}	Gamma	10	2.5	ρ_τ	Beta	0.8	0.1
α	Beta	0.65	0.05	σ_{AC}	Inv_gamma	0.1	1
r_R	Beta	0.75	0.1	σ_{AH}	Inv_gamma	0.1	1

续表

结构参数先验分布				外生冲击参数先验分布			
参数	先验分布	均值	标准差	参数	先验分布	均值	标准差
r_π	Normal	1.5	0.1	σ_{AK}	Inv_gamma	0.1	1
r_Y	Normal	0	0.1	σ_j	Inv_gamma	0.1	1
θ_π	Beta	0.667	0.05	σ_R	Inv_gamma	0.1	1
θ_{wc}	Beta	0.667	0.05	σ_z	Inv_gamma	0.1	1
θ_{wh}	Beta	0.667	0.05	σ_τ	Inv_gamma	0.1	1
ι_π	Beta	0.5	0.2	σ_p	Inv_gamma	0.1	1
ι_{wc}	Beta	0.5	0.2	σ_s	Inv_gamma	0.1	1
ι_{wh}	Beta	0.5	0.2	σ_{nh}	Inv_gamma	0.1	1
ζ	Beta	0.5	0.2	σ_{wh}	Inv_gamma	0.1	1
$100\gamma_{AC}$	Normal	0.5	0.1				
$100\gamma_{AH}$	Normal	0.5	0.1				
$100\gamma_{AK}$	Normal	0.5	0.1				

(3)后验分布结果

表6—3是我们估计的结构参数与外生冲击的后验分布,结果包含后验均值与90%的置信区间。一个关键的参数就是耐心家庭劳动收入份额α,我们的估计结果为0.77,表明靠信贷抵押的无耐心家庭占比23%,该值低于我们的先验均值,但该值也足够大于响应住房需求冲击下房价变动对消费的正的溢出效应。对于劳动供给弹性,后验均值均在0.5附近,该结果与Iacoviello & Neri(2010)以及Ng(2015)的研究结果一致。我们所估计的厂商优化其价格的概率$1-\theta_\pi=0.1$,表明10期价格完全得到优化,该值低于Iacoviello(2010)的结果,然而与国内学者的研究相一致,说明了我国价格优化机制尚不完善。与之相比住房部门以及消费品部门的工资黏性与国外研究一致,并且住房部门的工资黏性要高于消费品部门的工资黏性,住房部门的工资指数也高于消费品部门的工资指数($\iota_{wc}=0.65$,$\iota_{wh}=0.81$)。货币政策规则参数的估计与先验数据一致,同时各个外生冲击均具有相当强的持续性,自回归系数在0.72—0.98,各个冲击的标准差与先验标准差虽有差异,但变化不大。

表 6—3　　　　　　　　　　参数后验分布结果

结构参数后验分布			外生冲击后验分布		
参数	后验均值	90%置信区间 || 参数	后验均值	90%置信区间	
η	0.5167	0.4287	0.6216	ρ_{AC}	0.9131	0.8461	0.9710
η'	0.4892	0.3860	0.5941	ρ_{AH}	0.9724	0.9466	0.9939
ξ	1.1745	1.0219	1.3236	ρ_{AK}	0.8811	0.8086	0.9612
ξ'	1.0165	0.8824	1.1186	ρ_j	0.9827	0.9756	0.9908
ϕ_{kc}	16.4567	13.7611	19.9821	ρ_z	0.7190	0.6066	0.8191
ϕ_{kh}	10.0112	5.8331	13.4870	ρ_τ	0.9054	0.8876	0.9280
α	0.7688	0.7390	0.8257	σ_{AC}	0.0994	0.0735	0.1414
r_R	0.9140	0.8935	0.9353	σ_{AH}	0.0665	0.0499	0.0781
r_π	1.3430	1.2132	1.4486	σ_{AK}	0.0008	0.0003	0.0014
r_Y	0.0731	0.0004	0.1375	σ_j	0.0926	0.0836	0.1029
θ_π	0.9405	0.8978	0.9860	σ_R	0.0132	0.0098	0.0173
θ_{wc}	0.2186	0.0537	0.3790	σ_z	0.1774	0.1557	0.1991
θ_{wh}	0.9147	0.8517	0.9944	σ_τ	0.2691	0.2305	0.2955
ι_π	0.8982	0.8862	0.9091	σ_p	0.0295	0.0208	0.0369
ι_{wc}	0.6471	0.6048	0.6761	σ_s	0.0349	0.0280	0.0415
ι_{wh}	0.8040	0.7859	0.8340	σ_{nh}	0.0691	0.0571	0.0808
ζ	0.8115	0.7020	0.9189	σ_{wh}	0.0731	0.0608	0.0823
$100\gamma_{AC}$	0.0304	0.0235	0.0371				
$100\gamma_{AH}$	0.0285	0.0197	0.0355				
$100\gamma_{AK}$	0.0122	0.0093	0.0150				

（二）脉冲响应动态分析

1. 模型拟合度

DSGE 模型较为复杂，但不管一个经济学模型复杂程度如何，最重要的是其对实际经济的解释力如何。一般认为当模型模拟的二阶矩和实际数据相对来说较为匹配，则说明解释力较强，这样才能够很好地刻画实际经济运行情况。本书参考王云清（2013）的做法，比较变量间的标准差以及相关系数，分析我们所建模型与实际经济的拟合程度。

我们选择模型中的主要内生变量的标准差和同期相关系数,对模型的内生变量模拟 100 期的 1000 个样本,然后计算 100000 个样本序列的相关系数和标准差的均值,并且各经济主要变量均使用 HP 滤波(平滑指数设定为 1600)进行处理。表 6—4 和表 6—5 给出主要变量的比较结果,其中,C、GDP、q、IH、IK、π、R 分别表示总消费、国内生产总值、住房价格、住房投资、商业部门投资、通胀率和名义利率。从表 6—4 可以得知,模型经济的模拟数据要略大于实际经济数据,但是差别并不是很大,说明该模型数据与实体经济较为一致。由表 6—5 可以看出,除住房价格和 GDP、住房价格与消费的相关系数略小于实际经济之外,其他变量之间的相关系数与实际经济数据还是能很好匹配的。因此,我们认为本书的模型对中国实际经济具有较强的拟合能力,并在一定程度上能刻画我国住房市场波动的情形。

表 6—4　　　　　　　模型与实际经济变量的标准差比较

变量	C	GDP	q	IH	IK	π	R
模型经济	0.086	0.105	0.121	0.291	0.139	0.0278	0.0181
实际经济	0.026	0.0149	0.045	0.034	0.035	0.0119	0.0016

表 6—5　　　　　　　模型与实际经济变量的相关系数比较

相关变量	模型经济	实际经济
C, GDP	0.964	0.923
IH, GDP	0.652	0.902
IK, GDP	0.948	0.889
q, GDP	0.618	0.717
q, C	0.512	0.821
q, IH	0.746	0.747

2. 脉冲响应函数

正的住房需求偏好冲击促使住房价格(data_QQ)上升,进而促使住房生产部门扩大投资,即(data_IH)上升。房价的上涨提高了无耐心家庭的抵押能力,进而使得该类家庭增加消费,对于耐心家庭消费则是下降的，但由于无耐心家庭有较高的边际消费倾向，故总的消费是增加的，表明了住房抵押约束机制在这个过程中起到了关键作用（见图6—1）。

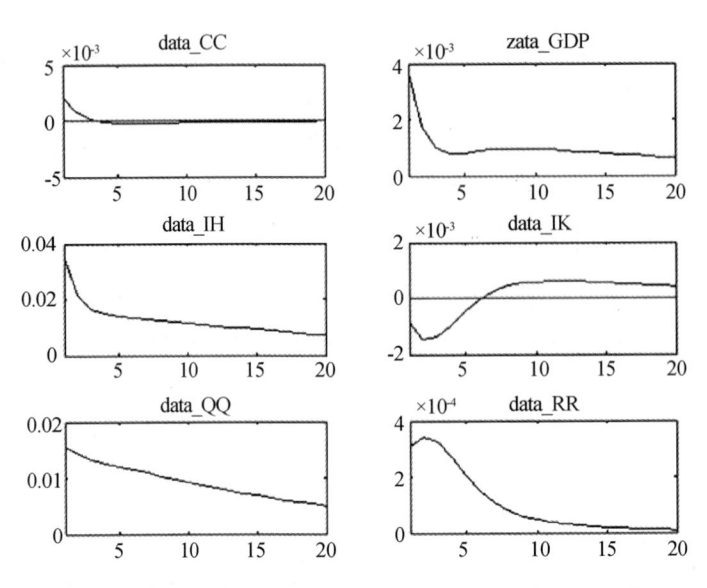

图6—1　住房需求偏好冲击对主要宏观经济变量的影响

从图6—1可以看出，住房需求偏好冲击对于房价的影响持续期数较长，该表现与国外学者Iacoviello & Neri（2010）及研究中国房地产市场的学者Ng（2015）的发现一致，说明了住房需求偏好冲击的随机过程动态持续性较强。该观点也支持了Shiller（2005）和Campbell & Cocco（2007）的研究，他们认为住房价格与消费之间的弹性系数约为0.07。该冲击对住房投资有正的较大影响，而对于非住房投资（data_IK）有负的较小的影响，但对于总的投资存量来说影响较小，同时也说明了工资黏性的假定在传导过程起到了关键作用。

由图6—2可以看出，住房部门正的技术冲击使得住房生产商的边际生产能力上升，从而使得住房投资也随之增加，而随着住房生产的成本下降，也导致住房价格下降。房价下降，一方面导致无耐心家庭的抵押能力下降，从而使得该类家庭能借到的资金减少，同时消费也减少了；另一方面，住房投资却大幅增加，提高了住房投资的资本回报率，进而增加了耐心家庭的收入及消费，二者影响相互抵消，故而对总的消费影

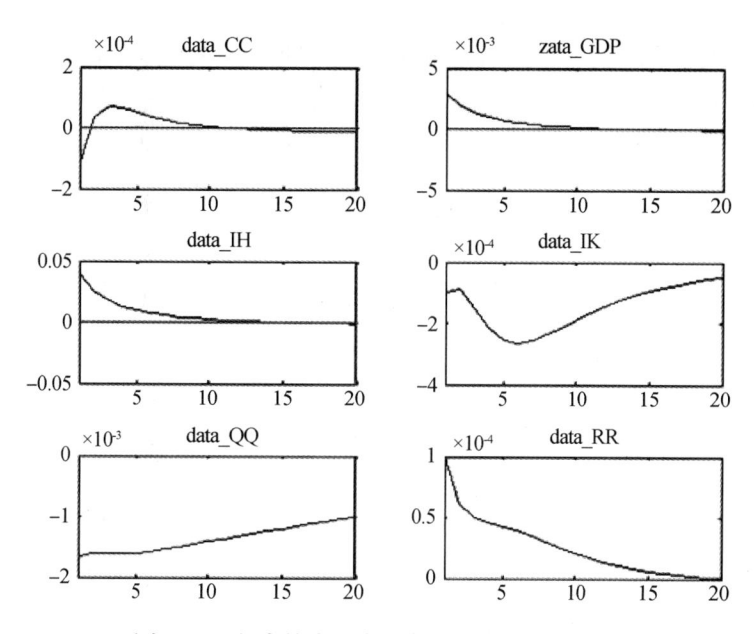

图6—2 住房技术冲击对宏观经济变量的影响

响较小。

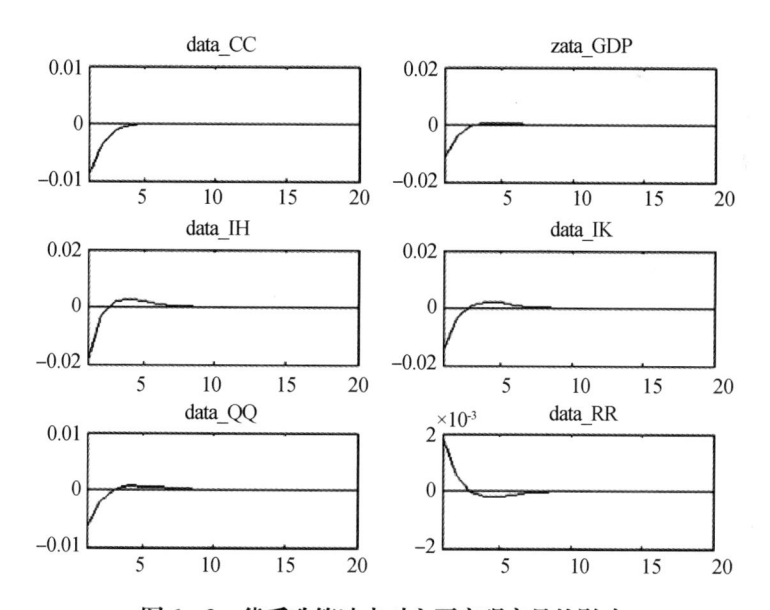

图6—3 货币政策冲击对主要宏观变量的影响

由图 6—3 可知，负向的货币政策冲击即紧缩性货币政策导致房价下跌，但持续期数较短，大约为 6 期，与之形成对比的是住房投资与非住房投资更大幅度的下降，房价下降使得无耐心家庭抵押能力下降促使其消费减少，进一步导致总消费下降，总需求在收缩。货币政策冲击对消费的影响主要是由于名义黏性和抵押约束机制的存在，而对于两部门的投资影响主要是由于抵押约束机制的存在。之所以这样，可能是由于我们忽视了企业的金融摩擦（Financing Frictions）。抵押约束机制减弱了货币政策冲击对投资的敏感性，因为耐心家庭可能将一部分可贷资金转向企业来平滑其消费。该发现也反映了货币政策的短期非中性是由于商品市场和劳动市场名义黏性的存在。

其他冲击对住房部门的影响不是很大①，成本推动的冲击会促使通胀上升、利率上升，但房价会下降，非住房部门的正的技术冲击在推动非住房部门投资增加的同时也会带动住房部门的投资和房价的上涨，但影响较为微弱，通胀目标变动的冲击对各变量的变动是一致的。

（三）方差分解与历史分解

1. 方差分解

表 6—6 至表 6—10 是各个主要经济变量在不同预期下方差分解，其中各冲击依次分别为消费品部门的生产技术冲击、货币政策冲击、住房部门的生产技术冲击、住房需求偏好冲击、商业部门投资冲击、成本推动的通胀冲击、通胀目标转移冲击、劳动供给冲击和跨期偏好冲击，各主要经济变量分别为真实消费、真实 GDP、住房产量、固定资产投资额、住房价格、名义利率。

表 6—6　　　　　　　　　第 1 期的方差分解

	eps_c	eps_e	eps_h	eps_j	eps_k	eps_p	eps_s	eps_t	eps_z
data_CC	0.36	25.21	0.02	1.17	0.10	60.20	5.12	1.02	6.80
zata_GDP	0.33	27.03	0.20	4.54	1.16	58.60	5.70	0.91	1.53

---

① 限于篇幅，此处不再一一列举。

续表

	eps_c	eps_e	eps_h	eps_j	eps_k	eps_p	eps_s	eps_t	eps_z
data_IH	0.18	22.31	6.43	57.34	0.03	9.45	3.83	0.43	0.00
data_IK	0.24	21.13	0.00	0.14	5.26	67.33	5.17	0.70	0.03
data_QQ	0.23	13.49	0.98	44.73	0.02	38.02	2.22	0.27	0.02
data_RR	0.01	32.99	0.01	0.43	0.10	64.47	1.47	0.00	0.52

表 6—7　　　　　　　　　　第 5 期的方差分解

	eps_c	eps_e	eps_h	eps_j	eps_k	eps_p	eps_s	eps_t	eps_z
data_CC	1.02	16.62	0.01	0.84	0.19	69.50	4.01	2.74	5.07
zata_GDP	0.99	17.51	0.35	4.65	1.78	66.56	4.50	2.76	0.90
data_IH	0.30	12.84	8.26	61.23	0.03	13.18	2.65	1.33	0.18
data_IK	0.94	13.34	0.01	0.13	8.12	70.20	4.10	2.36	0.79
data_QQ	0.59	6.19	1.61	55.74	0.04	33.53	1.12	0.76	0.41
data_RR	0.32	17.01	0.00	0.51	0.17	70.06	9.60	0.36	1.96

表 6—8　　　　　　　　　　第 10 期的方差分解

	eps_c	eps_e	eps_h	eps_j	eps_k	eps_p	eps_s	eps_t	eps_z
data_CC	1.75	15.82	0.01	0.82	0.41	67.19	3.93	5.20	4.87
zata_GDP	1.58	16.57	0.47	5.12	2.57	63.29	4.36	5.12	0.91
data_IH	0.30	10.88	9.51	62.77	0.04	11.88	2.28	2.09	0.25
data_IK	1.50	12.50	0.01	0.17	10.69	65.63	3.90	4.25	1.35
data_QQ	0.77	4.71	2.56	64.15	0.09	25.16	0.87	1.10	0.58
data_RR	0.59	14.37	0.01	0.50	0.20	59.23	21.34	1.04	2.72

表 6—9　　　　　　　　　　第 20 期的方差分解

	eps_c	eps_e	eps_h	eps_j	eps_k	eps_p	eps_s	eps_t	eps_z
data_CC	2.29	15.18	0.01	0.79	1.00	64.68	3.93	7.45	4.67
zata_GDP	1.91	15.91	0.53	5.27	3.42	60.80	4.37	6.90	0.91
data_IH	0.28	10.14	10.54	62.89	0.06	11.23	2.18	2.44	0.24
data_IK	1.76	11.97	0.01	0.24	12.36	62.89	3.92	5.45	1.39

续表

	eps_c	eps_e	eps_h	eps_j	eps_k	eps_p	eps_s	eps_t	eps_z
data_QQ	0.82	3.86	4.34	67.89	0.25	20.46	0.73	1.13	0.52
data_RR	0.69	12.13	0.01	0.43	0.18	50.05	32.53	1.48	2.50

表 6—10　　　　　　　　　　第 ∞ 期的方差分解

	eps_c	eps_e	eps_h	eps_j	eps_k	eps_p	eps_s	eps_t	eps_z
data_CC	2.45	14.88	0.01	0.78	1.52	63.54	3.99	8.23	4.60
zata_GDP	1.99	15.68	0.54	5.27	3.82	59.98	4.44	7.38	0.91
data_IH	0.28	10.00	10.95	62.77	0.06	11.07	2.18	2.46	0.23
data_IK	1.81	11.84	0.01	0.26	12.75	62.23	4.01	5.70	1.38
data_QQ	0.82	3.63	5.90	67.76	0.40	19.21	0.70	1.09	0.50
data_RR	0.69	11.15	0.01	0.40	0.19	46.04	37.64	1.57	2.31

由表 6—6 至表 6—10 可以看出，住房市场的需求冲击（住房需求偏好冲击）和供给冲击（住房部门的技术冲击）以及货币政策冲击（利率冲击和通胀目标转移冲击）解释了住房价格和住房投资的大部分变动情况。

对住房价格的波动而言，住房需求偏好冲击在短期可以解释 44.73%—55.74% 的住房价格的变动，成本推动的通胀冲击在短期可以解释 33.53%—38.02% 的波动，这表明我国住房价格波动在相当程度上受通货膨胀的影响，同时货币政策冲击影响相对小一些，短期只能解释 6.19%—13.49% 的波动，该结果与王云清（2013）的研究认为货币政策冲击是主要的影响不同。从长期来看，住房需求偏好的冲击和住房生产技术冲击解释力在增强（分别增至 67.76%、5.9%），相反，货币政策冲击与成本推动的通胀冲击解释力在减弱（分别降至 3.63%、19.21%），这与 Ng（2015）的研究成果基本一致。

对住房投资的波动而言，短期主要是住房需求偏好冲击与货币政策冲击引起的，分别解释了 57.34% 和 22.31% 的波动。与住房价格影响因素一样，从长期来看，此两项冲击分别增大和减弱，随之而来的住房技术冲击以及成本推动的通胀冲击解释力增强，分别增至 10.95%

和 11.07%。

总体来看,住房需求偏好冲击与货币政策冲击以及成本推动的通胀冲击是影响住房市场波动的主要原因,其中,住房需求偏好冲击占主导作用,该冲击对实体经济总产出有影响,而对其他变量影响不大(住房部门的外生冲击对于其他宏观变量如消费和非住房投资影响可以忽略不计,住房需求偏好冲击对消费和非住房投资变动的影响解释力不足1%),这说明了房地产作为中国经济的支柱产业,其增长变动直接影响着我国GDP 的波动,可谓是牵一发而动全身。成本推动的通胀冲击以及货币政策冲击对于其他宏观经济变量波动起到了关键的作用,但均表现为随着时间的推移影响程度在下降,货币政策冲击对 GDP 的影响由短期的27.03%降至15.68%。

2. 历史分解

图 6—4 和图 6—5 分别为实际住房价格和住房投资的历史冲击分解图,以往学者将一些冲击合并[①]来做分析,本书将主要冲击列出以便清晰地观察各个冲击在以前各期对房价和住房产量的影响。

首先来看住房价格冲击分解图(见图 6—4)。除去个别时期,房价波动在整体上主要是被住房需求偏好冲击、成本推动的通胀冲击和货币政策冲击联合驱动,其中住房需求偏好冲击与住房价格波动方向相同且贡献较大,住房技术冲击与住房价格波动方向相反。从图中可以发现,第17 期(即 2009 年第一季度)住房价格有较大的变动,主要是受货币政策冲击的影响,该结果与王云清(2013)的发现相一致,说明货币政策冲击对这一轮房价上涨贡献程度较大。

其次来看住房产量历史冲击分解(见图 6—5)。与图 6—4 相比,住房产量波动幅度较小。住房投资主要是受住房需求偏好冲击、住房生产技术冲击和消费品生产技术冲击驱动的,货币政策冲击前期对住房产量的影响较大,后期影响较小,此研究结果与 Ng(2015)的研究结果类似,并且也与前文预测期方差分解结果一致。由此可知,我国住房市场房价波动主要是受需求端的影响,住房产量则对供给端和需求端都有较

---

① 王云清(2013)、Ng(2015)等将利率冲击和通胀目标转移冲击归为货币政策冲击,将两部门的技术冲击合并统称为技术冲击。

▶ 住房价格波动的时空特征、传导机理与金融风险研究

大影响,二者共同之处是受住房需求偏好冲击和货币政策冲击。

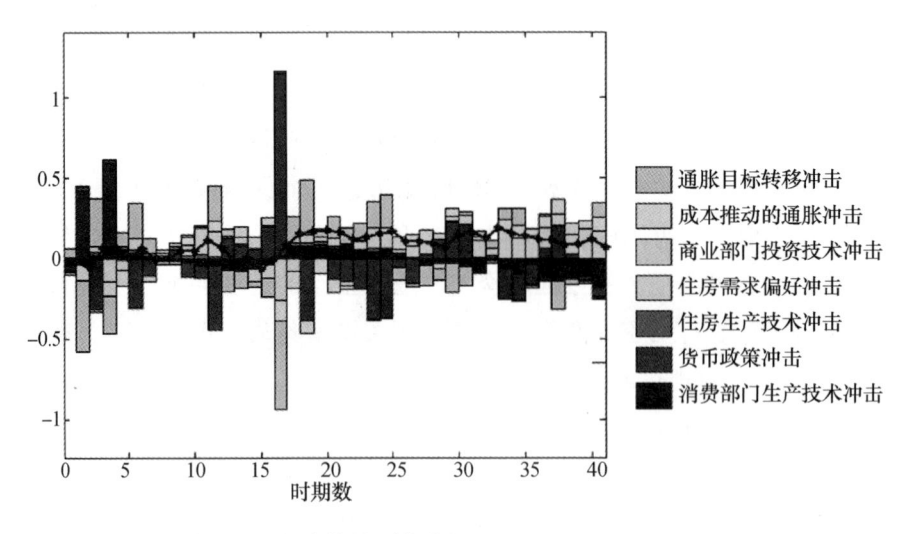

图 6—4　住房价格历史分解

注:图中黑线表示住房价格历史数据。

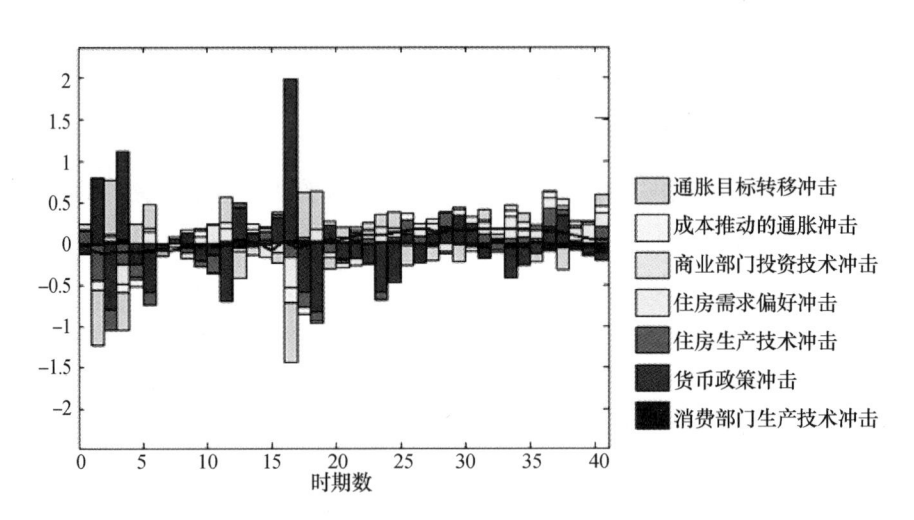

图 6—5　住房投资历史分解

注:图中黑线表示住房产量历史数据。

五 冲击解释与溢出效应

由实证结果我们可以看出,模型与实际经济模拟的结果相对较好,并且做了脉冲响应分析和方差分解分析。我们发现住房需求偏好冲击在该市场中身影不断闪现,但对于该冲击仍有一些疑惑,需要对其作出进一步解释。另外,住房市场作为房地产市场的核心,房地产市场又作为国民经济的核心,需进一步研究该市场波动可能带来的溢出效应,本章将对溢出效应进行量化。

(一) 住房偏好冲击的解释

在前文中,我们已经发现住房市场(住房产量与住房价格)绝大部分的波动是由住房需求偏好冲击引起的,那么该如何解释住房需求偏好冲击呢?该冲击一方面可能是社会家庭将其偏好转移到住房上来;另一方面也可能是影响住房需求的其他未包含于模型干扰项的总和。因此,有必要将该冲击与其他可能的观测变量进行回归分析,以判断是否有潜在的解释变量。我们模仿 Iacoviello (2010) 和 Ng (2015) 分析技术冲击的方法,将该方法运用到住房偏好冲击的分析中。回归方程如下:

$$\mu_{j,t} = \alpha \mu_{j,t-1} + \beta \Delta X_{t-1} + v_t \qquad (6—104)$$

在方程 (6—104) 中,$\mu_{j,t}$ 为住房需求偏好冲击,X_{t-1} 为潜在的解释变量(滞后一期),v_t 是 0 均值和固定方差的独立同分布过程。

潜在的解释变量可能包括影响住房需求的决定性因素,如潜在的购房者、购房的融资成本等,我们采纳 Iacoviello (2010) 文中的 25—39 岁人口比例 (POP2539)[①],次级抵押贷款利率这里我们用五年期住房公积

[①] 根据艾瑞咨询的购房用户调研报告,购房年龄分布中超五成年龄集中在 26—35 岁,认为该年龄段人群是购房刚需人群的主力军。本书基于国家统计局《统计年鉴》历年抽样调查年龄人口比,选择 25—39 岁的分段数据,与前者比较接近。

金贷款利率来代替（LR[①]），城镇人口占比（URB）这三个因素。相对应的，中国具有本地的特殊风情，因此，考虑加入 Ng（2015）的中国特色的变量，如7—19岁的性别比例（SEXR）。这是因为，在中国人的观念中成家立业必须要有房屋，尤其是近几年年轻人结婚，女方父母要求男方提供住房，增加了对住房的刚性需求。Zhang（2011）也发现，中国住房价值与性别比有正的相关关系。另外，楼市与股市往往有着此消彼长的关系。因此，将上证综指（SSI）作为解释变量，以衡量投资量在住房与股权之间的流动。需要说明的是，变量 POP2539 和 SEXR 两个变量 2010 年数据缺失，2014 年无数据，我们分别采用均值填补法和回归填补法来填充数据。上述所有变量都需要经过标准化处理，即先进行去均值处理，后除以其标准差。

根据 Ng（2015）的实证结果显示，中国特色的因素在解释住房需求偏好冲击中起了主要作用，性别比例（SEXR）和上证综指（SSI）的贝塔系数比较显著，住房需求偏好冲击与性别比（SEXR）成正比关系，与股市上证综指（SSI）成反比关系。由表6—11 回归结果可知，25—39 岁人口比例（POP2539）和上证综指（SSI）两个变量在5%的显著水平上比较显著，该结果表明25—39 岁人口比例越高，住房需求偏好冲击越大[②]，而性别比 SEXR 回归结果不显著，说明住房需求偏高的主要原因并非是由于年轻男孩面临结婚需购房增强竞争力导致的。虽然上证指数与住房需求偏好冲击的系数为正与 Ng（2015）的结果相反，但与黄义（2014）的研究结论一致。黄义（2014）研究了股市与房市动态相关的时变性，结论表明股市上涨的同时也会增加居民的购房欲望，这是因为由于股市上涨，居民财富迅速增加，带来购房能力增强，从而住房需求也相应地增大。

---

① 由于我国住房公积金贷款利率是政府调控住房市场的重要工具，因此，在 2005—2015 年有过数次变动，本书将按照每季度利率调节前后的天数进行加权平均处理得到每季度的贷款利率数据。

② 巴曙松认为，人口数量和人口结构是影响房地产周期波动的重要因素之一，此处我们将这种人口因素通过住房需求偏好冲击的形式纳入模型，对于结合人口和城镇化等因素考虑 DSGE 模型有待进一步学术研究的发展。

表6—11　　　　　　　　住房需求冲击解释的回归结果

解释变量	回归系数	标准误	P 值
$\Delta pop2539_{t-1}$	2.73	1.31	0.0440
ΔURB_{t-1}	-23.46	21.52	0.2833
$\Delta SEXR_{t-1}$	1.43	0.925	0.1312
ΔSSI_{t-1}	1.21	0.405	0.0051
ΔLR_{t-1}	0.17	0.33	0.6184
调整 R^2	0.1875		

（二）住房市场的溢出效应量化

从已有关于房地产市场溢出效应的研究来看，研究成果主要集中在以下几个方面：一是关于房地产财富效应的研究，如 Bajary（2005）、黄平（2006）、高春亮和周晓艳（2007）、王子龙等（2008，2011）、赵杨等（2011）等，在此阶段国内外学者基本上比较同步；二是从房地产市场与金融市场之间的溢出效应来研究，如 Case（2013）、刘金娥和陈国进（2013）、黄义（2014）等，在此阶段，我国股市、房市逐渐发展，双向关系成为众多学者研究的重点，因此，我国学者研究成果较多；三是房地产市场的溢出效应研究从金融市场转移至宏观经济，从货币供应量、利率到货币政策调控，再到宏观经济各主要变量，如 Beltratti & Morana（2010）、Bjømland & Jacobsen（2010）、吴江和韩鑫韬（2009）、万阿俊（2015）、吴超（2012）、唐志军等（2010）、骆永民和刘艳华（2015）等，在这一阶段，研究多从宏观经济学新理论范式进行，与本书所用的 DSGE 模型具有较高的契合。

从前文的脉冲响应动态分析中，我们发现由于抵押约束机制的存在，住房市场的波动会对消费产生溢出效应。因此，有必要将此溢出效应通过量化来分析其效果。我们沿袭 Iacoviello & Neri（2010）衡量房地产市场溢出效应的方法，将总消费与滞后一期的住房价值做回归。

由前文可知，模型中大部分的溢出效应是通过房价波动作用到消费上的，该效应由金融摩擦而增强，可通过无耐心家庭的工资份额和贷款价值比（LTV比率）来衡量。为了衡量溢出效应的大小，我们做一个住房价值变化对总消费的基本线性回归，此方程可以理解为衡量住房价值波动对总消费直接或间接影响的简化模型，尽管这两个变量在我们的 DSGE 模型中都是内生变量。我们模拟所用的数据是来自估计参数的后验均值和绘制它们的冲击分布时所生成的，包括生成的 1000 个样本数据和实际数据相对应的样本期，我们将估计的参数和对应的标准误进行平均化处理，得到如下回归结果：

$$\Delta \ln C_t = 0.0204 + 0.1123 \Delta \ln HW_{t-1} \quad (6—105)$$
$$(0.0109)(0.0207)$$

将真实数据得出的结果与模型衡量的结果处于相同的范围内，得到回归结果如下：

$$\Delta \ln C_t = 0.0234 + 0.1033 \Delta \ln HW_{t-1} \quad (6—106)$$
$$(0.0209)(0.0407)$$

在方程（6—105）和方程（6—106）中，括号内的数字是标准差，该系数与 Ng（2015）的研究结果一致，同时也与 Iacoviello（2010）的结果一致。

由上述两个回归方程可以看出，我们用实际数据和模型衡量的住房财富效应的大小是在已有研究结果的范围之内。首先模型所获得的系数和实际数据回归系数均为正值，反映出抵押约束机制对住房财富效应呈正相关的影响。根据 Iacoviello & Neri（2010）的研究，如果没有抵押约束机制的存在，则方程回归结果的系数相对要小一些，他们认为该机制的存在提高了消费对住房价值的弹性大约 2.5 个百分点。

当然，本书的方程相对于模型的结构均衡关系来说是有些失误的，消费和住房价值是模型均衡条件的一部分，其形式应是包含所有模型内生变量的向量自回归移动平均过程，但是我们的模型与无耐心家庭使用住房抵押增加消费的财富效应的观点是一致的。另外，即使没有包含抵押约束机制，我们的模型仍然得到了一个住房价值变化与总消费成正的联动关系，该联动关系反映了我们所假定的大多数冲击在住房价值和消费之间生成了正的相关关系，且当抵押约束机制存在时该相关性就会增大。我们发现抵押约束机制增大了弹性（消费增长率/住房价值增长率），因为它增大了两个变量之间的相关性，且对住房价值增长率和消费增长率的波动影响较小。

六　主要结论

传统计量经济模型在研究房地产市场时，通常是从房地产行业上下游关联行业分析量化其关联效应，如王国军和刘水杏（2004）、梁云芳和高铁梅（2006）等，或者利用 VAR 模型分析房地产行业经济增长的影响，以及房地产市场的动态特性，如赵昕东（2010）、卢建新和苗建军（2011）等，还有学者利用空间面板数据的分析方法分析房价波动的空间溢出效应，如张谦、王成璋（2013）。但是在"一致性"研究框架下分析住房市场波动的文献较少，本章基于 Iacoviello & Neri（2010）的研究构建中国化的包含住房市场的 DSGE 模型，虽然仍有一些不完美之处，但总体还是能较好地刻画中国住房市场波动情形。我们考虑各种可能的冲击并结合贝叶斯估计的计量方法考察住房市场波动的原因及其溢出效应。

（一）住房需求偏好冲击是影响住房市场波动的主要原因

我们构建 DSGE 模型主要关注住房价格和住房投资的动态特性及其波动的主要原因。脉冲响应函数模拟表明，住房需求偏好冲击、供给冲击、货币政策冲击以及成本推动的通胀冲击在住房价格和住房投资的波动中贡献较大。方差分解结果表明住房需求偏好冲击是房价波动的主要影响因素，能解释超过 1/2 的波动。货币政策冲击和成本推动的通胀冲击在短期对住房价格有较强的影响（分别能解释约 1/3 和 1/5 的波动），而在长期影响减弱。住房生产技术冲击在长期影响逐渐增大。对于住房投资的波动影响，短期主要是由于住房需求偏好冲击与货币政策冲击，分别解释了 57.34% 和 22.31% 的波动，但从长期来看此两项冲击分别增大和减弱。随之而来的住房技术冲击以及成本推动的通胀冲击解释力不断增强，分别增至 10.95% 和 11.07%。另外，通过历史分解可以看到，影响住房市场（房价和住房投资）的共同因素主要是住房需求偏好冲击和货币政策冲击。

（二） 人口结构和股市是冲击解释的主要因素

在影响住房市场波动的主要冲击中，住房需求偏好冲击的贡献度较大。对此我们进一步研究了该冲击是否与其他一些遗漏的潜在解释变量有关。通过对估计的住房需求偏好冲击与一系列未包含于模型的潜在解释变量的回归，结果发现该冲击与人口比年龄比（25—39 岁）和上证指数有显著的关系，表现为人口比和上证指数越高，该冲击就越大。因此，可以认为住房需求偏好是外生的，主要受刚需人群的推动和股市的影响，后者主要表现为资产的配置选择。

（三） 住房市场的消费溢出效应为 0.103

在量化住房市场的溢出效应时，我们主要考察的是住房市场与经济基本面之间的关系，与其他主要研究城市间的溢出效应不同。从量化方程式来看，尽管我们的简化方程有一定的缺陷，仍不失为一种有效的衡量方法。因为由模型估计参数后验分布均值得出的回归结果与实际数据回归结果有相同的波动范围，总体来看，消费对住房价值的弹性估计值约为 0.103，此结果与已有研究结果相近。

结论与政策建议

本书在对住房价格波动的时空特征进行实证分析的基础上，进一步运用面板门限模型和 VAR（SVAR）模型分析了房价波动对消费、投资和金融市场的影响机理及风险，最后运用 DSGE 模型和贝叶斯方法综合评估了房价波动的宏观溢出效应。研究得到的基本结论和政策建议如下。

一　主要结论

（一）房价波动具有序列相关和均值回归特征

第一章从理论和实证两个层面研究了 1997—2009 年我国 35 个大中城市和 30 个省市的房价波动的时间特征。研究结果显示：我国城市和区域房价波动在时间维度上都表现出了均值回归和序列相关特征；由于城市和区域人口规模、居民人均收入水平、建造成本和地区市场化程度等不同而导致房价波动在时间维度上具有大小不等的均值回归和序列相关特征。从总体上来看，房价波动都处在正常区间范围内，没有表现出持续脱离经济基本面的情形，但全国房价波动的振幅在 2002 年以后有逐渐增大的趋势。[①] 整体而言，2007 年以前各城市和区域房价波动的频率和振幅都位于正常区间范围内，没有表现出持续脱离经济基本面的情形，但在 2007 年以后房价波动的振幅出现了急速扩大[②]，这预示着住房市场中的潜

[①] 卢建新：《市场化进程中区域住房价格的动态特征》，《经济问题探索》2014 年第 1 期。
[②] 卢建新、苗建军：《中国城市住房价格动态特征及其影响因素》，《投资研究》2011 年第 7 期。

在风险在迅速增加。

(二) 房价波动在空间上存在连锁效应

第二章把我国32个大中城市划分为东北、华东、华北、华中、华南和西部六个区域，通过比较各区域模型的相关系数差异和GARCH-BEKK模型分析发现，区域房价波动在空间上存在连锁效应。具体表现为：(1) 每个区域内的城市房价之间都存在着联动关系，都倾向于在长期中维持均衡；(2) 在每个区域内都存在着一两个中心城市，其房价波动会直接或间接传导至区域内的所有城市，中心城市往往是本区域内的经济中心，与外界经济联系更为紧密，对本区域其他城市有更大影响；(3) 房价波动连锁效应的传导路径有放射状、直线状、循环状等多种形式，一个城市能成为越多房价波动传导路径的源头，就越能直接对其他城市的房价产生影响，它在区域内住房市场中的地位就越重要；(4) 房价波动连锁效应不仅发生在区域内部，也存在于各区域之间，跨区域的连锁效应主要表现为首先从经济发展水平较高的东部城市通过中部城市然后逐渐向经济发展水平相对较低的西部内陆城市扩散。

(三) 房价波动对消费的影响因收入高低而不同

第三章运用面板门限模型分析了不同收入水平和房价区间内住房市场财富效应的大小，研究发现：(1) 全国范围内的住房市场财富效应并不显著；(2) 收入水平对住房财富效应影响较大，不同收入水平的区域，财富效应的大小不同，低收入区域中的住房财富效应较小，中等收入水平区域中的住房财富效应显著为正，而高收入区域的住房财富效应却为负；(3) 财富效应的大小对房价高低并不敏感，在不同的房价区间，住房市场的财富效应都显著为负。

(四) 房价波动对住房投资有显著影响

第四章运用VAR模型和脉冲响应函数与方差分解方法分析了房价波动是否会引起住房投资需求的显著波动，进而考察了房价变化是否会给经济平稳增长带来显著影响，研究发现：(1) 房价与本年完成住房投资额之间存在着正向响应，房价上涨会导致本年完成住房投资额出现正响应并开始上升,而随着本年完成住房投资额升高会导致房价迅速提升到最大值。(2)房价与银行信贷规模之间存在着正向响应,房价上升会导致银行信贷规模出现正响应并在第2期达到最大值,而银行信贷规模上升也会引起房价出现正响应后开始升高。(3)从住房投资与房价的方差分解结果可以看出,房价对本年完成住房投资额起着至关重要的作用,而银行信贷量却决定着房价。(4)我国房价的托宾Q效应并不是非常显著,对托宾Q施加一个正的冲击,住房投资只产生一个很小的正向响应,因此托宾Q效应几乎无法体现。

(五)房价波动对金融市场的稳定性有重要影响

第五章运用SVAR模型、脉冲响应函数和方差分解方法分析了房价波动对金融市场的影响,研究发现房价波动确实会冲击金融系统的稳定性,具体结论如下:(1)在不考虑各因素自身贡献度的情况下,房价波动对金融市场中变量的贡献度是最大的,这表明住房市场的平稳发展对促进金融市场的稳定发展起着重要作用。[1](2)房价和信贷增量间的响应非常显著。[2] 房价上涨会引起国内信贷增量增加和短期国际资本流入增加,导致国内货币供给增加,并进一步加速房地产价格上涨,即两者之间具有自我强化的循环作用,这与理论模型分析是一致的。这种反应不利于经济健康发展,这是因为我国房地产行业资金来源比较单一,大部分来源于信贷资金。房价波动会冲击信贷市场的安全性,当房价攀升到一定程度时,将会形成泡沫,进而影响本国金融市场的稳定性。(3)房价和股价对系统因素反应各不相同。从方差分解的结果来看,房价波动对其他变量的冲击的贡献度最大,股价对其他变量的冲击的贡献度最小。房价波动对股价是负向反应,而股价变动却对房价波动产生正向反应。由于这两种资产的流动性存在差异,即股票市场流动性强而房地产市场流动性弱,当房价上涨时,人们很容易将资本从股票市场抽出投入房地产市场;但股价上涨时,因房地产变现能力不易,致使房价并没有因股价上

---

[1] 卢建新、卢明安:《金融市场与住房价格波动的联动关系——基于SVAR模型的实证分析》,《海南大学学报》2014年第6期。

[2] 同上。

涨而下降。房价和股价对系统内各因素的反应不一致,这表明应区分看待这两种资产价格的波动①。这可以帮助决策者识别资产波动的重要性,更加关注房价波动。实体经济才是经济社会的根本,只有实体企业健康稳定发展,才能破除金融市场中的"虚像"。(4)国际资本流动影响国内资产价格。短期国际资本流动影响资产价格波动,从实证结果可以看出,与股价相比,短期国际资本流动对房价影响较大,这与一般理论并不一致。理论认为股票市场的流动性强于房地产市场,这更有利于短期国际资本流动的运作。从我国实际出发,可以看出我国股票市场不尽如人意,短期国际资本流入我国并没有选择股票市场,而是更多地流入房地产市场。这样会增加房地产市场的不稳定性,同时也暴露我国房地产行业的暴利特点,引起短期国际资本竞相追逐。(5)汇率受房价波动、信贷增量、短期资本流动等影响较大,这与我国逐步放松对汇率监管有关,汇率变动不再完全受当局的支配。

(六)需求偏好冲击是影响住房市场波动的主要原因

第六章运用DSGE模型、脉冲响应函数和方差分解方法分析了房价和住房投资的动态特性及其波动的根源和效果,研究发现:(1)住房需求冲击、供给冲击、货币政策冲击以及成本推动的通胀冲击在房价和住房投资的波动中贡献较大。不管是在短期里还是在长期,住房需求偏好冲击②都是房价波动的主要影响因素,能解释超过1/2的波动;货币政策冲击和成本推动的通胀冲击在短期对房价有较强的影响(分别能解释约1/3和1/5的波动),但在长期影响减弱;住房生产技术冲击在长期影响逐渐增大。(2)对住房投资的波动来说,短期里主要是住房需求偏好冲击与货币政策冲击造成的,分别解释了57.34%和22.31%的波动。与房价影响因素一样,从长期来看,此两项冲击分别增大和减弱,随之而来的住房技术冲击以及成本推动的通胀冲击解释力增强,分别增至10.95%和11.07%。另外,影响住房市场(房价和住房投资)的共同因素主要是住

---

① 大部分学者是把房价和股价合为资产价格进行研究,其实这两种资产具有很多不同的特点,它们对经济系统的影响和经济系统内各因素变化对它们的影响差异很大。
② 住房需求偏好表示的是家庭将某一方面的偏好转移到住房上。

房需求偏好冲击和货币政策冲击。(3) 刚需人群和上证指数是冲击解释的主要因素。在影响住房市场波动的主要冲击中，住房需求偏好冲击的贡献度较大。对此我们进一步研究了该冲击是否与其他一些观测变量相关，结果发现该冲击与人口比、年龄比（25—39岁）和上证指数有显著的关系，表现为人口比和上证指数越高，该冲击就越大。(4) 住房市场的消费溢出效应为 0.103。从由模型估计参数后验分布均值得出的回归结果和实际数据回归结果来看，消费对住房价值的弹性估计值约为 0.103，此结果与已有研究结果相近。

二 政策建议

（一）建立因城施策的长效调控机制

本书的实证研究结果表明，我国城市和区域房价因地区或城市因素（如地区或城市人口规模、居民人均收入水平、建造成本和地区市场化程度等）不同而在时间维度上具有大小不等的均值回归和序列相关特征[1]；在区域内房价波动中，中心城市的房价波动会直接或间接传导至区域内的所有城市；在跨区域房价波动连锁效应中，一线城市是"震源"，其房价波动会传导至二三线城市；住房市场的财富效应也具有显著的区域性特征，不同区域在不同年份也处在不同门槛区间内。这些结论从不同角度证实，我国住房市场并非铁板一块，而是存在着明显的地区或城市差异。为此，政府管理部门可根据各城市或区域房价所在的"区域"和该区域内的房价波动特征（即房价波动的振幅、频率及其收敛或扩散速度等）而实施不同的房价调控政策，把各城市或区域的房价波动控制在社会公众可以接受的区间内。例如，根据各城市或区域房价波动的振幅和频率构建城市和区域房价波动的区间预警系统，及时发布房价变动信息，给投资者和房地产开发企业提供投资决策参考。[2] 又譬如，根据各地区的

---

[1] 卢建新、苗建军:《中国城市住房价格动态特征及其影响因素》,《投资研究》2011 年第 7 期。

[2] 卢建新:《市场化进程中区域住房价格的动态特征》,《经济问题探索》2014 年第 1 期。

特点,推出因地制宜的税收、财政、土地及货币政策,以在保证调控政策的效果的同时,促进各地区房地产市场的健康发展。

(二) 充分利用住房市场的财富效应[①]

房价上涨,一方面加大购房者的成本,另一方面会提升已经购房者的财富;前者会削弱住房市场的财富效应,后者则会增强。然而,房价过高,市场过度繁荣,则会使得投机需求增加,挤占正常需求,推高房价,增大住房市场的泡沫。因此,从整体来看,不仅要利用好住房市场财富效应的正面效应,也要防止住房市场的泡沫过于膨胀,给宏观经济带来损失。为了最大限度地利用好住房市场的财富效应,可从以下几个方面来改革或引导:(1) 由于住房市场的财富效应对收入较为敏感,在收入水平较低时,财富效应较小,甚至为负,而当收入水平提高后,财富效应才能发挥出来。因此,政府可在居民的可支配收入方面多下功夫,引导居民增加收入,在劳动性收入增长的同时,也增加居民的财产性收入。居民收入增加后,一方面有钱购买属于自己的住所,摆脱绝望效应的影响;另一方面也能减少储蓄效应的限制。(2) 房价对住房市场财富效应发挥影响不明显,并不意味着控制房价过快上涨不重要,主要是因为伴随着房价的上涨,我国通货膨胀也在加剧,居民的收入水平有了一定的改善,但如果房价出现暴涨而收入水平无法跟上时,将对住房市场财富效应的发挥造成严重的打击,因此要严防房价过快上涨。(3) 政府要力求保持房价的稳定,确保中等收入居民买得起房子,而且还要大力加强经济适用房、廉租住房建设,解决低收入水平居民的住房问题。

(三) 避免住房投资规模出现大幅增减

众所周知,住房投资规模的大幅增减会给房地产市场的平稳运行和经济的平稳增长带来不利影响。为了避免我国住房投资规模的大幅升降,可从以下几个方面来着手:(1) 避免房价出现大幅升降,稳定投资者对房价变化的预期。由于房价变化并不会立即带来住房投资规模的变化,

---

[①] 卢建新、贾国锋:《中国住房市场财富效应的区域性差异研究》,载《中国金融发展报告2014》,北京大学出版社2014年版。

两者具有一定的滞后性。如果房价过快上涨，就会通过托宾 Q 效应和资产负债表效应来引起住房投资规模在长期内出现过快增长。当住房市场进入调整阶段时，上一轮所造成的过快增长的住房投资规模会加剧住房市场的调整幅度，从而使住房市场出现剧烈的动荡，对国民经济造成巨大冲击。只有房价稳定了，投资者对房价变化的预期才不会出现大幅波动，同时也稳定了住房投资规模。（2）稳定土地供应量，规范地方政府的土地出让行为。从理论上看，托宾 Q 值会影响住房投资，而土地供应量对该值具有重要影响。因此，为了避免住房投资规模出现巨幅波动，政府应保持平稳的土地供应量。从近几年中央出台的一些限制房价过快上涨的政策来看，各地政府开始都会积极响应，但过不了多久，他们就会对当地的住房市场进行松绑。这都是地方政府过度依赖土地财政，并想通过快速发展房地产业来发展当地经济造成的。因此必须规范政府土地出让行为，提高土地资源的配置效率。（3）充分利用信贷杠杆来稳定住房投资规模。前文研究发现，我国住房市场存在着资产负债表效应，因此，在房价快速上涨期间，可适当降低抵押担保物的价值来控制抵押贷款的发放量，从而使住房投资规模不会出现过快的增长；相反，在房价出现缩水的期间，可通过提高抵押担保物的价值来增加抵押贷款的发放量，从而加大住房投资规模。在住房市场调整期间，要坚持区别对待和有保有压的原则，对于普通商品房的在建项目，应该加大信贷支持力度，而对于别墅等高级住宅的在建项目，应减少信贷发放量。（4）我国住房市场的托宾 Q 效应并不显著，这说明在住房投资活动中存在着明显的非理性成分。这种非理性会降低货币政策对住房市场调控的有效性，不利于住房市场的平稳健康发展。因此，切实规范外部金融资本，按照住房开发进度，专款专用，使资金的配置达到最优化。

（四）避免房价波动给金融市场带来系统性风险

本书的研究表明，房价波动与金融市场之间具有极强的联动关系，如果不进行有效控制房价波动风险的话，那么房价波动就极易给金融市场带来灾难性的系统性风险。为了避免房价波动可能给金融市场带来连锁反应，可从以下几个方面着手：（1）拓宽融资渠道。由于房价与信贷增额可以相互强化，因此，一个市场中的风险很容易扩散到另一个市场，从而使风险范围扩大和风险程度加深。为此，房地产行业可通过拓展融资渠道和多元化融资来减少对银行信贷资金的依赖。在不增加系统性风险的前提下，政府可鼓励房地产开发企业利用私募基金、房地产信托基金等新型融资工具。类似地，银行也要避免过于集中放贷，可适当进行跨行业组合投资。①（2）由于房价与股价、汇率、国际资本流动以及利差等在短期内具有正向响应关系，因此，为了防范房价波动给金融市场带来的系统性风险，管理层不仅要控制房价大幅波动的频率和振幅，还要控制金融市场大幅波动的频率和振幅，尽可能减少各市场价格波动之间的相互强化和交叉扩散。②（3）加强对国际资本流动的监管。鉴于短期国际资本流动对国内房价和股价的影响，应对其加强监控。随着信息技术的快速发展，短期国际资本流动的手段更丰富，我国应加快完善和健全资本流动监测体系和相关法律法规，并提升我国金融系统抗击外部冲击的能力。（4）监管者要重视房价波动连锁效应的危害性。比较而言，房价波动给金融市场带来的风险更大，因而监管者应更加注重监控房价波动风险，加强防范和控制。③

（五）货币政策应对房价波动进行温和的反应

本书的研究表明，虽然货币政策在短期和长期内对住房市场的影响起着非主导作用，但其影响仍然是不可忽视的。巴曙松（2012）认为利率、信贷等因素是影响住房市场周期波动的主要原因。由于住房不仅具有消费属性，同时也具有资产属性，而且在过去的十年资产属性得到不断强化，因此，有必要考虑货币政策是否要盯住资产价格变动。关于货币政策是否需要盯住房价变动，相关学者的研究结论并不一致。例如，王擎和韩鑫韬（2009）认为央行不需要盯住房地产价格。王云清（2013）利用修正的泰勒规则和采用贝叶斯方法估计了货币政策参数，认为我国货币政策应对房价做温和的反应。田磊（2013）认为货币政策应盯住通胀来稳定房价波动。冯涛和杨达（2014）在研究货币政策与房价作用机制时发现央行从 2003 年

---

① 卢建新、卢明安：《金融市场与住房价格波动的联动关系——基于 SVAR 模型的实证分析》，《海南大学学报》2014 年第 6 期。
② 同上。
③ 同上。

起就已将房价波动纳入货币政策规则中。陈利锋（2016）发现，货币政策机制对房地产市场做出反应，能提高社会福利水平，并且此时的货币政策机制也是最优的。参照相关学者的研究成果，货币政策需要盯住资产价格波动，因此，我们建议央行的政策应对住房价格波动做出温和的反应。

（六）适度控制住房市场的溢出效应

本书在量化住房市场的溢出效应时，得出住房市场波动会对经济基本面造成一定影响的结论。由于住房市场是一个资金密集、政策密集和产业关联度高的市场，因此它的波动溢出效应对经济影响较大。从稳定是前提这个大局来看，宏观经济不应受住房市场过多的影响，从稳定市场方面，我们认为政府应深化财税体制改革，淡出土地财政，同时应加快房地产税的立法进程。虽然本书并未将财政政策纳入模型，但是由于我国是一个强势政府主导市场的国家，因此仍要将财政政策考虑进来。土地成本高昂也是造成房价不断上涨的主要原因，每年地方政府土地成交获得的出让金占财政收入的1/3，因此被广大学者称为"土地财政"。而造成这一现象的主要原因之一是地方政府的财政收入渠道有限，自1994年分税制改革之后，地方政府面临一个财权和事权不匹配的尴尬境地。因此，大部分的地方政府依靠土地出让金和发行城投债来维持政府的运转以及投资，如果房价骤然下跌必然会使开发商减少拿地，那么地方政府将不得不降低土地成交价格从而导致所获财政收入减少[①]。因此，要解决此问题还需要加快推进财政体制改革，使地方政府获得足够的财权，降低对土地出让金的依赖。

在平抑房价上涨方面，现行的房地产市场的税法已经不太适应，亟须出台房地产税法，尤其是要将税负由销售环节转移到持有环节。新的房地产税将有效地遏制住房投机投资性需求，从而有效地降低住房需求，并且当前各大房地产企业正处于去库存的当口，因此，房价自然会回落至合理的区间。加快推进不动产统一登记平台建设，为推进房地产税提

---

① 截至2014年年末，据财政部发布数据，中国2014年土地出让金收入4.29万亿元人民币，同比增长3.1%，而地方一般公共财政收入（本级）7.59万亿元，土地出让收入占比56%，是名副其实的"土地财政"。

供充分的信息。此外，市场环境已经发生变化，部分城市可以取消过时的限制性措施。逐步扩大公租房的使用人群范围，着实解决低收入阶层的住房需求。房地产行业在此背景下应化危为机，重新"洗牌"提高行业集中度，从而降低住房市场的波动。

（七）政府合理引导住房政策预期

本书的研究表明，住房需求偏好冲击是住房市场波动的主要原因。住房需求偏好冲击一方面受刚需人群的推动；另一方面则受股市（即资产的配置）影响。根据2015年中央经济工作会议提出的"实施宏观调控，要更加注重引导市场行为和社会心理预期"，政府应合理引导住房政策预期。一方面应不断建立和完善住房市场稳定发展的长效机制，始终坚持让市场在住房资源配置过程中起决定性作用，减少短期的行政干预，弱化居民对房价波动的预期，从而避免楼市剧烈波动；另一方面仍要不断关注房价和住房投资的变化，综合考虑货币和财政政策的影响，提高政策的前瞻性和可操作性。在城市分化加剧和产业转型升级的大背景下，住房市场已经由新房市场增长的增量市场向二手房趋势性上涨的存量市场转变，政府在"促消费，去库存"的战略下，要合理引导政策预期变化。由于投资者的住房购买行为往往会受到其心理预期的影响，而其心理预期的形成又与他所接触的住房市场的信息有着紧密联系。因此，各城市的政府应及时向社会公布本地房地产市场的各项数据，提高信息的透明度，引导社会正确认识当地房地产市场的发展趋势，媒体也应该杜绝片面或者夸大报道相关信息。此外，加快推进户籍制度改革，让非户籍人口能够顺利地在就业地落户买房或长期租房，以形成就业地的住房预期需求，消化库存，稳定住房市场。

附　　录

一　第一章附录

差分方程的解及其收敛性

解：在方程（1—3）中，我们把均衡房价 P_t^* 看作已知常数，则方程（1—3）可转化为：

$$P_t - (1+\alpha-\beta)P_{t-1} + \alpha P_{t-2} = \beta P^*$$

这里假定初始条件为 $P(0) = P_0$，则 $P(1) = P_0 + \beta(P^* - P_0)$

上述差分方程的特征方程为：

$$\lambda^2 - (1+\alpha-\beta)\lambda + \alpha = 0$$

令 $\Delta = (1+\alpha-\beta)^2 - 4\alpha$，则方程两根为：

$$\lambda_1, \lambda_2 = \frac{(1+\alpha-\beta) \pm \sqrt{\Delta}}{2}$$

（1）有两个不同实根的情形（$\Delta > 0$）

$$P_t = C_1 \lambda_1^t + C_2 \lambda_2^t + P^*$$

这里 $C_1, C_2 = \dfrac{(P_0 - P^*)}{2}\left\{1 \mp \dfrac{\alpha+\beta-1}{\sqrt{\Delta}}\right\}$

由于特征根收敛的充要条件是每个根的绝对值都小于 1，故有：

$$|\lambda_1| < 1, \ |\lambda_2| < 1$$

解得 $0 < \beta < 2 + 2\alpha$

又 $|\alpha| = |\lambda_1 \lambda_2| < 1$

故 $\Delta > 0$ 时，特征根收敛的充要条件是 $-1 < \alpha < 1$ 且 $0 < \beta < 2 + 2\alpha$。

(2) 有两个重实根的情形（$\Delta = 0$）

$$P_t = (C_3 + C_4 t)\left\{\frac{1+\alpha-\beta}{2}\right\}^t + P^*$$

这里 $C_3 = \dfrac{2(P_0 - P^*)}{1+\alpha-\beta}$，$C_4 = \dfrac{2\beta(P^* - P_0)}{1+\alpha-\beta}$

特征根的收敛条件是：$|\lambda_1| < 1$，$|\lambda_2| < 1$

解得 $\alpha - 1 < \beta < 3 + \alpha$

又 $(1-\lambda_1)(1-\lambda_2) = 1 - (\lambda_1 + \lambda_2) + \lambda_1\lambda_2 = 1 - (1+\alpha-\beta) + \alpha = \beta > 0$ 且 $|\alpha| = |\lambda_1\lambda_2| < 1$

故 $\Delta = 0$ 时，特征根收敛的充要条件是 $0 \leq \alpha < 1$ 且 $0 < \beta < 3 + \alpha$，即曲线 AFC。

(3) 有两共轭复根的情形（$\Delta < 0$）

$$P_t = (\sqrt{\alpha})^t \{C_5 \cos(\theta t) + C_6 \sin(\theta t)\} + P^*$$

这里 $C_5 = P_0 - P^*$，$C_6 = \dfrac{(\alpha+\beta-1)(P_0 - P^*)}{\sqrt{-\Delta}}$，$\theta = \arccos\dfrac{1+\alpha-\beta}{2\sqrt{\alpha}}$

特征根的收敛条件是：$\sqrt{\alpha} < 1$ 且 $\alpha > 0$

故 $\Delta < 0$ 时，特征根收敛的充要条件是 $0 < \alpha < 1$。

综上所述，如果只是从数学的角度来考虑，那么特征根收敛的充分必要条件就是 α 和 β 的值落在附图1—1中 $\triangle ABC$ 区域内。

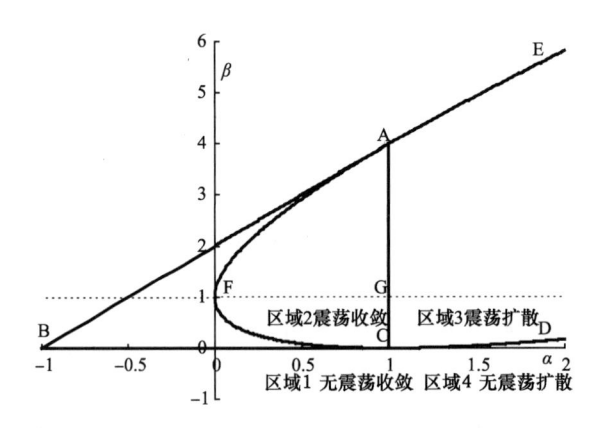

附图1—1 房价波动的时间特征图解

二 第五章附录

附表 5—1　　　　　变量经标准化后的数据

月份	HP	CL	SP	EE	SC	RR
2006/10	-3.19492	-1.70968	-1.60680	-1.22966	-1.41721	-0.77897
2006/11	-2.41306	-1.00119	-1.08885	-0.93853	-1.52564	-0.25142
2006/12	-3.47646	-2.12489	-1.02818	-0.29659	-1.61134	-0.48027
2007/01	-3.80494	-0.98026	0.00841	-0.17308	-1.36999	0.61517
2007/02	-3.03309	-0.66686	-0.44295	-0.06753	-1.31577	-0.50682
2007/03	-3.76538	-1.58159	-0.36103	0.26995	-1.40672	0.53606
2007/04	-2.95409	-1.18257	-0.41887	1.00226	-1.50465	-0.09637
2007/05	-3.49127	-1.10530	-0.93125	1.30127	-1.40672	-0.43664
2007/06	-3.29358	-1.11546	-0.33235	0.97934	-1.26506	-0.03018
2007/07	-3.15524	-0.88355	-0.97779	1.70390	-1.32452	-0.55222
2007/08	-3.52157	-0.69638	-0.76817	2.53704	-1.31228	-0.49164
2007/09	-2.36027	-0.63034	-0.82502	2.90857	-1.36299	-0.43842
2007/10	-2.13609	-0.64776	-1.25730	3.35698	-1.53089	-1.00295
2007/11	-2.67056	-0.74771	-1.40019	2.15039	-1.61833	-0.60167
2007/12	-2.57865	-1.52532	-1.51413	2.58465	-1.39972	-0.70000
2008/01	-2.03108	-1.01423	0.70046	1.60625	-1.26331	0.21225
2008/02	-0.86735	-0.66208	-0.94265	1.56743	-1.17761	-0.22334
2008/03	-1.05573	-1.28533	-0.82523	0.59164	-1.35950	-0.22950
2008/04	-0.32101	-0.96060	0.29593	0.83719	-1.21958	-0.45715
2008/05	0.24762	-0.69099	-0.72234	0.54779	-0.98173	-0.99456
2008/06	0.58617	-0.92697	-0.68151	-0.22904	-0.73164	-0.37339
2008/07	0.24475	-0.70256	-0.53679	-0.18490	-0.69317	-1.13332
2008/08	0.49098	-1.08529	-0.86008	-0.60643	-0.26819	-1.14217
2008/09	-0.27602	-1.38636	-0.55817	-0.72185	0.18652	-1.28266
2008/10	0.37463	-1.03541	-1.12313	-1.35132	0.96128	-1.78261
2008/11	1.60759	-1.17381	-0.25764	-1.19270	1.38801	-1.62363
2008/12	0.84272	-1.24714	0.60729	-1.24880	0.91581	-1.83144

续表

月份	HP	CL	SP	EE	SC	RR
2009/01	0.70357	0.01182	3.08756	-1.05956	1.06971	0.41533
2009/02	0.49180	-0.06331	1.48203	-0.95685	1.55591	-1.06895
2009/03	0.48638	-0.51333	3.89274	-0.63335	1.67308	-0.72846
2009/04	0.56237	-0.08979	0.07927	-0.51708	1.33030	-0.30634
2009/05	0.57216	0.13851	0.29259	-0.34399	0.83187	-0.62502
2009/06	0.60814	-0.07693	2.83237	0.01970	0.60276	-0.40242
2009/07	1.01104	0.30682	-0.61264	0.52407	0.51007	-0.28150
2009/08	0.92170	0.39887	-0.45279	-0.30519	0.36491	-0.47513
2009/09	0.99073	-0.22269	-0.14101	-0.18077	0.12007	-0.17379
2009/10	1.05561	0.34191	-0.91446	0.06035	-0.12303	-0.53785
2009/11	1.01552	0.40171	-0.79186	0.28257	-0.23496	0.21020
2009/12	1.00081	-0.49176	-0.54254	0.37375	-0.10904	1.01048
2010/01	0.94305	0.43961	2.42045	0.05304	-0.02684	3.21931
2010/02	1.38323	1.27755	0.39692	0.12284	0.21451	1.73471
2010/03	1.14368	-0.02118	-0.15860	0.18653	0.16554	3.84824
2010/04	1.06300	0.99598	0.61367	-0.07918	0.18827	0.35484
2010/05	1.80635	0.24615	0.21888	-0.38942	0.63249	0.50808
2010/06	1.92087	-0.36220	0.11329	-0.60532	0.83187	2.72983
2010/07	1.40998	0.02361	-0.09378	-0.33890	0.55729	-0.52192
2010/08	1.34675	0.50590	-0.05741	-0.33745	0.30720	-0.17798
2010/09	1.57189	0.67160	0.09012	-0.31866	0.25473	0.07600
2010/10	1.38124	0.92815	0.06724	0.04139	-0.07231	-0.68432
2010/11	1.56744	0.62568	-0.00227	-0.13537	0.06235	-0.62588
2010/12	2.56189	-0.05557	-0.24660	-0.14885	0.25473	-0.42129
2011/01	3.87454	0.90772	1.39387	-0.16822	0.22850	2.34841
2011/02	2.28814	2.12725	-0.08557	-0.04081	0.16204	0.49214
2011/03	1.60111	0.55388	0.33621	-0.01512	0.03087	-0.02795
2011/04	1.92299	0.85446	0.51278	-0.03361	-0.09155	0.73753
2011/05	2.82240	1.15598	-0.03864	-0.22083	-0.06007	0.45226
2011/06	4.49575	0.58794	0.20275	-0.20010	-0.03384	0.40764
2011/07	4.22675	1.08350	-0.21169	-0.26734	-0.05657	0.15610

续表

月份	HP	CL	SP	EE	SC	RR
2011/08	3.02348	1.14396	-0.04773	-0.41706	0.05186	0.18919
2011/09	3.33077	0.70232	-0.27798	-0.64894	0.54854	0.31887
2011/10	3.44684	0.83764	0.06460	-0.52746	0.75841	0.21242
2011/11	3.18907	0.65674	-0.00755	-0.67769	0.89308	0.19133
2011/12	2.92677	0.28126	0.22211	-0.82698	1.11868	-0.02781
2012/01	4.21326	0.66009	0.50838	-0.72315	1.18514	1.46790
2012/02	3.28948	1.48252	0.42801	-0.57176	1.00501	0.09284
2012/03	2.33440	0.96205	1.30588	-0.75637	1.15016	0.47025
2012/04	2.99530	1.49788	0.34324	-0.60760	1.17989	0.63535
2012/05	2.00039	1.81754	0.66999	-0.63444	1.34079	0.17891
2012/06	2.60698	1.26658	1.04132	-0.79800	1.41599	0.39331
2012/07	2.55103	1.88433	-0.07237	-0.93370	1.37927	0.03274
2012/08	2.58554	1.61137	0.40807	-0.99621	1.29357	0.21743
2012/09	2.76540	1.27748	0.17137	-0.95315	1.15366	0.06288

附表5—2　　　　　　　　VAR模型输出结果

	DSTD_HP	DSTD_CL	DSTD_SP	DSTD_EE	DSTD_SC	DSTD_RR
DSTD_HP (-1)	-0.56887 (0.10375) [-5.48317]	-0.41363 (0.25871) [-1.59880]	0.011062 (0.09883) [0.11193]	-0.000533 (0.05320) [-0.01002]	-0.501612 (0.23974) [-2.09227]	-0.110515 (0.07253) [-1.52372]
DSTD_HP (-2)	-0.387106 (0.09168) [-4.22231]	0.076441 (0.22862) [0.33436]	0.141074 (0.08734) [1.61532]	-0.093182 (0.04701) [-1.98199]	0.074741 (0.21186) [0.35279]	-0.130009 (0.06409) [2.02846]
DSTD_CL (-1)	0.143132 (0.05239) [2.73215]	-0.573999 (0.13064) [-4.39383]	0.062789 (0.04991) [1.25816]	0.044938 (0.02687) [1.67271]	0.183962 (0.12106) [1.51959]	0.018918 (0.03662) [0.51655]
DSTD_CL (-2)	0.101663 (0.05586) [1.81984]	-0.319385 (0.13930) [-2.29270]	-0.009046 (0.05322) [-0.16998]	0.026523 (0.02865) [0.92586]	0.314171 (0.12909) [2.43370]	-0.012523 (0.03905) [-0.32065]

续表

	DSTD_HP	DSTD_CL	DSTD_SP	DSTD_EE	DSTD_SC	DSTD_RR
DSTD_SP (-1)	0.266786 (0.13041) [2.04571]	0.063647 (0.32520) [0.19571]	-0.064443 (0.12423) [-0.51873]	-0.07326 (0.06688) [-1.09545]	-0.080072 (0.30136) [-0.26570]	-0.107758 (0.09117) [-1.18195]
DSTD_SP (-2)	0.098054 (0.13005) [0.75400]	-0.087002 (0.32429) [-0.26829]	0.261154 (0.12388) [2.10807]	-0.031101 (0.06669) [-0.46636]	0.232094 (0.30051) [0.77233]	0.076302 (0.09091) [0.83928]
DSTD_EE (-1)	-0.588797 (0.25567) [-2.30300]	0.618967 (0.63754) [0.97087]	-0.471816 (0.24355) [-1.93724]	0.610094 (0.13111) [4.65338]	0.017394 (0.59080) [0.02944]	0.361122 (0.17873) [2.02046]
DSTD_EE (-2)	0.509095 (0.24324) [2.09296]	-0.139657 (0.60656) [-0.23024]	0.321314 (0.23172) [1.38667]	-0.290892 (0.12474) [-2.33204]	-0.606411 (0.56209) [-1.07885]	-0.333951 (0.17005) [-1.96386]
DSTD_SC (-1)	0.189861 (0.05620) [3.37830]	0.043044 (0.14014) [0.30714]	0.074788 (0.05354) [1.39694]	-0.043213 (0.02882) [-1.49941]	-0.692596 (0.12987) [-5.33305]	-0.073892 (0.03929) [-1.88074]
DSTD_SC (-2)	0.040137 (0.06112) [0.65664]	0.313216 (0.15242) [2.05490]	0.080388 (0.05823) [1.38056]	-0.022085 (0.03135) [-0.70456]	-0.213461 (0.14125) [-1.51124]	-0.033385 (0.04273) [-0.78127]
DSTD_RR (-1)	0.089235 (0.17543) [0.50866]	-0.32233 (0.43746) [-0.73682]	0.011843 (0.16712) [0.07086]	-0.273166 (0.08996) [-3.03646]	0.371285 (0.40539) [0.91587]	-0.095446 (0.12264) [-0.77825]
DSTD_RR (-2)	-0.011862 (0.18385) [-0.06452]	0.345517 (0.45847) [0.75364]	-0.387058 (0.17514) [-2.20998]	0.113375 (0.09428) [1.20251]	0.301280 (0.42485) [0.70914]	-0.083203 (0.12853) [-0.64735]
R-squared	0.648612	0.411009	0.246625	0.429415	0.421705	0.269912
Adj. R-squared	0.580800	0.297344	0.101237	0.319302	0.310104	0.129018
Sumsq. resids	7.998648	49.73793	7.258556	2.103438	42.71221	3.909153
S.E. equation	0.374603	0.934128	0.356852	0.192100	0.865643	0.261881
F-statistic	9.564890	3.615967	1.696320	3.899764	3.778690	1.915707
Loglikelihood	-23.56499	-86.61357	-20.21533	22.51665	-81.35981	1.135350
Akaike AIC	1.030869	2.858364	0.933778	-0.30483	2.706081	0.314917

续表

	DSTD_HP	DSTD_CL	DSTD_SP	DSTD_EE	DSTD_SC	DSTD_RR
Schwarz SC	1.419409	3.246905	1.322318	0.083710	3.094622	0.703458
Mean dependent	0.049310	0.017385	-0.009515	0.040072	0.007872	0.040016
S. D. dependent	0.578576	1.114384	0.376413	0.232836	1.042190	0.280607
Determinant resid covariance (dofadj.)			1.77E-05			
Determinant resid covariance			5.63E-06			
Loglikelihood			-170.4244			
AIC			7.026794			
SC			9.358036			

注：估计结果中"（　）"的数字表示标准差；"[　]"中的数字表示 t 值。

附表 5—3　　　　VAR 模型中格兰杰因果关系检验

变量	原假设	Chi-sq	自由度	P 值
HP	CL 不能格兰杰引起 HP	7.748386	2	0.0208
	SP 不能格兰杰引起 HP	4.663129	2	0.0971
	EE 不能格兰杰引起 HP	6.717423	2	0.0348
	SC 不能格兰杰引起 HP	12.21173	2	0.0022
	RR 不能格兰杰引起 HP	0.274197	2	0.8719
	CL、SP、EE、SC 和 RR 不能同时格兰杰引起 HP	40.62604	10	0.0000
CL	HP 不能格兰杰引起 CL	3.571602	2	0.1677
	SP 不能格兰杰引起 CL	0.113613	2	0.9448
	EE 不能格兰杰引起 CL	0.994445	2	0.6082
	SC 不能格兰杰引起 CL	4.639928	2	0.0983
	RR 不能格兰杰引起 CL	1.256517	2	0.5335
	HP、SP、EE、SC 和 RR 不能同时格兰杰引起 CL	10.11524	10	0.4304
SP	HP 不能格兰杰引起 SP	2.893251	2	0.2354
	CL 不能格兰杰引起 SP	2.422508	2	0.2978
	EE 不能格兰杰引起 SP	4.091832	2	0.1293
	SC 不能格兰杰引起 SP	2.692229	2	0.2602
	RR 不能格兰杰引起 SP	4.992429	2	0.0824
	HP、CL、EE、SC 和 RR 不能同时格兰杰引起 SP	11.992429	10	0.1854

续表

变量	原假设	Chi-sq	自由度	P 值
EE	HP 不能格兰杰引起 EE	4.554324	2	0.1026
	CL 不能格兰杰引起 EE	2.809878	2	0.2454
	SP 不能格兰杰引起 EE	1.387455	2	0.4997
	SC 不能格兰杰引起 EE	2.252031	2	0.3243
	RR 不能格兰杰引起 EE	2.252031	2	0.0029
	HP、CL、SP、SC 和 RR 不能同时格兰杰引起 EE	11.66960	10	0.0127
SC	HP 不能格兰杰引起 SC	5.883754	2	0.0528
	CL 不能格兰杰引起 SC	6.050760	2	0.0485
	SP 不能格兰杰引起 SC	0.680329	2	0.7117
	EE 不能格兰杰引起 SC	1.420101	2	0.4916
	RR 不能格兰杰引起 SC	1.207337	2	0.5468
	HP、CL、SP、EE 和 RR 不能同时格兰杰引起 SC	10.93898	10	0.3623
RR	HP 不能格兰杰引起 RR	4.791802	2	0.0911
	CL 不能格兰杰引起 RR	0.709399	2	0.7014
	SP 不能格兰杰引起 RR	2.164338	2	0.3389
	SC 不能格兰杰引起 RR	5.488415	2	0.0643
	EE 不能格兰杰引起 RR	3.538502	2	0.1705
	HP、CL、SP、SC 和 EE 不能同时格兰杰引起 RR	15.58843	10	0.1120

附表5—4　　各变量对房价冲击的响应

Period	Shock2①	Shock3	Shock4	Shock5	Shock6
1	1.000000	0.146030	-0.009377	0.000000	0.028942
2	-0.568870	0.060060	0.336161	-0.588797	0.238664
3	-0.224530	-0.067799	-0.099207	0.483070	-0.176507
4	0.532213	-0.004577	-0.057382	0.267873	0.018403

---

① Shock1、Shock2、Shock3、Shock4、Shock5 和 Shock6 分别代表房价、信贷增量、股价、汇率、短期国际资本流动和利差对其他变量冲击的响应，下同。

续表

Period	Shock2	Shock3	Shock4	Shock5	Shock6
5	-0.254108	0.051123	0.131038	-0.496924	0.103695
6	-0.133001	-0.005873	-0.025492	0.147649	-0.078231
7	0.255055	-0.042248	-0.054833	0.199956	0.000605
8	-0.101262	0.036234	0.059635	-0.224903	0.050794
9	-0.086666	0.009733	-0.003850	0.039139	-0.040955
10	0.127084	-0.036314	-0.031036	0.110662	0.002036
11	-0.036808	0.020045	0.022981	-0.106283	0.024911
12	-0.053360	0.013121	0.004940	0.009086	-0.021009
13	0.060851	-0.025262	-0.017319	0.060681	0.000648
14	-0.009303	0.009511	0.008307	-0.049781	0.013124
15	-0.031693	0.011376	0.005589	-0.002685	-0.010626
16	0.027973	-0.015512	-0.008840	0.033553	-0.000197
17	0.000501	0.003548	0.002150	-0.022178	0.006968
18	-0.017965	0.008356	0.004345	-0.005563	-0.005176
19	0.012070	-0.008761	-0.004248	0.017967	-0.000536
20	0.003073	0.000706	-5.16E-05	-0.009071	0.003708
21	-0.009762	0.005554	0.002847	-0.005062	-0.002429
22	0.004721	-0.004607	-0.001867	0.009289	-0.000557
23	0.003005	-0.000404	-0.000648	-0.003227	0.001956
24	-0.005069	0.003442	0.001693	-0.003687	-0.001081
25	0.001522	-0.002255	-0.000718	0.004607	-0.000452
26	0.002230	-0.000679	-0.000650	-0.000814	0.001014
27	-0.002501	0.002018	0.000933	-0.002396	-0.000445
28	0.000257	-0.001013	-0.000206	0.002169	-0.000323
29	0.001452	-0.000617	-0.000488	5.66E-05	0.000512
30	-0.001159	0.001125	0.000481	-0.001441	-0.000160
31	-0.000159	-0.000401	-6.14E-06	0.000952	-0.000212
32	0.000870	-0.000460	-0.000321	0.000285	0.000250
33	-0.000492	0.000598	0.000230	-0.000815	-4.12E-05
34	-0.000236	-0.000124	5.46E-05	0.000374	-0.000130
35	0.000488	-0.000308	-0.000194	0.000277	0.000117
36	-0.000180	0.000302	0.000100	-0.000436	1.80E-06

附表 5—5　　其他变量对信贷增量的响应

Period	Shock1	Shock3	Shock4	Shock5	Shock6
1	0.000000	-0.064214	0.000000	0.497870	0.284703
2	-0.413630	0.027400	0.618967	-0.254469	-0.464644
3	0.563572	-0.253918	-0.019452	0.194998	0.483451
4	-0.336713	0.127155	-0.305318	-0.137431	-0.098590
5	-0.077376	0.026724	0.108775	0.024372	-0.014522
6	0.237109	-0.134399	0.073756	0.007562	0.008326
7	-0.092980	0.099390	-0.196205	0.001893	0.040020
8	-0.106060	0.005744	0.059210	-0.020741	-0.027273
9	0.148817	-0.058199	0.105006	0.017279	-0.012363
10	-0.040192	0.033534	-0.118899	0.001591	0.021600
11	-0.069149	0.017743	0.019004	-0.011721	-0.004746
12	0.076332	-0.036468	0.066469	0.006125	-0.012726
13	-0.008340	0.015272	-0.059302	0.004888	0.011995
14	-0.045584	0.012368	-0.002668	-0.008239	0.001139
15	0.038738	-0.018431	0.042321	0.002471	-0.009643
16	0.002414	0.004733	-0.029131	0.004094	0.006133
17	-0.027529	0.008821	-0.007344	-0.004711	0.002593
18	0.018142	-0.009361	0.024809	0.000492	-0.006310
19	0.005316	0.000839	-0.012918	0.002983	0.002731
20	-0.015864	0.005526	-0.007335	-0.002529	0.002493
21	0.007814	-0.004415	0.013912	-0.000231	-0.003748
22	0.004936	-0.000536	-0.005085	0.001922	0.000992
23	-0.008688	0.003276	-0.005625	-0.001241	0.001885
24	0.002912	-0.001942	0.007400	-0.000417	-0.002063
25	0.003678	-0.000794	-0.001542	0.001153	0.000205
26	-0.004533	0.001832	-0.003815	-0.000554	0.001266
27	0.000781	-0.000758	0.003737	-0.000381	-0.001062
28	0.002441	-0.000678	-0.000128	0.000652	-9.03E-05
29	-0.002241	0.000974	-0.002385	-0.000214	0.000786
30	-2.92E-05	-0.000233	0.001776	-0.000284	-0.000508
31	0.001501	-0.000480	0.000320	0.000349	-0.000163

续表

Period	Shock1	Shock3	Shock4	Shock5	Shock6
32	-0.001039	0.000490	-0.001401	-6.05E-05	0.000459
33	-0.000259	-2.51E-05	0.000779	-0.000190	-0.000222
34	0.000868	-0.000306	0.000377	0.000177	-0.000148
35	-0.000440	0.000231	-0.000781	3.00E-08	0.000255
36	-0.000264	4.12E-05	0.000302	-0.000118	-8.39E-05

附表5—6　　　　其他变量对股价的响应

Period	Shock1	Shock2	Shock4	Shock5	Shock6
1	0.000000	0.000000	0.000000	-0.017629	-0.010081
2	0.011062	0.064405	-0.471816	0.106470	0.070285
3	0.069525	-0.044617	0.101795	0.017773	-0.240861
4	0.029483	0.065652	-0.179975	0.053711	0.085806
5	-0.021611	0.007347	0.084987	0.006336	-0.049140
6	0.020993	-0.011758	0.041031	0.014064	-0.019157
7	0.008497	0.015880	-0.000429	0.006089	-0.008169
8	-0.015815	0.005987	-0.009409	0.001043	0.002769
9	0.008507	-0.010175	0.017516	0.001662	-0.002933
10	0.005350	0.005138	-0.004955	0.001466	0.000638
11	-0.009229	0.003809	-0.006041	-0.000790	0.000261
12	0.003333	-0.005558	0.007241	0.000133	-0.001367
13	0.004099	0.001555	-0.001614	0.000933	0.000491
14	-0.005136	0.002675	-0.003942	-0.000513	0.000655
15	0.001019	-0.002775	0.004114	-0.000195	-0.000960
16	0.002742	0.000187	-0.000260	0.000572	6.42E-05
17	-0.002635	0.001721	-0.002577	-0.000218	0.000616
18	6.67E-05	-0.001293	0.002050	-0.000232	-0.000487
19	0.001716	-0.000239	0.000281	0.000331	-0.000108
20	-0.001273	0.001022	-0.001577	-6.91E-05	0.000415
21	-0.000230	-0.000546	0.000944	-0.000179	-0.000223
22	0.001011	-0.000300	0.000379	0.000178	-0.000132
23	-0.000568	0.000571	-0.000901	-4.36E-06	0.000250

续表

Period	Shock1	Shock2	Shock4	Shock5	Shock6
24	-0.000266	-0.000197	0.000391	-0.000120	-8.94E-05
25	0.000566	-0.000243	0.000321	8.97E-05	-0.000108
26	-0.000226	0.000301	-0.000490	1.71E-05	0.000140
27	-0.000214	-4.79E-05	0.000135	-7.35E-05	-2.70E-05
28	0.000301	-0.000167	0.000229	4.15E-05	-7.62E-05
29	-7.18E-05	0.000149	-0.000253	1.99E-05	7.35E-05
30	-0.000149	7.18E-06	2.75E-05	-4.24E-05	-1.30E-06
31	0.000152	-0.000104	0.000148	1.71E-05	-4.89E-05
32	-9.47E-06	6.85E-05	-0.000123	1.62E-05	3.61E-05
33	-9.41E-05	2.15E-05	-1.09E-05	-2.32E-05	6.94E-06
34	7.26E-05	-6.09E-05	8.92E-05	5.75E-06	-2.93E-05
35	1.10E-05	2.85E-05	-5.59E-05	1.14E-05	1.64E-05
36	-5.58E-05	2.06E-05	-1.96E-05	-1.20E-05	7.87E-06

附表 5—7　　其他变量对汇率的响应

Period	Shock1	Shock2	Shock3	Shock5	Shock6
1	0.000000	0.000000	-0.124376	0.002193	0.006428
2	-0.000533	0.044860	-0.152022	-0.018226	-0.280432
3	-0.060737	0.001483	-0.041106	0.002139	-0.057200
4	0.006070	-0.023162	-0.078366	-0.007315	0.101952
5	0.014924	0.005219	-0.028156	-0.013196	0.025059
6	-0.032937	3.82E-07	-0.002791	-0.007077	-0.002232
7	0.005313	-0.014226	-0.012261	-0.005122	0.001599
8	0.015522	0.003152	-0.004924	0.000604	0.003327
9	-0.015177	0.004801	0.005509	-0.000226	0.003242
10	0.000672	-0.006016	-0.003781	-0.002083	-0.001558
11	0.009285	0.000272	-0.002245	0.001122	-0.002066
12	-0.007348	0.003667	0.003145	0.000304	0.002177
13	-0.000744	-0.002606	-0.001220	-0.001164	-0.000154
14	0.005296	-0.000777	-0.001481	0.000663	-0.001235
15	-0.003401	0.002249	0.001634	0.000224	0.001161

续表

Period	Shock1	Shock2	Shock3	Shock5	Shock6
16	-0.001023	-0.001012	-0.000274	-0.000693	-6.90E-05
17	0.002955	-0.000854	-0.000907	0.000378	-0.000733
18	-0.001459	0.001271	0.000776	0.000175	0.000666
19	-0.000886	-0.000298	4.03E-05	-0.000406	-1.30E-05
20	0.001583	-0.000664	-0.000536	0.000191	-0.000456
21	-0.000548	0.000666	0.000339	0.000130	0.000366
22	-0.000643	-1.47E-05	0.000114	-0.000230	3.20E-05
23	0.000812	-0.000445	-0.000300	8.54E-05	-0.000275
24	-0.000154	0.000324	0.000132	9.07E-05	0.000187
25	-0.000421	7.34E-05	0.000106	-0.000125	4.46E-05
26	0.000397	-0.000272	-0.000160	3.25E-05	-0.000159
27	-3.96E-06	0.000143	4.04E-05	5.94E-05	8.89E-05
28	-0.000256	8.23E-05	7.72E-05	-6.54E-05	4.02E-05
29	0.000182	-0.000155	-8.01E-05	8.55E-06	-8.89E-05
30	4.03E-05	5.50E-05	4.37E-06	3.70E-05	3.87E-05
31	-0.000147	6.55E-05	5.00E-05	-3.25E-05	3.05E-05
32	7.66E-05	-8.37E-05	-3.76E-05	-7.65E-07	-4.78E-05
33	4.32E-05	1.55E-05	-7.03E-06	2.20E-05	1.46E-05
34	-8.05E-05	4.51E-05	2.99E-05	-1.53E-05	2.09E-05
35	2.78E-05	-4.25E-05	-1.62E-05	-3.42E-06	-2.47E-05
36	3.36E-05	4.01E-08	-8.60E-06	1.25E-05	4.03E-06

附表5—8　　其他变量对短期国际资本流动的响应

Period	Shock1	Shock2	Shock3	Shock4	Shock6
1	0.000000	0.000000	0.000000	0.000000	0.571843
2	-0.501612	0.110711	-0.089345	0.017394	0.020220
3	0.589487	0.098230	0.126337	-0.026774	-0.006561
4	-0.305066	-0.266324	0.007062	-0.466737	0.025763
5	-0.014635	0.193017	0.023833	0.081035	0.196104
6	0.141694	-0.024733	0.005247	0.116917	-0.228166
7	-0.058932	-0.081975	0.040541	-0.143093	0.052599

续表

Period	Shock1	Shock2	Shock3	Shock4	Shock6
8	-0.042883	0.078758	-0.028741	0.022163	0.078125
9	0.070518	-0.005519	0.020153	0.086167	-0.092737
10	-0.029625	-0.044023	-0.002062	-0.069554	0.019133
11	-0.014275	0.039608	-0.004728	0.008354	0.037447
12	0.024054	-0.003863	0.004753	0.030305	-0.038884
13	-0.008348	-0.021095	-0.000160	-0.024171	0.007673
14	-0.006747	0.018581	-0.003183	-0.000392	0.016636
15	0.008638	-0.001166	0.003639	0.013286	-0.016860
16	-0.002409	-0.010617	-0.001360	-0.008966	0.002992
17	-0.002320	0.008825	-0.001087	-0.000842	0.007424
18	0.002340	-0.000122	0.001921	0.005018	-0.007184
19	-0.000364	-0.005345	-0.000909	-0.002670	0.001025
20	-0.000600	0.004067	-0.000566	-0.000826	0.003325
21	0.000292	0.000277	0.001144	0.001732	-0.002991
22	$7.40E-05$	-0.002711	-0.000581	-0.000558	0.000288
23	$6.18E-05$	0.001819	-0.000307	-0.000476	0.001464
24	-0.000262	0.000341	0.000654	0.000423	-0.001203
25	$9.75E-05$	-0.001364	-0.000318	$7.51E-05$	$4.21E-05$
26	0.000237	0.000773	-0.000193	-0.000216	0.000629
27	-0.000306	0.000285	0.000370	$-1.94E-05$	-0.000460
28	$3.92E-05$	-0.000676	-0.000160	0.000183	$-2.19E-05$
29	0.000233	0.000303	-0.000125	$-6.56E-05$	0.000260
30	-0.000223	0.000202	0.000204	-0.000129	-0.000163
31	$-5.07E-06$	-0.000327	$-7.27E-05$	0.000146	$-2.73E-05$
32	0.000176	0.000103	$-8.04E-05$	$3.79E-06$	0.000101
33	-0.000135	0.000131	0.000109	-0.000123	$-4.98E-05$
34	$-2.47E-05$	-0.000153	$-2.85E-05$	$8.97E-05$	$-1.86E-05$
35	0.000118	$2.35E-05$	$-5.05E-05$	$2.76E-05$	$3.44E-05$
36	$-7.29E-05$	$7.86E-05$	$5.62E-05$	$-8.91E-05$	$-1.05E-05$

附表5—9　　　　　　　　其他变量对利差的响应

Period	Shock1	Shock2	Shock3	Shock4	Shock5
1	0.000000	0.000000	0.000000	0.000000	0.000000
2	-0.110515	0.002780	-0.152851	0.361122	-0.064981
3	-0.028736	-0.049333	0.050587	-0.021763	-0.043127
4	0.071336	-0.002308	-0.032405	-0.246127	0.026216
5	-0.020007	0.014389	0.022039	-0.034103	-0.002085
6	-0.023176	-0.003887	0.000695	0.047645	-0.009212
7	0.026295	-0.010842	-0.005722	0.024534	0.001548
8	-0.002977	0.010171	0.005113	-0.031673	0.005398
9	-0.013394	0.001340	0.002616	0.002996	-0.003288
10	0.011846	-0.006979	-0.005021	0.017051	5.51E-05
11	-0.000199	0.003950	0.001597	-0.009766	0.001954
12	-0.007650	0.001961	0.002049	-0.002759	-0.001631
13	0.005621	-0.004071	-0.002458	0.007457	-3.79E-06
14	0.001011	0.001546	0.000332	-0.003961	0.001122
15	-0.004401	0.001667	0.001366	-0.001895	-0.000883
16	0.002440	-0.002246	-0.001148	0.003982	-9.97E-05
17	0.001161	0.000464	-0.000100	-0.001662	0.000671
18	-0.002403	0.001198	0.000828	-0.001441	-0.000428
19	0.000924	-0.001168	-0.000505	0.002126	-0.000131
20	0.000923	2.16E-05	-0.000197	-0.000551	0.000379
21	-0.001248	0.000774	0.000471	-0.001006	-0.000190
22	0.000268	-0.000566	-0.000195	0.001067	-0.000111
23	0.000630	-0.000117	-0.000177	-8.92E-05	0.000205
24	-0.000615	0.000464	0.000253	-0.000636	-7.51E-05
25	1.52E-05	-0.000252	-5.84E-05	0.000503	-8.04E-05
26	0.000394	-0.000132	-0.000128	6.43E-05	0.000107
27	-0.000284	0.000262	0.000128	-0.000375	-2.39E-05
28	-6.09E-05	-9.87E-05	-4.43E-06	0.000220	-5.29E-05
29	0.000230	-0.000105	-8.22E-05	9.27E-05	5.32E-05
30	-0.000120	0.000141	6.05E-05	-0.000210	-3.21E-06
31	-6.80E-05	-2.98E-05	1.24E-05	8.54E-05	-3.25E-05

续表

Period	Shock1	Shock2	Shock3	Shock4	Shock5
32	0.000127	-7.25E-05	-4.91E-05	7.85E-05	2.51E-05
33	-4.36E-05	7.13E-05	2.62E-05	-0.000111	3.57E-06
34	-5.35E-05	-2.32E-06	1.43E-05	2.59E-05	-1.89E-05
35	6.63E-05	-4.57E-05	-2.75E-05	5.53E-05	1.10E-05
36	-1.09E-05	3.39E-05	9.85E-06	-5.58E-05	4.68E-06

附表5—10　　各变量对房价波动的贡献程度

Period	S.E.	Shock1[①]	Shock2	Shock3	Shock4	Shock5	Shock6
1	1.011199	97.79719	0.000000	0.008599	2.085506	0.081921	0.026788
2	1.384186	69.08315	18.09429	5.902606	1.301273	3.016644	2.602029
3	1.498562	61.18514	25.82898	5.474236	1.314906	3.961041	2.235698
4	1.634907	62.00251	24.38509	4.722434	1.105519	3.340589	4.443862
5	1.739552	56.90104	29.69978	4.738794	1.062881	3.306102	4.291394
6	1.755858	56.42286	29.85782	4.672266	1.044350	3.443492	4.559215
7	1.791850	56.20506	29.91567	4.580096	1.058409	3.306557	4.934204
8	1.811142	55.32665	30.82374	4.591458	1.076005	3.315144	4.867001
9	1.814792	55.33241	30.74641	4.573460	1.074559	3.352751	4.920403
10	1.824238	55.24616	30.79680	4.555163	1.103084	3.318243	4.980545
11	1.828226	55.04591	31.00054	4.551110	1.110297	3.322348	4.969797
12	1.829343	55.06381	30.96517	4.546285	1.114087	3.331481	4.979172
13	1.831879	55.02180	30.98922	4.542645	1.130022	3.322276	4.994037
14	1.832697	54.97525	31.03533	4.540643	1.131706	3.324438	4.992632
15	1.833088	54.98174	31.02234	4.539640	1.135076	3.326383	4.994825
16	1.833765	54.96441	31.03291	4.538612	1.141393	3.323928	4.998745
17	1.833923	54.95495	31.04219	4.537967	1.141571	3.324798	4.998526
18	1.834063	54.95615	31.03836	4.537835	1.143472	3.325087	4.999090
19	1.834234	54.95021	31.04216	4.537523	1.145540	3.324474	5.000100
20	1.834264	54.94870	31.04359	4.537376	1.145517	3.324774	5.000041

① Shock1、Shock2、Shock3、Shock4、Shock5 和 Shock6 分别代表房价、信贷增量、股价、汇率、短期国际资本流动和利差的对其他变量冲击的贡献程度，下同。

续表

Period	S. E.	Shock1	Shock2	Shock3	Shock4	Shock5	Shock6
21	1.834313	54.94859	31.04269	4.537374	1.146373	3.324772	5.000192
22	1.834354	54.94681	31.04388	4.537276	1.146953	3.324633	5.000446
23	1.834361	54.94669	31.04397	4.537256	1.146949	3.324723	5.000421
24	1.834377	54.94648	31.04382	4.537260	1.147281	3.324699	5.000464
25	1.834386	54.94601	31.04414	4.537231	1.147421	3.324672	5.000526
26	1.834388	54.94603	31.04409	4.537234	1.147432	3.324696	5.000515
27	1.834393	54.94591	31.04409	4.537234	1.147547	3.324683	5.000528
28	1.834395	54.94581	31.04417	4.537227	1.147575	3.324680	5.000541
29	1.834396	54.94582	31.04414	4.537230	1.147585	3.324684	5.000537
30	1.834397	54.94577	31.04416	4.537229	1.147621	3.324680	5.000541
31	1.834397	54.94575	31.04417	4.537228	1.147625	3.324680	5.000544
32	1.834398	54.94575	31.04416	4.537229	1.147631	3.324681	5.000543
33	1.834398	54.94574	31.04417	4.537229	1.147641	3.324679	5.000544
34	1.834398	54.94573	31.04417	4.537228	1.147642	3.324680	5.000544
35	1.834398	54.94573	31.04417	4.537229	1.147644	3.324679	5.000544
36	1.834398	54.94573	31.04417	4.537229	1.147647	3.324679	5.000544

附表5—11　　各变量对信贷增量变动的贡献程度

Period	S. E.	Shock1	Shock2	Shock3	Shock4	Shock5	Shock6
1	1.011199	0.000000	75.01574	0.309321	0.000000	18.59448	6.080466
2	1.384186	14.90088	54.54667	0.189573	6.654283	12.15921	11.54938
3	1.498562	11.87374	43.56079	2.147133	15.13103	10.85679	16.43051
4	1.634907	13.47331	41.37627	2.416925	17.01633	10.44420	15.27296
5	1.739552	13.62808	41.59950	2.405404	16.96197	10.32489	15.08015
6	1.755858	13.45473	40.80244	2.840638	18.09307	10.08286	14.72626
7	1.791850	14.16577	40.62031	3.037334	17.90205	9.848336	14.42620
8	1.811142	14.18030	40.52592	3.021435	18.10079	9.805335	14.36622
9	1.814792	14.31879	40.18678	3.078106	18.48887	9.709339	14.21812
10	1.824238	14.59584	40.11431	3.087867	18.41382	9.647931	14.14024
11	1.828226	14.58275	40.06061	3.091289	18.50965	9.636645	14.11905
12	1.829343	14.64579	39.96674	3.114834	18.59533	9.603721	14.07358

续表

Period	S. E.	Shock1	Shock2	Shock3	Shock4	Shock5	Shock6
13	1.831879	14.71530	39.95128	3.116317	18.57000	9.590328	14.05677
14	1.832697	14.70672	39.92748	3.118410	18.61260	9.586366	14.04842
15	1.833088	14.73607	39.90009	3.123600	18.62998	9.575538	14.03473
16	1.833765	14.75316	39.89563	3.123161	18.62407	9.572854	14.03113
17	1.833923	14.75095	39.88659	3.124406	18.63907	9.571094	14.02788
18	1.834063	14.76182	39.87934	3.125605	18.64123	9.567856	14.02415
19	1.834234	14.76510	39.87799	3.125409	18.64069	9.567430	14.02339
20	1.834264	14.76506	39.87484	3.125892	18.64536	9.566666	14.02218
21	1.834313	14.76867	39.87300	3.126104	18.64520	9.565777	14.02124
22	1.834354	14.76911	39.87253	3.126062	18.64554	9.565722	14.02105
23	1.834361	14.76939	39.87151	3.126227	18.64681	9.565419	14.02064
24	1.834377	14.77046	39.87108	3.126251	18.64659	9.565200	14.02042
25	1.834386	14.77045	39.87090	3.126252	18.64686	9.565190	14.02035
26	1.834388	14.77064	39.87060	3.126300	18.64716	9.565080	14.02022
27	1.834393	14.77092	39.87050	3.126298	18.64707	9.565033	14.02018
28	1.834395	14.77090	39.87043	3.126305	18.64719	9.565026	14.02015
29	1.834396	14.77099	39.87034	3.126317	18.64725	9.564991	14.02011
30	1.834397	14.77105	39.87032	3.126315	18.64723	9.564982	14.02010
31	1.834397	14.77104	39.87029	3.126318	18.64727	9.564978	14.02009
32	1.834398	14.77108	39.87027	3.126321	18.64728	9.564967	14.02008
33	1.834398	14.77109	39.87027	3.126320	18.64728	9.564966	14.02008
34	1.834398	14.77109	39.87026	3.126322	18.64729	9.564964	14.02008
35	1.834398	14.77110	39.87025	3.126322	18.64729	9.564961	14.02008
36	1.834398	14.77110	39.87025	3.126322	18.64729	9.564961	14.02008

附表5—12　　各变量对股价变动的贡献程度

Period	S. E.	Shock1	Shock2	Shock3	Shock4	Shock5	Shock6
1	1.011199	0.000000	0.000000	99.95878	0.000000	0.010158	0.031064
2	1.384186	17.89952	0.333526	80.41525	0.009840	0.405388	0.936480
3	1.498562	16.60361	0.437491	77.25924	0.353217	4.493884	0.852555
4	1.634907	18.26717	0.719282	74.74299	0.401010	4.847479	1.022073

续表

Period	S. E.	Shock1	Shock2	Shock3	Shock4	Shock5	Shock6
5	1.739552	18.54593	0.714581	74.34313	0.428116	4.955337	1.012906
6	1.755858	18.62456	0.722594	74.20052	0.457220	4.970722	1.024389
7	1.791850	18.61545	0.739356	74.18408	0.461896	4.972817	1.026404
8	1.811142	18.61513	0.741537	74.16685	0.478709	4.971648	1.026129
9	1.814792	18.62965	0.748309	74.14207	0.483456	4.970551	1.025969
10	1.824238	18.63027	0.750057	74.13794	0.485370	4.970300	1.026057
11	1.828226	18.63069	0.750958	74.13152	0.491092	4.969756	1.025986
12	1.829343	18.63297	0.753001	74.12676	0.491812	4.969542	1.025917
13	1.831879	18.63285	0.753153	74.12561	0.492943	4.969480	1.025960
14	1.832697	18.63320	0.753610	74.12321	0.494713	4.969322	1.025939
15	1.833088	18.63400	0.754118	74.12189	0.494774	4.969292	1.025923
16	1.833765	18.63390	0.754116	74.12150	0.495281	4.969263	1.025939
17	1.833923	18.63412	0.754308	74.12067	0.495745	4.969227	1.025929
18	1.834063	18.63432	0.754418	74.12037	0.495744	4.969222	1.025929
19	1.834234	18.63428	0.754420	74.12021	0.495942	4.969211	1.025934
20	1.834264	18.63438	0.754488	74.11995	0.496050	4.969203	1.025930
21	1.834313	18.63442	0.754507	74.11988	0.496053	4.969202	1.025931
22	1.834354	18.63441	0.754513	74.11982	0.496122	4.969198	1.025932
23	1.834361	18.63445	0.754534	74.11975	0.496143	4.969197	1.025931
24	1.834377	18.63446	0.754536	74.11973	0.496148	4.969197	1.025932
25	1.834386	18.63446	0.754540	74.11971	0.496170	4.969196	1.025932
26	1.834388	18.63447	0.754546	74.11969	0.496173	4.969196	1.025932
27	1.834393	18.63447	0.754546	74.11968	0.496176	4.969195	1.025932
28	1.834395	18.63447	0.754548	74.11967	0.496182	4.969195	1.025932
29	1.834396	18.63447	0.754549	74.11967	0.496182	4.969195	1.025932
30	1.834397	18.63447	0.754549	74.11967	0.496184	4.969195	1.025932
31	1.834397	18.63447	0.754550	74.11967	0.496185	4.969195	1.025932
32	1.834398	18.63447	0.754550	74.11966	0.496185	4.969195	1.025932
33	1.834398	18.63447	0.754550	74.11966	0.496186	4.969195	1.025932
34	1.834398	18.63447	0.754551	74.11966	0.496186	4.969195	1.025932
35	1.834398	18.63447	0.754551	74.11966	0.496186	4.969195	1.025932
36	1.834398	18.63447	0.754551	74.11966	0.496187	4.969195	1.025932

参考文献

[1] 巴曙松、覃川桃、朱元倩:《中国股票市场与房地产市场的联动关系》,《系统工程》2009 年第 9 期。

[2] 陈浪南、陈云:《人民币汇率、资产价格与短期国际资本流动》,《经济管理》2009 年第 1 期。

[3] 陈利锋、范红忠:《房价波动、货币政策与中国社会福利损失》,《中国管理科学》2014 年第 5 期。

[4] 陈六傅、刘厚俊:《人民币汇率的价格传递效应——基于 VAR 模型的实证分析》,《金融研究》2007 年第 4 期。

[5] 陈淑云、王志彬:《中国股票市场与房地产市场财富效应比较:1998—2007》,《华中师范大学学报》(人文社会科学版) 2008 年第 5 期。

[6] 陈伟:《广义房地产财富效应影响我国居民投资行为的实证研究》,《经济体制改革》2013 年第 6 期。

[7] 崔光灿:《资产价格、金融加速器与经济稳定》,《世界经济》2006 年第 11 期。

[8] 邓永亮:《人民币升值、汇率波动与房价调控》,《经济与管理研究》2010 年第 6 期。

[9] 丁晨、屠梅曾:《论房价在货币政策传导机制中的作用——基于 VECM 分析》,《数量经济技术经济研究》2007 年第 11 期。

[10] 杜敏杰、刘霞辉:《人民币升值预期与房地产价格波动》,《世界经济》2007 年第 1 期。

[11] 樊纲、王小鲁、朱恒鹏:《中国市场化指数》,经济科学出版社 2011

年版。

[12] 方福前、王晴：《动态随机一般均衡模型：文献研究与未来展望》，《经济理论与经济管理》2012年第11期。

[13] 丰雷、谢经荣、朱勇：《中国地产泡沫实证研究》，《管理世界》2002年第10期。

[14] 冯涛、杨达、张蕾：《房地产价格与货币政策调控研究——基于贝叶斯估计的动态随机一般均衡模型》，《西安交大学报》（社会科学版）2014年第1期。

[15] 高波等：《转型期中国房地产市场成长：1978—2008》，经济科学出版社2010年版。

[16] 龚六堂、侯成琪、张维迎：《核心通货膨胀：理论模型与经验分析》，《经济研究》2011年第2期。

[17] 郭峰、冉茂盛、胡媛媛：《中国股市财富效应的协整分析与误差修正模型》，《金融与经济》2005年第2期．

[18] 郭娜、梁琪：《我国房地产市场周期与金融稳定——基于随机游走滤波的分析》，《南开经济研究》2011年第4期。

[19] 郭树华、王旭：《人民币汇率与房地产价格关联效应研究》，《经济问题探索》2012年第1期。

[20] 何维达、陈宝东：《什么导致了房价过快上涨——基于中国省级面板数据的经验证据》，《投资研究》2013年第11期。

[21] 胡志鹏：《中国货币政策的价格型调控条件是否成熟？——基于动态随机一般均衡模型的理论与实证分析》，《经济研究》2012年第6期。

[22] 黄飞雪：《中国东中西部城市房价波动的涟漪效应》，《运筹与管理》2011年第5期。

[23] 黄飞雪、周筠、李志浩等：《基于协整和向量误差修正模型的中国主要城市房价的联动效应研究》，《中大管理研究》2008年第4期。

[24] 黄赜琳：《中国经济周期特征与财政政策效应——一个基于三部门RBC模型的实证分析》，《经济研究》2005年第6期。

[25] 黄静：《房价上涨与信贷扩张：基于金融加速器视角的实证分析》，《中国软科学》2010年第8期。

[26] 黄静、屠梅曾:《房地产财富与消费: 来自于家庭微观调查数据的证据》,《管理世界》2009 年第 7 期。

[27] 黄平:《我国房地产财富效应与货币政策关系的实证检验》,《货币政策研究》2006 年第 6 期。

[28] 黄义:《股票市场与房地产市场波动溢出效应研究》,《统计与决策》2014 年第 2 期。

[29] 金通、倪焱:《房地产泡沫化对消费与投资的挤出效应》,《浙江经济》2003 年第 21 期。

[30] 况伟大:《中国住房市场存在泡沫吗?》,《世界经济》2008 年第 12 期。

[31] 况伟大:《住房特性、物业税与房价》,《经济研究》2009 年第 4 期。

[32] 况伟大:《预期、投机与中国城市房价波动》,《经济研究》2010 年第 9 期。

[33] 兰凤、袁申国:《住房价格、住房投资、消费与货币政策——基于金融加速器效应的 DSGE 模型研究》,《广东金融学院学报》2014 年第 3 期。

[34] 李成、王彬、马文涛:《资产价格、汇率波动与最优利率规则》,《经济研究》2010 年第 3 期。

[35] 李松华:《动态随机一般均衡模型应用研究综述》,《当代经济》2010 年第 9 期。

[36] 李松华:《利率对我国房价调控效应的实证研究》,《技术经济与管理研究》2015 年第 1 期。

[37] 李天祥、苗建军:《房价上涨对国民经济影响的理论分析——基于房地产财富效应传导机制视角》,《软科学》2011 年第 2 期。

[38] 李巍、张志超:《通货膨胀与房地产价格对实体经济的冲击影响——基于不同货币政策规则的 DSGE 模型分析》,《华东师范大学学报》(哲学社会科学版) 2011 年第 4 期。

[39] 李亚明、佟仁城:《中国房地产财富效应的协整分析和误差修正模型》,《系统工程理论与实践》2007 年第 11 期。

[40] 李勇:《中国通胀、资产价格及货币政策间关系研究》,《国际金融

研究》2011 年第 10 期。

[41] 李智、郑彦璐、吴伟巍：《城市间住宅价格波动溢出效应研究——以长三角和二线城市为例》，《经济问题探索》2013 年第 11 期。

[42] 李宗怡：《资产价格波动周期与信贷关系的实证研究》，《当代财经》2011 年第 8 期。

[43] 刘斌：《动态随机一般均衡模型及其应用》，中国金融出版社 2014 年版。

[44] 刘兰凤、袁申国：《住房价格、住房投资、消费与货币政策——基于金融加速器效应的 DSGE 模型研究》，《广东金融学院学报》2011 年第 3 期。

[45] 刘水杏：《房地产业关联特性及带动效应研究》，中国人民大学出版社 2006 年版。

[46] 梁斌、李庆云：《中国房地产价格波动与货币政策分析——基于贝叶斯估计的动态随机一般均衡模型》，《经济科学》2011 年第 3 期。

[47] 梁云芳：《新时期我国房地产周期波动研究：特征、成因和结构变化的计量分析》，科学出版社 2012 年版。

[48] 梁云芳、高铁梅：《中国房地产价格波动区域差异的实证分析》，《经济研究》2007 年第 8 期。

[49] 梁云芳、高铁梅、贺书平：《房地产市场与国民经济协调发展的实证分析》，《中国社会科学》2006 年第 3 期。

[50] 卢建新：《市场化进程中区域住房价格的动态特征》，《经济问题探索》2014 年第 1 期。

[51] 卢建新：《农村家庭资产与消费——来自微观调查数据的证据》，《农业技术经济》2015 年第 1 期。

[52] 卢建新、卢明安：《金融市场与住房价格波动的联动关系》，《海南大学学报》2014 年第 6 期。

[53] 卢建新、贾国锋：《中国住房市场财富效应的区域性差异研究》，《2014 中国金融发展报告》，北京大学出版社 2014 年版。

[54] 卢建新、苗建军：《中国城市住房价格动态特征及其影响因素》，《投资研究》2011 年第 7 期。

[55] 卢建新、苏雨薇：《中部地区农村土地流转与证券化意愿调查研

究》,《农业经济问题》2013 年第 8 期。

[56] 卢建新、于路路、陈少衔:《工业用地出让、引资质量底线竞争与环境污染——基于 252 个地级市面板数据的经验分析》,《中国人口·资源与环境》2017 年第 3 期。

[57] 卢建新、赵渊、张道阳:《土地违法的政治周期效应》,《海南大学学报》(人文社会科学版) 2017 年第 2 期。

[58] 吕江林:《我国城市住房市场泡沫水平的度量》,《经济研究》2010 年第 6 期。

[59] 罗英、聂鹏:《后危机时代中国财政政策的动态效应分析——基于 DSGE 模型的数值模拟》,《经济学家》2011 年第 4 期。

[60] 骆永民、伍文中:《房产税改革与房价变动的宏观经济效应——基于 DSGE 模型的数值模拟分析》,《金融研究》2012 年第 5 期。

[61] 骆祚炎:《中国居民金融资产与住房资产财富效应的比较检验》,《中国软科学》2008 年第 4 期。

[62] 骆祚炎:《财富效应的即时效应与累积效应的测度》,《统计与决策》2013 年第 22 期。

[63] 马文涛、魏福成:《基于新凯恩斯动态随机一般均衡模型的季度产出缺口测度》,《管理世界》2011 年第 5 期。

[64] 马勇:《植入金融因素的 DSGE 模型研究新进展》,《经济学动态》2013 年第 8 期。

[65] 马亚明、刘翠:《房地产价格波动与我国货币政策工具规则的选择——基于 DSGE 模型的模拟分析》,《国际金融研究》2014 年第 8 期。

[66] 马亚明、邵士妍:《资产价格波动、银行信贷与金融稳定》,《中央财经大学学报》2012 年第 1 期。

[67] 宋勃:《房地产市场财富效应的理论分析和中国经验的实证检验:1998—2006》,《经济科学》2007 年第 5 期。

[68] 沈悦:《房地产价格与宏观经济的关系研究》,中国水利水电出版社 2006 年版。

[69] 沈悦、刘洪玉:《住宅价格与经济基本面》,《经济研究》2004 年第 6 期。

[70] 谭政勋、王聪:《中国信贷扩张、房价波动的金融稳定效应研究——动态随机一般均衡模型视角》,《金融研究》2011年第8期。

[71] 谭政勋、周利:《房价波动的空间效应:估计方法与我国实证》,《数理统计与管理》2013年第3期。

[72] 谈正达、范叙春、胡海鸥:《股票价格、房地产价格和我国货币需求的实证分析》,《投资研究》2011年第10期。

[73] 唐毅:《我国的财政赤字政策是有效的吗?——基于储蓄视角的有向无环图分析》,《财经问题研究》2012年第12期。

[74] 唐志军、潘爱民、陈亮:《基于状态空间模型的我国房市和股市财富效应的比较分析》,《大连理工大学学报》(人文社会科学版)2013年第1期。

[75] 魏锋:《中国股票市场和房地产市场的财富效应》,《重庆大学学报》(自然科学版)2007年第2期。

[76] 伍德里奇:《计量经济学导论现代观点》,中国人民大学出版社2015年版。

[77] 吴伟巍、郑彦璐、李启明等:《区域城市间住宅价格波动溢出效应的内涵分析》,《城市发展研究》2011年第10期。

[78] 武晓利、晁江峰:《财政支出结构对居民消费率影响及传导机制研究——基于三部门动态随机一般均衡模型的模拟分析》,《财经研究》2014年第6期。

[79] 王爱俭、沈庆劼:《人民币汇率与房地产价格的关联性研究》,《金融研究》2007年第6期。

[80] 王国军、刘水杏:《房地产业对相关产业的带动效应研究》,《经济研究》2004年第8期。

[81] 王世华、何帆:《中国的短期国际资本流动:现状、流动途径和影响因素》,《世界经济》2007年第7期。

[82] 王树强、陈立文:《房地产市场对股票市场波动的响应机制研究》,《技术经济与管理研究》2011年第2期。

[83] 王松涛、杨赞、刘洪玉:《我国区域市场城市房价互动关系的实证研究》,《财经问题研究》2008年第6期。

[84] 王松涛、刘洪玉:《以住房市场为载体的货币政策传导机制研

究——SVAR 模型的一个应用》，《数量经济技术经济研究》2009 年第 10 期。

[85] 王擎、韩鑫韬：《货币政策能盯住资产价格吗？——来自中国房地产市场的证据》，《金融研究》2009 年第 8 期。

[86] 王晓明：《银行信贷与资产价格的顺周期关系研究》，《金融研究》2010 年第 3 期。

[87] 王媛：《我国地方政府经营城市的战略转变——基于地级市面板数据的经验证据》，《经济学家》2013 年第 11 期。

[88] 王云清、朱启贵、谈正达：《中国房地产市场波动研究——基于贝叶斯估计的两部门 DSGE 模型》，《金融研究》2013 年第 3 期。

[89] 王子龙、许箫迪、徐浩然：《房地产市场财富效应理论与实证研究》，《财贸经济》2008 年第 12 期。

[90] 肖尧、牛永青：《财政政策 DSGE 模型中国化构建及其应用》，《统计研究》2014 年第 4 期。

[91] 肖争艳、彭博：《住房价格与中国货币政策规则》，《统计研究》2011 年第 11 期。

[92] 徐高：《基于动态随机一般均衡模型的中国经济波动数量分析》，博士学位论文，北京大学，2008 年。

[93] 徐滇庆：《房价与泡沫经济》，机械工业出版社 2006 年版。

[94] 邢天才、田蕊：《货币政策应否关注资产价格和汇率的波动：一个基于 VAR 模型的实证分析》，《经济问题》2010 年第 10 期。

[95] 易斌：《住房需求抑制还是土地供给调节：房地产调控政策比较研究》，《财经研究》2015 年第 2 期。

[96] 严金海：《住房价格与经济波动的关系研究》，厦门大学出版社 2012 年版。

[97] 严金海、丰雷、包晓军：《北京住房价格波动研究》，《财贸经济》2009 年第 5 期。

[98] 杨立春：《汇率政策对房地产价格影响的计量分析》，《现代财经》2010 年第 12 期。

[99] 杨子晖：《财政政策与货币政策对私人投资的影响研究——基于有向无环图的应用分析》，《经济研究》2008 年第 3 期。

[100] 余元全、温良、康庄：《股价和房价影响我国投资的效应比较》，《统计与决策》2012 年第 15 期。

[101] 原鹏飞、魏巍贤：《房地产价格波动的宏观经济及部门经济影响》，《数量经济技术经济研究》2010 年第 5 期。

[102] 原鹏飞、魏巍贤：《房地产价格波动经济影响的一般均衡研究》，《管理科学学报》2012 年第 3 期。

[103] 苑德宇、宋小宁：《中国区域房价泡沫测度及空间传染性研究——基于 2001—2005 年 35 个大中城市面板数据的实证分析》，《上海财经大学学报》2008 年第 3 期。

[104] 朱国钟、颜色：《住房市场调控新政能够实现"居者有其屋"吗？——一个动态一般均衡的理论分析》，《经济学（季刊）》2013 年第 1 期。

[105] 朱荣华：《功能视角下金融发展对居民消费升级的动态影响——基于 2005—2012 年季度数据的 VAR 模型》，《海南金融》2013 年第 11 期。

[106] 朱孟楠：《短期国际资本流动、汇率与资产价格——基于汇改后数据的实证研究》，《财贸经济》2010 年第 5 期。

[107] 朱孟楠、刘林、倪玉娟：《人民币汇率与我国房地产价格——基于 Markov 区制转换 VAR 模型的实证研究》，《金融研究》2011 年第 5 期。

[108] 赵胜民、罗琦：《动态随机一般均衡模型视角下的预期冲击与住房价格波动》，《南方经济》2015 年第 2 期。

[109] 赵昕东：《中国房地产价格波动与宏观经济——基于 SVAR 模型的研究》，《经济评论》2010 年第 1 期。

[110] 张凌、田传浩：《城市住房市场差异与房价连锁反应》，《浙江大学学报》2004 年第 1 期。

[111] 张谦、王成璋：《中国住房价格波动的空间溢出效应研究》，《管理科学》2013 年第 4 期。

[112] 张晓晶、孙涛：《中国房地产周期与金融稳定》，《经济研究》2006 年第 1 期。

[113] 郑忠华、邱俊鹏：《房地产借贷、金融加速器和经济波动——一个

贝叶斯估计的 DSGE 模拟研究》,《经济评论》2012 年第 6 期。

[114] 周京奎:《金融支持过度与房地产泡沫研究》,北京大学出版社 2005 年版。

[115] 周豫、胡俊:《中国城市间住宅价格的波纹效应》,《中国房地产》 2013 年第 14 期。

[116] 钟水映、李魁:《人口红利、空间外溢与省域经济增长》,《管理世界》2010 年第 4 期。

[117] 钟庭军:《警惕房地产宏观调控中的新自由主义趋向》,《宏观经济研究》2010 年第 3 期。

[118] Abbott, A. J., DeVita, G., "Testing for Long-Run Convergence Across Regional House Prices in the UK: A Pairwise Approach", *Applied Economics*, Vol. 45, No. 10, 2013.

[119] Abraham, J. M. and P. H. Hendershott, "Bubbles in Metropolitan Housing Markets", *Journal of Housing Research*, Vol. 7, No. 2, 1996.

[120] Adams, Z. and R. Fuss, "Macroeconomic Determinants of International Housing Markets", *Journal of Housing Economics*, Vol. 19, No. 1, 2010.

[121] Adolfson, M., LasÉEn, S., LindÉ, J., and Svensson, L. E. O, "Optimal Monetary Policy in an Operational Medium-Sized DSGE Model", *Journal of Money, Credit and Banking*, Vol. 43, No. 7, 2011.

[122] Ahearne, A. G., J. Ammer, B. M. Doyle, L. S. Kole, R. F, Martin, "Monetary Policy and House Prices: A Cross country Study", *International Finance Discussion Papers*, Board of Governors of the Federal Reserve System, 2005.

[123] Airaudo, M., Cardani, R., and Lansing, K. J, "Monetary Policy and Asset Prices with Belief-Driven Fluctuations", *Journal of Economic Dynamics and Control*, Vol. 37, No. 8, 2013.

[124] Alessi, L., Barigozzi, M., and Capasso, M., "Non-Fundamentalness in Structural Econometric Models: A Review", *International Statistical Review*, Vol. 79, No. 1, 2011.

[125] Alexander C, Bartow M, "Seasonality and Cointegration of Regional

House Prices in the UK", *Urban studies*, Vol. 31, No. 10, 1994.

[126] Alexander Ludwig, Torsten Slok, "The Relationship between Stock Prices, House Prices and Consumption in OECD Countries", *Topics in Macroeconomics*, Vol. 4, No. 1, 2004.

[127] Alpanda, S., Kotzé, K., and Woglom, G, "The Role of the Exchange Rate in a New Keynesian DSGE Model for the South African Economy", *South African Journal of Economics*, Vol. 78, No. 2, 2010.

[128] Alpanda, S., Kotzé, K., and Woglom, G, "Forecasting Performance of an Estimated DSGE Model for the South African Economy", *South African Journal of Economics*, Vol. 79, No. 1, 2011.

[129] Alvarez-Lois, P., Harrison, R., Piscitelli, L., and Scott, A, "On the Application and Use of DSGE Models", *Journal of Economic Dynamics and Control*, Vol. 32, No. 8, 2008.

[130] Ambrose, Ancel, Griffiths, "The Fractal Structure of Real Estate Investment Trust Returns: The Search for Evidence of Market Segmentation and Nonlinear Dependency", *Real Estate Economics*, Vol. 20, No. 1, 1992.

[131] Ashworth, J., and S. C. Parker, "Modelling Regional House Prices in the UK, Scottish", *Journal of Political Economy*, Vol. 44, No. 3, 1997.

[132] Atalay, K., S., Whelan, and J., Yates, "Housing Wealth and Household Consumption: New Evidence from Australia and Canada", *Review of Income & Wealth*, Vol. 62, No. 1, 2016.

[133] Balke, N., F., Canova, F., Milani and M., A. Wynne, "DSGE Models in Macroeconomics: Estimation, Evaluation, and New Developments", *Emerald Group Publishing Limited*, 2012.

[134] Barot, B. and Yang, Z., "House prices and Housing Investment in Sweden and the UK: Econometric Analysis for the Period 1970—1998", *Review of Urban and Regional Development Studies*, Vol. 14, No. 2, 2009.

[135] Barros, Gil-Alana and Payne, "Co-movements among U. S. State Housing Prices: Evidence from Fractional Co-Integration", *Economic*

Modelling, Vol. 29, No. 3, 2012.

[136] Beltratti and Morana, "International House Prices and Macroeconomic Fluctuations", *Journal of Banking & Finance*, Vol. 34, No. 3, 2010.

[137] Benjamin, J. D., P. Chinloy, D. Jud, "Real Estate versus Financial Wealth in Consumption", *Journal of Real Estate Finance and Economics*, Vol. 29, No. 29, 2004.

[138] Bekiros, S., and Paccagnini, A, "On the Predictability of Time-Varying VAR and DSGE Models", *Empirical Economics*, Vol. 45, No. 1, 2013.

[139] Blanchard and Quah, "A Traditional Interpretation of Macroeconomic Fluctuations", *American Economic Review*, Vol. 79, No. 5, 1989.

[140] Bostic, R., S., Gabriel, G Painter, "Housing Wealth, Financial Wealth, and Consumption: New Evidence from Micro Data", *Regional Science and Urban Economics*, Vol. 39, No. 1, 2009.

[141] Brzoza-Brzezina, M., Kolasa, M., and Makarski, K, "The Anatomy of Standard DSGE Models with Financial Frictions", *Journal of Economic Dynamics and Control*, Vol. 37, No. 1, 2013.

[142] Cameron, G., Muellbauer, J., "The housing market and regional commuting and migration choices", *Scottish Journal of Political Economy*, Vol. 45, No. 45, 1998.

[143] Campbell, J. Y., J. F. Cocco, "How Do House Prices Affect Consumption? Evidence from Micro Data", *Journal of Monetary Economics*, Vol. 54, No. 3, 2007.

[144] Capozza, D., P. Hendershott and C. Mack, "An Anatomy of Price Dynamics in Illiquid Markets: Analysis and Evidence from Local Housing Markets", *Real Estate Economics*, Vol. 32, No. 1, 2004.

[145] Carlos Pestana Barros, Luis A. Gil-Alana, James E Payne, "Comovements among U. S. State Housing Prices: Evidence from Fractional Cointegration", *Economic Modelling*, Vol. 29, No. 3, 2012.

[146] Carroll, C. D., Otsuka, M., and Slacalek, J., "How Large are Housing and Financial Wealth Effects? A New Approach", *Journal of*

Money, Credit and Banking, Vol. 43, No. 1, 2011.

[147] Case, K. E., "The Real Estate Cycle and the Economy: Consequences of the Massachusetts Boom of 1984 – 87", *Urban Study*, Vol. 29, No. 2, 1991.

[148] Case, K. E., J. M., Quigley, R. J. Shiller, *Comparing Wealth Effects: The Stock Market versus the Housing Market*, California: Berkeley Electronic Press, 2005.

[149] Case, K. E., J. M., Quigley, R. J. Shiller., "Wealth Effects Revisited: 1975 – 2012", *NBER Working Paper*, No. 18667, 2013.

[150] Chambers M., Garriga C., Schlagenhauf D, "The Loan Structure and Housing Tenure Decisions in an Equilibrium Model of Mortgage Choice", *Review of Economic Dynamics*, Vol. 12, No. 3, 2011.

[151] Chang, Y., Doh, T., and Schorfheide, F., "Non-stationary Hours in a DSGE Model", *Journal of Money, Credit and Banking*, Vol. 39, No. 6, 2007.

[152] Chen N K., "Asset Price Fluctuations in Taiwan: Evidence from Stock and Real Estate Prices 1973 to 1992", *Journal of Asian Economics*, Vol. 12, No. 2, 2001.

[153] Chien, M. S., "Structural Breaks and the Convergence of Regional House Prices", *Journal of Real Estate Finance and Economics*, Vol. 40, No. 1, 2010.

[154] Cho, Sungwon, "Housing Wealth Effect on Consumption: Evidence from Household Level Data", *Economics Letters*, Vol. 113, No. 2, 2011.

[155] Christiano, L. J., Christopher A. "Sims and Vector Autoregressions", *The Scandinavian Journal of Economics*, Vol. 114, No. 4, 2012.

[156] Christian Dreger, Hans-Eggert Reimers, "Consumption and Disposable Income in the EU Countries: the Role of Wealth Effects", *Empirica*, Vol. 33, No. 4, 2006.

[157] Cho, M., "House Price Dynamics: A Survey of the Theoretical and Empirical Issues", *Journal of Housing Research*, Vol. 7, No. 2, 1996.

[158] Christiano, L. J., Trabandt, M., and Walentin, K., *Chapter 7 DSGE Models for Monetary Policy Analysis*, M. F. Benjamin, & W. Michael (Eds.), *Handbook of Monetary Economics*, Vol. 3, North Holland: Distributors for the United States and Canada Elsevier Science Pub. Co., 2010.

[159] Cook, Steven, "The Convergence of Regional House Prices in the UK", *Urban Studies*, Vol. 40, No. 11, 2003.

[160] Cook, Steven, "Regional House Price Behaviour in the UK: Application of a Joint Testing Procedure", *Physica A: Statistical Mechanics and its Applications*, Vol. 345, No. 3 – 4, 2005.

[161] Cook, Steven, Speight, A., "Temporal Dependencies in UK Regional Housing Prices", *Quantitative and Qualitative Analysis in Social Sciences*, Vol. 1, No. 3, 2007.

[162] Davis, M. A., & S. V. Nieuwerburgh, "Housing, Finance and the Macroeconomy", NBER Working Papers, 2014.

[163] Dipasquale, D. and Wheaton, W. C., "Housing Market Dynamics and the Future of Housing Prices", *Journal of Urban Economics*, Vol. 35, No. 1, 1994.

[164] Dolde, W., Tirtiroglu, D., "Temporal and Spatial Information Diffusion in Real Estate Price Changes and Variances", *Real Estate Economics*, Vol. 25, No. 4, 1997.

[165] Doling J., *Comparative Housing Policy: Government and Housing in Advanced Industrialized Countries*, New York: St. Martins Press, 1997.

[166] Dvornak, N., M., Kohler, "Housing Wealth, Stock Market Wealth and Consumption: A Panel Analysis for Australia", *Economic Record*, Vol. 83, No. 83, 2003.

[167] Dynan, K., Maki, D., "Does Stock Market Wealth Matter for Consumption?" Board of Governors of the Federal Reserve, Finance and Discussion Series, Working Paper, No. 23, 2001.

[168] Eddie Chi-man Hui, Ivan Ng, "Wealth Effect, Credit Price Effect, and the Inter-relationships between Hong Kong's Property Market and

Stock Market", *Property Management*, Vol. 30, No. 3, 2012.

[169] Égert B. and D. Mihaljek, "Determinants of House Prices in Central and Eastern Europe", *BIS Working Papers*, No. 236, 2007.

[170] Elliott, J. Walter., "Wealth and Wealth Proxies in a Permanent Income Model", *Quarterly Journal of Economics*, Vol. 95, No. 3, 1980.

[171] Engelhardt, Gary, V., "House Prices and the Decision to Save for Down Payments", *Journal of Urban Economics*, Vol. 36, No. 2, 1994.

[172] Engelhardt, Gary, V, "House Prices and Home Owner Saving Behavior", *Regional Science and Urban Economics*, Vol. 26, No. 3 - 4, 1996.

[173] Engelhardt, Gary, V., Mayer, Christopher J., "Intergenerational Transfers, Borrowing Constraints, and Saving Behavior: Evidence from the Housing Market", *Journal of Urban Economics*, Vol. 44, No. 1, 1998.

[174] Epple, D., B. Gordon, H. Sieg, "A New Approach to Estimating the Production Function for Housing", *American Economic Review*, Vol. 100, No. 3, 2010.

[175] Feng Guo, Ying Sophie Huang, "Time-varying Correlation between Stock Market Returns and Real Estate Returns", *Journal of Empirical Finance*, Vol. 19, No. 4, 2012.

[176] Fernández-Villaverde, J., "The Econometrics of DSGE Models", *SERIEs*, Vol. 1, No. 1, 2010.

[177] Fukač, M., and Pagan, A., "Limited Information Estimation and Evaluation of DSGE Models", *Journal of Applied Econometrics*, Vol. 25, No. 1, 2010.

[178] Gallin, "The Long-Run Relationship between House Prices and Income", *Real Estate Economics*, Vol. 34, No. 3, 2006.

[179] Garmaise, M. and T. Moskowitz, "Confronting Information Asymmetries: Evidence from Real Estate Markets", *Review of Financial Studies*, Vol. 17, No. 2, 2004.

[180] Gerali, A., Neri, S., Sessa, L., and Signoretti, F. M., "Credit and

Banking in a DSGE Model of the Euro Area", *Journal of Money, Credit and Banking*, Vol. 42, Suppl 1, 2010.

[181] Gimeno and Carmen, "The Relationship between House Prices and House Purchase Loans: The Spanish case", *Journal of Banking & Finance*, Vol. 34, No. 8, 2010.

[182] Glindro E., T. Subhanij, J. Szeto and H. Zhu, "Determinants of House Prices in Nine Asia-Pacific Economies", *BIS Working Papers*, No. 263, 2008.

[183] Green R. and S. Malpezzi, *A Primer on U.S. Housing Markets and Housing Policy*, Washington D. C.: the Urban Institute Press, 2003.

[184] Green, R., S. Malpezzi and S. Mayo, "Metropolitan-Specific Estimates of the Price Elasticity of Supply of Housing, and Their Sources", *American Economic Review*, Vol. 95, No. 2, 2005.

[185] Goodhart, C. and Hofmann, *Deflation, Credit and Asset Prices*, R. Burdekin and P. Siklos, *Deflation, Current and historical perspectives*, Cambridge: Cambridge Press, 2004.

[186] Goodhart and Hofmann, "House Prices, Money, Credit, and the Macroeconomy", *Oxford Review of Economic Policy*, Vol. 24, No. 1, 2008.

[187] Gottlieb, M., *Long Swings in Urban Development*, New York: Columbia University Press for NBER, 1976.

[188] Hali Edison, Torsten Slok, "Stock Market Wealth Effects and the New Economy: A Cross-Country Study", *International Finance*, Vol. 5, No. 1, 2002.

[189] Hamilton B. W. and R. M. Schwab, "Expected Appreciation in Urban Housing Markets", *Journal of Urban Economics*, Vol. 18, No. 1, 1985.

[190] Heaney, R., S., Sriananthakumar, "Non-linear Causality between the Stock and Real Estate Markets of Western European Countries: Evidence from Rank Tests", *Economic Modelling*, Vol. 28, No. 3, 2011.

[191] Henock Louis, AX Sun, "Long-Term Growth in Housing Prices and Stock Returns", *Real Estate Economics*, Vol. 41, No. 3, 2013.

[192] Hiroshi Yoshikawa, Fumio Ohtaka, "An Analysis of Female Labor Sup-

ply, Housing Demand and the Saving Rate in Japan", *European Economic Review*, Vol. 33, No. 5, 1989.

[193] Hofmann, B., "The Determinants of Private Sector Credit in Industrialized Countries: Do Property Prices Matter?", *International Finance*, Vol. 7, No. 2, 2004.

[194] Holly, et al., "The Spatial and Temporal Diffusion of House Prices in the UK", *Journal of Urban Economics*, Vol. 69, No. 1, 2011.

[195] Holmes, M. J., Grimes, "Is There Long-Run Convergence of Regional House Prices in the UK?" *Social Science Electronic Publishing*, Vol. 45, No. 8, 2005.

[196] Holmes, Mark J., "How Convergent are Regional House Prices in the United Kingdom? Some New Evidence from Panel Data Unit Root Testing", *Journal of Economic and Social Research*, Vol. 9, No. 1, 2007.

[197] Hort, K., "Determinants of Urban House Price Fluctuations in Sweden 1968 – 1994", *Journal of Housing Economics*, Vol. 7, No. 2, 1998.

[198] Holmes, M., Otero, J., Panagiotidis, T., "Investigating Regional House Price Convergence in the Unite D States: Evidence from a Pairwise Approach", *Economic Modelling*, Vol. 28, No. 6, 2011.

[199] Iacovello, M., "Consumption, House Prices, and Collateral Constraints: A Structural Econometric Analysis", *Journal of Housing Economics*, Vol. 13, No. 4, 2004.

[200] Iacoviello, M., "House Prices, Borrowing Constraints and Monetary Policy in the Business Cycle", *American Economic Review*, Vol. 95, No. 3, 2005.

[201] Iacoviello, M., *Housing in DSGE Models: Findings and New Directions*, O., de Bandt et al., *Housing Markets in Europe: A Macroeconomic Perspective*, Berlin: Springer-Verlag Berlin Heidelberg, 2010.

[202] Iacoviello, M., and Neri, S., "Housing Market Spillovers: Evidence from an Estimated DSGE Model", *American Economic Journal: Macroeconomics*, Vol. 2, No. 2, 2010.

[203] Im, K. S., M. H. Pesaran, and Y. Shin, "Testing for Unit Roots in

Heterogeneous Panels", *Journal of Econometrics*, Vol. 115, No. 1, 2003.

[204] Jeremy A Leonard. ,"The Impact of the Housing Market Boom and Bust on Consumption Spending", *Business Economics*, Vol. 45, No. 2, 2010.

[205] Jim Clayton, Norman Miller and Liang Peng, "Price-volume Correlation in the Housing Market: Causality and Co-movements", *Journal of Real Estate Finance and Economics*, Vol. 40, No. 1, 2009.

[206] Johansen, Soren, *Likehood-based Inference in Cointegrated Vector Autogressive Models*, Oxford: Oxford University Press, 1995.

[207] Johansen, Soren, "Estimation and Hypothesis Testing of Cointegration Vectors in Gaussian Vecotor Autoregressive Models", *Econometrica*, Vol. 59, No. 59, 2015.

[208] Johansen, Soren and Katarina Juselius, "Maximum Likelihood Estimation and Interference on Cointegration-With Applications to the Demand for Money", *Oxford Bulletin of Economics and Statistics*, Vol. 52, No. 2, 1990.

[209] Johnes, G., Hyclak, T. ,"House Prices, Migration, and Regional Labor Markets", *Journal of Housing Economics*, Vol. 3, No. 3, 1994.

[210] Jonathan Skinner, "Housing Wealth and Aggregate Saving", *Regional Science and Urban Economics*, Vol. 19, No. 2, 1989.

[211] Jones, C., Leishman, C. , "Spatial Dynamics of the Housing Market: An Interurban Perspective", *Urban Studies*, Vol. 43, No. 7, 2006.

[212] Jin, Yi, and Zhixiong Zeng, "Residential Investment and House Prices in a Multi-sector Monetary Business Cycle", *Journal of Housing Economics*, Vol. 13, No. 4, 2004.

[213] Khalifa, S., O., Seck, E., Tobing, "Housing Wealth Effect: Evidence from Threshold Estimation", *Journal of Housing Economics*, Vol. 22, No. 1, 2013.

[214] Koetter and Poghosyan, "Real Estate Prices and Bank Stability", *Journal of Banking & Finance*, Vol. 34, No. 6, 2010.

[215] Laurence Boone and Nathalie Girouard, "The Stock Market, the Hous-

ing Market and Consumer Behaviour", *OECD Economic Studies*, Vol. 2002, No. 2, 2002.

[216] Laurence Levin, "Are Assets Fungible? Testing the Behavioral Theory of Life-Cycle Savings", *Journal of Economic Behavior & Organization*, Vol. 36, No. 1, 1998.

[217] Larraz-Iribas, B., Alfaro-Navarro, J. L., "Asymmetric Behaviour of Spanish Regional House Prices", *International Advances in Economic Research*, Vol. 14, No. 4, 2008.

[218] Lee, C. C., Chien, M. S., "Empirical Modelling of Regional House Prices and the Ripple Effect", *Urban Studies*, Vol. 48, No. 48, 2011.

[219] Levin, A., C. F. Lin, and C. S. J. Chu, "Unit Root Tests in Panel Data: Asymptotic and Finite-sample Properties", *Journal of Econometrics*, Vol. 108, No. 1, 2002.

[220] Luo, Z. Q., C. Liu and D. Picken, "Housing Price Diffusion Pattern of Australia's State Capital Cities", *International Journal of Strategic Property Management*, Vol. 11, No. 4, 2007.

[221] Macdonald, R., M. P., Taylor, "Regional House Prices in Britain: Long-Run Relationships and Short-Run Dynamics", *Scottish Journal of Political Economy*, Vol. 40, No. 1, 1993.

[222] Malpezzi, S., "A Simple Error Correction Model of House Prices", *Journal of Housing Economics*, Vol. 8, No. 1, 1999.

[223] Mayer, E., and Gareis, J., "What Drives Ireland's Housing Market? A Bayesian DSGE Approach", *Open Economies Review*, Vol. 24, No. 5, 2013.

[224] Meen, G., "Regional House Prices and the Ripple Effect: A New Interpretation", *Housing Studies*, Vol. 14, No. 6, 1999.

[225] Meen, G., *Modelling Spatial Housing Markets*, New York: Kluwer Academic Publishers, 2001.

[226] Meen, G., "The Time-Series Behavior of House Prices: A Transatlantic Divide?", *Journal of Housing Economics*, Vol. 11, No. 1, 2002.

[227] Mishkin, F. S., "Housing and the Monetary Transmission Mecha-

nism", *NBER Working Paper*, 2007.

[228] Modigliani F., Brumberg R, Kurihara K. K., "Utility Analysis and the Consumption Function: An Interpretation of Cross-Section Data", *Post-Keynesian Economics*, 1954.

[229] Muellbauer J., and A., Murphy, "Housing Markets and the Economy: the Assessment", *Oxford Review of Economic Policy*, Vol. 24, No. 1, 2008.

[230] Negro, M. D., and Schorfheide, F., *Chapter 2 DSGE Model-Based Forecasting*, In E. Graham, & T. Allan (Eds.), *Handbook of Economic Forecasting*, Vol. 2, North Holland: Elsevier, 2013.

[231] Nneji, O., C., Brooks, C. W. R., Ward, "House Price Dynamics and Their Reaction to Macroeconomic Changes", *Economic Modelling*, Vol. 32, No. 2, 2013.

[232] Okunev J, Wilson P., "Using Nonlinear Tests to Examine Integration between Real Estate and Stock Markets", *Real Estate Economics*, Vol. 25, No. 3, 1997.

[233] Pariès, M. D., and Notarpietro, A., "Monetary Policy and Housing Prices in an Estimated DSGE Model for the US and the Euro Area", *Environmental & Resource Economics*, Vol. 42, No. 4, 2011.

[234] Payne, J. E., "The Long-Run Relationship among Regional Housing Prices: An Empirical Analysis of the U. S", *Journal of Regional Analysis & Policy*, Vol. 42, No. 1, 2012.

[235] Pearl, J., *Causality*, Cambridge: Cambridge University Press, 2000.

[236] Peek and Wilcox, Housing, Credit Constraints, and Macro Stability, "The Secondary Mortgage Market and Reduced Cyclicality of Residential Investment", *American Economic Review*, Vol. 96, No. 2, 2006.

[237] Pei-Fen Chen, Mei-Se Chien, Chien-Chiang Lee, "Dynamic Modeling of Regional House Price Diffusion in Taiwan", *Journal of Housing Economics*, Vol. 20, No. 4, 2011.

[238] Peltonen, T. A., R. M., Sousa, I. S., Vansteenkiste, "Wealth Effects in Emerging Market Economies", *International Review of Eco-*

nomics & Finance, Vol. 24, 2012.

[239] Piazzesi, M., M., Schneider, S., Tuzel, "Housing, Consumption and Asset Pricing", *Journal of Financial Economics*, Vol. 83, No. 3, 2007.

[240] Pollakowski, H. O. and T. S. Ray, "Housing Price Diffusion Patterns at Different Aggregation Levels: An Examination of Housing Market Efficiency", *Journal of Housing Research*, Vol. 8, No. 1, 1997.

[241] Poterba, J. M., R., Shiller, "House Price Dynamics: The Role of Tax Policy and Demography", *American Economic Review*, Vol. 82, No. 2, 1992.

[242] Poterba, J. M., and L. Summers, "Mean Reversion in Stock Prices: Evidence and Implications", *Journal of Financial Economics*, Vol. 22, No. 1, 1988.

[243] Quan, Titman, "Do Real Estate Prices and Stock Prices Move Together? An International Analysis", *Real Estate Economics*, Vol. 27, No. 2, 1999.

[244] Rubaszek, M., and Skrzypczyński, P., "On the Forecasting Performance of a Small-Scale DSGE Model", *International Journal of Forecasting*, Vol. 24, No. 3, 2008.

[245] Ryan R. Brady, "The Spatial Diffusion of Regional Housing Prices across U. S. States", *Regional Science and Urban Economics*, Vol. 46, No. 1, 2014.

[246] Saijo, H., "Estimating DSGE Models Using Seasonally Adjusted and Unadjusted Data", *Journal of Econometrics*, Vol. 173, No. 1, 2013.

[247] Schmidt S., and V., Wieland, "The New Keynesian Approach to Dynamic General Equilibrium Modeling: Models, Methods and Macroeconomic Policy Evaluation", *Handbook of Computable General Equilibrium Modeling*, 2012.

[248] Schmidt S. and Wieland, V., "The New Keynesian Approach to Dynamic General Equilibrium Modeling: Models, Methods and Macroeconomic Policy Evaluation", *Working Paper Series*, No. 52, 2012.

[249] Sierminska, E, Y. Takhtamanova, "Wealth Effects out of Financial

and Housing Wealth: Cross Country and Age Group Comparisons", *Federal Reserve Bank of San Francis-co*, *Working Paper Series*, 2007.

[250] Slacalek, J., "What Drives Personal Consumption? The Role of Housing and Financial Wealth", *The BE Journal of Macroeconomics*, Vol. 9, No. 1, 2006.

[251] Smets, F., and R., Wouters, "An Estimated Two-country DSGE Model of Austria and the Euro Area", *Journal of the European Economics Association*, Vol. 1, No. 5, 2003.

[252] Smets, F., and Wouters, R., "Comparing Shocks and Frictions in US and Euro Area Business Cycles: A Bayesian DSGE Approach", *Journal of Applied Econometrics*, Vol. 20, No. 2, 2005.

[253] Smets, F., and Wouters, R., "Shocks and Frictions in US Business Cycles: A Bayesian DSGE Approach", *American Economic Review*, Vol. 97, No. 3, 2007.

[254] Spirtes, P., Glymour, C., Scheines, R., *Causation, Prediction and Search*, Cambridge: MIT Press, MA, 2000.

[255] Stevenson, S., "House Price Diffusion and Inter-Regional and Cross-Border House Price Dynamics", *Journal of Property Research*, Vol. 21, No. 4, 2011.

[256] Slobodyan, S., and Wouters, R., "Learning in an Estimated Medium-Scale DSGE Model", *Journal of Economic Dynamics and Control*, Vol. 36, No. 1, 2012.

[257] Tobin, J. A, "A General Equilibrium Approach to Monetary Theory", *Journal of Money, Credit, and Banking*, Vol. 1, No. 1, 1969.

[258] Tsoyu Calvin Lin, Zong-Han Lin, "Does 'Hot Money' Drive China's Real Estate and Stock Markets?", *International Review of Economics & Finance*, Vol. 19, No. 3, 2010.

[259] Tsoyu Calvin Lin, Zong-Han Lin, "Are Stock and Real Estate Markets Integrated? An Empirical Study of Six Asian Economies", *Pacific-Basin Finance Journal*, Vol. 19, No. 5, 2011.

[260] Tymoigne, éric, *Central Banking Asset Prices and Financial Fragility*,

London: Routledge, 2009.

[261] Warnock, V. C. and F. E. Warnock, "Markets and Housing Finance", *Journal of Housing Economics*, Vol. 17, No. 3, 2008.

[262] Xiaoqing Eleanor Xu, Tao Chen, "The Effect of Monetary Policy on Real Estate Price Growth in China", *Pacific-Basin Finance Journal*, Vol. 20, No. 1, 2012.

[263] Yao, R. and H. Zhang, "Optimal Consumption and Portfolio Choices with Risky Housing and Borrowing Constraints", *Review of Financial Studies*, Vol. 18, No. 1, 2005.

[264] Ying, L. G., "Measuring the Spillover Effects: Some Chinese Evidence", *Papers in Regional Science*, Vol. 79, No. 1, 2000.

[265] Young Se Kim, J., Rous, "House Price Convergence: Evidence from US State and Metropolitan Area Panels", *Journal of Housing Economics*, Vol. 21, No. 2, 2012.

[266] Zheng, T., and Guo, H., "Estimating a Small Open Economy DSGE Model with Indeterminacy: Evidence from China", *Economic Modelling*, Vol. 31, No. 1, 2013.

后　记

　　本书是国家社科基金青年项目（"住房价格波动的时空特征、传导机理与金融风险研究"，项目号：11CJY034）的最终成果。

　　我与房地产结缘始于1993年夏。那时，刚刚高考完的我还不知"房地产"为何物，出于新奇便填报了房地产专业，就这样稀里糊涂地成为全国首届房地产专业本科生。现在还清晰地记得当年使用的教材大多数为复印的，因为市面上流通的教材实在太少。四年的专业学习让我对房地产有了一些粗浅的认识。不巧的是，毕业那年正好遇上"亚洲金融危机"，房地产行业受到了很大的冲击，进入大型房企工作的梦想也随之化为泡影。于是，我选择了继续深造，硕士研究生的专业依然选择了房地产。三年的系统学习让我对房地产有了更深入的了解，也让我体验了一些做科研的乐趣（读研究生期间独立发表了多篇房地产方面的学术论文）。在家人的鼓动下，我选择了继续攻读博士学位。不同的是，这次选择了与房地产密切相关的投资学专业（原因是我当时所读学校还未设立房地产博士点），师从投资学领域的领军人物之一张中华教授。在张老师的带领和指导下，我对大型企业集团内部资本配置问题产生了浓厚的兴趣，并进行了长达七年的系统研究。我的第一本专著《内部资本市场配置效率研究》（北京大学出版社，2008年）便是读博士阶段最主要的研究成果。之后，我进入复旦大学应用经济学博士后流动站从事研究工作，师从投资学领域的另一位领军人物刘红忠教授。在刘老师的指导下，我对内外部资本市场之间的互动关系进行了研究，第二本专著《内外部资本市场互动关系及其政策效应》（光明日报出版社，2013年）便是这一阶段的主要成果。在博士后尚未完成时，我又被公派到美国波士顿大学

后　记

经济系访问学习一年半，合作者是美国知名华裔青年经济学者苗建军教授。苗老师善长研究资产定价和宏观经济问题，他建议我研究房地产问题。就这样，中断七年之久的房地产问题重新进入我的研究视野。

在波士顿大学访学期间，我经常与苗老师讨论房价问题，如房价的形成机制、均衡水平、泡沫程度、扩散方式等。随着讨论的逐渐深入，我开始对房价问题产生了极大的兴趣。此后，我认真阅读了数以百计的相关论文，并翻阅了波士顿大学图书馆中的大量相关书籍。每当遇到一些问题或者有新的想法，我就会去找苗老师交流和讨论，直到问题解决或观点基本一致时为止。我与苗老师合写的论文《中国城市住房价格动态特征及其影响因素》也就是在这些讨论过程中形成的。经过近半年的研究和探索，我对房价问题的认识逐渐深入，并慢慢形成体系。于是，我以此为基础，申报了系列项目，其中"住房价格波动的时空特征、传导机理与金融风险研究"获得国家社科基金青年项目的资助（项目号：11CJY034）；"房价泡沫与银行稳定研究"获得中南财经政法大学青年教师创新项目的资助（项目号：2010032）；"住房市场的溢出效应：基于DSGE模型的贝叶斯估计"获得中央高校基本科研业务费专项资金项目的资助（项目号：20132013）。此外，本人还主持了中央高校基本科研业务团队创新项目（投资与房地产创新团队）、财政部共建中长期项目（"新型城镇化建设投融资模式研究"）等。这些项目的批准，对我来说，既是对我研究工作和付出劳动的承认，也是一个巨大的鼓励和鞭策，让我有更大的信心和动力去继续进行房地产相关问题的研究工作。

本书是在国家社科基金青年项目"住房价格波动的时空特征、传导机理与金融风险研究"（项目号：11CJY034）结题报告的基础上修改完善而成的。项目组主要成员包括：美国波士顿大学经济系苗建军教授、住房与城乡建设部政策研究中心钟庭军研究员、中南财经政法大学金融学院杨巧副教授以及我指导的硕士研究生卢明安、贾国锋、季诗羽、张新貌、李航等。此外，近六年来我指导的研究生（他们分别是彭泽宇、陈少衍、张文霜、熊赟、金晓刚、高琦鑫、蔡雪、李闻、于路路、赵渊、刘畅、何波、郑敏、陈兆熙、申欣、王德平、熊恒、李美姣、张景世、周静、程林、吴瑞颖、刘屏、沈煜锟、胡江涛）也不同程度地参与了本项目的研究工作，有的参与了文献和数据的收集与整理，有的参与了实地调研和问卷调查，有的对问卷进行了录入和整理，有的对书稿进行了多次校对。自项目立项至结项，共历时五载。在这五年中，项目组主要成员及参与人员团结奋进、精诚合作，共同完成了本书的撰写任务。毫不夸张地说，缺少任何一位成员的努力，本书都不可能顺利完成。因此，我在这里对所有参与本项目的研究人员，由衷地说声"谢谢，你们幸苦了！"

项目结题报告的五位匿名评审专家提出了很多中肯的修改建议，我在修改完善过程中尽可能地吸收了他们的良好建议，他们的建议提升了本书的研究层次，在此对这些匿名专家表示衷心地感谢。在项目研究、结题以及成果出版过程中，学校科研部赖思源、张今柯、刘进明、马高昂等老师提供了大量支持和帮助，在此表示衷心地感谢。

在我的学术成长和工作过程中，自始至终得到了张中华教授、刘红忠教授、苗建军教授、朱新蓉教授、宋清华教授、唐文进教授、江克宁书记、陈柏东教授、谢进城教授、张东教授、刘冬姣教授、韩旺红教授、聂名华教授、李建华副院长等的鼎力支持和帮助，在此深表谢意。此外，我还要感谢我的同事王清平、吴建军、顾露露、陈琼华、张家峰、邓宁等博士。长期以来，他们在工作和学习给予了我大量支持和帮助。

最后，我要衷心感谢我的家人。谨以此书献给去年仙逝的岳母何小兰女士，多年来，她老人家一直给我全力支持，直到生命的尽头。如果没有她老人家的长期支持，我不可能取得今天的成绩。愿她老人家一路安好。岳父梅启富先生、父母卢贤良先生和樊爱华女士多年来一直默默地支持着我，我对他们的所有付出表示衷心地感谢。妻子梅黎明女士为我做出了巨大牺牲，她全力照顾女儿卢晶晶和儿子卢铭洋的生活和学习，并承担了全部家务，才让我能够安心做科研。女儿很快就要到美国去念大学了，儿子也顺利上小学了，这一切都归功于妻子梅黎明女士的无私奉献。对家人的所有支持和帮助，我由衷地表示感谢，同时也带着几分歉疚，希望以后能有机会予以弥补。

受自身研究能力和学术根底的限制，本书的研究一定有很多不足之处，敬请学术界同仁及专家不吝赐教。

卢建新

2018 年 1 月 10 日于武昌晓南湖畔